权威·前沿·原创

皮书系列为
"十二五""十三五"国家重点图书出版规划项目

洛阳文化发展报告
（2018）

ANNUAL REPORT ON DEVELOPMENT OF LUOYANG'S CULTURE (2018)

主　编／刘福兴　陈启明

图书在版编目(CIP)数据

洛阳文化发展报告.2018/刘福兴,陈启明主编
.--北京:社会科学文献出版社,2018.9
（洛阳蓝皮书）
ISBN 978-7-5201-3189-6

Ⅰ.①洛… Ⅱ.①刘… ②陈… Ⅲ.①地方文化-文化发展-研究报告-洛阳-2018 Ⅳ.①G127.613

中国版本图书馆CIP数据核字（2018）第174565号

洛阳蓝皮书
洛阳文化发展报告（2018）

主　编／刘福兴　陈启明

出 版 人／谢寿光
项目统筹／祝得彬
责任编辑／仇　扬　王蓓遥

出　版／社会科学文献出版社·当代世界出版分社（010）59367004
　　　　　地址：北京市北三环中路甲29号院华龙大厦　邮编：100029
　　　　　网址：www.ssap.com.cn
发　行／市场营销中心（010）59367081　59367018
印　装／三河市龙林印务有限公司
规　格／开　本：787mm×1092mm　1/16
　　　　　印　张：20.75　字　数：317千字
版　次／2018年9月第1版　2018年9月第1次印刷
书　号／ISBN 978-7-5201-3189-6
定　价／98.00元

皮书序列号／PSN B-2015-476-1/1

本书如有印装质量问题，请与读者服务中心（010-59367028）联系

版权所有 翻印必究

《洛阳文化发展报告（2018）》
编 委 会

主　任　侯超英

副主任　李　征　王亚伟　章　勇

委　员（按姓氏笔画排列）

　　　　　王支援　王彩琴　毛阳光　史家珍　刘占斌
　　　　　刘保亮　刘振江　刘继保　刘福兴　杨延武
　　　　　李国强　宋红伟　陈启明　林春芳　周其国
　　　　　高　永　扈耕田　薛瑞泽

主要编撰者简介

刘福兴 洛阳市委党校副校长、教授,中国写作学会会员,洛阳市优秀教师、优秀专家;洛阳市河洛文化研究会副会长,洛阳市文化产业研究院副院长,洛阳市公共文化服务体系建设专家委员会委员,洛阳市非物质文化遗产保护工作专家委员会委员。主要研究方向为文化建设、河洛文化。参与编著"河洛文化系列丛书"《洛阳文化发展报告》《洛阳知识读本》《河洛文化论衡》等十余部;发表文章《洛阳牡丹为何甲天下》《弘扬河洛文化,重塑洛阳辉煌》等二十余篇;主持参与"中原地方文化研究""洛阳市村级文化建设问题研究""洛阳市基层公共文化服务创新研究"等省市社科课题十余项,获省市社会科学优秀成果一等奖3项。

陈启明 洛阳市委党校市情研究部主任、副教授,洛阳经济社会研究中心研究员,洛阳市公共文化服务体系建设专家委员会委员,洛阳市非物质文化遗产保护工作专家委员会委员,洛阳市优秀专家、优秀教师。长期从事洛阳文化、区域经济发展的基础理论和应用对策研究。独著、主编和参编十余部学术著作,主要有"河洛文化系列丛书"《洛阳知识读本》《社会信用的结构与整合》《马克思主义中国化简明读本》《洛阳文化发展报告》等;发表学术论文三十余篇,主持参与河南省社科规划课题、河南省政府决策课题、洛阳市社科规划课题五十余项;参与完成洛阳市创建国家公共文化服务体系示范区制度设计研究课题,并通过文化部验收;获市级以上社科优秀成果一等奖十余项。

摘 要

《洛阳文化发展报告（2018）》由洛阳市委党校和洛阳市社会科学界联合会组织编写，全书由主报告、专题篇、园区篇、案例篇和大事记五部分组成，汇集了洛阳市委党校、洛阳市高等院校和政府部门专家学者的研究成果，较为全面地总结了2017年洛阳文化发展的基本情况、发展思路和主要成果，分析了洛阳文化发展存在的问题及对策建议，为洛阳构建文化传承创新体系提供了理论依据，是洛阳文化领域重要的科研成果。

报告指出，2017年，洛阳市以建设国际文化旅游名城为目标，紧紧围绕全市"9+2"工作布局，坚持以构建文化传承创新体系和现代公共服务体系重大专项为抓手，不断完善公共文化服务设施，加强公共文化建设；推动文化消费试点工作，促进文化产业发展；强化文化市场监管，实施文化惠民工程；推动文旅融合，文化旅游快速发展；加快华夏历史文明传承创新区建设，文博事业健康发展；持续开展文明城市提升工程，蝉联"全国文明城市"称号；扩大对外交流合作，洛阳作为国际文化旅游名城的影响力显著增强。

展望2018年，洛阳应坚持以人民为中心的工作导向，紧紧围绕实现"四高一强一率先"奋斗目标，以华夏历史文明传承创新区建设为依托，以文化传承创新体系和文化消费试点城市为载体，加快建设中原经济区副中心城市，打造带动全省经济增长新的增长极，以更加丰富的精神文化产品满足人民日益增长的美好生活需要，为决胜全面建成小康社会、开启新时代洛阳全面建设社会主义现代化新征程提供文化支撑。

目 录

Ⅰ 主报告

B.1 2017～2018年洛阳文化发展分析与展望 ……… 陈启明 秦 华 / 001
    一 2017年洛阳文化发展总体态势 …………………………… / 002
    二 洛阳文化发展存在的问题及原因分析 …………………… / 011
    三 2018年洛阳文化发展对策建议 …………………………… / 012

Ⅱ 专题篇

B.2 洛阳构建文化高地研究 ………………………… 刘振江 张 丽 / 019
B.3 洛阳市居民文化消费趋势调查报告
    ……………………………………… 洛阳市文化消费课题组 / 034
B.4 洛阳文学艺术发展研究报告 …………………… 王鲁豫 王大伟 / 055
B.5 洛阳市文明城市提升研究报告 ………………… 龚利姣 时丽茹 / 070
B.6 洛阳关公信俗文化研究报告 ……………………………… 徐莲梅 / 090
B.7 洛阳周公文化研究报告 …………………………………… 张红涛 / 106
B.8 洛阳音乐类非物质文化遗产研究报告 …………………… 余东衍 / 119
B.9 洛阳民俗博物馆发展报告 ……………………… 王支援 葛 珊 / 133
B.10 洛阳演艺业发展现状、问题及对策建议 ………………… 刘俊月 / 144

B.11　洛阳文化旅游业发展报告 ………………… 时丽茹　刘　涛 / 160
B.12　卫坡传统村落保护问题研究 …………………………… 刘荣利 / 181

Ⅲ　园区篇

B.13　白马寺佛教文化园区发展报告 ………………………… 赵伟宁 / 200
B.14　洛邑古城文化旅游园区发展报告 ………… 苗　菱　李雪茹 / 213
B.15　大宋名相园文化创意园区发展报告 …………………… 涂洪樱子 / 229
B.16　千唐志斋博物馆发展研究报告
　　　　　　　　　　………… 吕延杰　于小春　李留拽　郭梦靥 / 240
B.17　伊川范园历史文化遗存创新性发展研究报告
　　　　　　　　　　………………………… 伊川文化建设课题组 / 251

Ⅳ　案例篇

B.18　发挥示范引领作用，助推洛阳国际文化旅游名城建设
　　　——洛阳旅游发展集团研究报告
　　　　　　　　　　………………… 洛阳市文化旅游发展课题组 / 266
B.19　洛阳三彩小镇建设研究报告 …………………………… 秦　华 / 280

Ⅴ　大事记

B.20　2017年洛阳文化发展大事记 …………………………… 陈　琪 / 293

Abstract ………………………………………………………………… / 305
Contents ………………………………………………………………… / 307

皮书数据库阅读使用指南

主 报 告

Main Report

B.1
2017~2018年洛阳文化发展分析与展望

陈启明 秦 华*

摘 要： 2017年，洛阳市以建设国际文化旅游名城为目标，紧紧围绕全市"9+2"工作布局，坚持以构建文化传承创新体系和现代公共服务体系重大专项为抓手，全面推进国家文化消费试点城市工作，进一步加强公共文化建设，推动文化产业发展，强化文化市场监管，实施文化惠民工程，文化旅游持续推进，文博事业健康发展，各项工作进展顺利。展望2018年，洛阳应坚持以人民为中心的工作导向，紧紧围绕实现"四高一强一率先"的奋斗目标，加快建设副中心，打造全省增长极，以更加丰富的精神文化产品满足人

---

* 陈启明，洛阳市委党校市情研究部主任、副教授；秦华，洛阳市委党校市情研究部讲师。

民日益增长的美好生活需要，为决胜全面建成小康社会、开启新时代洛阳全面建设社会主义现代化新征程提供文化支撑。

关键词： 洛阳　公共文化　文化旅游　文化传承

2017年，洛阳市紧紧围绕国际文化旅游名城建设的目标，以构建文化传承创新体系和现代公共服务体系重大专项为抓手，以满足人民群众日益增长的、多样化和个性化的文化需求为出发点，不断完善公共文化服务设施，提升公共文化服务效能，扎实开展各种文艺活动和文化惠民工作。大遗址保护展示工程稳步推进，博物馆建设和文化文物利用工作进一步加强，文化旅游产品日益丰富，文明城市创建活动成绩显著。

一　2017年洛阳文化发展总体态势

（一）公共文化服务水平持续提升

1. 不断完善公共文化服务设施

一是整合资源，全力推进新的市图书馆、文化馆、少儿图书馆和非遗博物馆改建工作。二是出台建设标准和考核办法，推进基层综合性文化服务中心建设，全市乡镇（街道）综合文化服务中心基本达标，全市行政村（社区）综合文化服务中心已建成904个。三是顺利完成边远地区广播电视覆盖工程。为落实市政府惠民实事，让山区百姓和城市居民一样能收看清晰的电视节目，河南有线及豫广网络公司先行筹资1.2亿元组织施工。工程竣工验收后，市、县财政各自承担14%，群众可以免费观看多套电视节目。豫广网络公司组织160多支施工队，仅用3个多月的时间就完成了边远地区广播电视覆盖工程，让13万余户边远地区人民群众在党的十九大前圆了数字电视梦。①

2. 开展各项文化惠民活动

为各类惠民演出提前制订演出方案和计划，开展针对性的调研和意见征询，将演出的场次、时间、剧目向社会公开，使群众能够按需选择。创新票务运作方式，对"周末剧场"等驻场惠民演出实行微信公众号发布信息、网上抢票的方式，完全公开透明票务信息，最大限度地保障人民群众观看演出的权利。建立公益演出微信群，每场演出都要求院团及时在微信群上发布信息，接受各方监督。改善公益电影放映条件，设置了46个农村公益电影室内固定放映点，为全市153个公益电影放映队各配备30把小凳子，使群众观影时由站着看变为坐着看。2017年，各类惠民演出的公众知晓度得到提高，剧团所到之处全村扶老携幼，争相观看，公益电影也由原来最少的一场三五个观众增长到每场百余人，惠民演出真正"惠"到了老百姓的心坎里。全年开展了229场"舞台艺术送农民"、400场"百场公益性文化演出"、73场"戏曲进校园"、60场"河洛百姓大舞台"、50场"周末剧场"活动，放映了1944场社区电影、350场惠民工电影、32628场农村电影。②

3. 大力开展文化艺术创作

组建文化艺术专家委员会，邀请省内外文艺创作名家加盟洛阳市的艺术创作阵线，对文艺作品进行谋划、创作、排演全流程指导把关。首次组织全市戏曲人才技艺大比武，加强对戏曲表演创作人才队伍的管理，牢固树立以人民为中心的创作导向。创作了《工人杨奎烈》和精准扶贫剧本《源上牡丹红》，成功排演了豫剧《洛神赋》。青春版豫剧《花木兰》上演，经典作品《盘夫索夫》入选第四届中国豫剧节，舞剧《关公》获河南省"五个一工程"奖。

4. 非物质文化遗产保护传承力度加大

2017年3月1日，《洛阳市非物质文化遗产保护条例》颁布实施，洛阳成为全国第二个制定非遗保护地方条例的地级市。举办全市非遗条例专题培

---

① 资料来源：洛阳市文广新局。
② 资料来源：洛阳市文广新局。

训班,成立市级非遗专家委员会,围绕大运河文化带、隋唐洛阳城国家历史文化公园、"一带一路"建设等重点内容加强研究。9月,河南省文化厅公布了第四批省级非物质文化遗产代表性项目代表性传承人名录,全市共有19人入选。实施"传统技艺抢救保护工程",完成市传统技艺类非遗项目的资料整理归档工作。开展"戏曲进校园"活动,加强学校戏曲通识教育,丰富校园文化生活,提高学生的文化素养和艺术审美素养,推动戏曲文化遗产的保护、传承和发展。

5. 文化典籍整理成效显著

为系统挖掘整理洛阳丰厚的历史文化资源,2012年洛阳市启动"中国河洛文化文献丛书"整理工作,该项目被列入洛阳市《建设中原经济区副中心城市战略纲要(2015~2020)》。2017年,"中国河洛文化文献丛书"整理工作完成第五期工程,搜集整理、影印出版了《弘治河南郡志》《刘宾客文集》《元氏长庆集》等12部珍贵历史文献,总计16函101册7900筒页316万字。至此,该项目已完成五期工程,总计整理出版洛阳珍贵文献典籍51部123种52函359册1664万字,① 规模之大,在全省首屈一指,在全国名列前茅。这些古籍的影印出版,对发掘抢救、保护研究珍贵的历史文化典籍和弘扬河洛文化起到了积极的作用。

6. "书香洛阳"建设加快推进

洛阳市政府常务会议研究通过了《"书香洛阳"建设提升方案》,对相关任务进行细化分解,制订了落实方案,明确了2017年底前需要完成的事项,召开会议积极推进各项建设任务。组织城市区相关人员实地学习了张家港、扬州等地的城市书房建设经验,制定印发了《关于城市书房试点建设及实行以奖代补的通知》,在5个城市区试点推进。在洛阳城市会客厅设置洛阳首个"朗读亭"。设立洛阳市图书捐赠中心和图书馆爱心共享阅读中心。组织开展了首届"书香洛阳·河洛"诗词大会、"少年传承中华美德"少儿阅读年等阅读推广活动。

---

① 资料来源:洛阳市地方史志办公室。

（二）文化旅游成效显著

1. 持续推进重大文化旅游项目

2017年，洛阳市围绕"全域融合发展文化旅游业，建设国际文化旅游名城重大专项"落实推进工作，梳理确定了33个重点推进项目，总投资436.64亿元，累计完成投资42亿元。建立了推进机制和工作台账，坚持每月收集汇总月报情况，重大专项推进工作初见成效。洛阳市人大对重点旅游项目推进情况进行现场督察，对洛阳三彩陶艺村项目、中国·洛阳三彩小镇等推进缓慢的项目进行通报。洛阳白云山自驾旅游营地（一期）、青要山旅游景区总体开发项目、洛阳西泰山养生养老休闲度假项目、河洛印象地—卫坡古村落文化旅游区、洛阳东西南隅历史文化街区一期项目等5个项目列入2017年全国优选旅游项目名录。

2. 丰富文化旅游产品体系

洛阳市深挖文化内涵，在洛阳旅游"老三篇"的基础上，着力打造洛阳旅游新篇章。推出了丝绸之路起点、大运河交汇点、万里茶道、大遗址、非遗传统技艺、豫西古建筑、红色旅游、峥嵘岁月工业游、河洛寻根、探宝寻秘等10条各具特色、内容丰富的精品旅游线路，基本涵盖了全市博物馆旅游产品的精华，能够满足不同群体的需求，为打造"博物馆之都"旅游产品夯实了基础。深挖洛阳历史文化资源，打造了洛邑古城景区、卫坡古村落等文化深度体验游等新产品，成为洛阳文化旅游的新亮点。集花海观赏、主题游乐、文化体验、生态休闲于一体的综合文化旅游度假区——万安山国际郁金香花海开门迎宾，大型实景旅游演艺节目《武则天》正式公演，丰富了洛阳文化旅游内容，延长了游客停留时间。

3. 智慧旅游持续提升

智慧旅游2.0项目建设扎实推进，持续深化旅游大数据建设及应用，智慧旅游数据中心已实现支撑洛阳旅游信息发布、公共服务、行业管理、行业运行监测、安全应急、精准营销、服务提升等方面的应用，智慧旅游系统导入交警部门高速卡口车辆数据，为洛阳市分析自驾游客源市场提供数据支

撑。编制了第35届牡丹文化节智慧旅游大数据报告和2017年河洛文化旅游节智慧旅游大数据报告。积极引导旅游景区、旅行社开展智慧旅游建设，以龙门石窟、老君山为代表的智慧旅游景区已实现Wi-Fi网络覆盖、电子讲解、智能入园、移动支付、智能停车场、大数据分析等功能，借助互联网实现了服务、管理、营销水平提升。指导部分旅行社开发了手机App、微信公众平台、旅行社同业平台、导游预约平台、电子合同等系统，为旅行社业务转型升级走出了一条新路。

（三）文博事业持续健康发展

1. 大遗址保护展示工程稳步推进

一是隋唐洛阳城国家历史文化公园前期工作顺利推进。完成了隋唐洛阳城国家历史文化公园背景资料片的制作，2017年10月12日，隋唐洛阳城和大运河遗产保护利用规划座谈会顺利召开，为下一步做好规划建设奠定了基础；编制起草了《隋唐洛阳城国家历史文化公园实施方案》，明确了隋唐洛阳城历史文化公园的建设任务、项目内容、实施步骤。二是隋唐洛阳城大遗址保护展示工程取得新进展。隋唐洛阳城应天门遗址保护展示工程稳步推进，已完成总工程量的40%；定鼎门片区"两坊一街"保护展示工程已完成施工图编制，首期国家专项补助资金已经拨付到位，12月底已开工建设。九洲池二期保护展示方案编制工作正在进行。三是汉魏洛阳故城遗址保护展示工程稳步推进，汉魏故城内城东西城垣南端遗址保护展示工程年底开工建设。四是偃师商城保护展示三期工程顺利实施，遗址公园建设稳步推进。二里头遗址"井"字形道路及二号宫殿遗址保护展示工程正在实施，二里头遗址公园规划编制完成。东周王城、宜阳韩城以及邙山陵墓群考古调查以及保护规划编制工作取得新的进展。

2. "博物馆之都"建设步伐加快

一是加快推进博物馆建设。二里头遗址博物馆已全面开工建设，博物馆主体工程基坑土方挖掘、桩基施工、桩间土开挖等已经完成，正在进行基坑降水处理、主体基础钢筋编笼等工作；契约文书博物馆建设迈出坚实步伐，已完成博物馆建筑主体工程、文物库房设备采购招标等工作,已进入陈列布展阶段;丝绸之路博物馆初步拟定了陈列大纲框架,具体的陈列大纲正在编写之中;非国有博物馆建设取得新进展,2016年6家已通过审批的非国有博物馆相继对社会公众免费开放,全市非国有博物馆数量达到47家。二是不断提升基本陈列水平,引进、举办内容丰富、形式多样的临时展览,加大免费开放力度,满足群众文化需求。2017年共举办、引进临时展览31个,其中洛阳博物馆举办的丝绸之路与中原、丝绸之路文化遗产图片展,洛阳古代艺术博物馆的古代壁画修复成果展,八路军驻洛办事处纪念馆举办的《碧血长空——抗战航空专题展》和《铁军雄风专题展》等展览吸引了大批中外游客,受到社会各界的好评。三是不断提高博物馆讲解接待水平。2017年,国有博物馆接待游客近400万人次。为了提高讲解接待能力,应对免费开放后观众人数的增加,各博物馆积极招募志愿者,对志愿者进行业务培训和日常管理,并使志愿者招募、面试及培训等工作形成常态化机制。策划旅游精品线路,宣传推广"博物馆之都"品牌。将全市博物馆、纪念馆根据内容、类别等进行串联,结合部分文物开放景点,策划推出了10条"博物馆之都"精品旅游线路;举办洛阳"博物馆之都"精品游览线路发布仪式和"我最喜爱的博物馆"网络评选活动,对博物馆精品旅游线路进行推广和宣传,召开了"博物馆之都"专家研讨会。

3. 传统村落和历史街区保护力度加大

大力推进传统村落保护相关工作,完成了程氏旧宅的程氏祠堂、草庙岭民居、卫坡民居保护维修工程。完成了2017年传统村落保护发展省级财政补助资金的相关工作。老城历史文化街区内文物保护单位相关保护与整治工作顺利推进,完成洛阳市涧西区苏式建筑群维修保护方案的批复工作和涧西区苏式建筑群修缮保护工程中央财政专项补助经费的申报工作,2017年国家文物局拨付2300万元用于涧西苏式建筑群2号街坊的维修保护工作。

4. 成功举办2017年中国文化遗产日主场城市活动

2017年中国文化遗产日洛阳主场城市活动共有文化遗产与"一带一路"青少年教育活动展演暨颁奖仪式、2017年中国文化遗产日主场城市活动开

幕式暨文化遗产与"一带一路"论坛、"一带一路"大遗址保护论坛、二里头遗址博物馆奠基仪式、"一带一路"图片展以及丝绸之路文物展等主要内容，参加人数300余人。活动期间，共有6个调研组分别到天堂明堂、龙门石窟、新安县汉函谷关、关林、白马寺、涧西工业遗产保护区等不同地方调研，在相关部门的密切配合下，活动圆满结束。这次活动规格高、规模大、项目多，到会的中央媒体30多家、国际在线媒体50多家、省市媒体20多家，各级媒体重磅宣传报道了这次盛会，在海内外引起强烈反响。

5. 文物保护基础工作扎实开展

顺利完成第一次全国可移动文物普查结项及成果公布工作。根据国家文物局、省文物局要求，经过普查，全市共计登录可移动文物419918件（套），占全省总量的23.68%，除省直单位外，位居全省地市首位。按照市政府常务会议纪要（〔2016〕11号）要求，市文物局负责组织实施《全市域文物保护与利用总体规划》编制工作。依据上级文物部门关于全国重点文物保护单位文物保护规划的编制工作要求，完成了八路军驻洛阳办事处旧址保护规划、河南府文庙保护规划、洛阳周公庙文物保护规划等6项文物保护规划的编制工作；组织局属文博单位和各县区文物部门编制完成了37项全国重点文物保护单位保护项目计划书；完成了洛阳涧西苏式建筑群修缮方案、白马寺维修保护工程设计方案等25项文物保护工程设计方案的审核上报工作。完成洛阳市第四批文物保护单位申报工作任务，新增74处（100项）不可移动文物已由洛阳市人民政府公布。积极落实市级文物保护专项补助经费，完成了上清宫等6项古建筑维修工程。完成了第七批国保和省保保护范围划定工作。完成了数字化文物保护标志碑现场安装工程和试点工作。2017年度共争取国家级重点文物专项补助资金18035万元、省保资金906万元、市级专项资金2000万元。完成2018年市级文物保护专项资金申报及项目审核上报工作，计划实施文物保护项目31个。①

---

① 资料来源：洛阳市文物局。

（四）城市文明程度持续提升

1. 蝉联"全国文明城市"称号

2015~2017年，洛阳市将文明城市创建作为推进全局工作的重要任务，坚持以文明为引领、以共建为原则、以民生为根本、以目标为导向，严格落实创建工作年度目标责任制，健全创建工作骨干队伍，加强创建资金保障，文明城市创建工作取得明显成效。截止到2017年，洛阳市所辖9个县（市）、6个建成区中，成功创建省级及以上文明城市的有12个，成功率达80%。822个单位成功创建市级以上文明单位，其中国家级16个、省标14个、省级380个、市级412个。成功创建国家级文明景区1个（龙门石窟）、省级文明景区7个。2017年11月，洛阳市已连续三次获得"全国文明城市"的称号。[①]

2. 加强公民思想道德建设

充分发挥《洛阳日报》、《洛阳晚报》、洛阳广播电视台等主流媒体和洛阳网、微博、微信等新媒体的优势，强化社会主义核心价值观宣传平台建设，实现宣传全覆盖。协调洛阳电视台等单位，邀请知名专家、学者、教授举办以核心价值观为主要内容的电视讲座，文明河洛电视讲堂已连续播出289期（2017年43期），直接受众数百万人次。以遍布全市的2100多个道德讲堂为载体，用"身边人讲身边事，身边事教育身边人"的方式，不断增强道德讲堂的社会影响力与精神凝聚力。2017年建成50个家风家训馆，全年共向中国文明网提供好人线索26130条，向河南省文明办和中央文明办重点推荐好人事迹36人次。开展"全民诚信"主题系列实践活动。2017年4月1日，洛阳市委宣传部、市创建办、市文明办组织对王府井商场进行现场观摩学习，开展经验交流会，精心组织推选全省"诚信之星"，深入开展"我的中国梦"主题教育实践活动等。

3. 扎实推进农村精神文明活动

洛阳市下发了《关于推进"美丽乡村·文明家园"示范村建设的实施

---

① 资料来源：洛阳市委宣传部。

意见》，并将相关要求纳入《洛阳市文明村镇测评体系》，扎实推动此项工作开展。截至2017年底，全市已建成"美丽乡村·文明家园"示范村418个。2017年6月初，洛阳市文明办组织召开洛阳市农村精神文明建设暨推动移风易俗树立文明乡风工作经验交流会，对移风易俗工作进行专项部署。洛阳市栾川县被中宣部确定为"推动移风易俗、树立文明乡风"工作典型案例在全国进行宣传，并在河南省推动移风易俗树立文明乡风观摩推进会上进行经验介绍。栾川县赤土店镇等11个村镇获得"全国文明村镇"荣誉称号、新安县正村镇等25个村镇获得"河南省文明村镇"荣誉称号。栾川县赤土店镇、孟津县梁凹村等村镇的创建工作在全国文明村镇复查验收中得到了考评组的高度赞誉。

4. 社会志愿服务活动蓬勃发展

一是统筹规划洛阳市志愿服务"一基地两中心"建设，形成网络体系架构。截至2017年，洛阳市有各类志愿服务队伍3200余支，学雷锋"文明使者"志愿服务站1527个，学雷锋志愿者工作站500多个。二是推进学雷锋志愿服务制度化，加快志愿服务"一基地、两中心"建设。2017年以来，先后组织培训10次，骨干800余人，孵化特色、专业志愿项目10类50余个，推动志愿服务活动持久长效运行。三是坚持完善"队伍+基地+活动"的长效志愿服务模式，2017年共培育品牌志愿服务项目5个，宣传推选优秀志愿组织6个、最美志愿者4个、最美志愿服务社区4个，发挥品牌典型示范引领带动作用。

（五）河洛文化影响力不断扩大

1. 推动洛阳文化交流"走出去"

2017年，经典作品《盘夫索夫》赴北京长安大剧院演出，舞剧《关公》赴郑州、新乡、福建、广东、山西进行了多场巡回演出，获得了良好的社会效益和经济效益。市、县区有关部门负责人和文化企业参加了深圳国际文化产业博览交易会、海峡两岸（厦门）文化产业博览交易会和全国书博会，学习发达地区文化产业发展经验，推介展示洛阳文化产业招商引资项目和产品，寻找合作商机。赴丝绸之路重要节点城市——新疆哈密、甘肃敦煌等地开展文化艺术交流，推介展示洛阳市书画、牡丹文化、三彩文化、地方戏等特色产品。积极与六小龄童工作室合作摄制纪录片《一带一路·重走玄奘路》，与河南省豫剧院合作改编豫剧《玄奘》，融入洛阳元素，提升"一带一路"沿线城市文化影响力。

2. 大力开展境内外旅游宣传营销

2017年3月，在中国香港开展了第35届牡丹文化节旅游专题推介，在德国、俄罗斯等欧洲国家开展洛阳旅游专题推介，5月中旬在印度尼西亚等地开展了洛阳旅游推介活动，成功吸引了众多国际宾朋的注意力。在东南亚、欧洲等洛阳市主要旅游客源地掀起了洛阳热、牡丹热，收到了良好的宣传效果。在北京、广州、武汉、成都、重庆、郑州、西安、厦门、泉州、杭州、昆明等主要客源城市，开展洛阳旅游专题推介，到海口、福州等航线新开通城市开展旅游推介。充分利用各类旅交会、博览会等，进一步加强与各地旅行商、旅游机构的沟通交流，扩大推介效果。通过宣传营销活动，有效推广和提升了洛阳的城市形象。

二 洛阳文化发展存在的问题及原因分析

（一）文化消费与文化生产能力不相适应

近年来，洛阳市文化消费虽然已显示出向多元化、多层次发展的良好势头，文化消费水平不断提高，文化市场迅速发展。但文化产品和服务的供给还没能充分满足人民群众不断提升的文化需求，基本型文化消费供给过剩且质量不高，发展型文化消费在数量和质量上都明显不足，存在投入不足、增长乏力的问题。具有独特创新能力的文化产品供给非常稀缺，同质化问题严重，也导致文化产品供给水平较低，文化消费市场发展不够稳定等。

（二）公共文化服务设施及利用率有待提高

通过国家公共文化服务体系示范区建设，洛阳公共文化基础设施已经有了很大改观，但由于历史原因，洛阳市公共文化服务基础设施还普遍存在欠账的问题，全市没有能组织大型国际文化会议和大型综合性会展的基础设施，区县的图书馆、文化馆、博物馆和文化活动中心发展参差不齐。洛阳市公共文化设施无论在数量还是质量上都略显不足，一些文化设施档次过高，另一些又过于简陋，且利用率低，成为扩大文化消费的制约因素。

（三）国有文化企业改革推进难度较大

一是体制不顺。国有文化企业存在小、散、弱现象。企业规模小，分布在老城、西工、涧西三个区，抵御市场竞争能力弱，生存空间狭窄。二是机制不活。虽然转为企业，但没有真正建立起现代企业制度，没有完全按照现代企业的管理模式，仍然按事业单位模式运转，存在吃大锅饭现象，影响企业的发展。三是包袱沉重。多数企业人员多，历史遗留问题多，下岗分流人员多，资产不优，可经营资产不多，靠房租低水平维持运营。

（四）文物保护与利用有待加强

随着城乡建设步伐加快，文物保护及其生存环境受到威胁，基本建设破坏文物遗迹、影响古都历史风貌事件以及田野文物被盗案件时有发生。文物保护利用的理念和机制不活，文创产业发展方面还存在观念不新、步子不快、人才短缺的问题。文物保护专业技术人才严重匮乏，青黄不接，不能满足当前文物事业发展的需求。文物工作"五纳入"仍落实不到位，发展不平衡，一些县区文物部门经费困难，人员编制缺失。

三 2018年洛阳文化发展对策建议

2018年，洛阳市坚持以人民为中心的工作导向，继续围绕加快推进

"9+2"工作布局，加快建设文化消费试点城市和国际文化旅游名城，以更加丰富的精神文化产品满足人民日益增长的美好生活需要，为决胜全面建成小康社会、开启新时代洛阳全面建设社会主义现代化新征程提供文化支撑。

（一）实施精品文艺创作交流工程，讲好洛阳故事

一是抓好文艺精品创作。加强现实题材创作，谋划一批讴歌党、讴歌祖国、讴歌人民、讴歌英雄、体现时代风貌的创作选题，将反映模范人物题材的剧目《工人杨奎烈》和反映脱贫攻坚题材的剧目《源上牡丹红》搬上舞台。围绕"一带一路"建设、大运河文化带、隋唐洛阳城国家历史文化公园建设等主题，争取再创作排演一批文艺精品剧目和文化艺术作品，力争在河南叫得响、在全国有影响。坚持"百花齐放、百家争鸣"方针，引导和支持戏剧、歌舞、影视、图书等形式多出好作品，多角度、全方位、立体化展示洛阳厚重的文化，再现洛阳文化繁荣兴盛的景象。

二是组织优秀文化"引进来"。举办2018年新年音乐会、春节戏曲晚会，打造城市文化品牌，提升城市文化品位和软实力。做好牡丹文化节优秀剧目展演活动，面向全国，挑选优秀获奖剧目来洛演出，保障展演月活动的艺术品质。在展演月期间，举办玄奘文化周，邀请优秀的玄奘题材舞台艺术作品来洛演出，弘扬玄奘精神，增强地域文化特色。

三是推动洛阳文化"走出去"。制订洛阳文化"走出去"行动计划，加强与港澳台及海外的文化交流互鉴，推动洛阳文化"走出去"，实现洛阳文化交流新突破。加强与文化部、省文化厅等部门的沟通联系，了解掌握对外文化交流信息，按照需求编排打造适合外出交流的文艺产品。继续做好豫剧《玄奘》、舞剧《关公》、隋唐百戏杂技等优秀剧目对外文化交流工作。2018年启动"一带一路"国际文化交流活动，筛选一批适合"一带一路"沿线国家交流的优秀精品剧目和非物质文化遗产项目，开展文化交流展示活动。

（二）实施非遗保护传承利用工程，延续城市文脉

深入贯彻落实《洛阳市非物质文化遗产保护条例》，立足洛阳丰富的非

物质文化资源,做好保护、传承、利用"三篇文章",坚持"创造性转化、创新性发展",积极弘扬优秀传统文化,保留和延续洛阳文脉。

一是加大资源开发利用力度。抓住"一带一路"建设、大运河文化带洛阳段和隋唐洛阳城国家历史文化公园建设的机遇,大力开展非物质文化遗产资源调查、挖掘整理工作。以洛阳非遗专家委员会为基础,组建大运河文化带洛阳段和隋唐洛阳城国家历史文化公园专项课题小组,以课题的形式开展全面调查工作,形成一批分量厚重、内容丰富、应用效果好、及时有效的研究成果,指导全市非物质文化遗产保护实践,为重大建设项目提供智力支持。积极对接国内外知名文化机构,充分挖掘河洛文化、古都文化、运河文化、根亲文化、牡丹文化等资源,研究生产更多特色文创产品,培育代表洛阳特色的文化产业。

二是实施传统技艺抢救工程。按照"保护为主、抢救第一、合理利用、传承发展"的方针,对洛阳市四级非遗代表性项目名录内的传统技艺类项目进行调查摸底,按照"六个一"的标准,为每个项目建立一套纸质和数字记录档案,拍摄一批项目和传承人专题片,编辑出版一批项目图录和传承人口述史,征集一批实物和作品,建设一批专题展示馆和传习所,培养一批传统手工艺人才,使传统技艺得到有效保护和传承。

三是规划建设非遗示范区(点)。鼓励县区政府、传承单位、传承人和社会力量参与非遗示范区建设,政府给予一定的政策及经费扶持,在展示、传习、社会传承、生产性保护、整体保护利用等方面,谋划建设数个非遗示范项目。做好洛阳市首批优秀非遗展示馆和传习所评选工作,开展第五批市级非物质文化遗产代表性项目评选命名工作。

(三)实施公共文化服务提升工程,增强人民获得感

巩固国家公共文化服务体系示范区创建成果,进一步完善公共文化设施,提升公共文化服务效能,为打造居者心怡、来者心悦的幸福宜居现代化城市增添独特的文化品质和文化魅力,增强人民获得感。

一是实施重大公共文化设施建设项目。积极推进将洛阳师范学院原图书

馆改造为市中心图书馆项目，抓紧推进手续报批、协助搬迁、改造设计和内部装修等工作，力争到2018年10月1日前建成投用。启动市文化馆、市少儿图书馆新迁项目，加快市会展中心部分空间整合改造进度，力争2018年10月底顺利迁入。将原洛阳博物馆馆舍改造成非遗博物馆，确保2018年9月建成开放。谋划建立市直文艺院团排演中心。督促孟津、伊川、栾川完成文化中心建设，宜阳、瀍河完成图书馆、文化馆建设任务，为群众就近参与文化活动提供便利条件。

二是加强基层公共文化设施建设。积极争取资金，加大督导考核，推动所有乡镇（街道）和行政村（社区）建成集宣传文化、党员教育、科学普及、普法教育、体育健身等功能于一体的基层综合性文化服务中心，促进城乡基本公共文化服务均等化。

三是提升"书香洛阳"建设水平。在城市区范围内，建成30个"城市书房"、设置100多个自助借阅点和流动服务点，形成多种方式合作共建、居民就近参与的阅读设施布局。依托市、县区两级公共图书馆、乡镇（街道）、村（社区）图书室，完善全市通借通还的总分馆服务体系，实现图书资源和信息的共建共享。广泛开展形式多样的阅读推广活动，使古都洛阳处处洋溢书香。

（四）实施文化产业发展提速工程，增强文化软实力

抓住文化产业被洛阳市列为大力发展的"五大特色产业"之一的机遇，努力改变文化产业增长速度不快、在国民经济中份额占比较低的现状，保持文化产业强劲发展的势头，推动全市文化产业增加值占GDP比重同比增长15%以上。

一是突出规划引领。聘请国家级权威机构和知名策划团队，编制洛阳文化产业发展规划，以文化旅游产业融合发展为重点，着力盘活文化资源，推动文化与文物、科技、城建、交通、休闲、养生等关联产业融合发展。

二是建设重点项目。充分挖掘隋唐洛阳城等一批文物遗址资源的文化旅游价值，围绕文旅产业、文创产业、文化交流与贸易、文化展示展演等方

面,逐步将隋唐洛阳城国家历史文化公园打造为文化产业发展核心区。紧抓大运河文化带建设新契机,全面挖掘洛阳运河文化,活化遗址资源,组建大运河文化带城市联盟、学术联盟,推进共建共享,将大运河文化带打造成洛阳文化的新名片。积极融入"一带一路"建设,以丝路文化为引领,以丝路文化交流为纽带,高规格建成集文化交流、展演展示、文化休闲、文化体验于一体的丝绸之路文化交流中心。

三是创新文化发展模式。依托郑洛新国家自主创新示范区、国家级文化和科技融合示范基地、国家小微企业创业创新基地示范城市、河南自贸区洛阳片区等平台,实施"文化+旅游""文化+科技""文化+金融"等发展模式,支持文化旅游、牡丹文化、工艺美术等地方特色产业,动漫游戏、创意设计、演艺娱乐、传统会展等传统文化产业和数字文化、创意设计、网络文化等新兴文化产业集聚融合发展。

四是推动文化消费提档升级。围绕"八大板块",学习借鉴其他城市先进经验,依托全市文化消费综合信息平台,选择市场信誉好、销售状况优的文化企业和商户成立全市文化消费联盟,发力供给侧,通过政府补贴文化消费和企业打折优惠促销等方式,吸引市民群众的文化消费。结合项目推进、活动举办、实施成效等指标内容,研究、制定资金补贴政策,发放文化惠民消费券;采取动态管理、动态跟踪原则,及时调整政策内容和补贴数额,确保资金补贴效应最大化,撬动更多文化消费和人群。开展线上线下活动,吸引眼球、集聚人气,促进更多更高层次的文化消费,努力走在全国45个试点城市的前列。

(五)实施文化体制机制创新工程,增强文化内动力

按照把社会效益放在首位、社会效益和经济效益相统一的原则,深化文化体制改革,推动管理机制创新,激发文化活力。

一是试点推进公共文化机构法人治理结构改革。按照政事分开、管办分离的要求,以促进公共文化事业发展为目标,推动省级试点单位洛阳市文化馆完善以理事会为主要形式的法人治理结构,吸纳有关方面代表、专业人士、各界群众参与管理，落实法人自主权，进一步提升管理水平和服务效能，增强活力，为人民群众提供更加优质高效的公共文化服务。

二是分类推进国有文化企业改革。以建立有文化特色的现代企业制度为重点，区分具有意识形态属性和非意识形态属性两类，同步推进。保持3家国有文艺院团和电影公司公益性和意识形态属性，组建洛阳市文化演艺集团公司，实行政府、集团公司、子公司三级管理模式，多创作生产弘扬洛阳文化、反映社会主义核心价值观、体现时代主旋律的精品剧（节）目。进一步优化洛阳市青年宫文化发展有限公司等8家国有文化企业资产结构，进入市投资融资平台，通过集团公司资源重组和资本运作，推动国有文化企业做大做强，进一步释放国有资本潜能，增强国有企业活力。

三是深化文化市场综合执法改革。在完成体制改革的基础上，进一步创新管理机制，探索建立文化市场执法同城一支队伍的"洛阳模式"，使文化市场监管工作无死角、全业务、高效能。

（六）实施文化市场监管工程，守好意识形态安全底线

严格落实意识形态工作责任制，牢固树立"守土有责、守土负责、守土尽责"观念，加强文化市场监管，确保意识形态领域和文化市场安全。

一是保持"扫黄打非"高压态势。健全全市"扫黄打非"工作机制，全面推进"扫黄打非"进基层工作，落实乡（镇）领导机构和工作机构，在村（社区）建立工作站和联络员机制。强力开展"扫黄打非""清源""净网""秋风""护苗""固边"等系列专项行动，严厉打击政治性有害出版物、网络淫秽色情信息、非法有害少儿出版物、假媒体假记者站和侵权盗版行为等违法行为。

二是加大文化市场监管力度。继续推动互联网上网服务企业、歌舞娱乐场所转型升级。以"平安文化市场创建"为主线，加大对互联网上网服务经营场所违法违规行为的打击力度，开展系列专项行动，规范场所经营行为。开展公共娱乐场所消防安全专项治理，协同消防部门做好行业消防安全工作。加大农村文化市场监管力度，实现对农村文化市场经营活动

全覆盖动态监管。

三是加强执法队伍建设。制订全市文化市场综合执法队伍培训规划,分级分类开展执法人员培训,积极开展与对口交流单位的协作交流,提升执法人员素质,促进严格公正文明执法。

(七)实施旅游产业转型升级战略,加快建设国际文化旅游名城

围绕国际文化旅游名城建设总体目标,以创建全域旅游示范区为载体,全力推动洛阳旅游由"老三篇"向新篇章、由门票经济向全域旅游、由旅游城市向城市旅游的转变,使旅游业成为经济新常态下带动全市经济增长的驱动力和新亮点,真正让人民群众享受到旅游产业转型发展的红利,进一步增强人民群众的获得感、认同感、幸福感。

一是明确发展思路。加快旅游业供给侧结构性改革,以建设国际文化旅游名城为总目标,以旅游标准化建设为基础,以培育精准化旅游产品为切入点,以擦亮城市旅游品牌为抓手,以提升旅游从业人员素质为重点,加快实现旅游产业地位、旅游经济模式、旅游产品、旅游地性质、旅游区域关系五个方面的转变,实现旅游产业由发展速度型向质量效益型的转变,真正把洛阳建设成为具有"国际范、中国风、洛阳味"的国际文化旅游名城。

二是优化发展布局。按照国家区域中心城市、中原城市群副中心城市战略定位,结合城市发展布局及文化、生态旅游资源禀赋和区位优势,构建优化"一心一轴两翼两带"空间布局,以东拓、西进、南优、北展模块,加强与周边地区的合作互动,打造中原城市群旅游集散中心,实现旅游业全域发展。

三是培育旅游品牌。深入挖掘洛阳作为华夏文明发源地、丝绸之路东方起点、大运河中心城市等厚重的历史文化资源,巩固提升传统的龙门、关林、白马寺等"老三篇",发挥龙头示范引领带动作用,培育打造博物馆之都、二里头夏都博物馆、隋唐洛阳城国家历史文化公园等洛阳旅游新项目,积极建设打造具有较高国际知名度和吸引力的历史文化旅游品牌。

专题篇

Report on Subjects

B.2
洛阳构建文化高地研究*

刘振江 张 丽**

摘 要： 河南省第十次党代会提出加快构筑"全国重要的文化高地"的战略，是洛阳文化建设的重要战略机遇。"全国重要的文化高地"作为一个整体的概念，与省第八次党代会提出的"文化资源大省"、第九次党代会提出的"文化强省"概念是一脉相承的。文化资源之"大"是文化之"强"的基础，而"大"与"强"又奠定了"高"的基础，由"大"而"强"，由"强"而"高"构成了河南文化建设的逻辑基础。在这个意义上，洛阳在构筑"全国重要的文化高地"战略中具有突

---

* 本文是河南省科技厅软科学项目"'构筑全国重要文化高地'战略下河南特色文化符号的构建路径研究"、洛阳市社科专家县区行"洛阳构建文化高地问题研究"的阶段成果。
** 刘振江，教授、硕士生导师、河南科技大学马克思主义学院院长，河南省高校人文社科重点研究基地"河洛思想文化传承创新研究中心"主任。张丽，博士，河南科技大学马克思主义学院讲师。

出的优势，主要表现为得天独厚的优秀传统文化资源、丰富而有特色的革命文化以及改革开放以来在社会主义文化建设中取得的成就三个方面。尽管如此，洛阳在构筑"全国重要的文化高地"中也面临着亟待解决的突出问题，主要表现在河洛历史文化遗存保护开发利用进度缓慢、文化制造业占比过低，产业结构不尽合理，文化企业格局不大、文化研究深度与力度有待增强三个方面。鉴于此，洛阳在构筑"全国重要的文化高地"中要将河洛历史文化遗存的保护开发利用、文化产业的发展、文化研究整体水平三个方面推向高地。

关键词： 文化高地　文化遗存　文化产业　河洛文化

2016年10月31日，河南省委书记谢伏瞻在省第十次党代会工作报告中指出：深化文明河南建设，加快构筑全国重要的文化高地。这既是对十八大以来习近平总书记文化强国、文化自信、弘扬优秀传统文化思想的贯彻落实，也为河南建设文化强省指明了方向。"打造全国重要文化高地"是河南省委省政府根据国家文化发展战略，结合河南省的文化资源、文化建设发展现状而提出的战略目标，既是建设文明河南的题中之意，又是充分发挥文化建设对经济、政治、社会、生态全面发展的促进与推动作用。"打造全国重要文化高地"既具有理论指导意义，又具有战略实践意义，不仅是一个单一的概念，而且是一项复杂的系统工程。"打造全国重要文化高地"在吹响河南文化发展号角的同时，也对河南各市县的文化发展提出了要求。洛阳作为拥有重要文化资源的历史文化名城，作为在各方面位于全省发展前列的副中心城市，在河南省"打造全国重要文化高地"中具有举足轻重的作用，理应一马当先，走在前列。同时，洛阳理应把握"打造全国重要文化高地"的战略机遇，促使文化建设实现实质性的推进。但是，也应清醒地认识到，在河南"打造全国重要文化高地"的战略进程中，洛阳拥有独特的历史文化优势，具有丰富的文化资源，同时也面临着一些亟待解决的问题。

一 "全国重要文化高地"的内涵及洛阳的优势

深化文明河南建设，加快构筑全国重要的文化高地，对洛阳而言，这是无比重要的文化发展机遇。洛阳的文化资源、文化发展方向将以"打造全国重要文化高地"为标准和目标做出全方位的梳理和更加合理的定位。洛阳要把"打造全国重要文化高地"的战略落实到文化建设实践中，必须要思考"全国重要文化高地"的内涵是什么以及洛阳有什么优势这两个问题。

（一）"全国重要文化高地"的内涵分析

"文化高地"的概念并不是由河南首先提出的。据笔者粗略梳理，"文化高地"的概念于2000年在重庆市召开的全国四直辖市首届"都市风采"城市群众文化理论研讨会上提出，当时的提法是"构筑中国群众文化的高地"。[①] 此后，随着"三个代表"重要思想的提出，"文化高地"概念的使用率有所增加，但"文化高地"究竟有哪些内涵，一直没有明确的界定。"文化高地"的内涵长期没有确定，一个重要的原因是因为"文化高地"一直没有进入政府工作的战略设计之中。在这种意义上，"加快构筑全国重要的文化高地"的提出，就意味着要赋予"文化高地"明确的内涵。因此，"构筑全国重要的文化高地"不仅具有重要的战略实践意义，而且具有重要的理论意义。"全国重要的文化高地"的内涵是什么呢？在此之前，河南省第八次党代会提出的"加快从文化资源大省向文化强省跨越"的目标，河南省第九次党代会提出的"加快建设文化强省"的战略目标。因此，"全国重要的文化高地"的内涵可以通过其与"文化资源大省""文化强省"的对

---

① 思群：《首届四直辖市城市群众文化理论研讨会提出直辖市要构筑群众文化的高地》，《中国文化报》2000年11月8日第4版。

比中加以把握。"文化资源大省"主要是指河南的文化资源,尤其是优秀传统文化资源相对于其他省份而言具有质与量的双重优势。"文化资源大省"凸显的是河南的历史特色。"文化强省"是指通过对文化资源充分有效地利用,让河南文化焕发生机与活力,中原文化的影响力显著提升。"文化强省"凸显的是河南文化形象,中原文化特色。"全国重要的文化高地"则是在充分利用文化资源打造文化强省基础上的进一步提升。中共河南省委党校朱耀先教授指出:"'文化高地'不是一个单一要素的概念,而是一个内涵十分丰富、涉及领域极为广泛的概念,同时在实践上也是一个复杂的系统工程。"[1] 说"文化高地"涉及领域广泛,不是一个单一的概念,是因为"文化高地"虽然以文化作为基础,但是不局限于狭义的文化建设,而是充分肯定文化在经济、政治、社会、生态方面的功能意义。需要进一步说明的是,在界定"文化高地"的内涵时,应充分考虑"全国重要的"这个限定语,或者说,应把"全国重要的文化高地"作为一个整体的概念加以把握。只有这样,才能确定"高地"内涵。"全国重要的文化高地"意味着文明河南的建设具有全国影响力,甚至在中国文化"走出去"战略中占有重要的一席之地,充分彰显文化自信;意味着文明河南的建设具有全国示范意义,充分践行社会主义核心价值体系和社会主义核心价值观,能够成为其他省市文化建设的标杆;意味着河南的文化产业建设走在全国前列,文化的经济价值得到充分的发挥。根据河南省委宣传部常务副部长王耀的说明,打造全国重要的文化高地主要包括打造思想道德高地、打造文艺发展高地、打造文化产业高地。"文化资源大省"突出的是对文化先天优势的整理;"文化强省"强调对文化资源的利用,凸显文化品牌、文化形象;"全国重要文化高地"则凸显文化地域优势与国家文化战略的结合。因此,文化资源之"大"是文化之"强"的基础,而"大"与"强"又奠定了"高"的基础,由"大"而"强",由"强"而"高"构成了河南文化建设的逻辑基础。综合

---

[1] 朱耀先:《"文化高地"构筑实践中存在的问题及对策思考——以河南构筑全国重要"文化高地"为视角》,《学习论坛》2017年11月第11期。

而言，河南加快构筑"全国重要文化高地"关键在于着力于"高"。具体而言，要把河南文化资源的"大"与文化之"强"与中国的话语权相连，与文化自信相连，与培育和践行社会主义核心价值观相连，与经济政治社会生态的发展相连。

（二）洛阳在加快构筑全国重要的文化高地战略中的优势分析

根据从"大"到"强"再到"高"的发展逻辑，洛阳在构筑"全国重要的文化高地"战略中具有明显的优势。习近平总书记在党的十九大报告中指出："推动中华优秀传统文化创造性转化、创新性发展，继承革命文化，发展社会主义先进文化，不忘本来、吸收外来、面向未来，更好构筑中国精神、中国价值、中国力量，为人民提供精神指引。"洛阳在构筑"全国重要的文化高地"上的优势可以从优秀传统文化、革命文化和社会主义先进文化三个方面加以把握。

首先，洛阳拥有得天独厚的优秀传统文化资源。以洛阳为中心的河洛文化长期以来在中国的历史上占领文化发展的"高地"。就文化的载体而言，洛阳对汉字文化的贡献可谓之"高"，仓颉造字的传说与原始刻画符号、东汉许慎的《说文解字》、北宋邵雍的等韵学研究、明代吕维祺的《音韵日月灯》等都说明了洛阳对汉字汉语的贡献之大。就都城文化而言，夏朝都城斟鄩被誉为"华夏第一王都"；商朝都城西亳是迄今考古发现的商代早期都城遗址中年代最早、保存最好的一座城址；东周都城王城，共十四王居住，历时300余年；东汉曹魏西晋北魏都城洛阳诠释"若问古今兴废事，请君只看洛阳城"；隋唐东都洛阳的政治地位堪比长安，武则天时期在此号令天下，神都地位超越长安。就思想文化而言，"河图洛书"闪耀中华文明的曙光；周公制礼作乐开创中华传统礼乐文明；老子在洛成道家之尊；东汉经学更是把儒学的发展推向一个高峰；"二程"洛学开宋明理学之先河，开创了儒学发展的新高度。就宗教文化而言，洛阳是佛教的首传之地，河洛地区成为佛教发展的重地；洛阳是道教的发祥地，有许多重要的道教人物如司马承祯等在这里从事道教修炼和理论著述。就文学艺术而言，河洛地区是中国古典文学的发祥地,又是其发展演变的关键地区,在文学史上有着极高的地位;河洛地区的艺术,涵盖音乐、舞蹈、杂技杂耍、魔术、绘画、雕塑、书法等多种门类,长时期在很多方面引领全国的走向,甚至居于当时世界的制高点。凡是流传下来的艺术作品,无不是国家级的珍品。就历史遗存而言,目前洛阳有龙门石窟、中国大运河、丝绸之路三项六处世界历史文化遗产,有43处全国重点文物保护单位、122处省级文物保护单位。就其他方面而言,洛阳在历史文献、科技文化、教育文化、民俗文化、姓氏文化等都有很高的成就。丰厚博大的优秀传统文化促成了洛阳在构筑全国重要的文化高地战略中的第一大优势。①

其次,洛阳拥有丰富的革命文化资源。洛阳在革命战争时期发挥着重要的作用,是革命老区。据相关部门的调查,洛阳有153处红色文化资源。其中,重要历史事件和重要机构旧址58处,重要历史事件及人物活动纪念地39处,革命领导人故居23处,烈士墓9处,纪念设施24处。②洛阳红色文化资源类型多样、独具特色,影响大、档次高,在时空的分布上连绵不断而又相对集中。丰富而又有特色的革命文化构成了洛阳在打造全国重要的文化高地战略中的第二大优势。

最后,洛阳的社会主义先进文化建设也取得了很高的成就。长期以来,洛阳特别重视文化的发展,在文化艺术和文化产业方面都取得了显著的成绩。改革开放以来,洛阳文艺界涌现出一大批在全国具有影响力的文艺大家、名家,产生了一大批深受群众赞誉的精品,获得了多个全国性的重要奖项荣誉。例如,著名作家阎连科、范兴运、任见等以及丁莉、段新强、崔永照、李刚、崔丽娟、苏恺明、程旭波、杨亚丽等一批青年作家构成了讲好洛阳故事的人才梯队;豫剧名家陈大华、刘亚林等表演艺术家深受群众喜爱。近年来,洛阳的文化产业呈现较好的发展势头。自2010年以来,洛阳市文

---

① 此部分关于河洛文化包含的诸多方面的论述参考徐金星、郭邵林、扈耕田等:《河洛文化论衡》,中国文史出版社,2014。
② 王治涛等:《洛阳红色文化资源的保护和开发研究》,《洛阳理工学院学报》(社会科学版),2013年8月第4期。

化产业法人单位增加值占GDP的比重逐年增加，文化产业增加值的增速远远高于同期GDP的增速。洛阳的文化产业不仅发展速度较快，而且在总量和质量上都呈现出较好的发展态势。根据《洛阳市文化产业转型行动计划（2018~2020年）》（简称《行动计划》），到2020年，全市文化产业实现快速健康发展，形成实力强大、特色突出、创新强劲、保障有力的局面，实现文化产业增加值280亿元以上，占GDP比重达到5%。其中，建成文化产业园区18个以上，实现年营业收入180亿元以上，培育壮大一批核心竞争力强的龙头文化企业，实现年营业收入150亿元以上。《行动计划》将为洛阳打造文化产业高地奠定良好的基础。

二 洛阳构筑全国重要的文化高地面临的问题

构筑全国重要的文化高地给洛阳带来了文化发展的大机遇，使洛阳在新的历史机遇下彰显自身的文化优势，让洛阳的文化事业更上一个台阶。然而，构筑全国重要的文化高地给洛阳带来重要机遇的同时，也使洛阳文化建设中的一些问题暴露得更加明显。如河洛历史文化遗存保护开发利用、文化产业发展、文化研究等方面的问题仍十分突出。

（一）河洛历史文化遗存保护开发利用进度缓慢

自20世纪90年代洛阳把河洛文化作为文化品牌开始打造以来，河洛文化历史遗存的保护开发利用可谓稳健提升，取得了相当可观的成就。然而，随着历史文化遗存保护开发利用观念的不断更新以及人们对历史文化遗存的认知水平及情感需求的不断提升，相关的问题也不断地暴露出来。如相关法规政策制度不健全、资金投入不足、缺乏合理的人才结构、评估机制不健全等。

1. 缺乏健全的法规、政策、制度

自20世纪90年代洛阳把河洛文化作为文化品牌开始打造以来，河洛文化历史遗存的保护开发利用可谓稳健提升，这当然得益于市委市政府以及相

关职能部门不断出台的法规、政策、制度。然而,随着历史文化遗存保护开发利用观念的不断更新以及人们对历史文化遗存的认知水平及情感需求的不断提升,相对稳定与滞后的法规、政策、制度却不能及时更新出台,往往造成历史文化遗存的保护开发利用进程的延缓甚至停滞。从调研的情况来看,由于法规、政策、制度的不完善甚至是缺位导致了以下问题。其一,保护力度不够。尽管有《中华人民共和国文物保护法》等一系列国家层面的法律法规作为依据,但是在地方的历史文化遗存的保护开发利用过程中,由于一些城镇居民及乡民对相关法律法规缺乏基本认知,因此国家层面的法律法规在地方的使用中往往出现"天高皇帝远"的尴尬局面。在调研的过程中,诸如"两程"故里、范仲淹墓、伊尹祠等声名显赫的历史文化遗存,院内生活垃圾与杂草并生,甚至有种苍凉之感,可以说是连基本的日常打理都不能得到保障,更遑论规范的整理了。其二,权责相互牵制、政策无法通畅。就河洛文化历史遗存保护开发利用而言,虽然洛阳市委市政府给予了足够的重视,但是由于同一遗存的管理往往涉及好几个行政职能部门,而各个行政职能部门之间权力平等,没有隶属关系,所以一方面在政策的制定中,各个部门往往基于自身职能的立场而没有顾及其他部门的职能,这就极有可能造成各个部门制定的政策存在相互冲突的现象;另一方面,由于同一遗存需要好几个部门的同时管理,往往会出现重复管理的现象,有时又会出现管理的真空地带,所以在政策的制定中可能会出现政策的重复或无相关政策,而导致"踢皮球"现象的发生。无论是哪一种现象出现,都会对遗存的保护开发利用状况带来很大的难题。其三,缺乏长远规划,没有发挥制度优势。首先,就河洛文化历史遗存的保护开发利用而言,各级政府往往都把目光聚焦在遗存的经济价值上,而忽略了遗存本身所具有的其他价值。正是因为这种重利益轻保护的潜意识存在,所以在遗存的开发使用上,要么存在过度开发的现象,要么看到遗存不具备潜在的价值而置之不理。其次,由于缺乏长远规划,没有形成整体视域,分布在各个县区之间的遗存并没有形成联动效应,以"二程"为例,位于嵩县的"两程故里"与位于伊川县的"程园"由于缺乏政府层面的、整体的、长远的规划,所以目前还处于分散的状态。

最后，由于在遗存保护开发利用的制度上没有创新，所以不少民众不能成为遗存保护的参与主体，人民群众的力量与智慧没有被充分地调动起来。

2. 缺乏充足的资金投入

河洛文化历史遗存的保护开发利用，无论是对历史价值、科学价值、艺术价值、社会文化价值、使用价值、环境价值哪一方面的彰显，都需要投入大量的人力、物力和财力，其中财力的作用尤其明显。从调研的情况来看，保护开发利用河洛文化历史遗存的财力可谓捉襟见肘。首先，政府对河洛文化历史遗存保护开发利用的资金投入明显不足，这与洛阳及其县区财政收入及其预算关系甚大。河洛文化历史遗存分布广泛、品类繁盛、层次较高，本身对资金的需求量比较大也是一个重要的原因。其次，吸纳社会资金不足。在河洛文化历史遗存的保护开发利用中，对政府资金的投入依赖性过高，甚至是完全依赖政府的投入，而对社会资金的吸纳明显不足。即使能够吸纳社会资金，也仅仅用在旅游开发等能够取得经济效益的领域中，而遗存的历史价值、艺术价值、社会文化价值等对社会资金的吸纳能力明显不足。最后，资金分配不合理。河洛文化历史遗存中，诸如龙门石窟、隋唐大运河、丝路起点等世界文化遗产，尤其是龙门石窟，由于遗产级别高，起步早，具有可观的旅游价值，所以无论是政府资金还是社会资金的投入都比较高，形成"滚雪球"效应。而在雪球滚大之后，政府资金并没有抽出，还在继续投入，没有转移到其他遗存的保护开发利用上。

3. 缺乏合理的人才结构

文化和人才总是相伴而生，文化的繁荣发展离不开人才的支撑，文化遗存的保护开发利用同样需要发挥人才的重要作用。除了资金短板外，人才的供不应求也是掣肘河洛文化历史遗存保护开发利用的重要因素。首先，高端文化人才短缺，缺乏遗存保护开发利用的领军人物。目前，河洛文化历史遗存的保护开发利用保护工作的论证，大多是由洛阳的几所高校中从事文化工作的教师承担，他们既没有时间上的保证，有时也缺乏相应的专业知识。其次，人才分配不均衡。一方面，高校的人才都集中在洛阳，他们没有太多的精力关注县区乃至乡镇的遗存的保护开发与利用；另一方面，在学缘结构上，以历史为主，其他相关专业的人才较少。

4. 缺乏健全的评估机制

就河洛文化历史遗存的保护开发利用而言，相关部门往往只关注数量的多少，而忽视了质量的高低；只关注形式的多样性，而忽视了内容的实质性。一方面，相关部门更多地关注本年投入了多少资金、申报了多少项目、上了多少项目，而较少关注目标的实现程度，这造成有些项目善始而不能善终。另一方面，从资金的投入来看，尤其是社会资金参与的那些项目，评价的依据往往局限于经济效益，即过于凸显遗存的使用价值，而忽视了遗存的其他价值，这通常会导致对遗存的过度开发，甚至是毁灭性开发。缺乏健全合理的评价和监督机制，不仅对遗存价值的全面开发造成影响，而且导致相关部门不能及时地发现问题、改进问题，甚至影响社会各界对政府部门的评价。

（二）文化产业发展面临问题突出

文化产业是衡量一个地方文化发展、文化建设水平的重要标尺，是一个地方文化软实力的重要体现。洛阳要把握构筑全国重要的文化高地的机遇，必然要推进文化产业的发展。洛阳的文化产业发展在不断取得显著成绩的同时，也面临着一些亟待解决的问题。根据洛阳市统计局党组成员、总统计师、高级调查分析师李国强的研究，洛阳文化产业发展中的问题主要体现在以下四个方面：[①] 其一，文化产业增加值占GDP比重偏低，与省内先进地市相比仍有差距。从河南省范围来看，洛阳与省内先进地区相比仍有差距。其二，文化制造业占比过低，产业结构不尽合理。从文化产业中的制造业、批发零售业和服务业看，三者的增加值与全省和全国差距较大，制约了洛阳文化产业的发展，文化服务业增加值虽然高于全省和全国，但缺乏在全国具有影响力的文化品牌。其三，文化企业呈现"低、小、散"格局，文化资源

---

① 李国强：《洛阳文化产业分析及发展趋势》，载刘福兴、陈启明主编《洛阳文化发展报告（2016）》，社会科学文献出版社，2015。

优势未能体现。洛阳作为历史悠久的千年帝都、文化圣城,具有丰富的传统文化资源,享有华夏文明肇始地、道教文化创始地、儒学文化兴盛地、佛教文化首传地、理学文化渊源地、帝都文化荟萃地、牡丹文化中心地、世界遗产集成地等美誉,然而这些资源并没有得到有效的整合,重点文化骨干企业培育不够,市场竞争力不强,尚未形成在全国具有一定影响力的文化品牌,缺乏像曲江集团、宋城集团、广厦集团、横店集团那样上规模、上档次的大型文化产业集团。其四,文化产业骨干单位占比偏低。2013年洛阳市纳入文化产业统计范畴的"三上"企业(规模以上工业、限额以上批零业、限额以上服务业)只有103家,居全省第5位,占文化法人单位数量的3.38%,比全省平均水平低1.09个百分点,比全国低1.12个百分点,居全省第14位。2013年,洛阳文化产业"三上"法人企业平均营业收入为13360万元,分别比全国、全省低7908万元和532万元。

(三)文化研究水平有待提升

文化的发展、文化的建设既需要顶层设计、有高屋建瓴的战略,也离不开文化学者的深耕细作。在一定意义上,一个地方文化研究水平的高低也能够反映文化建设水平的高低。对于洛阳而言,打造文化研究的学术高地,也是构筑全国重要的文化高地的题中之意。然而,洛阳的文化研究水平整体上有待大幅度提升。就目前的情况来看,洛阳的文化研究整体上面临以下三个问题。其一,文化研究人才需要整体提升。就优秀传统文化资源而言,洛阳处于全国领先地位,但是洛阳的文化研究的整体水平却与之并不匹配,这在一定程度上限制了洛阳文化的发展。在河洛文化的研究上,一方面由于缺乏顶尖文化学者的带领,洛阳的学者没有形成实质的团队,由于缺乏顶尖文化学者的倾力参与,很多深层次的文化问题有的从未被触及,有的虽然已经触及,但长期没有解决;另一方面,由于没有形成合理的文化人才梯队,致使近年来研究乏力,后劲不足。其二,研究著作不够深入。一方面,洛阳学者有关河洛文化的研究专著大多出版于十年前,近些年的著作并不多见;另一方面,有关河洛文化的研究多集中于概论式的、介绍式的,就具体人物、具

体问题开展的深度研究并不多见。其三,河洛文化之外的研究著作不够。洛阳文化学者的研究著作多集中在河洛文化领域,而对河洛文化之外的诸如文化产业方面的精深研究著作十分缺乏。

三 洛阳构筑全国重要的文化高地的对策及建议

在加快文明河南建设,构筑全国重要文化高地的战略指引下,洛阳理应充分发掘自身文化发展的各种优势,把优势变成文化高地的高势位;理应正视阻碍文化迈向高地的问题,循序渐进、针对性地解决问题,筑牢文化高地的高势位的势基。

(一)高度重视河洛历史文化遗存的保护开发利用

洛阳拥有大量历史地位重要的文化遗存,这是洛阳构筑全国重要的文化高地的重要凭借。洛阳要以打造全国重要的文化高地为契机,加快推进华夏历史文明传承创新示范区建设,把历史文化遗存保护开发利用工作推向高地。

1. 科学合理的顶层设计,处理好眼前与长远的关系问题

政府相关部门应充分发挥主导作用,立足于全局高度,开阔视野,制定具有较强前瞻性、针对性和可操作性的保护规划,可借鉴西安、淄博等城市的做法,按照文化遗址、历史街区、古代建筑、名人故居等专题分门别类进行开发,彰显区域特色,增强文化吸引力。在进行城市建设规划时,也应全盘考察河洛历史文化遗存的历史、经济、文化旅游价值及其与当地城市、街区发展的关系,统筹管理,合理安排,科学指导历史文化遗存保护与城市建设各项工作,进而达到河洛历史文化遗存保护、开发、利用三个环节相辅相成。

2. 探索保障机制,破解发展难题

健全河洛历史文化遗存管理机构,将对历史文化遗存的保护适当纳入各级行政目标责任制考核,建立市、县(市、区)、镇(街道)三级文化遗存

保护责任制，市、县人民政府负责历史文化遗存的保护和监督管理，镇（街道）以下负责保护的巡查和报告等工作。结合地方文化经济效益情况，完善相关财税政策，加大经费投入力度。在各级政府年度预算中，安排专项资金用于文化遗存的保护与开发，同时加强对经费的管理与监督，保证专款专用。在法律法规允许的框架内，积极探索文化遗存保护开发的投融资渠道，鼓励各类非公有制资本进入文化遗存保护、开发以及管理领域。

3. 完善相关法律法规，加强对河洛历史文化遗存的保护力度

首先，严厉打击各种破坏、损毁、偷盗河洛文化遗存的犯罪活动；其次，借鉴其他地区如湖南省岳阳市制定的《岳阳历史文化名城保护条例》，组织相关部门主管领导、专家学者完善洛阳市河洛历史文化遗存保护条例，提供相应法律保障。广泛宣传文物保护法律法规，建立有奖举报机制，鼓励群众检举揭发文物犯罪活动，提高全民文化遗存保护意识。

（二）着力发展洛阳文化产业

深入贯彻《国务院关于推进文化创意和设计服务与相关产业融合发展的若干意见》，贯彻落实《洛阳市文化产业转型行动计划（2018～2020年)》，大力发展"大文化产业"，切实走文化、科技、创意、服务融合之路。

1. 建园区、扩规模，重视项目带动，加快文化复兴步伐

建设一批规模大、实力强、效益好的文化产业园区，规划建设正平坊文化创意园、传奇影业影视产业园，推动大北门文化创意产业园等的改造提升。2015年4月19日，洛阳市与华强集团签订合作协议，深圳华强集团将投资28亿元在洛阳市建设洛阳华夏历史文明传承主题园项目。以打造全国重要的文化高地为契机，洛阳大力发展文化产业正当其时，机不可失失不再来。根据洛阳实际，用3～5年时间，全力打造文化园区、遗址公园，创建旅游品牌，将文化产业与旅游产业深度融合，全面推进洛阳市文化旅游产业繁荣发展，加快洛阳文化复兴的步伐。

2. 重视宣传营销，全方位提升洛阳美誉度

当今，新媒体的迅速发展为各种信息的交互提供了无限可能，也为洛阳文化产业的发展带来了新机遇。政府相关部门要顺应新媒体时代要求，通过丰富与完善现有的网站，建设洛阳文化产业论坛，创建微博、微信公众号等途径，将洛阳文化产业发展的最新成果及时推送，真正做到"接地气"，缩短河洛历史文化、文化产业与普通民众的距离，让普通民众认识与了解河洛文化的历史底蕴与时代价值，扩大洛阳文化产业的影响力及社会关注度。

3. 重视体制创新，为文化复兴提供保障

一是创新市场体制。要充分发挥市场在文化资源配置中的决定作用，走出由政府包办文化产业的误区，按照"项目化运作、产业化经营、品牌化发展、规模化布局"的思路，建立"政府引导、市场运作、各方联动、企业为主"的运行体制和工作机制，增强发展活力。二是创新融资体制。鼓励引导社会资本参与重大文化产业项目建设、文化产业园区建设、文化科技项目研发和服务平台建设。鼓励各类风险投资基金、私募股权基金等积极参与新兴文化业态。三是创新工作机制。一方面是协调机制。建议市文化发展和改革领导小组加强对文化产业发展的组织领导，特别是对文化产业规划的制定和实施、文化产业项目实施和协调要加大工作力度。落实项目主体责任、落实推进时间节点、落实考核奖惩措施，确保项目建设中的问题及时协调解决。另一方面是服务机制。要优化环境，创新服务，实行联审联批，简化审批流程，缩短审批时限，按时受理办结。①

（三）推动河洛文化的传承与创新

根据中共中央办公厅、国务院办公厅印发的《关于实施中华优秀传统文化传承发展工程的意见》精神，从核心思想理念、传统美德、人文精神三个方面对河洛优秀文化开展深度研究，打造河洛文化学术研究高地。

---

① 李国强：《洛阳文化产业分析及发展趋势》，载刘福兴、陈启明主编《洛阳文化发展报告（2016）》，社会科学文献出版社，2016。

1. 加强人才队伍的培养

首先,建立健全人才引进机制,吸引海内外更多的一流学者从事河洛文化研究,积极邀请海内外知名专家学者,定期召开学术研讨会与专题报告,交流学界最新研究成果,让河洛文化在学理上得到广泛深入的认同。其次,整合在洛、在豫的文化学者资源,充分调动各学者的研究兴趣与研究积极性,发挥在洛、在豫文化学者的优势。尤其鼓励不同学科背景、不同专业背景学者之间在河洛文化研究中的深入融合。最后,注重河洛文化研究人才梯队的建设。针对河洛文化研究后劲不足、后续乏力的现象,吸引、鼓励、培养更多的年轻学者加入河洛文化的研究队伍之中,形成老、中、青"传帮带"的研究梯队。

2. 推进河洛文化的深度研究

首先,由政府相关部门牵头,组织专家,探讨河洛文化研究中存在的问题,针对问题分派任务,限时解决。目前已经出版的"河洛文化研究丛书"(30种)就是一次政府组织、专家牵头针对具体问题分派任务开展研究的结果。这种模式能够避免研究的重复与交叉,非常值得进一步沿袭和推进。其次,建立河洛文化深度研究的激励机制。从项目、经费、奖励等方面因时制宜地制定切实可行的激励政策,鼓励学者花更多的时间与精力从事河洛文化的研究。目前洛阳市的规划课题,对于高校学者的职称晋升、考核等没有实质性的意义,因此,可以通过提高河洛文化课题的研究级别来鼓励更多的学者从事相关研究。最后,推进河洛文化与现代文明的结合。河洛文化的研究,既要讲清楚河洛文化是什么、有什么、怎么样,又要讲清楚河洛文化对于当代文明的价值。如河洛文化与社会主义核心价值观的关系、河洛文化与文化自信的关系、河洛文化能够解决哪些现代化的问题等。

B.3
洛阳市居民文化消费趋势调查报告

洛阳市文化消费课题组*

摘　要： 洛阳市自2016年6月开展国家文化消费试点城市建设以来，形成了文化消费创新体系"技术创新+特色小镇+文化示范区"；举办特色节会"牡丹文化节+广场文化狂欢月"；建设一站式综合性文化消费信息平台"互联网+重点板块"；加大文化消费补贴力度"免门票+电子优惠券"；打造文化志愿服务的"洛阳品牌"："专项团队+全体参与"等五大重要举措，取得了明显成效。

关键词： 文化消费　"互联网+"　文化惠民

洛阳是新中国第一个五年计划布局的重工业城市之一。进入21世纪以来，尤其是2008年金融危机在全球迅速蔓延，经济社会发展面临前所未有的困难和挑战。虽然中央出台了一系列的经济刺激计划，但国有企业的转型升级创新发展仍然任重道远，举步维艰。洛阳又是文化大市、十三朝古都，具有丰富的传统文化资源，文化遗址不胜枚举，非物质文化遗产异常丰富。因此文化产业调整成为金融危机背景下洛阳经济社会结构调整的可行之路和新增长点。文化消费是文化产业链的终端阶段和原始动力，是文化事业和文

---

* 课题组组长：刘福兴，中共洛阳市委党校副校长、教授。课题组成员：张亚飞，洛阳市委党校讲师、博士；李晓涵，洛阳市委党校教师、硕士；睢晶晶，洛阳市委党校教师、硕士；刘薇，洛阳市第二外国语学校教师。

化产业发展效益实现的关键环节，同时也反映了洛阳产业结构调整状况和居民消费状况。1983年洛阳市举办首届牡丹文化节，拉开了发展旅游经济促进文化消费的序幕。2007年洛阳市被确定为华夏历史文化传承创新示范区，奠定了其在历史文化长河中的独特地位。2016年洛阳市成功创建了国家公共文化服务体系示范区，文化服务和基础设施再上新台阶。洛阳市2016年6月被列入第一批国家文化消费试点城市名单并于2017年6月13日公布了《洛阳市国家文化消费试点城市工作方案（试行）》，标志着洛阳市的文化消费达到了一个新的水平，得到了前所未有的重视。那么洛阳市文化消费状况如何，各社会群体有哪些文化消费的需求和意向，洛阳市文化消费的成熟模式和成功经验有哪些，文化消费的突出瓶颈在哪里，居民有什么好的意见和建议，带着这些问题，本课题组开展了洛阳市文化消费相关问题的调查。

一 洛阳市文化消费的现状

课题组通过对调查问卷的统计分析，认为近几年洛阳市民的文化消费平稳增长，但城乡文化消费不平衡；文化消费形式多样，但层次较低；文化消费的时间较为充足，消费欲望强烈，但受收入状况、教育状况和兴趣爱好的影响抑制了文化消费；文化消费获取渠道呈现多元化的特征，传统媒体与网络渠道并重。总体而言，洛阳居民文化消费潜力巨大。

（一）调查内容和调查对象的基本情况

问卷调查基本情况：调查涉及洛阳市涧西区、西工区、老城区、洛龙区、伊滨区、瀍河区及部分县（市）的乡镇普通居民、领导干部、在校学生，共发放调查问卷3300份，收回3197份，有效问卷2870份。问卷共分为：委托政府统计部门、党校课堂调研和高校学生抽样调查三种组织渠道。

调查对象的年龄阶段分布为：16周岁以下的占2.9%，17~25周岁的占22.4%，26~45周岁的占46.8%，45周岁以上的占27.9%（见图1）。

调查对象的性别比例为：男性占50.7%，女性占49.3%，男女比例相对平衡。

调查对象的文化水平为：高中及以下占28.2%，大专占35.7%，本科占33.1%，硕士及以上占3.0%（见图2），从某种程度上反映了洛阳市居民文化消费水平不高和城镇化相对落后的现状。

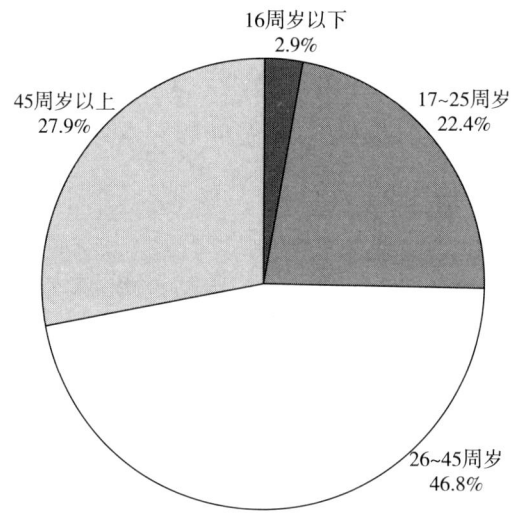

图1 年龄分布

调查对象职业分布为：全日制学生占7.3%，农民或工人占31.9%，公务员或事业机关单位人员占44.5%，商人或企业员工占4.7%，无业人员占4.1%，其他占7.5%（见图3），根据数据，我们可以看出农民、工人、公务员和事业机关单位人员占比高达76.4%，说明调查对象的主体具有稳定的工作或者可靠的收入，他们的消费意愿基本能够代表洛阳市居民整体的消费趋势，他们的消费能力基本上可以体现洛阳市目前收入状况下的消费层次。

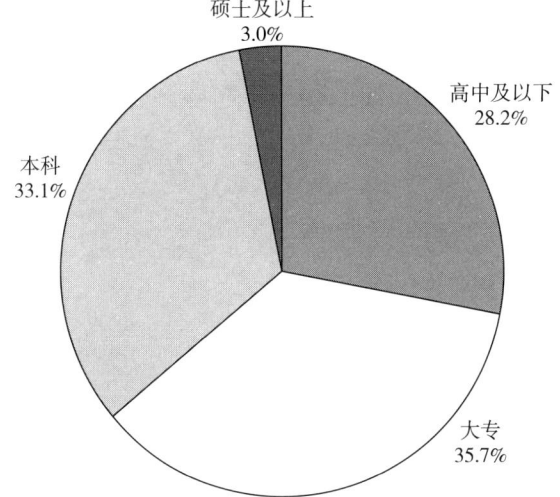

图 2　调查对象受教育程度

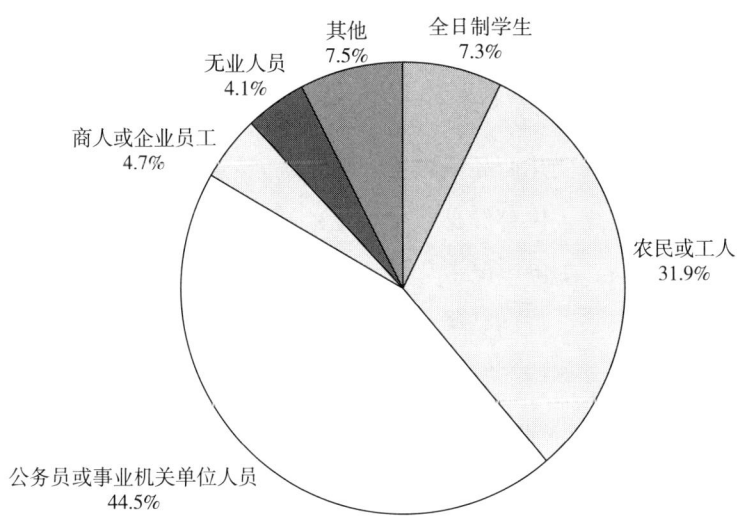

图 3　调查对象职业分布

调查对象的收入状况：1500 元以下占 19.7%，1500～3000 元占 49.1%，3000～5000 元占 22.3%，5000～10000 元占 4.5%，10000 元以上占 1.6%，家庭供应占 2.8%（见图 4），说明洛阳市目前的市民工资水平在 3000 元左右，与整个河南省和其他地市相比，处于中下游水平。

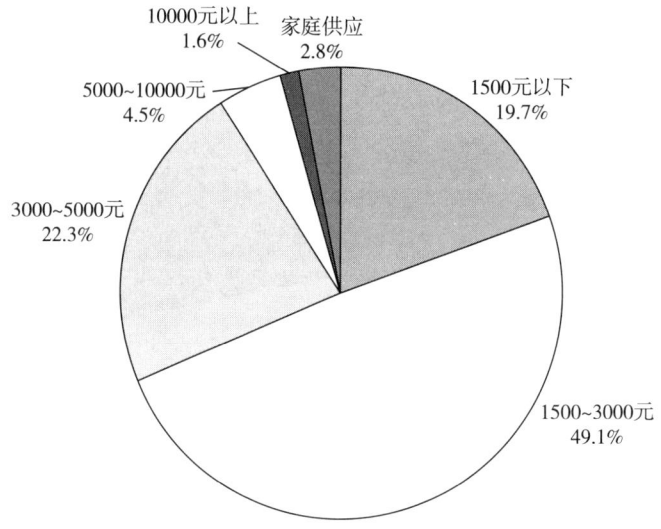

图 4　调查对象收入状况

（二）洛阳市文化消费基本现状

文化消费是指用文化产品或服务来满足人们精神需求的一种消费，主要包括教育、文化娱乐、体育健身、旅游观光等方面。具体而言，既包括对文化产品的直接消费，如电影电视节目、电子游戏软件、书籍的消费、旅游消费、上网、绘画书法、戏剧歌舞、健身等，也包括为了消费文化产品而消费的各种物质消费品，如购买电视机、照相机、影碟机、计算机等，此外也有各种各样的文化设施，如图书馆、展览馆、影剧院等。[①]

1. 居民消费水平平稳增长，消费潜力巨大

2017年，洛阳市居民人均消费支出16918元，比上年增长7.4%。按常住地分，城镇居民人均消费支出23551元，增长3.9%；农村居民人均消费支出10356元，增长11.8%。农村居民人均消费增速约是城镇居民的3倍。食品消费支出比重（恩格尔系数）进一步降低。2017年，洛阳市居民人均食品烟酒

---

① 百度百科，文化消费，https：//baike.baidu.com/item/，2018年3月。

消费支出增长2.0%,占消费支出的比重为21.5%,均比上年下降1.1个百分点。城镇居民和农村居民的食品烟酒消费支出比重分别为21.3%和21.8%,均比上年下降1.2个百分点,① 为文化消费预留了较大的空间。②

2. 从居民消费结构来看,消费性支出比例偏低,城乡分布不平衡

居民文化消费支出占人均消费性支出的比重增长较快,但总量仍然偏低,农村居民文化消费支出明显低于城镇居民文化消费支出。洛阳市一体化住户抽样调查资料显示:2017年,洛阳市居民人均工资性收入12750元,同比增长7.5%。增速比上年升高3.4个百分点。其中,城镇居民人均工资性收入19255元,增长3.5%。农村居民人均工资性收入6315元,增长14.4%。主要是在本地农民工就业人数增长,农民工人均月收入提高,使农村居民工资性收入保持较快增长。洛阳市居民人均经营净收入3766元,增长14.1%,增速比上年大幅提高。其中,人均三产经营净收入增长30.3%,二产经营净收入增长9.8%。洛阳市居民人均财产净收入1030元,增长5.7%,增速比上年升高0.3个百分点。其中,出租房屋净收入增长19.7%,转让承包土地经营权租金净收入增长17.1%。2017年,洛阳城镇居民用于教育文化娱乐消费支出人均2718元,占消费性支出的比重为13.4%。洛阳农村居民用于教育文化娱乐消费支出人均789元,占消费性支出的比重为9.4%。城乡居民用于教育文化娱乐消费的金额之比为3.4∶1。③

3. 城镇居民文化消费形式复杂多样,但层次较低

在调查的16项文化消费方式中,从表1可以看出,按选择的频次,选择的人次占全部被调查者的比例依次是:66.2%、39.4%、54.9%、38.3%、10.0%、12.8%、6.5%、17.4%、4.4%、3.4%、21.5%、11.8%、1.4%。从中可以看出,城镇居民最喜爱的文化消费方式主要集中

---

① 资料来源:洛阳市统计局。
② 洛阳市统计局:《居民收入增速加快,生活水平显著提高》,《洛阳日报》2018年2月28日,第5版。
③ 资料来源:洛阳市统计局。

在看数字电视节目、网络电视节目及电子游戏，读书看报纸，去电影院看电影，观看话剧、舞台剧或音乐会，参加讲座、展览，参观博物馆或文化古迹，参加教育或艺术培训，旅游，参加体育活动或健身，其中对于数字电视节目、网络电视节目及电子游戏、读书看报纸、去电影院看电影这四项尤其看重，教育消费、娱乐消费等信息交流型消费仍然是主体，创新型消费如观看话剧、舞台剧或音乐会，参加讲座、展览，参加文艺社团活动及摄影绘画等创作活动等项目仍显不足。这和洛阳市创新型城市建设和文化名城建设的城市定位颇不相称。

表1 文化消费方式、排序及占比

单位：%

序号	文化消费方式	占比	排序
1	数字电视节目	66.2	1
2	网络电视节目及电子游戏	39.4	3
3	读书看报纸	54.9	2
4	去电影院看电影	38.3	4
5	买CD或影碟	10.0	9
6	观看话剧、舞台剧或音乐会	12.8	7
7	参加讲座、展览	6.5	10
8	参观博物馆或文化古迹	17.4	6
9	参加教育或艺术培训	4.4	11
10	参加文艺社团活动及摄影绘画等创作活动	3.4	12
11	旅游	21.5	5
12	参加体育活动或健身	11.8	8
13	其他	1.4	13

在被调查的8大类文化消费基础设施中，大家接触过的或想接触的文化设施的分布情况是：博览文化类（如博物馆、科技馆）为46.1%，文化市场类（如图书城）为50.9%，新闻出版类（如出版社）为38.3%，文化产业类（如游乐场、歌舞厅）为39.7%，历史文化类（如名人故居）为26.0%，广播电视类（如广播电视中心）为23.5%，社会文化类（如图书馆、文化宫）为4.7%，艺术文化类（如艺术中心、影剧院）为20.8%

(见表2)。这些数据反映了：一方面洛阳市从2013年以来的公共文化服务体系建设已经取得了显著的成绩，基础文化设施服务均等化目标基本达到；另一方面说明洛阳市民的读书习惯和学习欲望还没有被充分地激发出来。

表2 基础设施种类、接触占比以及排序

单位：%

序号	基础设施种类	接触过的或想接触的占比	排序
1	博览文化类（如博物馆、科技馆）	46.1	2
2	文化市场类（如图书城）	50.9	1
3	新闻出版类（如出版社）	38.3	4
4	文化产业类（如游乐场、歌舞厅）	39.7	3
5	历史文化类（如名人故居）	26.0	5
6	广播电视类（如广播电视中心）	23.5	6
7	社会文化类（如图书馆、文化宫）	4.7	8
8	艺术文化类（如艺术中心、影剧院）	20.8	7

4. 文化消费受收入状况、教育状况和兴趣爱好影响明显

在回答"您认为什么会影响您平时的文化消费？"问题时，影响指数为收入状况、受教育状况、兴趣爱好、家庭背景、民族文化、世界文化、社会政策、他人宣传、流行趋势、其他，其所占比重分别为71.1%、25.0%、36.4%、13.2%、2.9%、5.3%、4.8%、4.6%、7.1%、0.9%（见图5），我们可以发现收入状况、受教育状况、兴趣爱好、家庭背景占比最高，民族文化、世界文化、社会政策、他人宣传、流行趋势等因素则明显偏低，说明洛阳市外来人口较少、社会开放程度偏低的基本态势在文化消费层面的变化不大，增强洛阳市的人口、人才环境吸引力，加快洛阳市的对外开放步伐仍然是洛阳市未来社会发展中的重要课题。

5. 文化消费时间较为充足，文化消费欲望强烈

城镇居民文化消费项目所花费的时间充足，看电视花费时间居首位。根据"2016年每天用于文化消费的时间大约为多长时间"的调查项目，半个小时以内、1小时以内、1~2小时、2~3小时、4小时以内所占比例分别为

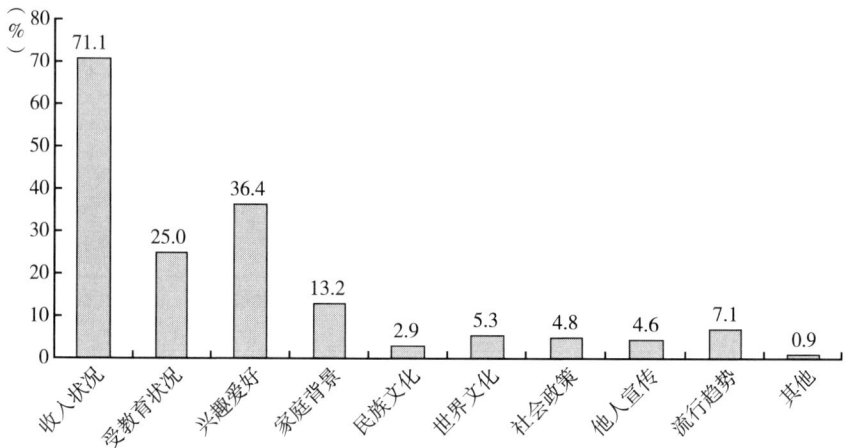

图5 影响文化消费因素所占比例

27.7%、37.9%、22.4%、5.6%、6.4%。每天文化消费在半个小时以上至2个小时以内的人群占总人数的60.3%（见图6）。

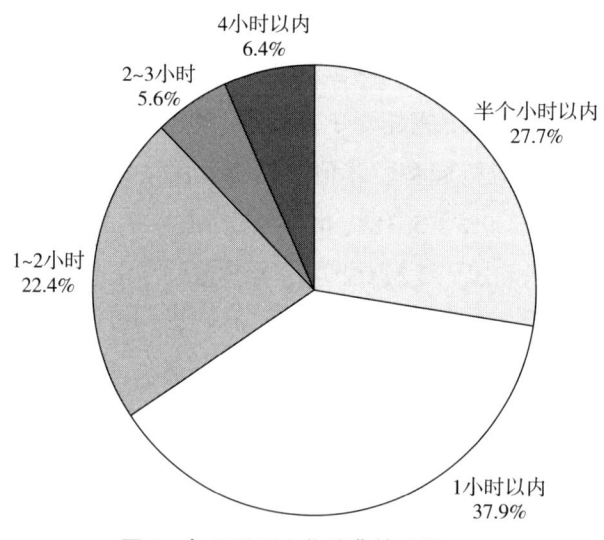

图6 每天用于文化消费的时间

6. 文化消费获取渠道多元化特征明显，传统媒体与网络渠道并重

在回答"请问您主要通过下列哪些渠道获得文化、文艺消费信息？"

时，大家主要的回答集中在报纸、电视、网络、电台、手机、文化活动、社区公告、其他等方面，其所占比重分别为 39.7%、48.4%、56.6%、13.2%、68.0%、18.8%、7.8%、1.8%（见图7）。

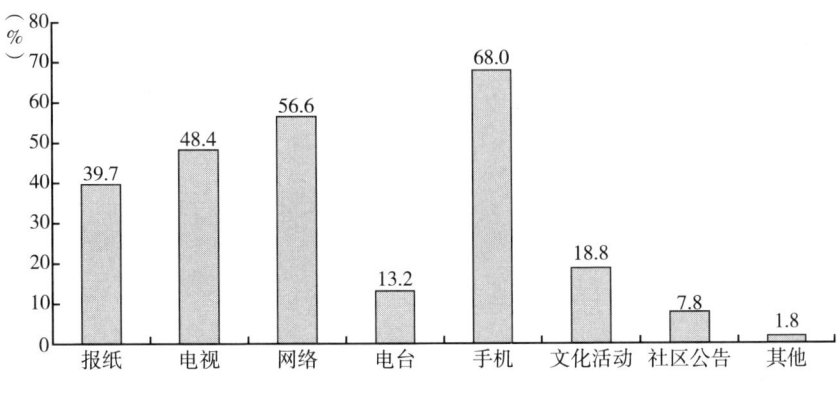

图7 获取文化信息的渠道

二 洛阳市文化消费重要举措和成效

洛阳市文化氛围浓厚，居民有文化、爱文化，有长期的文化消费习惯。洛阳的文化消费在洛阳市政府的国家公共文化服务体系示范区创建和国家文化消费试点城市建设活动的推动下，形成了一系列重要举措，取得了明显的成效。

（一）重要举措

近年来，洛阳市采取了一系列措施，推进国家公共文化服务体系示范区创建工作，拉动文化消费。主要的举措有以下几个方面。

1. 构筑文化消费创新体系：技术创新＋特色小镇＋文化示范区

洛阳市政府支持引导文化企业建立以市场为导向、产学研相结合的文化创新体系，提升传统业态，培育先进业态，提高产品制作和传播能力。在长期的努力下，仿古唐三彩、仿古青铜器制作技艺吸收了最新的科技成果和设计理念，牡丹画、牡丹瓷、牡丹茶等系列产品艺术价值获得国内外游客的普遍赞许。乡村文化游、民俗文化游等依托爱和小镇、青铜小镇等文化小镇和洛邑古城、薰衣草庄园、隋唐大马戏城等文化产业示范园区，成为消费者理想的文化消费场所。目前洛阳市有中国乡村旅游示范村4个，全国金牌农家乐40个，特色旅游村33个，重点旅游乡镇27个，经营单位2800多家，年接待游客2800万人次，年营业收入超30亿元。洛阳古城保护与整治项目入选PPP模式开发建设项目，获得了85亿元的总投资，建成后将成为以明清建筑风格为基调，集文化展示、文化创意、文化商业于一体的文化示范区。①

2. 举办特色节会：牡丹文化节+广场文化狂欢月

随着中国洛阳牡丹文化节在国内国际知名度的迅速攀升，洛阳市逐渐形成了以中国洛阳牡丹文化节、河洛文化旅游节等主要节会为支撑，以河洛欢歌·广场文化狂欢月为特色的特色节会文化消费模式。通过开展各种庙会、嘉年华活动，形成了洛阳文化消费的"月月有节会，天天有活动"的格局。牡丹园免费开放和执行优惠票价的比重逐年调高，吃、住、行、游、购、娱全产业链的消费能力越来越强。牡丹文化节期间，经常有大量优秀剧目展演，数万人次观看演出。2017年，河洛欢歌·广场文化狂欢月活动共计演出106场，受益观众达40万人次，文创之星大赛、文创集市、非遗展演、书画展、文艺表演等8项主题活动应接不暇，日均游客1万人次。②

3. 建设一站式综合性文化消费信息平台：互联网+重点板块

开展试点工作期间，洛阳市出台了《洛阳市国家文化消费试点城市工作方案（试行）》，把建设一个一站式综合性文化消费信息平台作为重点项目，构筑实施文化大集项目、特色乡村游项目、公共文化服务水平提升项目、文惠洛阳项目、文化与科技融合项目、全民艺术普及（教育）

---

① 薛善民：《洛阳市国家文化试点工作综述》，中国网，http://m.tech.china.com/tech/article。
② 薛善民：《洛阳市国家文化试点工作综述》，中国网，http://m.tech.china.com/tech/article。

和哲学人文社会科学知识普及（公益讲座）项目、文化消费金融支持项目等7个拉动城乡居民文化消费的重点板块，举办"互联网+文化产业"论坛，带动旅游、住宿、餐饮、交通、电子商务等相关领域消费运营模式的一站化、网络化，推介洛阳的文化消费项目，交流文化消费建设经验。

4. 加大文化消费补贴力度：免门票+电子优惠券

文化消费不仅需要文化内涵，而且要经济实惠，让人感觉既消费到了优秀文化资源，又能够消费得起，洛阳市积极推进文化消费惠民活动。近年来，每到春节、元宵节期间，洛阳市都组织举办"国家文化消费试点城市洛阳市文化惠民消费月"活动。每次利用40~50天的时间，推出各种"乐享文化成果·品味厚重洛阳"主题活动，以文化惠民电子消费券等形式发放惠民补贴资金数百万元。同时，各加盟企业也以打折优惠、微信推广、发放免费卡券等形式加大免费力度。并且从第34届（2017年）中国洛阳牡丹文化节开始，执行"旅游年票不受限、部分公园不收费、餐饮住宿控涨幅、环城高速豫C车辆免费通行"等惠民政策，设立"文惠洛阳"微信公众号，发放文化惠民消费券，鼓励城乡居民通过积分领取文惠券，到文化企业商家消费时给予补贴优惠。市民和游客通过手机微信可以免费领取电子优惠券，在洛阳市有关文化消费场所消费可以享受20%左右的消费补贴。

5. 打造文化志愿服务的"洛阳品牌"：专项团队+全体参与

洛阳市文化志愿服务起步早、起点高，从摸索阶段开始就注重创新、多元化发展，把专项团队建设和全体参与作为自己的努力目标，成为市民参与度最高、辐射面最广、影响力最大的文化消费特色项目和服务。截至目前，全市共登记36万余名文化消费志愿者，依托1900支志愿服务文化消费专业队伍、200多个"文明使者"志愿服务站、350个学雷锋志愿者工作站，在"河洛欢歌"系列广场文化、"传递书香见证成长"公共图书馆服务、"精彩生活幸福使者"文化馆服务、"共享历史感受快乐"博物馆服务、"文化惠民为您服务"文化惠民工程服务、"文化暖心点亮生活"关爱特殊群体文化、"欢乐节日爱我中华"节日纪念文化、"文化公益社会责任"企业文化志愿等各类活动中,提供免费的文化消费志愿服务。

(二)突出成效

洛阳市加强文化建设的有力举措产生了良好的效果,企业参与热情高涨,群众文化消费不断扩大,城市文化消费竞争力不断提升。

1. 企业参与文化消费热情持续高涨

洛阳市全面推进文化消费试点项目的做法,有效扩大了行业服务人群,提高了企业经营收益和文化消费服务市场潜力,让企业在参与文化消费中成功实现了转型升级和全面发展,提升了洛阳企业在文化消费中的竞争力。

2. 群众文化消费不断扩大

通过技术创新和多元化发展,使居民不出家门就能了解消费信息,不出洛阳就能享受各类特色文化消费项目,不花很多钱就能享受更多服务,方便了群众生活,提升了群众文化消费的动力。

3. 增强了洛阳的城市文化消费竞争力

洛阳素有"九朝古都"之称,但是很多文化长时间内是一种隐性存在,大家了解的方式不是通过史料典籍就是通过古墓遗迹,洛阳通过文化消费项目的开发,让文化活了起来,不仅能看,还能吃、能体验、能玩和能带回家,形成了洛阳不同于其他优秀传统文化城市的文化消费模式,增强了洛阳的城市文化消费竞争力。

三 洛阳市居民文化消费的瓶颈

近年来,洛阳市文化消费虽然已显示出向多元化、多层次发展的良好势头,文化消费水平不断提高,文化市场迅速发展,但文化消费发挥的作用仍十分有限,与其应有的重要地位极不相称。居民在文化消费上的支出增幅平缓,这表明居民的文化消费基本处于一种自发的状态,生产经营者更多的则是被动适应。总起来看,文化消费存在的问题主要表现如下。

（一）城镇居民文化消费水平低

据调查，洛阳市居民近两年用于购买书籍（含报纸杂志）的支出为1500元以下的占78.2%，1500~3000元的占14.5%，3000元以上的占7.3%（见图8）。由此可见，洛阳市居民年均用于购买书籍（含报纸杂志）支出在1500元以下的占绝大多数，消费水平较低。在"您认为一年里文化消费在总消费里应占多大比例？"的调查中，选择低于10%的占58.1%，10%~20%的占23.2%，20%~30%的占13.1%，30%~50%的占5.3%，高于50%的占0.3%（见图9）。大多数洛阳市居民文化消费占总消费比例较低。抑制文化消费的因素有：收入低、生活压力大，文化设施匮乏，无闲暇时间，文化市场不完善，消费者本人无兴趣及其他因素，其中，以上各项所占比例分别为67.6%、22.4%、16.9%、6.1%、2.7%、1.5%（见图10）。由此可见，改善洛阳市文化消费现状最主要的还是要采取多种措施提高居民收入水平。

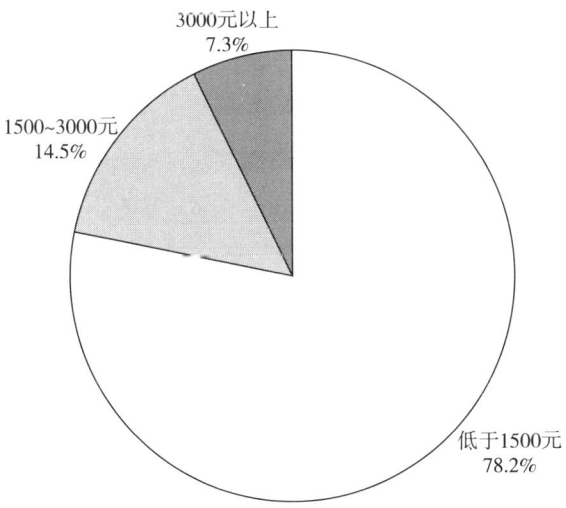

图8 近两年用于购买书籍的支出占比

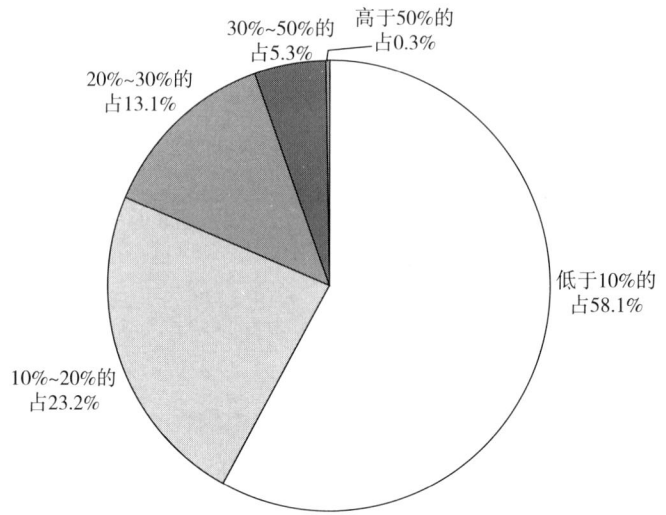

图9 文化消费在总消费中应占多大比例

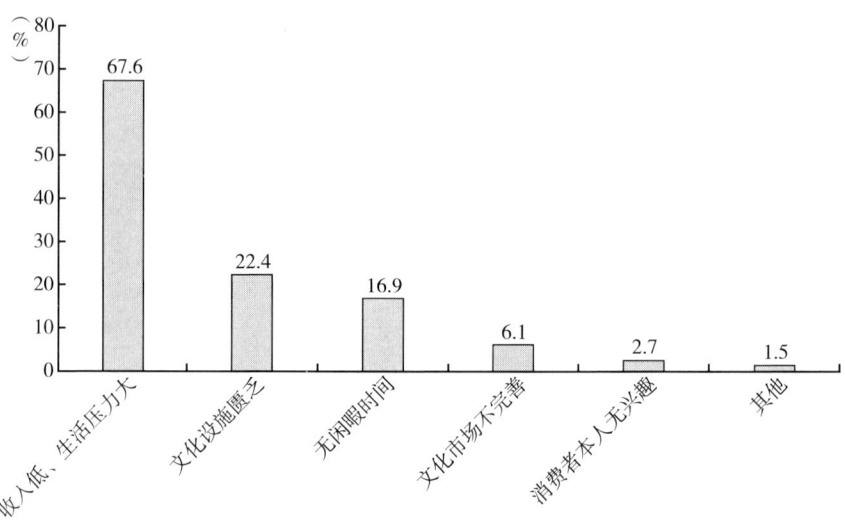

图10 抑制文化消费的因素

（二）城镇居民文化消费结构不合理

按照基本型文化消费、发展型文化消费和享受型文化消费的划分类型，据调查，占文化消费比例最多的休闲娱乐为63.2%，拓展知识水平占20.2%，教育和增加就业机会的占16.6%（见表3）。由此可以看出，洛阳市居民的文化消费存在着享受型文化消费超前发展的现象。当前，基本型文化消费供给过剩且质量不高，发展型文化消费在数量和质量上都明显不足，存在投入不足、增长乏力的问题。而享受型文化消费质量参差不齐，需要进一步加强规范管理。

表3 文化消费所占比例较多的几种

单位：%

类别	比例
休闲娱乐	63.2
拓展知识水平	20.2
受教育和增加就业机会	16.6

（三）文化消费行业发展不平衡

从消费内容来看，一年里教育类文化消费占总消费的比例低于20%的为71.3%；体育健身类文化消费占总消费的比例低于20%的为76.5%；娱乐休闲、文化消费类活动消费占总消费的比例低于20%的为73.7%；网络文化类消费占总消费的比例低于20%的为65.3%。可以看出，相对而言，网络文化消费在升高，互联网行业的文化消费在崛起，传统文化消费品和服务与新兴文化消费品和服务之间发展不平衡（见表4）。

表4 各类文化消费占总消费的比例

单位：%

类别	低于20%	20%~40%	40%~60%	高于60%
教育类	71.3	17.3	8.7	2.8
体育健身类	76.5	16.0	6.3	1.2
娱乐休闲、文化消费类	73.7	20.6	5.1	0.5
网络文化类	65.3	22.1	12.2	0.5

(四)居民文化消费的潜力挖掘不够

洛阳市文化消费品种近几年来不断丰富,市场不断扩大,但是多数居民由于多种原因在文化消费上的支出较低。这固然与收入水平低等直接相关,但同时也由于对居民文化消费的潜力挖掘不够。通过加强文化设施建设、提供免费文化产品或服务、加大宣传等措施,可以促进洛阳市文化消费形成良好的氛围,挖掘居民进行文化消费的潜力。据调查,如果条件允许,居民会在电影,话剧、音乐会、舞台剧,订购报纸杂志,讲座、展览,教育及艺术培训,旅游参观,娱乐休闲活动,其他等方面增加支出,比例分别为50.4%、25.7%、18.2%、15.2%、14.0%、43.1%、11.6%、1.3%(见图11)。

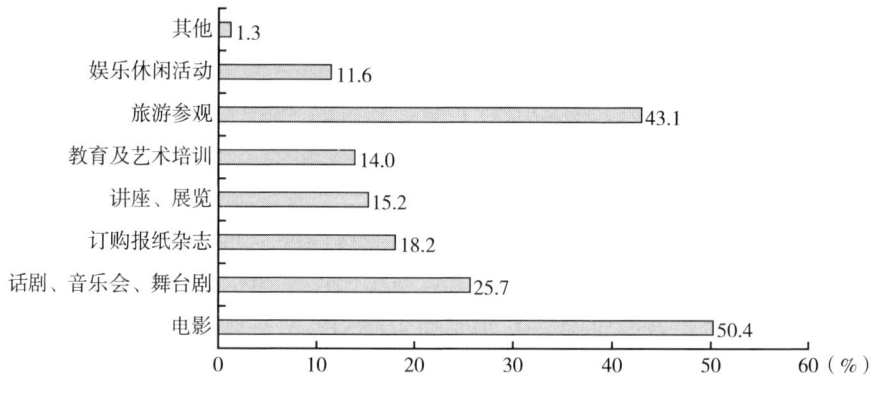

图11 居民文化消费占比

(五)文化设施供给与实际需求呈现偏离状态

文化消费涉及面广、层次多、内容繁杂,目前缺乏相应的发展步骤,鼓励文化消费的配套政策也很不系统,缺乏整体规划,文化经营单位的发展很不平衡,城市歌舞厅、夜总会发展迅速,而发展型的文化设施却很不发达。洛阳市公共文化设施无论在数量还是质量上都略显不足,表现为一些文化设施档次过高,另一些又过于简陋,甚至缺乏必要的安全和卫生条件，也使得一些文化消费者望而却步。① 受访者中，在调查"如何做能够促进消费者的文化消费"时，有63.0%选择了加强文化设施建设一项（见图12）。

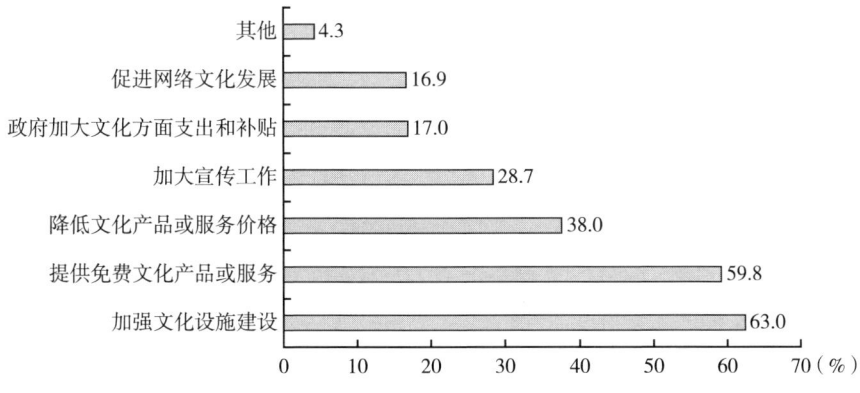

图12 促进消费者文化消费方式占比

四 把握洛阳市文化消费趋势，提升洛阳市文化消费水平

随着我国经济进入新时代，尤其是互联网的迅猛发展，文化产业的结构有了较大调整，文化消费产生了线上消费增加等新趋势。正确把握文化消费趋势，提升义化消费水平，对于促进文化产业健康发展、提高国民素质、构建和谐社会等具有重要意义。

（一）洛阳市文化消费的基本趋势

近年来，伴随着洛阳市的经济发展，人民群众对文化消费的需求也日益增强，文化产业建设的数量和质量都有所加强，文化消费市场格局有了新的变化，文化消费产生了以下趋势。

---

① 方东华：《文化消费：提升我市消费层次的新思路》，《宁波日报》2009年8月24日。

1. 文化消费市场呈现"虚增实减"的趋势,电商独树一帜

虽然洛阳市居民的文化消费支出相对较低,但是从纵向的动态发展趋势来看,随着经济的快速发展与居民消费水平的迅速提高,居民已从温饱型消费向享受型消费转变,吃、穿等生存资料消费比重进一步降低,享受资料和发展资料消费比重逐年上升。"互联网+"模式被普遍采用,"微信集赞当钱花""打卡赢门票"为广大民众普遍接受。虚拟交易和网络消费迅速增长,相比之下,实体文化消费企业虽然也成绩斐然,但呈下降趋势。出现这种现象的原因就是电商发展迅猛,对传统零售企业的冲击越来越明显。据调查,越来越多的人也表示会优先选择电商作为消费的最佳渠道。

2. 体验式、娱乐化的大众文化消费将成为市场的主流

古村落、民俗文化体验在洛阳的文化消费领域越来越受到重视,涌现出像倒盏民俗游艺、魏坡地坑院等一系列文化消费娱乐、体验项目,并且随着人们休闲娱乐的方式更加多样化,电影票团购模式和同行竞争的加剧,在文化市场消费结构调整的转型过程中,KTV热渐退,电影消费越来越热,以洛阳某KTV为例,数据显示,该KTV 2016年10月15日的销售额为195000元,2017年同期则为75000元。以同地段的一家电影院为例,2016年同期该影院的票房为1042586元,2017年则达到了1229046元。①

3. 多样化、联动性文化市场格局初步形成

"扎堆儿"优势,品牌消费集聚区联动式发展成"黑马",表现出很强的发展势头。据调查,与零售企业相对单一的业态不同,品牌消费集聚区是集商贸、餐饮、文化、休闲等于一体的商业综合体。根据洛阳市商务局统计数据,自2016年河南省开展品牌消费集聚区认定工作以来,"十一"期间,洛阳几家品牌消费集聚区的销售额均比上年有所上涨。品牌消费集聚区设施新、业态全、客流量大、辐射作用强。

---

① 资料来源:洛阳市统计局。

（二）提升洛阳市文化消费水平的对策建议

坚持洛阳市政府提出的"'需求侧'精准性激励＋'供给侧'结构性改革＋'环境侧'重点性改善"总体思路和"十三五"规划中"文化强市"的发展目标；加强对文化消费的引导，营造文化消费氛围；实施文化与科技融合项目，加强对文化与科技融合；加大公共文化投入，提升文化消费竞争力；优化文化消费结构，形成新的经济增长点。

1. 加强对文化消费的引导，营造文化消费氛围

一是加快实施《洛阳市国家文化消费试点城市工作方案（试行）》制定的相关项目目标，以"政府之手"推动文化消费。明确"十三五"时期洛阳市促进文化消费的基本原则、主要目标、重点任务和扶持政策，建立健全文化消费引导促进机制，加强统筹协调和督促落实。二是加强宣传引导，增进认知。由市委宣传部协调新闻媒体做好宣传报道，通过设置动漫形象、制作宣传片、创新宣传载体等形式，营造社会各界广泛积极参与的氛围，推动顺利实施。新闻媒体创新宣传形式，丰富宣传内容，在《洛阳日报》等报刊媒体和网络媒体上安排固定版面，开展文化消费公益宣传，引导大众文化消费观念向健康、高雅升级，由消遣娱乐向开阔眼界、陶冶性情转变，营造乐意文化消费、享受文化消费、得益于文化消费的良好氛围和舆论环境。

2. 实施文化与科技融合项目，加强文化与科技融合

发挥郑洛新国家自主创新示范区、河南自贸区洛阳片区、国家文化科技融合示范基地、国家小微企业创业创新基地示范城市等优势，鼓励支持文化企业、各种社会力量依托互联网、大数据和科技园、文化产业园等，构建创新与创业相结合、线上与线下相结合、孵化与创意相结合的文化众创空间，发展数字创意等新兴文化产业。支持文化企业参加国内外文化科技创意设计大赛、知名产业博览会等活动，对获奖者给予奖励。支持文化企业举办文化科技创意设计大赛、产品博览会等活动，对活动给予一定补贴。支持文化企业利用"互联网＋"科技，建设创意设

计平台、电商销售平台、技术服务平台，提高产品供给水平和市场影响，对平台建设给予一定补贴。①

3. 加大公共文化投入，增强文化消费竞争力

一是实施公共文化服务水平提升项目。整合基层宣传文化、党员教育、科学普及、体育健身等设施，提升乡村文化服务中心功能水平。推动农村电影放映"2131工程"、广播电视"村村通"、"户户通"工程以及农家书屋等的改进提升，实现农村公共文化服务效能和水平的提高。②鼓励支持社会力量参与基层文化服务供给，实施优秀传统戏曲下乡、广场舞大赛、书法展示交流等提升农民艺术欣赏水平、满足农民文化需求的项目。二是加大文惠洛阳项目实施力度。在游客观看文艺演出、购买手工艺品和特色文化创意产品、观看电影、购买图书方面，提供更大规模的补贴。实施一定路段的高速通行免费、部分景区的门票免票或者优惠，增加洛阳作为旅游目的地的吸引力。

4. 优化文化消费结构，形成新的经济增长点

一是改善文化消费环境。围绕城乡居民文化消费的软、硬件的不匹配和不完善问题，通过综合文化消费信息平台的构建、文化消费服务水平的提升、文化消费金融支持、文化消费市场的完善等有效措施，提升居民文化消费的便利化水平，营造促进文化消费的良好环境。二是开展各种有益尝试。比如实施文化消费金融支持项目。开展与金融机构（如银行）的合作，推进文化消费金融支持与服务的便利化。鼓励支持银行设立文化消费金融项目，包括文化消费场所POS机普及、手机支付、文化消费贷款、分期付款等消费金融支持项目。③

---

① 洛阳市政府：《洛阳市国家文化消费试点城市工作方案（试行）》，2017。
② 洛阳市政府：《洛阳市国家文化消费试点城市工作方案（试行）》，2017。
③ 洛阳市政府：《洛阳市国家文化消费试点城市工作方案（试行）》，2017。

B.4 洛阳文学艺术发展研究报告

王鲁豫 王大伟*

摘 要： 2017年是洛阳市文学艺术反思沉淀、力求突破的一年。各类文学艺术齐头并进，文艺工作者深入生活、扎根人民，发扬艺术民主、推动文艺创新。报告归纳总结了2017年洛阳市文学艺术取得的成绩，指出了各类文化艺术中尚存的短板，指明了相应的改进举措。

关键词： 文学创作 曲艺 音乐 舞蹈

2017年是洛阳市文学艺术反思沉淀、力求突破的一年。全市文艺工作者深入学习党的十九大报告，全面践行习总书记在中国文学艺术界第十次全国代表大会上的重要讲话精神，深入生活、扎根人民，强化现实题材创作、提升文艺原创力，发扬艺术民主、推动文艺创新，进而实现了习总书记在中国文学艺术界联合会第十次全国代表大会、中国作家协会第九次全国代表大会开幕式上的讲话中要求的"胸中有大义、心里有人民、肩头有责任、笔下有乾坤"。

一 2017年洛阳文学艺术发展现状

2017年，洛阳市众多文艺工作者以满足人民群众精神文化需求为出发

---

* 王鲁豫，洛阳市委党校讲师，研究方向为法学理论、法律文化；王大伟，洛阳市文学艺术节联合会创研室主任，研究方向为文艺发展与管理。

点和落脚点，坚持艺术理想、甘守寂寞，在人民群众火热的生产生活实践中获取创作灵感、潜心创作、认真打磨，创作出众多有筋骨、有道德、有温度的文艺作品，书写和记录了人民的伟大实践，反映和彰显了信仰之美。这一年，洛阳市文学创作取得不错的成绩，而相声曲艺、音乐舞蹈有成就亦有不足，整体而言洛阳市文学艺术呈现如下特点。

（一）文学工作重点突出

2017年是洛阳市文学工作持续发力的一年，众多作家扑下身子、深入实践，市文联和各协会坚持问题导向、优化发展机制，因此洛阳市文学的长项如诗歌、散文成绩卓越，文学的短板如长篇小说、文学评论取得了一定突破。

第一，小说多面开花，激活作者动力。小说创作尤其是长篇小说写作，是衡量一个地区文学水平的重要标尺，而这恰恰是洛阳市近些年文学发展的短板，自李凖过世，阎连科、张宇离开洛阳后，洛阳的小说写作就陷入了长期沉默。2017年，洛阳市作家协会号召会员根植家乡沃土，重视精品创作。众多作家厚积薄发、持续发力，一改洛阳市长篇小说时涌时现的悲凉。任见的《曹操传》、张建伟的《仿古城墙》、郁寒松的《追梦的人》、周世敏的《从警记》、张大勇的《俺娘》、赵宏欣的《救赎》、胥琰的《蜂国》等多部长篇小说相继问世。

第二，诗歌改革创新，发展势头强劲。洛阳市诗歌协会注重人才培养，强化队伍建设。李清联、艺辛、赵根喜等老诗人诗兴不减，现代洛阳诗坛的带头人朱怀金、丁立、谭滢等的佳作不断，"80后"诗人刀刀、余子愚、高野等风头正劲，"90后"诗人杨国杰、张元等也不甘示弱。

第三，儿童文学薪火相传，创作别出心裁。洛阳市儿童文学学会成立于1997年5月，由著名文学评论家叶鹏教授发起。在学会的持续努力下，洛阳少儿杂志《小百花》于2012年复刊。这极大地调动了小作者们的积极性，鼓舞了儿童文学作家的创作热情。老作家姚友爱八十高龄仍坚持儿童文学写作并有文集出版，韩宏蓓出版了长篇儿童文学作品《嘎嘣小子传》，赵金昭、赵克红主编了《洛阳传统、现代、新编儿歌》（五卷本）等。

第四，文学研究取得突破，相关创作掷地有声。一个地区的文学发展状况与当地的文学批评发展状况相互联系、不可分割，不过令人遗憾的是，洛阳文学现有的文学评论者，大多也是写作者。这样的评论一般都是从自身的创作感受出发，多是经验式的、散论式的，理论水平较低，开掘能力有限，尤其在突破个体创作的瓶颈上，更显得无能为力。2017年，洛阳市文学院强化相应研究，取得一定突破。研究员从洛阳文学创作的整体出发，既看到优势，又一针见血地指明问题。

（二）文学作品硕果累累

2017年，洛阳市众多作家不断反思、倾心创作进而使文学作品数量增多、质量提升。

首先，获奖作品不断增多。2017年，刘建超的微小说《老街剃家》荣获第八届小说选刊年度奖，段新强荣获第三届"宝石文学新人奖"，《同袍》等4部图书和《时代呼唤你》等6首歌曲获得洛阳市第八届精神文明建设"五个一工程"优秀作品奖。董进奎凭组诗《春天，拆掉自己建一座寺院》荣获第四届"中国·大河双年度诗歌奖"。赵金昭、赵克红主编的《洛阳传统、现代、新编儿歌》（五卷本），被评为"全国优秀科普读物"并荣获河南省社科联颁发的"河南省社会科学读物特等奖"。

其次，小说数量大幅提升。2017年，洛阳长篇小说创作饱受河洛文化浸润，彰显河洛时代变迁，无论是政治书写还是乡土叙事，都反映了作者关心人心变异，关注现实人生的情怀。张建伟的反腐题材小说《仿古城墙》围绕北江省经济副中心城市汉威市晨光区辽寨村棚户区改造这一事件，通过村民安置房与仿古城墙建设过程，塑造了区委书记李浩楠这一感人形象，故事一波三折，人性、政治、历史的立体掘进，亲情、爱情、民情交叉演绎，凸显了作者深刻的人文关怀、敏锐的时代感知与热忱的责任呼唤。周世敏的公安题材小说《从警记》以除黑打恶捣毁王鞍溪团伙为主线，先后描述了二十多起案件，作品依据案件侦破而展开，以案件拓展故事，描写了公安干

警洪祥及其战友在公安战线的奋斗历程，塑造了除暴安良、打黑为民的群体英雄形象，体现了公安干警对祖国和人民的热爱与忠诚。郁松寒的长篇小说《追梦的人》以主人公马得胜的人生经历为主线，串珠式地引出百余名个性鲜明的人物，真实再现了基层工作人员的艰辛，通过主人公马德胜下乡扶贫、开发景区、救人致残的工作历程，展现了当下乡镇基层干部工作生活的原生态。该著作颇具特色：主题的象征物凤凰玉贯穿全文，中国元素、中国风格跃然纸上；内容上突出牡丹文化、邙山文化、洛阳水席、郭氏正骨、河图洛书、曲剧等河洛地区独有的特色；语言上运用河洛民间俚语，从而使作品风趣幽默。任见的《曹操传》以东汉末年著名政治家、曹魏政权的缔造者曹操为主人公，讲述了曹操一生以汉朝大将军、丞相的名义征讨四方割据政权，为统一中国北方做出的巨大贡献；着重描述了曹操在整顿吏治、改良风俗等方面做出的诸多努力，以艺术方式对争议纷纭的"多面曹操"做出了令人信服的全新评价。残疾作家张大勇的《俺娘》记录了外婆蔡芸芝和母亲王玉平的生活故事，描述了一位母亲与厄运抗争的真实生活历程。宜阳县作家赵宏欣的《救赎》是一部反映现实主义的长篇力作，该作品以非法集资这一社会的痛点问题为出发点，通过丰家镇遍地红农民专业合作社"庞氏骗局"的恶意铺设、骗局的最终败露、受害者的心理恐慌及对社会秩序的冲击所造成的乱象等一系列动态描写和人物刻画，反映了非法集资的危害性和社会的复杂性。洛阳作家胥琰的《蜂国》是一部以养蜂人为题材的长篇小说，作者以"立夏刚过，日子好得一塌糊涂"为开端，娓娓道来，清新自然，写出独特的劳动者养蜂人的感受。小说虽是在写养蜂人，却并不把笔墨单单集中在养蜂上，而是写天时，写地利，写人和，写四时变换，写花序轮替，写人与自然、人与人的和谐关系。

　　与此同时，中短篇小说及小小说的发表渐入佳境，有力地发出了洛阳声音。《前卫文学》发表了维摩（王小朋）的中篇小说《红缨在手》，该小说以卫生院李红缨意外救下火车，成为"工程兵女英雄"又因此而产生生活波澜的故事，作品小中搏大，看似描写日常生活，实则反映社会现实。马勇的《列车之光》叙述了一名铁路警察在第一次随车出勤时遇到同事丢枪，自己却遭受不公正的待遇。作品在结尾处柳暗花明，枪找到了，而他也找到了生活的光明，作品以写实手法叙述了普通人在挫折中对美好生活的寻求。刘建超的《老街剃家》描述了在老街东关开理发店的老陆，手艺好、德行高，深受顾客好评，临近过年老陆的生意越来越好，恰在此时老街发生了火灾，数十人遇难，街道处理事故的人找了几家理发店给过世的几十个人修面整容，但没有一家发廊愿意干，老陆此时挺身而出，认认真真地为所有的遇难者整理，一丝不苟，老陆的事在老街不断地流传，他深受人们的敬佩，可再也没有人愿意找他理发了，老陆只能摘掉招牌、关掉店铺，作品从微视角对历史、现实和人性进行透视，言简而意远。

再次，诗歌影响力逐步增强，诗歌中有乡土风情的诗意呈现。段新强的组诗《老君山云海》赞颂人与自然和谐容融的关系；李易农的组诗《故乡情丝》瞩目于脚下的土地和身边的生活，亲切自然；陈胜展的长诗《汝阳赋》不仅关注历史，而且瞩目当下，抒发了作者对家乡的热爱之情；苗瑞霞的散文诗《我打洛水身边走过》对现实景致进行精彩描绘，令人的思绪与洛水相呼应，激情澎湃。诗歌中有日常生活的理性升华，赵克红的组诗《陌生人望我的眼神》呈现诗人内心渴求真善美的丰富图景；余子愚的组诗《望江的人》在文本中还原生活原貌，寻求生活和诗意的焦点；张元的长诗《我知道的那些绝望》从细节入手，将人带入深沉的思考；董进奎的组诗《春天，拆掉自己建一座寺院》借寻常客观之物，照个体复杂之内心，低调内敛、蕴含丰富。诗歌中有自然风物的艺术创造。高野的长诗《我在秋天里等你》以感恩自然的心态表达深沉的生活感悟；董振国的《西瓜熟了》在对西瓜审视思考中向世间万物绵延不绝的生命力躬身致敬；谭滢的《生地花》则通过对生地花的一声声呼唤，描述了带有土腥味的乡恋之痛。

最后，文学研究报告令人深思。为更好地促进洛阳长篇小说创作，王群芳、唐益舟对洛阳市小说创作尤其是长篇小说创作进行了普查。通过查资料、访问、调函等渠道获得了大量的一手资料，在此基础上，他们编辑出版

了《洛阳古今小说概览》。这对洛阳已诞生的小说进行了一次比较系统、比较全面的总结和梳理，为地域小说的研究提供了很好的资料。通过这些梳理，为今后洛阳的小说创作尤其是对小说内容题材提供了很好的借鉴。更为重要的是，2017年4月，洛阳文学院研究员王小明发表了《洛阳文学现状考察报告》，该报告总结了洛阳文学的优势所在，如文学期刊尤其是重要期刊的刊载量、文学奖项、图书出版等，同时分析了洛阳文学的发展现状，如：文学队伍老化，梯队建设薄弱，人才流失严重；文学体裁分布不均，小说创作仍是短板，文学评论参与度低；现有的文学创作者视野狭窄，目标模糊。作者还揭示了造成这些问题的原因，如：文学工作边界模糊，总体发展无序；与文学发展有关的政策缺位、统筹乏力；高校与地方互动性不足，文学"产学研"体系尚未建立；作家的社会认可度下降，创作热情走低。文章的最后，作者指明了相应的解决方案，即利用洛阳市作家协会、洛阳文学院、《牡丹》文学杂志的优势，支持读书会、研讨会、改稿会、作家作品推介会等活动，借助平台优势，与其他文学期刊开展广泛合作等，从而促进洛阳文学更好、更健康地发展。

（三）杂技曲艺喜忧参半

2017年，洛阳市的曲艺工作者深入学习党的十九大精神，树立正确的艺术思想，准确把握工作方向，积极参加全国重要文艺赛事活动，用汗水铸就辉煌，巧思孕育成绩。2017年7月，洛阳市杂技团代表中国参加第十届"亚洲之声"国际杂技大赛，选送的杂技节目《男女组合》获得银奖；2017年10月，在第十三届晋冀鲁豫"山河杯"相声大赛中，洛阳市杂技曲艺家协会获组织奖，范清堂、石战方表演的《说学逗唱》获得一等奖，张思远表演的《洛阳牡丹甲天下》获得二等奖。

1. 发挥资源优势，积极进行创作

第一，巧用历史资源，进行艺术创新。《隋唐百戏传奇之万邦来朝共贺岁》是洛阳隋唐百戏城特意为第三届中国杂技艺术节编排的节目，讲述了隋朝大业二年（公元606年）正月，四方各国来朝，各地百戏汇集于都城洛阳的故事，再现了各国来朝时百戏表演的恢宏场面。① 该节目将原本独立的杂技节目通过历史故事进行串联，更为可贵的是它突破了杂技传统的包装形式，在杂技中融入魔术、舞蹈等艺术元素，并借助舞台的声、光、电加以综合表现。2017年，洛阳市杂曲协会对剧目进行了整体提升，无论是开场声势浩大的舞蹈，还是精彩纷呈的马术，抑或是惊心动魄的高空钢丝，都让观众交口称赞。无论是奇趣幽默的滑稽表演、激动人心的魔术表演，还是异域风情的舞蹈表演，都淋漓尽致地诠释了"百戏"的精髓，整场节目为观众带来了全新的视听盛宴。

第二，学习相声名师，提升演艺水平。众所周知，侯宝林大师的关门弟子、相声艺术家师胜杰，舞台形象清新文雅，表演风格质朴自然，口风清脆、音调甜美，尤其擅长京剧评戏。2017年4月，洛阳市曲艺杂技家协会特意邀请他赴洛举办群星相声大会。此次大会由7个相声节目组成，分别由著名相声演员师胜杰师徒12人倾情演绎。这是一场高规格的曲艺相声艺术专场活动，为洛阳市曲艺工作者提供了学习的好机会，师胜杰师徒的敬业精神为洛阳市广大文艺工作者树立了良好的榜样，其对洛阳相声从业者的指导更让大家受益良多。

第三，举办相声大赛，激发创作热情。习总书记在文艺工作座谈会上指出："创作是文艺工作者的中心任务，作品是文艺工作者的立身之本。"为更好地与同行交流，2017年10月洛阳市举办了第十三届晋冀鲁豫"山河杯"相声大赛。"山河杯"曲艺大赛是由河南曲协、山西曲协、河北曲协、山东曲协联合主办的一项传统曲艺赛事，大赛自举办以来深受社会各界关注和观众青睐。本届相声大赛以全力打造传统曲艺文化品牌为宗旨，通过比赛发挥中国曲艺传统优势的带动辐射作用，繁荣发展我国的相声艺术事业。由于是本土作战，洛阳众多相声演员为让观众听到洛阳特色的相声，使出了浑身解数。他们激烈地讨论每一个选题、每一个包袱、每一个段子，这无疑提升了洛阳相声演员的整体创作水平。本届相声大赛还进行了相应的展演，展

---

① 戚帅华：《隋唐百戏城新节目将亮相杂技艺术节》，《洛阳日报》2016年12月13日。

演期间所有演出门票均以免费的形式发放给市民。作为党的十九大报告后的相声艺术演出首秀，该展演以传播传统艺术文化为宗旨，内容丰富，表演精彩，16个优秀曲艺节目异彩纷呈，4个文化大省不遗余力的同台竞技尽显世间百态，为观众呈现了笑料十足的视听盛宴。更为可贵的是，展演现场由国内知名表演艺术家范军、陈寒柏、韩兰成、陈冠义、于根艺组成的评审团对每个节目都进行了相应的点评，无论是对选手的谆谆教诲还是对作品的真知灼见都寄托了前辈艺术家们对新人新作满满的希冀，都表达了艺术创作者希望传统艺术能得到传承创新的澎湃之情。

2. 注重培养青年曲艺工作者

习总书记在党的十九大报告中指出："青年兴则国家兴，青年强则国家强。青年一代有理想、有本领、有担当，国家就有前途，民族就有希望。"相声曲艺是中华文化的重要组成部分，其传承和弘扬离不开青年演员的培养，2017年，洛阳市杂曲协会出台了多项培养曲艺人才队伍的措施，打造众多推介曲艺人才的平台，从而造就了一支立场坚定、业务熟练、艺德良好的青年演员队伍。

首先，比赛增设新单元，鼓舞青少年学习热情。为切实帮助青少年曲艺人才突破发展的瓶颈，培养一批有理想、爱曲艺、能担当的青少年曲艺人才，洛阳市杂曲协会在2017年8月举办的"河洛大鼓争霸赛"中特别增设新秀组竞赛单元，这极大地调动了广大青少年学唱地方戏的积极性。河洛大鼓属河南四大曲种之一，是将"洛阳琴书"与"单大鼓"结合，并吸收了"河南坠子"一些曲调形成的一个地方曲种，在2006年被列入首批国家级非物质文化遗产名录。河洛大鼓集说书与唱戏为一体，唱腔质朴流畅、清新明快，由于其特色鲜明、魅力独特，颇得青少年喜欢。这次比赛激发了青少年的创作热情，锻炼了曲艺队伍成长。

其次，曲艺文化进校园，潜移默化助成长。为提升学生曲艺素养，洛阳市杂曲协会主动组织会员单位走进洛阳市图书馆、洛阳师范学院、洛阳理工学院、河南科技大学校园进行义务文艺培训，他们还组织会员单位赴众多中小学进行相声展演。其中，洛阳市笑满堂曲艺团的团员们就走进了芳林路小学,相声演员们为小朋友详细讲解了相声的历史发展与现代特色,并通过现场表演,以高超的语言表现能力向孩子们展现了传统相声的基本功"说、学、逗、唱"。为了培养小学生对传统相声的兴趣与爱好,相声演员还设计了众多游戏,让他们不仅在娱乐中学习了相声,而且让他们领略了相声的魅力,弘扬了传统文化。

最后,开展青年培训,提升演技水平。洛阳市笑满堂曲艺团为培养青年演员,制订了详细的培训计划,采用"走出去"和"请进来"相结合的方式,想方设法提升青年演员的艺术水平。2017年,曲艺团邀请众多曲艺名家通过授课、讲座、现场辅导等多种形式,分别在曲艺艺术的表现形式、创作手法、表演技巧、塑造人物角色、艺术语言在舞台上的运用、文化领域的最新动态等方面对青年演员进行了深入的讲解,从而使演员深化了认识,开阔了视野,提升了业务素养,提高了创演水平。

3.争创"国家杂技之乡"

洛阳孟津的王良杂技已有千年历史,始于唐宋,兴于明清,历经千年的发展,王良杂技不再是单纯的杂技表演,而是集杂技、魔术、动物展演等众多门类于一身,成为深受群众喜爱的民俗文化。这其中,赵岭高跷、长秋竹马、二鬼摔跤等久负盛名。

随着演出越来越频繁,王良杂技进入发展的快车道。杂技形式越来越丰富,杂技队伍越来越庞大,杂技从业者的表演越来越精湛,表演形式也由流动演出逐步转化为固定驻扎表演。

产业规模不断扩大。孟津现在的杂技从业人数达1.1万,各类杂技团体超过1000个。其中,投资100万元以上的杂技团队达70个,投资额为50万元以上的近400家,产业年产值为数亿元。伴随从业人员的增多和产业规模的扩大,王良杂技的覆盖范围越来越广。目前全国不少大城市、重点集镇的公园、动物园、庙会,都有王良杂技表演团体的足迹。[①]

杂技传承喜忧参半。虽然王良杂技在传承中不断发展,但仍存在个体经

---

① 苏楠:《王良杂技:绽放千年的民间艺术之花》,《洛阳日报》2016年12月13日。

营各自为战，杂技项目档次品位整体不高、精品较为缺乏，年轻人外出务工导致部分杂技传承困难等问题。①

（四）音乐舞蹈成绩突出

2017年，洛阳市的音乐、舞蹈艺术飞速发展，艺术家们踊跃参加国内、省内多项大赛并取得了令人瞩目的成绩，展示出洛阳音乐、舞蹈艺术家不俗的实力和水准。2017年1月，洛阳市"俏妈妈"手风琴乐团，获"中国郑州鹦鹉杯全国邀请赛"手风琴艺术节成人组一等奖；2017年5月，王珠峰在威尔第之声国际声乐比赛中获得中国赛区第四名；2017年6月，王珠峰获得河南省金钟奖选拔赛二等奖，蒋诏宇获得第十一届中国音乐金钟奖河南选拔赛美声唱法三等奖；2017年8月，洛阳市洛神合唱团获得黄龙音乐季国际合唱节银奖，洛阳牡丹合唱团获得河南省首届益康杯合唱电视大赛豫西地区第一名；2017年9月，洛阳市洛神合唱团、洛阳市东方合唱团获得河南省合唱节金奖，洛阳市星之海合唱团、偃师市金色之梦合唱团获得银奖；2017年10月，洛阳理工学院教育科学与音乐学院女声表演唱《情系洛神》获河南省第五届大学生艺术展演一等奖，洛阳市"牡丹"合唱团荣获第十四届中国合唱节老年组混声合唱金奖。此外，李旭生作词的《雁儿飞》获广东中国梦歌曲评比优秀原创歌曲奖（赛事最高奖项），并折桂广东省第十届精神文明建设"五个一"工程奖。马婵娟作词的《情满中华》获"感动中国—群文杯第四届全国大型原创歌曲展评活动"中国原创音乐最佳歌曲奖。夏莉莉、王东编排的《霓裳梦华》参加中国舞协"金秋风采"大赛获得"彩云奖"（大赛最高奖），洛阳市舞蹈家协会获优秀组织奖；郑松林在第十二届全国校园才艺选拔活动荣获小天使、金像奖伯乐奖，在河南省青少年春节晚会演出活动中荣获优秀辅导教师奖，第十一届全国青少年艺术展评活动中荣获优秀辅导教师奖；李志晓编创的东汉舞蹈《河洛·颜子兮》成为河南省唯一一部获得国家艺术发展艺术专项基金项目，夏莉莉、王东编排

---

① 苏楠：《王良杂技：绽放千年的民间艺术之花》，《洛阳日报》2016年12月13日。

的《娘·亲》参加"舞动中原"河南省第三届中老年舞蹈展演荣获作品一等奖、创作一等奖。

近年来,洛阳市以精心策划情景舞台原创剧为中心,以组织群众活动为基础,以开展志愿活动为载体,有力促进了洛阳市音乐舞蹈的长远发展。洛阳市众多舞蹈家集众人之长,精心策划了大型原创情景舞台剧《丝路·花开》。在剧本初创时期,洛阳市舞蹈家协会主动征求洛阳相关专家学者的意见,广泛搜集洛阳古今的名人轶事和其他文史材料,从而确保了"雀金绣""唐三彩""龙门石窟"等洛阳元素在剧中得以精彩亮相。在剧目排练时期,洛阳市舞蹈家协会严格贯彻剧本主创专家对排练工作的艺术要求,认真做好相应的人员统筹、节目排练、后勤服务、服装规划等工作,从而保证了舞蹈排练严肃活泼,舞台风貌精益求精,舞美、灯光、服饰等别出新意。

2017年,洛阳市音乐家协会和舞蹈家协会将文化扶贫作为精准扶贫的一项重要内容,积极开展文艺志愿服务活动,为基层群众送去各式各样的演艺作品,将最好的精神食粮带给基层群众。4月15日,著名阮演奏家,中央音乐学院阮族室内乐团创始人——徐阳教授带领一群"80后""90后""00后"组成百人阮团,以重奏、齐奏、协奏的形式,为千余名洛阳观众呈现了一台古典韵味十足的、跨越时空的、绚丽多彩的视觉盛宴。一曲丝路悠远震撼心灵的古老旋律,让广大观众真正地认识了中国传统乐器——阮,且音乐会所有收入全部捐献用于基层文化建设。

此外,为增强基层文化自我发展的能力,洛阳市音乐家协会、舞蹈家协会还积极参与洛阳市政府组织的"百场公益性文化演出",为基层撒播文化种子。文艺志愿小分队先后赴伊滨区庞村镇草店村、汝阳县三屯镇东保村等地进行文艺扶贫演出,文艺志愿者想方设法将当地文化特色与精准扶贫精神进行有机融合,让观众深切感受到脱贫攻坚的铿锵步伐和爱心奉献的温暖力量。

二 洛阳文学艺术发展存在的突出问题

2017年洛阳市全体文艺工作者持续发力,在不同领域、众多门类中取

得了长足的发展，但我们不能盲目乐观，停滞不前，而应认真梳理，详细分析，看透繁华背后的阴影，查摆目前洛阳市文学艺术发展的短板与不足。

（一）洛阳文学艺术发展缺乏顶层设计

洛阳市的文学艺术工作多停留在技术层面，政府尚未通盘考虑，未能运用政策杠杆促进文学、艺术资源的优化配置，洛阳市委、市政府目前在文学艺术的资金保障、项目申报、奖项设立、创作扶持、人才引进等方面尚未出台专门的政策，亦未就洛阳市文学艺术的发展进行中长期规划。

（二）文学创作总体数量和影响力较弱

就文学体裁而言，洛阳市诗歌大而不强，散文多而不精，小说和纪实文学发展滞后，文学评论参与度低，文学创作分布不均衡，较有影响力的奖项更是少见。就文学创作者而言，洛阳现有的作家视野狭窄，目标模糊，很多作者满足于千字文、小情调，满足于自我复制，缺失精品意识。

（三）曲艺创作整体水平有待提高

洛阳市曲艺创作仍处于发展的初级阶段，目前尚无长期曲艺作品加以支撑，且洛阳市曲艺创作力量薄弱的状况依然存在。此外，洛阳市曲艺发展的"不平衡"与"不充分"的矛盾依然突出。相声如何坚守创演艺术规律，保持曲艺艺术的说唱传统仍需思索，河洛大鼓如何活化创新有待思考，河南坠子如何传承弘扬避免失传更需考虑。

（四）音乐舞蹈缺乏个性创意

虽然2017年洛阳市音乐和舞蹈工作者取得了一定的成绩，但目前洛阳市的音乐家和舞蹈家创新意识不足，创作快餐化，大数据催生了大量同质化、良莠不齐的产品；音乐舞蹈创作雷同，千人一面，公式化、模式化的现象依旧；表现形式大于实质内容，艺术形象孱弱的问题仍比较突出。

三 洛阳文学艺术发展的趋势与对策

2017年洛阳市文学艺术发展稳定，取得了一定的成绩，同时仍存在不足。2018年是党和国家机构改革的深化之年，洛阳市文学艺术发展面临着相应的机遇和挑战，因此需审慎寻找符合洛阳市文学艺术发展规律的发展道路。

（一）洛阳文学艺术发展趋势展望

2018年，洛阳市文学艺术发展迎来了极为重要的发展形势，主要表现为以下几方面。

1. 新思想引领新事业

党的十九大提出了习近平新时代中国特色社会主义思想，提出要坚定文化自信，繁荣发展社会主义文艺。党的十九大报告指出："社会主义文艺是人民的文艺，必须坚持人民为中心的创作导向，在深入生活、扎根人民中进行无愧于时代的文艺创作。"洛阳市文学艺术家需要以新思想武装头脑，指导实践，进一步解放思想，挖掘优势，从而在文学艺术重大发展来临之时做好相应准备。

2. 新时代提出新要求

党的十九大报告指出："要繁荣文艺创作，坚持思想精深、艺术精湛、制作精良相统一，加强现实题材创作，不断推出讴歌党、讴歌祖国、讴歌人民、讴歌英雄的精品力作。"这就需要洛阳市文学艺术家主动拥抱新时代，主动适应新矛盾，在作品中突出人民的主体地位，把人民对美好生活的向往作为自己的创作目标。

3. 新部署引领新征程

2018年，洛阳市文学艺术界联合会着力提升发展目标、工作要求和精神境界。深入学习贯彻党的十九大精神，2018年上半年组成文艺小分队开展文艺惠民演出，推动十九大精神落地生根，开花结果；组织开展"深入

生活，扎根人民"文艺采风创作活动，力争创作出更多接地气、有骨气、冒热气的优秀作品。

（二）洛阳文学艺术发展对策建议

第一，做好顶层设计。无论是小康社会的建成，还是社会主义现代化强国的建成，都离不开文化软实力的提升，都离不开文学艺术的繁荣昌盛。洛阳市应将文学艺术列入经济社会发展的总体规划，进行顶层设计，加以统筹考虑，开展长期规划；制定专项政策进而解决洛阳市文学艺术生存发展的困境，增加财政投入、加大人才引进、重视平台建设，从而提振文学艺术发展的信心；支持重视洛阳市文联、各协会策划开展多种活动，加大对外宣传力度推荐优秀艺术家和优秀作品；倡导鼓励社会各界对文学艺术事业的责任担当和有力支持。

第二，抓牢重点工程。坚持创造性转化、创新性发展，要抓紧重点工程，在传统曲艺的"守"和"变"上做好文章。洛阳市应积极挖掘整理有价值的非遗资源，开展地方曲艺普查工作，对濒危曲种立即组织抢救整理，扶持优秀曲艺剧本创作，并主动组织相关曲艺单位进行会演。洛阳市还应创作出具有一定规模的既让观众喜闻乐见又内涵深刻、特色鲜明的曲艺大作，组织"名家传戏"，培育壮大曲艺队伍，形成一支曲种齐、结构优、梯次明、素质良的曲艺工作者队伍，从而推动洛阳曲艺进乡村进校园、进军队、进机关。

第三，强化内容原创。洛阳市应重视新时代河洛文化的内容原创，"没有高质量的文艺原创，文化资源就不会变成文化资产，文化资产也不会变成文化资本"，① 因此应通过文艺原创进行文化资源的整合开发。洛阳市应设立扶持文艺原创的专项资金，充分调动各类文化内容原创者的积极性、主动性和创造性，从而扭转洛阳历史文化资源进入内容原创滞后的局面，与此同

---

① 王国棉：《三晋文化的发展现状及对策》，http://news.163.com/15/1124/04/B95MJ74K00014AED.html。

时，洛阳市文学艺术界联合会应有所担当，深入研究文化消费对内容原创的新要求、新期待，深入研究历史文化资源进入内容原创的特点和规律，围绕洛阳的历史题材、革命题材、现实题材组织相应的工作者进行相应的文学曲艺创作，赋予传统文化新的时代内涵和现代表达形式。

第四，重视新文艺群体。随着经济社会的发展，洛阳新文艺组织不断壮大，民间画家、书法家、收藏家、舞蹈家实力超群、组织活跃、活动积极，已培育出相应的新兴业态。但是，这些文艺群体和工作者比较分散，缺乏相应的专业指导和技能培训，洛阳市应密切关注这类群体的发展，强化与新文艺工作者的联络，加大对他们的扶持，在场馆、服务、人才、资金等方面予以相应的帮助，以吸引、整合更多的社会资源和艺术资源，激发全社会的文艺创作热情。

第五，重视打造"互联网＋文艺"。如今，"互联网＋"成为国家战略，洛阳市应深刻认识"互联网＋"给文艺发展带来的重大机遇，积极搭建网络平台，进行文艺宣传、作品推介、志愿服务及教育培训；应重视自媒体，推动传统文艺与新兴媒体的有机融合；应重视网络文艺的创作，提升精品意识，强化对相关从业人员的管理。

B.5
洛阳市文明城市提升研究报告

龚利姣　时丽茹*

摘　要： 2017年，每三年进行一次的全国文明城市评审工作进入尾声。洛阳市经过三年的努力于2017年11月继续蝉联"全国文明城市"的称号。至此，洛阳市已连续三届蝉联"全国文明城市"。本报告在总结洛阳市成功蝉联三届"全国文明城市"具体经验的基础上，结合党的十九大精神与洛阳市目前在城市文明提升方面存在的问题，提出洛阳市进一步巩固提升文明城市工作的对策与建议：以十九大精神提升站位，统筹规划，加强老旧居民小区的精细化管理；深化社会主义核心价值观建设，切实加强思想道德建设，提升市民文明素质；广泛开展群众性精神文明创评活动，积极开展系列文明行动，加强公共文化服务设施建设；创新宣教形式增强创建合力，坚持问题导向持续深化整改，加强城市精细化管理与全域均衡发展。

关键词： 文明城市　巩固　提升

"全国文明城市"称号是我国所有城市品牌中含金量最高、创建难度最大的一个，也是反映我国城市整体文明水平的最高荣誉称号。经过十年的艰

---

* 龚利姣，洛阳市社会科学院实习研究员，主要研究方向为城市规划与社会发展；时丽茹，洛阳市委党校科研处副处长、副教授，主要研究方向为哲学、政治学。

苦努力，洛阳市于2011年荣获第三批"全国文明城市"称号。[①] 2017年，洛阳继续保持"全国文明城市"称号，至此已连续三届蝉联"全国文明城市"称号。

全国文明城市是经济建设、政治建设、文化建设、社会建设、生态文明建设和党的建设全面发展，市民文明素质、城市文明程度、城市文化品位、群众生活质量较高，崇德向善、文化厚重、和谐宜居的城市。[②] 全国文明城市是我国目前综合评价一个城市"五个文明"建设水平的最高荣誉，是一个地方经济社会发展水平的集中体现，是一个城市最有价值的无形资产和最具竞争力的金字招牌。洛阳作为华夏文明和中华民族文化的发源地之一，拥有5000多年的文明史、4000多年的建城史和1500多年的建都史，为中国四大古都之一。同时，洛阳还是国务院首批公布的国家历史文化名城，也是世界文化名城。厚重的文化底蕴、丰富的文化资产为洛阳蝉联全国文明城市奠定了基础。洛阳市连续三届蝉联全国文明城市，既体现了洛阳全方位的发展水平，也体现了洛阳的竞争实力与竞争水平。

习近平总书记在党的十九大报告中明确指出，加强思想道德建设，要提高人民思想觉悟、道德水准、文明素养，提高全社会文明程度。加强和改进思想政治工作，深化群众性精神文明创建活动。由此可见，目前国家和社会对文明城市建设与提升的重视。作为市民整体素质和城市文明程度较高的洛阳，其全国文明城市的称号是社会文明、社会和谐在洛阳这个城市的缩影，也是社会文明、社会和谐在洛阳的集中体现，在根本上标示着洛阳整体发展水平所达到的一种和谐、文明的状态。

一　洛阳市蝉联三届全国文明城市的过程

"全国文明城市"称号由中央精神文明建设指导委员会命名，每三年命

[①] 李宗宽：《洛阳市蝉联"全国文明城市"称号3家单位获全国最高荣誉称号》，《河南日报》2017年11月12日。
[②] 杜文婷：《成都连续四次成为全国文明城市》，《成都日报》2017年11月15日。

名表彰一次，依据《全国文明城市测评体系》从提名城市中测评产生。《全国文明城市（地级以上）测评体系》（2017年版）由3大板块、12个测评项目、90项测评内容、188条测评标准构成。第一板块为牢固的思想道德基础，含理想信念教育、社会主义核心价值观建设、培育文明道德风尚3个测评项目；第二板块为良好的经济社会发展环境，含廉洁高效的政务环境、公平正义的法治环境、诚信守法的市场环境、健康向上的人文环境、促进青少年健康成长的社会文化环境、和谐宜居的生活环境、安全稳定的社会环境、有利于可持续发展的生态环境8个测评项目；第三板块为长效常态的创建工作机制1个测评项目。《全国文明城市（地级以上）测评体系》设附件《全国文明城市创建动态管理措施（负面清单）》（简称负面清单），共30条。对出现负面清单所列问题的城市，视情节严重程度采取罚扣测评分数、停止提名城市资格、停止全国文明城市资格1年、取消全国文明城市荣誉称号的惩戒办法。①

全国文明城市主要依据《全国文明城市测评体系》和《全国未成年人思想道德建设工作测评体系》，进行测评优选，并将未成年人思想道德建设工作评价作为申报全国文明城市的前置条件，测评结果单独排序，按百分制计算，得分低于85分的，不能参与全国文明城市申报，同时，该项得分按20%的比例计入全国文明城市总得分。全国文明城市的创评，主要采用听取汇报、材料审核、问卷调查、网络调查、实地考察、整体观察等六种方法进行。第一年和第二年进行年度测评，第三年进行综合测评，最后以第一年占比20%、第二年占比20%、第三年占比60%的比例相加得出最终成绩，并依据最终成绩确定新一届的全国文明城市名单。从评选内容、评选依据与评选方式中，可以看出进入全国文明城市行列的难度之大，该评选的含金量之高。洛阳蝉联三届全国文明城市，足以看出洛阳在文明城市巩固与提升方面的不断努力。当然，洛阳创建全国文明城市的过程并非一蹴而就，而是经历了艰难的过程。

---

① 资料来源：《全国文明城市（地级以上）测评体系》（2017年版）。

为进一步提升洛阳的城市形象，打造舒适、文明、宜居的洛阳，自2002年起，洛阳市积极开展全国文明城市创建工作。虽然做出了3年的努力，但2005年第一次全国文明城市评选中，洛阳遗憾落选。2008年第二次全国文明城市评选中，洛阳再次痛失机遇。两次失败之后，洛阳开始停下脚步，慢慢总结经验。2010年，洛阳第三次冲刺全国文明城市，此次凭借洛阳自身深厚的文化底蕴及两次失败经验的总结，在竞争激烈的角逐中取得了地级市排名第23的好成绩。2011年，洛阳市终于以排名第7的优异成绩赢得了"全国文明城市"的称号。2012年与2013年，洛阳市连续2年以地级市第3的好成绩跻身全国文明城市先进城市行列。2015年，洛阳市再次蝉联全国文明城市。

2015~2017年，洛阳市先后3次迎接中央文明办、省文明办对洛阳市文明城市创建工作复查考评，并先后恢复第四届全国文明城市荣誉称号、蝉联第五届全国文明城市荣誉称号。至此，洛阳市已连续3届蝉联"全国文明城市"荣誉称号。

二 洛阳市在文明城市提升中的具体做法

全国文明城市，是城市发展的总抓手，潜移默化地影响人们的生活和整个城市物质文明和精神文明的建设。随着时代的发展，经济社会的快速进步，文明城市的评选标准越来越规范，评选要求也越来越严格，竞争越来越激烈。洛阳市能蝉联三届全国文明城市，足以证明洛阳市的整体发展水平与竞争实力。

（一）强化创建工作领导责任，建设文明洛阳

洛阳蝉联三届全国文明城市，离不开各级领导的重视与努力，在建设文明洛阳的过程中，各级领导压实责任、强化机制、稳妥推进，为洛阳蝉联三届全国文明城市提供了坚实的组织保障。

1. 强化领导，压实责任

洛阳市各级党委政府和职能部门将思想与行动统一到市委、市政府的决策部署上来，牢固树立细节决定成败的观念，进一步坚定信心、分解任务、加大力度，持续抓好工作提升。将文明创建作为推进全局工作的重要抓手，摆到突出位置，坚持主要领导亲自抓、负总责，分管领导具体抓、负全责。各责任单位特别是牵头单位，细致入微地做好每一项具体工作，抓计划、抓节点，对照《洛阳市文明城市创建整改提升工作方案》要求一项一项地搞好排查、一个环节一个环节地查漏补缺，组织开展百姓问政、领导访谈、市民访谈等活动，每半月对相关工作进行一次考核排序，推动尽快尽早完成各项目标任务。

2. 强化机制，扎实推进

创建成功的关键在于务实重干、真抓真干。各级各部门严格落实创建工作年度目标责任制，纳入党委、政府年度目标考评，强化创建主体责任和分项责任，把文明城市创建摆上重要议事日程强力推进。坚持创建工作情况通报会制度，坚持问题导向和公开问责，促进创建整改到位。坚持周例会和月指挥长例会制度，抓好重点工作推动和重点问题解决，提高创建的质量、效率。坚持党政办、创建办、老干部督导团联合督查督导制度，对创建工作加压加力，形成合力。进一步加大暗访、曝光、问责落实力度，充分发挥利剑作用，确保创建工作按时间节点加快推进。坚持创建工作重大事项请示报告制度，及时研究解决重点难点和新情况新问题，为创建工作创造良好条件。

3. 强化保障，稳妥推进

第一，健全创建工作骨干队伍。按照中央、省文明办创建规范要求，加强业务培训，努力提高工作能力，打造政治坚定、业务熟练、作风过硬、担当有为的高素质创建队伍。

第二，加强创建资金保障。按照年度创建计划，确保重点项目财政预算资金投入和经费保障。同时，鼓励企事业单位和社会力量投入创建工作，创新创建工作的筹资方式。

第三，坚持依法依规办事，为创建工作提供政策支持和法治保障。善于运用法治思维和法治方式，妥善处理创建过程中的矛盾，尽快提高城市管理和文明创建能力，努力实现创建工作的良性可持续发展。

4. 强化问责，有效宣传

各级各部门按照责任分工，抓好重点工作落实和专项整治提升工作，确保责任无缺失、管理无漏洞、创建无死角、工作全覆盖。对在工作中做出突出贡献的先进集体和个人，大力表彰激励；对工作落实不到位、不担当、不作为拖了全市创建工作后腿的相关责任人，依规严肃追究责任。同时，进一步突出重点，创新方式，加强宣传，既注重宣传新鲜经验和突出典型，又选择反面典型，公开曝光，以儆效尤，为持续创建营造良好舆论氛围。

（二）注重公民思想道德提升，建设道德洛阳

全国文明城市是市民整体素质和城市文明程度较高的城市，洛阳蝉联三届全国文明城市，离不开在市民整体素质提升、公民思想道德提升方面做出的巨大努力。

1. 强化社会主义核心价值观宣传平台建设，创新宣传载体

第一，加强社会主义核心价值观公益宣传。充分发挥《洛阳日报》、《洛阳晚报》、洛阳广播电视台等主流媒体和洛阳网、微博、微信等新媒体的优势，全天候深入宣传，营造良好的舆论宣传环境。全市200多家文明单位、158所学校率先示范，利用单位、学校围墙、围栏制作社会主义核心价值观主题内容向社会展示，共制作公益广告23171.42平方米；利用市区232个建筑工地围挡，投入1500多万元制作公益广告87万余平方米；利用622个路铭牌、633个公交站亭、385个公交车体、1300辆出租车和11万平方米建筑围挡等载体，打造社会主义核心价值观主题广场、游园20个，主题街道10条，主题宣传墙67面，实现宣传全覆盖。公益广告宣传氛围浓厚，核心价值观手语操内化于心，受到社会各界广泛好评。核心价值观宣传在全省会议上做经验介绍，再次被中宣部评定为优等，为文明城市测评加分。[①]

第二，创办文明河洛电视讲堂。协调洛阳广播电视台等单位，邀请知名

---

① 资料来源除标注之外，均来自洛阳市文明办。

专家、学者、教授举办以核心价值观为主要内容的电视讲座，文明河洛电视讲堂已连续播出289期（2017年共43期），直接受众数百万人次。

第三，深化道德讲堂建设。以遍布全市的2100多个道德讲堂为载体，用"身边人讲身边事，身边事教育身边人"的方式，不断扩大道德讲堂的社会影响力与精神凝聚力。基层道德讲堂举办5000多场（2017年共780场），思想道德建设育人工程彰显正能量。家风建设深入推进，2017年已建成25个家风家训馆，2017年底达50个。涌现出段新宽、乔文娟2名国家级典型，王曰申、王晓阳、于书法3名省级典型。

2. 广泛开展道德模范、身边好人评议、宣传工作

第一，提高身边好人推荐入选比例。2017年全年共向中国文明网推荐好人线索26130条，向河南省文明办和中央文明办重点推荐好人事迹36人次，其中孙庆虎、陈平、王五社、闫志勋4人被列为中国好人榜候选人，陈平、闫志勋等2人成功荣登中国好人榜。

第二，做好模范评选宣传。通过在主要媒体和公共场所设立"善行义举榜"，大力宣扬道德模范和身边好人的先进事迹，树立正确价值导向，营造浓厚舆论氛围。目前已向中央文明办、河南省文明办上报全国、全省道德模范候选人11人，其中王曰申入选第六届河南省道德模范候选人。

第三，实行道德模范礼遇帮扶制度。对洛阳市各级200多名道德模范和身边好人及家属进行走访慰问，并组织洛阳市道德模范代表出席活动。

3. 切实加强诚信建设工作

第一，开展"全民诚信"主题系列实践活动。2017年4月1日，洛阳市委宣传部、市创建办、市文明办组织各城区工商、商务、食药监督等相关部门负责人对王府井商场进行现场观摩学习，开展经验交流会。精心组织推选全省"诚信之星"。每季度广泛发动，综合考量，好中选优，向省文明办积极推荐申报"诚信之星"候选人，其中洛阳市伊滨区王曰申荣获河南省第一届"诚信之星"称号。

第二，大力推进重点领域文明诚信建设工作。组织全市文明办主任参加洛阳市2017年度"文明经营"推进会议。推进"六文明"活动不断深化，

使洛阳市商务诚信工作取得新进展。

4.创新未成年人思想道德建设工作

第一，突出重点，深入开展"我的中国梦"主题教育实践活动。一是组织开展"学习和争做美德少年"活动。2017年6月上旬，洛阳市实验中学组织召开第九届"洛阳市美德少年"表彰会，对评选出的30名第九届"洛阳市美德少年"进行表彰奖励。二是组织开展"清明祭英烈""向国旗敬礼"签名寄语活动。在中国文明网联盟洛阳站开设专栏，组织未成年人在网上抒写感言寄语，两项活动全市共有134万余人（次）参与。三是抓好文明校园创建工作。新安县新城实验学校、栾川县第一高级中学、洛阳市实验小学被评为第一届全国文明校园。四是结合建军90周年、香港回归20周年，组织开展"童心向党"歌咏活动。洛阳市《红领巾相约中国梦》《爱唱歌的小孩》《红军小学之歌》《红军小学红军娃》等优秀"童心向党"歌咏节目在中国文明网进行展播。洛阳市委宣传部被中央文明委授予"全国未成年人思想道德建设工作先进单位"称号。

第二，立足实用，抓好乡村学校少年宫建设。一是加大自主建设力度。通过采用乡（镇）财政资助，企业冠名、挂牌等形式推动乡村学校少年宫建设。截止到2017年，洛阳市自建少年宫数量达到334所。二是积极争取上级部门项目支持。2017年，共争取13个中央资助项目、5个省资助项目，资助资金共计275万元。10月底，18个资助项目已建成并投入使用。三是加强对乡村学校少年宫项目检查指导。汝阳县思源实验学校"多彩思源——科技改变未来"项目、洛宁县河底镇中心小学"农村留守儿童幸福之家"项目、伊滨区庞村镇彭店小学"手工社团"项目被评为"2017年度河南省乡村学校少年宫优秀创新案例项目"。四是加强乡村学校少年宫辅导老师队伍建设。汝阳县、宜阳县被中国文联列为乡村学校少年宫首批艺术教师培训试点。2017年5月中旬，全国2017年度乡村学校少年宫项目建设工作推进会在湖南怀化召开，洛阳市在会上做经验介绍。2017年7月上旬，河南全省少年宫会议于洛阳市新安县召开，河南省文明办对洛阳市乡村学校少年宫项目建设工作给予充分肯定。

（三）扎实推进农村精神文明活动，建设美丽洛阳

党的十九大报告提出实施乡村振兴战略，建设美丽乡村。打造美丽洛阳，美丽乡村的建设至关重要。洛阳蝉联三届全国文明城市，与其扎实推进农村精神文明建设的努力密不可分。

1. 推动"美丽乡村·文明家园"示范村建设

洛阳市委农办下发了《关于推进"美丽乡村·文明家园"示范村建设的实施意见》（洛文明办〔2017〕12号），并将相关要求纳入《洛阳市文明村镇测评体系》，扎实推动此项工作开展。截至2017年底，全市已建成"美丽乡村·文明家园"示范村418个。

2. 移风易俗工作稳步推进

2017年6月初，洛阳市文明办组织召开洛阳市农村精神文明建设暨推动移风易俗树立文明乡风工作经验交流会，对移风易俗工作进行专项部署。洛阳市栾川县被中宣部确定为"推动移风易俗、树立文明乡风"工作典型案例在全国进行宣传，并在河南省推动移风易俗树立文明乡风观摩推进会上进行经验介绍。

3. 进一步深化文明村镇创建活动

洛阳栾川县赤土店镇等11个村镇获得"全国文明村镇"荣誉称号、新安县正村镇等25个村镇获得"河南省文明村镇"荣誉称号。栾川县赤土店镇、孟津县梁凹村等村镇的创建工作在2017年全国文明村镇复查验收中得到了考评组的高度赞誉。

（四）社会志愿服务活动蓬勃发展，建设志愿洛阳

志愿服务是人们自愿贡献个人的时间与精力，在没有任何物质报酬的情况下，为改善社会、促进社会进步而提供的服务。志愿服务的发展直接关系城市的社会和谐与社会进步。洛阳蝉联三届全国文明城市，志愿服务体制机制、志愿服务队伍建设、志愿服务培训及宣传等发挥着不可替代的作用。

1. 健全志愿服务体制机制

统筹规划洛阳市志愿服务"一基地两中心"建设，形成网络体系架构。截止到2017年，洛阳市各类志愿服务队伍为3200余支，学雷锋"文明使者"志愿服务站1527个，学雷锋志愿者工作站500多个。

2. 建立专业志愿服务队伍

聚合洛阳市专业志愿力量，坚持"专业人做专业志愿服务"理念，以驻洛高校为依托，发挥专家学者、志愿服务专业领袖的作用，按照"3＋X"模式，组织文化、医疗卫生等10支专业志愿服务团队进社区开展活动。

3. 志愿服务培训常态长效

推进学雷锋志愿服务制度化，加快志愿服务"一基地、两中心"建设。2017年以来，先后组织培训10次，培养骨干800余人，孵化特色、专业志愿项目10类50余个，推动志愿服务活动持久长效运行。

4. "全国志愿服务信息系统"功能作用发挥明显

依托全国志愿服务信息系统平台，建立志愿服务数据库，推动志愿服务活动信息化建设。目前，洛阳市注册志愿者总数已超过100万名，发布志愿服务项目34121个，志愿服务项目时长1652.6万小时。

5. 品牌志愿服务培育宣传逐步完善

坚持完善"队伍＋基地＋活动"的长效志愿服务模式，2017年共培育品牌志愿服务项目5个，宣传推选优秀志愿组织6个、最美志愿者4人、最美志愿服务社区4个，发挥品牌典型示范引领带动作用。

三 2017年洛阳文明城市提升的工作亮点

2017年洛阳连续三届蝉联全国文明城市，再次用成绩证明了洛阳在全国文明城市创建中的努力，也充分显示了洛阳自身的特色与工作亮点。

（一）文明城市创建活动成绩显著

截止到2017年，洛阳市所辖9个县（市）、6个建成区中，成功创建省级及以上文明城市的有12个，创成率80%。其中，获得全国文明城市提名城市2个（新安县、孟津县待定），省级文明城市（城区）9个（偃师、孟津、栾川、嵩县、西工、瀍河、涧西、老城、洛龙），省级文明城市提名城市2个（宜阳、洛宁）。汝阳县、伊川县2个县区已于2017年启动省级文明城市提名城市的创建工作。

（二）文明单位创建活动成效突出

截止到2017年，洛阳市已有861个单位成功创建市级以上文明单位，其中国家级16个、省标14个、省级381个、市级460个。各级文明单位在助力文明城市创建、助推社会文明程度提高方面发挥了重要作用。突出表现在：一是各级文明单位广泛设立并开展道德讲堂或文化讲堂活动，仅2017年就有79万人次参与。二是每个文明单位都积极开展以学习宣传践行社会主义核心价值观为主题的创建活动。利用板报、宣传栏、电子屏等形式积极宣传社会主义核心价值观，定期更新公布善行义举榜。伊川农商行自费3000多万元，为县里建设社会主义核心价值观广场，丰富广大群众的文化生活。三是文明单位志愿者注册人数占全市志愿者注册总数65%以上，常年坚持开展走访慰问弱势群体、困难群众、志愿者助交通、结对帮扶农村精神文明建设等活动。仅2017年以来，各级文明单位投入约466万元，帮扶农村创建、留守儿童等弱势群体和困难群众约8万人。

（三）文明景区创建持续发力，文明旅游活动氛围浓厚

截止到2017年，成功创建国家级文明景区1个（龙门石窟）、省级文明景区7个。在积极做好文明景区创建工作的同时，按照文明城市创建活动的要求，积极协调市直有关部门大力开展文明旅游活动。联合市旅发委开展了洛阳市2017年"5·19中国旅游日"文明旅游主题广场活动，倡导文明旅游，引导安全出游，绿色消费。2017年8月8日召开全市文明旅游工作联席会议联络员会议，按照2017年新版全国文明城市测评体系标准，安排部署文明旅游相关工作。先后印发文明旅游公益广告、国内游文明公约与出

境游行为指南等3万余份,组织开展文明旅游志愿服务活动为1.6万余人次营造了浓厚的文明旅游氛围。

(四)"四整治三提升"行动成效显著

"四整治三提升"行动开展以来,全市已拆除各类违规户外广告1983块,查处各类交通违法行为3.8万余例,集中治理占道经营19550家(次),老旧小区整治已开工64个,农贸市场环境服务和管理明显改观。"城市书房"和街区24小时自助图书馆已开工建设7个。

四 洛阳文明城市提升中存在的不足

洛阳2017年在文明城市提升中付出了巨大的努力与心血,获得了可喜的成绩,是对洛阳全国文明城市创建工作的认可。但其中也存在一些可以继续改进完善的问题。

(一)老旧居民小区管理混乱

洛阳市存在大量的老旧居民小区,在这些老旧居民小区中,普遍存在脏、乱、差的现象。一是绝大多数老旧小区没有物业,没有专门的工作人员对小区进行管理,导致这些小区的环境较差。二是小区内没有基本的公共服务设施,诸如休闲娱乐的场所、环境绿化等。三是小区内的诸多道路存在年久失修、不平坦的现象。四是小区内的垃圾放置不规范,垃圾桶脏乱、破旧现象严重。五是小区楼道内光线不足、楼道较脏等问题严重。老旧居民小区的这些问题反映出有关部门管理不到位,管理存在严重混乱无序的情况。

(二)市民不文明行为普遍存在

在洛阳市各城区,经常会看到机动车与非机动车乱闯红灯、乱停乱放现象,这些现象不仅严重影响市民安全,而且严重损害城市形象。同时,市民闯红灯、随地吐痰、随地丢垃圾、不文明用语、不诚信等现象也比较严重。

这些都不利于洛阳文明城市的巩固与提升，同时也从侧面反映出洛阳创建文明城市工作的责任感与紧迫感不强。

（三）公共文化服务设施欠缺

洛阳作为文化底蕴深厚的城市，其公共文化服务设施的建设与城市自身的文化底蕴差别较大。一是城市图书馆的建设比例较低，且建设环境较差，远远不能满足城市居民的需求。二是城市书房的建设不足、宣传力度不够，导致市民无法充分享受到此资源。三是城市文化创意产业发展较为缓慢，文化创意产品及文化旅游景点较少，城区小游园建设与市民需求仍有较大差距。四是社区阅览室、综合文化站、农家书屋等设施建设较少，不利于人民文化素养的提升。

（四）城市精细化管理水平有待加强

一是户外违规广告整治不彻底，户外小广告遍布于街道两旁的树木、墙壁上及电梯内，严重影响城市形象。二是商户门店招牌不规范，商店标题信息更新不及时。三是有些指示路牌存在错误、更新不及时的现象，导致这些指示路牌不能及时发挥其应有的作用，甚至会给人们出行造成误导。四是在重大节日来临之际，街头标语的更新速度较慢，不能及时起到宣传、引导的作用，不利于城市形象的维护。五是一些公共卫生间打扫不及时，导致环境较差，不利于洛阳文明城市的巩固与提升。六是农贸市场改造投入不足，农贸市场环境较差，给人们的生活带来极大的安全隐患。

（五）全域创建发展不均衡

县级全国文明城市处于空白状态，汝阳县与伊川县尚未取得省级文明城市提名资格等问题，不利于洛阳整体文明城市形象的提升。文明城市需要每一个人的努力与参与，全域创建发展很重要，但洛阳目前的全域创建发展仍存在不均衡现象，这不利于洛阳文明城市的巩固与提升。

五 洛阳市文明城市巩固和提升的对策与建议

结合党的十九大报告和新的文明城市测评标准，针对洛阳市在全国文明城市创建过程中存在的问题，建议洛阳市进一步巩固提升文明城市工作可采取以下对策。

（一）以党的十九大精神提升站位，统筹规划，加强老旧居民小区的精细化管理

洛阳市政府应以党的十九大报告为指导，不断探索建立有助于文明城市提升的管理模式，履行好统筹规划的职责。以习近平新时代中国特色社会主义思想为指导，以习近平总书记关于精神文明建设的一系列重要论述为遵循，紧紧围绕中央和河南省文明委（办）工作部署，按照市委"9+2"等重点工作安排统筹规划。坚持"围绕大局、服务中心"的总基调，坚持社会主义核心价值观引领的总开关，坚持提高人的文明素质和城市文明程度的总目标。突出文明城市创建与百城提质同步推进，突出创新载体开展群众性创建活动，突出抓细抓小抓实。着力优美环境、优良秩序、优质服务，着力实现全面创建、全域创建、全民创建，着力建设崇德向善、文化厚重、和谐宜居的人民满意城市。为加快建设中原城市群副中心城市、打造带动全省发展新的增长极，奋力谱写洛阳新时代全面建设社会主义现代化的华彩篇章做出新的更大贡献。

1.将更多的行政权力下放到基层组织

在提升文明城市水平的过程中，政府的主要职能是决策、规划与监督，基层组织的主要职能是深入群众、了解民意、反映问题，为政府的决策提供支撑。因此，需要调动基层组织的积极性与创造性。调动其积极性与创造性最直接的方法便是让基层组织有更多的自主权，可以进行创新性尝试，进而在洛阳文明城市提升的过程中发挥重要作用。在解决老旧居民小区管理不到位问题上，可以在小区内成立业主委员会组织，由街道办事处统一管理，统

一规划,由此逐步改善这些小区,将这些小区建设得更加美好。

2. 完善机构设置,明晰机构职能

各个主体间要各自明确职责:政府要确立在巩固与提升文明城市活动中的主导性地位,做好方案规划和人员调度工作。街道办事处要明确作为协调机构的职责,在落实上级机关工作部署的同时,指导居委会和社区基层部门有序开展文明城市提升工作。社区居委会要明确作为社区基层机构的职责,保持同社区居民的密切联系,及时了解社区的道路状况、卫生环境及物业管理情况,定期走访居民,深入居民家中,了解居民对社区的需求,以针对性地贯彻落实各项具体工作。

(二)深化社会主义核心价值观建设,切实加强思想道德建设,提升市民文明素质

习近平总书记在党的十九大报告中指出,要培育和践行社会主义核心价值观。要以培养担当民族复兴大任的时代新人为着眼点,强化教育引导、实践养成、制度保障,发挥社会主义核心价值观对国民教育、精神文明创建、精神文化产品创作生产传播的引领作用,把社会主义核心价值观融入社会发展各方面,转化为人们的情感认同和行为习惯。

1. 深化习近平新时代中国特色社会主义思想和社会主义核心价值观宣传教育

洛阳作为全国文明城市,要时刻紧跟国家政策。尤其是党的十九大召开之后,要深入学习领会习近平总书记的重要讲话精神,增强做好文明城市工作的责任感与紧迫感。要坚持以社会主义核心价值观为引领,增强市民文明意识,规范市民文明行为,进而营造城市文明氛围,达到以人文精神增强城市魅力、提升城市气质的目的。诸如可精心组织开展十九大精神进基层"微宣讲"活动,创作一批形象生动的新媒体作品,以深化对习近平新时代中国特色社会主义思想的认识。积极推进基层核心价值观宣传示范点建设,推动每个建制乡镇建成1~2所,使社会主义核心价值观真正融入社会生活的各个方面。

2. 深化市民素质提升行动

第一，在思想宣传方面，应加大城市出入口、主干道、窗口区域等公益广告的覆盖广度和宣传力度。诸如主要宣传禁止车辆与行人擅闯红灯、随地吐痰、随地丢垃圾等不文明形象。坚持网上、网下相结合，采取多种方式宣传文明做人、文明交通。

第二，在行为管理方面，采用奖惩相结合的方式对不文明行为进行管理。对随地吐痰、随地丢垃圾的行为，可采取当场制止、相互监督的方式，以减少不文明行为的发生。对随意闯红灯的现象，可借鉴广州市的做法，若出现类似不文明行为，让行人跟随交警一起在路口观看5分钟的交通安全纪录片或在微信上发朋友圈集够20个赞，经交警审核之后，方可离开。

第三，大力弘扬焦裕禄、杨奎烈、马海明等时代楷模精神，广泛开展文明城市、文明村镇、文明单位、文明家庭、文明校园等群众性精神文明创建活动，发挥典型人物和先进群体的示范引领作用，以点带面促进市民素质不断提升。

3. 深化诚信守法提升行动

加快洛阳市信用信息综合平台建设，完善诚信"红黑榜"发布制度，建立诚信建设"红黑榜"发布常态长效机制，建立对守信和失信主体的联合奖惩机制。开展"诚信，让洛阳更出彩"主题实践活动，着力打造"洛阳市11·22诚信日"等独具洛阳特色的诚信文化、诚信品牌，重点提升6条诚信经营示范街，培育一批诚信示范点和义明经营商户。

（三）广泛开展群众性精神文明创评活动，积极开展系列文明行动，加强公共文化服务设施建设

在洛阳文明城市巩固与提升的过程中，城市文化是不容忽视的重要组成部分。在城市化不断加快发展的今天，在各地争创文明城市建设的浪潮中，要把城市文化放在突出位置，作为重点发展的对象来看待。政府应重视城市文化的建设，并积极举办一些与城市文化相关的活动，鼓励人们积极参与，在这些具有当地特色的文化活动中融入城市文明建设成果，使之成为人们了

解洛阳文化的窗口。由此，让洛阳的精神文明建设深入人心，更好地促进洛阳文明城市的提升。

1. 提升文明意识

文明城市的巩固与提升，最终目标是建立人们之间的合作关系，城市的文明需要每一个人共同守护。因此，提升人们的文明意识，是巩固与提升洛阳文明城市的重要保障。在当今社会中，可借助新媒体的传播方式，针对不同层次的人群进行有针对性的宣传。在宣传中重点突出文明城市提升的重要性及文明城市的提升能为人们带来的切身利益，让人们更加注重自身的文明行为，更积极地参与到文明城市的创建、巩固与提升之中，真正从内心提升自己的文明意识。

2. 抓好志愿服务建设

第一，弘扬志愿服务理念精神，强化社会责任意识和奉献意识，加大对志愿服务先进典型的嘉许、回馈和保障力度。广泛开展时代楷模、道德模范、美德少年、身边好人、诚信之星、最美洛阳人、洛阳好家风推荐评选表彰活动，深入开展移风易俗活动，并从地方立法层面探索倡导移风易俗新风尚。

第二，依托洛阳志愿服务"一基地两中心"，用好全国志愿服务互联网信息管理平台，联合文化、教育、生态、旅游等领域开设网上培训课堂。加强"志愿云"信息平台建设，发挥好微信、微博等新媒体在志愿服务中的重要作用。建立志愿服务站联盟，加强"文明使者"志愿服务站建设管理力度，确保"十三五"末期全市志愿者人数为常住人口13%以上，成功创建全国志愿服务模范城示范城市。利用互联网信息平台，让人们真正参与到文明城市的巩固与提升之中。

3. 深化文明风尚提升行动

大兴文明守礼之风，持续办好文明河洛电视讲堂和基层道德讲堂，开展"最美洛阳人"网上事迹展播，全方位多层次普及文明礼仪规范；大兴勤俭节约之风，开展文明餐桌、绿色消费、创建节约型机关等活动，引导人们养成简约适度、绿色低碳的健康生活方式；大兴网络文明之风，积极倡导文明办网、文明上网，严厉打击网络谣言和不良信息，让网络空间更加清朗。

4. 不断丰富人们文化生活

第一，在公共文化场所方面，可加大对文化墙、小游园、主题公园、主题社区、主题广场、主题校园、农家书屋、文化大院、综合文化服务中心的建设力度，为丰富人们文化生活打下坚实基础。同时，筹划洛阳好人馆、市情展览馆、家风家训展示馆和市民教育中心，为人们文化素质的提升打造一个良好的平台，做到以文化生活打造城市气质。

第二，在公共文化节目方面，可组建高质量、适合人们欣赏的文艺演出队，以增强城市的文艺气息，同时可邀请国内、国外较知名的演艺人员来洛阳演出，以扩大洛阳的知名度和影响力。筹划纪念改革开放40周年、洛阳解放70周年活动，积极传承发展中华优秀传统文化，切实推动核心价值观融入社会发展，转化为人们的情感认同和行为规范。

（四）创新宣教形式增强创建合力，坚持问题导向持续深化整改，加强城市精细化管理与全域均衡发展

近年来，智能化、精细化管理成为城市发展的主要管理方式。针对洛阳城市管理的分散化、零碎化与区域文明发展不均衡现象，洛阳应主要在城市精细化管理与全域均衡发展方面下功夫。

1. 加强精细化管理展示城市良好形象

城市的精细化管理主要靠政府和群众共同管理。在政府层面，应建立健全工作制度和推进措施，明确工作目标和重点任务，及时撰写工作台账。指挥部应及时有效地听取汇报，确保工作落地取得实效。政府主要应在环境卫生、城市秩序、户外广告、街头标语、指示路牌、公共卫生间、农贸市场、城市书房、旅游环境等内容的管理中加强精细化操作。

在环境卫生方面，定期对环卫工人进行培训，在不同路段安排不同数量的人员进行清扫。街头标语、指示路牌应及时更新，尤其是重大节日之际，应增派人员对街头标语和指示路牌进行审查，以确保信息的准确性与及时性。公共卫生间的设立，应根据所在场所不同的人流建立数量不等的

公共卫生间,这样可保证资源的有效利用。公共卫生间的清扫应根据人流的频次进行间隔时间段的清扫,如对于人流量大的场所,清扫间隔时间短一些,对于人流量小的场所,清扫间隔时间可以稍长些,等等。对于户外广告,应采用奖惩相结合的方式加大管理。对到处张贴违规广告的人员进行教育和物质惩罚;对举报和监督违规广告的人员进行奖励,以此对户外违规广告进行整治。农贸市场要注意商品的摆放位置及市场的环境质量,各商户保证自己所在区域的环境干净,公共区域的卫生应找专人进行清理,以保证农贸市场的干净、有序。在城市书房的管理方面,可借鉴四川省成都市的做法,将书店与图书馆创新结合,打造"城市阅读空间"。洛阳可采取市民使用身份证到全市任何一家书房免费注册,即可终身享受通借通还和数字图书馆远程免费服务。此外,可将城市书房打造成涵盖阅读书籍、美学生活、展览空间、文化讲座等多重文化功能的文化空间。在旅游环境方面,加强文明旅游宣传教育,有效治理旅游不文明行为,打造规范有序的旅游环境。

2. 加强基础设施建设与全域均衡发展

以百城建设提质工程为抓手,加强城市基础设施建设。以《河南省文明城市测评体系》为指挥棒,将百城建设提质工程与文明城市创建工作同部署同推进同落实,科学完善和严格执行规划,着力做好"以水润城""以绿荫城""以文化城""以业兴城"四方面的工作,提升城市环境质量和人民生活品质。同时,以全域均衡发展为核心,提升洛阳整体环境质量与人民生活品质,尤其要加强汝阳县与伊川县的公共基础设施建设,争取使两个县城早日取得省级文明城市提名资格,以使洛阳文明城市实现全域均衡发展。

总之,洛阳作为全国文明城市,其巩固与提升需要城市每个人的参与。在全国文明城市的巩固与提升中,每个人都是主人。政府应牢固树立"以人民为中心"的发展理念,将为民惠民利民作为创建工作的出发点和落脚点,以提升人民文明素质、城市文明程度、城市文化品位、群众生活质量为目标,不断提高文明质量,不断满足人民群众日益增长的美好生活需要。让群众真正参与到全国文明城市的巩固与提升之中,使洛阳成为崇德向善、文化厚重、和谐宜居的美丽城市。

参考文献

福泽谕吉:《文明论概略》,商务印书馆,1959。
俞可平:《治理与善治》,社会科学文献出版社,2000。
郑杭生:《社会学视野中的社会建设与社会管理》,《中国人民大学学报》2006年2月。
万时乐:《文明城市的构建与市民道德能力的提升》,《重庆理工大学学报》(社会科学版)2011年10月。
〔德〕齐奥尔格·西美尔:《大都会与精神生活》,汪民安译,河南大学出版社,2005。
〔美〕乔治·H. 米德:《心灵、自我与社会》,赵月瑟译,上海译文出版社,2008。

B.6
洛阳关公信俗文化研究报告

徐莲梅*

摘　要： 历史上的关羽，因忠、义、仁、勇的品质而被褒封不尽，不断神化，受到后世无上敬仰和膜拜，形成了一种与中华民族心灵高度契合的文化——关公信俗文化。关公信俗文化所承载的忠、义、仁、勇等道德精神集合了我国传统文化的思想精华，与我们的社会主义核心价值观相契合。传承发展关公信俗文化具有积极的社会意义。洛阳关林是关公信俗文化的重要承载地，关林办事处及洛阳市政府等为推动关公信俗文化的传承发展做了大量工作并取得了重要成效。

关键词： 关公　信俗文化　忠义　仁勇　关林

中华文明史绵延五千余年，历史长河中的名人浩如烟海，灿若繁星，但能成为圣人的屈指可数，被尊为"武圣"的关羽则是其中之一。关羽，因忠、义、仁、勇的品质而被封建帝王褒封不尽，庙祀无垠，名扬海内外，受到后世无上敬仰和膜拜，并形成了一种与中华民族心灵高度契合的文化——关公信俗文化，国学大师南怀瑾称它是"民俗文化之中坚信仰"。关公信俗文化融合了儒家的忠义、佛家的慈悲等精髓，不仅符合统治者的需求，也表达了广大民众的心灵寄托和道德追求，既体现了传统社会的主流价值，也与社会主义核心价值观相契合。洛阳关林作为历史最为悠久的关庙，作为我国

---

* 徐莲梅，洛阳市委党校科研处副教授，主要研究方向为哲学、文化。

唯一的冢、庙、林三祀合一之地，是关公信俗文化的重要承载地，为推动关公信俗文化的传承发展做出了重要贡献。

一 关公信俗文化的内容与特点

关公，名关羽，字云长，是名传华夏大地的三国名将，一生驰骋疆场，武勇绝伦，忠心辅佐刘备完成鼎立三分大业。从宋元至明清，历代封建帝王从维护统治需要出发，对其不断崇封，不断圣化，"侯而王，王而帝，帝而圣，圣而天"，直至"三界伏魔大帝"。庶民百姓、文人学子、草莽义士等也从各自需求出发对关公不断美化、神化。罗贯中的《三国演义》更使关公的忠、义、仁、勇的形象深入民心，推动了关公信俗文化的发展。

（一）关公信俗文化的内容

总的来说，关公信俗文化从内容上有两大类：一是关公忠、义、仁、勇的道德精神；二是关公至高无上、无所不能的神圣性。形式上有物质形态的庙宇文化、活动形态的祭祀与祈福等信俗活动。

1. 关公忠、义、仁、勇的道德形象及形成

关公信俗文化中，关羽首先是以忠、义、仁、勇的道德形象出现的。历代帝王对关羽追谥的封号，如"忠惠公""义勇武安王""忠义神武灵佑仁勇显威护国保民精诚绥靖翊赞宣德关圣大帝"等，都极尽对关公忠、义、仁、勇精神的赞美。文艺作品、民间传说中，关羽也以忠、义、仁、勇形象显现。

忠，是关公信俗文化的核心。关羽一生驰骋疆场，征战群雄，忠心辅佐刘备。后人对他的忠义精神极尽赞扬："彻底一忠，耿耿乎生死不相背负；横绝千古，洋洋哉云天常著英灵。""劲气常摩星斗，精忠直薄云天。"《三国演义》通过"桃园三结义""身在曹营心在汉""过关斩将""千里寻兄"等故事使关公的忠义形象深入人心。

义，是关公信俗文化的精髓。这里的义，既有忠义、信义之意，又有侠义的意思。关公曾被称为"义神""义绝"。史书《三国志》称关羽"勇而有义"。关公一生对刘备做到了"义不负心"，辞曹归刘是关公忠义最集中的表现。华容道释曹，则突出了关公知恩必报、义重如山的信义品格。曹操曾赞关羽："事君不忘本，义士也。"忠义、信义、侠义，使得关公被官民共崇，形成超阶级的"全民文化"。

仁，是关公信俗文化的基本内容。所谓仁，即仁慈、仁爱。关公不仅忠义勇武，而且宽厚仁慈。不仅生前是仁爱之人，死后更成为伏妖降魔、扶贫济困、惩恶扬善、祛病疗疾的仁爱之神。

勇，是关公信俗文化中独具特色的重要内容。史书《三国志》称关羽"万人之敌""勇而有义""熊虎之将""勇冠三军"。经过历代文人名作，特别是《三国演义》中对"过五关斩六将""单刀赴会""刮骨疗毒"等事件的精心描绘，关公作为"武圣人""古今名将第一奇人"，手提青龙偃月刀，下跨威猛赤兔马的神勇形象深深扎根在国人的心里，其非同寻常的勇武，受到世代称颂。

2. 关公祭祀文化的形成与发展

随着关公被历代封建帝王的不断崇封，其祭祀规格也不断提升。祭祀文化成为关公信俗文化的主要内容。

关公的官方祭祀，大概始于唐上元初。当时还只是从祀于武成王姜太公。到了明代，"从祀"升级到"专祀"，祀典也日益隆重。《关帝志·祀典》称："明嘉靖年间（1522～1566），定京师祀典，每岁五月十三日遇关帝生辰，用牛一、羊一、猪一、果品五、帛一，遣太常官行礼。四孟及岁暮，遣官祭，国有大事则告。凡祭，先期题请遣官行礼。"到了清朝，正式把祭祀关公列为国家祀典，并对关公的祭祀礼仪、祭器、祭品、祭文、乐章等等，都做出了详尽而严格的规定。清代后期，祭祀关帝的典礼达到极盛。咸丰三年（公元1853年），将关帝正式列入"中祀"，祭关公要"行礼三跪九叩，乐六奏，舞八佾，如帝王庙仪"，并出台一系列与之配套的礼仪制度，使得对关公的崇祀达到了最高峰。

随着官方祭祀关公活动的不断升级，民间对关公的祭祀也逐渐兴盛，娱神活动是其主要内容。

（二）关公信俗文化的特点及意义

关公信俗文化有三大特点。

1. 鲜明的道德教化色彩

忠、义、仁、勇等道德精神是关公信俗文化的本质、核心。忠、义、仁、勇是中华民族的传统美德，历代封建统治者从自身统治利益出发都极力称赞、宣扬关公的忠义仁勇精神（这一点前面已述），目的就是为了教化天下。千百年来，关公也一直被视为忠义的化身、仁勇的榜样，被普遍敬仰，教化着人心，所以关公信俗文化具有鲜明的道德教化色彩。

2. 儒、释、道三教共尊

古时民间所信仰的神明，大多可被分出其所属的系统，如孔子属于儒教，观音属于佛教，界限相当清楚。关公却是唯一被三教共尊的神灵：儒教尊关公为"文卫圣帝"，或"亚圣"或"亚贤"，塑造出"青史对青灯"的儒家风范；佛教将关公封为守护佛法的伽蓝菩萨、护国明王、盖天古佛等；道教则奉关公为玉皇大帝的近侍、天界北极紫微宫的朱衣神，尊称他为"翊汉天尊"、三界伏魔大帝、"关圣帝君"等。关帝庙一副楹联曾云："儒称圣，释称佛，道称天尊，三教尽皈依，式瞻庙貌长新，无人不肃然起敬；汉封侯，宋封王，明封大帝，历朝加尊号，矧是神功卓著，真可谓荡乎难名。"

3. 官民共奉的万能神

关公文化首先是由官方造起来的，历代封建帝王对关公不断崇封。南宋时期，关羽不仅成为号召人们对抗金兵的忠勇楷模，也开始向求雨祈晴、拯救生灵的护国佑民之神转化。随着官方的崇封与神化，百姓对关公也日益崇奉起来。读书人称关公为"山西夫子"，视其为"文衡帝君"（"五文昌帝君"之一）。关公，又称中华武圣，习武者、军士将其奉为武圣、战神。自古男丁上战场，都要到关帝庙前拜一拜，进则保佑自己建功立业，退则保佑自己平安归来。民间早已将关公奉为能够保佑财源广进的武财神。百姓还尊关公为"医药神",祈求其驱魔治病。另外,关公还是剃头匠、香烛业、银钱业、典当业、描金业、皮革业、酱园业、糕点业、算命业的祖师爷、行业神。胡孚琛主编的《中华道教大辞典》曾称:"明清以来,关帝信仰已不囿于教门……关圣帝君既是武神,又是财神,具有司命禄,佑科举,治病除灾,驱邪避恶,诛罚叛逆,巡察冥司,庇护商贾,招财进宝之职能,且法力无边。"

总之,关公信俗文化形成于隋唐,发展于宋元,极盛于明清。在中华五千年文明史中,具有道德教化功能又被三教共尊、官民共奉的全能化神,被千秋烟祀且庙祀无垠的历史人物只有关羽一人。发展关公信俗文化,对提高民族道德精神、提高中华民族凝聚力具有重要意义。

二 关林的关公信俗文化

东汉建安二十四年(公元219年)冬,东吴孙权偷袭荆州,关羽败走麦城,被东吴所擒,大义归天。为了离间魏、蜀的关系,孙权把关羽的首级献给远在洛阳的曹操。曹操识破他的伎俩且敬慕关羽的为人,于是将计就计,追赠关羽为荆王并刻沉香木为躯,以王侯之礼把他的首级厚葬于洛阳城南十五里(今洛阳市洛龙区关林),即为关王冢,迄今已有1790余年。天下关庙千百座,唯独关林被称为"林",是唯一的冢、庙、林三祀合一之地。按照封建礼制,皇帝的墓称为陵,王侯墓称为冢,百姓墓称为坟,只有圣人的墓才被称为林。康熙五年(公元1666年)敕封洛阳关帝陵为"忠义神武关圣大帝林","关林"的称谓由此而来。独特的优势奠定了关林在海内外关庙中的领袖庙宇地位,使关林成为规模宏远的朝拜关公圣域,形成了丰厚的关公信仰文化。

(一)关林庙宇承载的关公信俗文化

如今的关林是在汉代关庙的原址上扩建而成的,主体扩建工程始于1592年即明万历二十年。作为品级最高的关庙,作为明清时期皇帝遣官致祭、地方官吏和百姓朝拜关公的场所，洛阳关林建筑群规格按照宫殿形式修建，布局严谨壮观，文化内涵丰富，处处显示出帝王及民间对关公至高无上地位和道德精神的尊崇与敬仰。

首先，历代帝王对关羽的无上崇封和精神褒扬。关林庙的布局按帝王宫殿建筑而建。沿着中轴线由南向北依次是舞楼、大门、仪门、正殿、二殿、春秋殿、关林（冢），其他建筑的布设皆沿此线左右对称。舞楼，又称戏楼、千秋鉴楼，建于1791年即清乾隆五十六年，乾隆皇帝曾为其亲题"千秋鉴"匾，主要为祭祀关羽献戏之用。关林属于列入专用朝廷礼制的祭祀庙宇，依照我国礼俗，祭祀酬神往往要演唱大戏以助祭，舞楼因此而建。该建筑重檐楼阁，设计精巧，构筑绝妙，前台歇山处前檐的倒挂楣子上精雕龙凤、花鸟等。大门建于清乾隆五十六年（公元1791年），为五开间三门道硬山两坡式建筑。中间门上镶刻着九行九排共八十一颗金色乳钉，是封建社会等级制度最高品级的标志，显示了关羽身后崇高的地位和世代的荣耀。仪门原为关林大门，建于明万历年间，曾悬挂万历皇帝亲题的"义烈"匾（今已不在）。清代改称仪门，寓意"有仪可象"，门额上悬挂着慈禧太后御笔的"威扬六合"匾。"六合"指东、西、南、北、上、下六方，"威扬六合"赞美关公威名扬天下。到了仪门，文官要下轿、武官须下马。连接仪门与大殿的，是一条颇具特色的步道。步道两边石栏36根望柱，104个石狮，被誉为"洛阳小卢沟"，是古代帝王及仪仗等的专用步道，所以又称"石狮御道"，这样的步道是其他关庙所没有的。步道向后是拜殿（又称启圣殿），它是正殿的附属建筑，每年的春秋诞三祭时百官僚属要在此谒拜。拜殿门额上方悬挂着乾隆御笔亲书的"声灵于铄"匾，寓意关公的声名像美好的音乐一样传扬四方。正殿（又称平安殿、大殿），建于明万历二十一年（公元1593年），是关林的中心建筑。屋顶为绿色琉璃瓦，屋脊两端正吻为龙头，内套一盘龙，吞口也是龙口，张嘴衔脊，非常生动。垂脊、岔脊等饰有麒麟、凤凰、狮子、天马和牙鱼。正殿门悬挂慈禧皇太后亲题的"气壮嵩高"匾。殿里的关羽塑像镶金佩玉，头戴帝王冠，身着锦龙袍，完全是帝王的形象，且手捧七星玉圭，玉圭上刻着北斗七星，昭示着关羽作为圣帝君手握乾坤、神力无边的万能神地位。二殿，又称财神殿，明代时称为寝宫，殿门悬挂光绪皇帝手书的"光昭日月"匾。中轴线上最后一座殿宇——春秋殿（也称寝殿），五开间硬山式建筑，五脊六兽，虬龙正吻，前昂刻龙45个，龙首横九竖五式排列，昭示着关羽的"九五至尊"地位。立于关林（冢）前的敕封碑亭内的"忠义神武灵佑仁勇威显关圣大帝林"碑（碑文记载了关羽生平事迹及封号、建庙等情况），更是古代帝王对关羽最高尊崇的直接见证。

其次，随处可见的对关羽忠义仁勇精神的宣扬。关林庙的外墙、内壁、门扉、斗拱、额坊、石碑等，以木雕绘画书法等形式，随处都在描绘、赞美着关羽至忠至勇、义参天地的英雄气概。关林大门东西两边为八字墙，分别篆写着"忠""义""仁""勇"四个大字，这既是对关羽人生的评价，又是对忠义仁勇道德精神的宣扬。大门东西两侧约60米处，各有一座石牌坊，形制相同，因石牌坊有三处通道，故又被称为三门道石牌坊。两座石牌坊坊额上书写着"刚健中正""博厚高明""允文允武""乃神乃圣"。西侧石牌坊坊柱上有对联两副："义存汉室丹心耿，志在春秋浩气长""诚则无贰无杂，气也至大至刚"。东侧石牌坊坊柱上也有对联两副，"千秋义气蒸尝远，万古英风俎豆新""劲气常魔星斗，精忠直薄云天"，皆是对关羽"忠、义、仁、勇"精神和光明磊落品格的颂扬。仪门西侧镶嵌的刻石画"关帝诗竹"无言地向人们诉说着关羽"身在曹营心在汉"的忠义气节：关羽携两位嫂子降曹后，曹操为表示对关羽的惜才之意，封侯赠马送锦袍，三日一小宴，五日一大宴，也没能收买住关羽的心。得知刘备下落后，他立即向曹操辞行。曹操不忍关羽离去，装病不见。关羽无奈，只得挥笔作了一幅丹青竹子图，以竹喻志，以画藏诗，托人送给曹操，表明自己的心志："不谢东君意，丹青独立名；莫嫌孤叶淡，终久不凋零。"大殿、二殿、春秋殿等处处都有反映关公忠义神勇故事的刻绘、彩画，如"桃园结义""三顾茅庐""单刀赴会""斩颜良""诛文丑""挑锦袍""三英战吕布""长沙战黄忠""威镇荆州""曹营观马""收廖化"等。春秋殿内有关公夜读《春秋》的塑像，西墙壁上有《崇文习武关羽行侠仗义图》，充分表达了关羽的大义和仁勇。春秋殿之后关冢之前，有两座明清所建的石牌坊和供案、小石坊，上面刻着九副对联，皆是对关羽忠义仁勇精神的赞誉。比如清道光年间洛阳文学家、书法家草书题联："浩然之气塞天地，忠义之行澈古今。"

最后，丰富浓郁的祈福纳祥文化。关林石狮御道的石柱四周各雕刻一枚铜钱，寓意四方来财，表达了人们希望在关公的庇护下生意兴隆、财源广进的美好愿望，所以这条御道又被称为"生财之道"。甬道北端两侧有善众设立的左祈福右避禳焚帛炉，炉壁上有"岁寒三友""喜梅登枝""麒麟望月""东海献寿"等民俗吉祥图案。拜殿是旧时关羽春秋诞三祭设坛陈牲、点烛燃帛、谒拜祈愿的祭区。月台左右各置的万历二十年的铁花瓶是中原地区历史悠久、形制最大的铸铁花瓶。正殿东西墙壁上绘有《关圣帝出巡降福图》和《武圣人降魔回宫图》，描绘了关帝率众仙应百姓所求，到各地降妖除魔及回关林的场景。二殿内塑着关公的武财神像，关平、周仓分列左右，招财童子、利市童子侍奉在前。东西墙壁上分别绘着《招财进宝如意图》和《平安兴旺吉祥图》。古往今来，百姓特别是商人常在这里祈平安、求财运和事业发达。二殿的东配殿是娘娘殿，这里供奉着关羽夫人胡氏等。娘娘殿内东西两侧分别绘有《祛病祈福图》和《求子还愿图》。洛阳民间把关夫人奉为祛病送子的"百病娘娘"，人们常在娘娘殿前燃香祭拜、求嗣祛灾。

（二）关林的关公信俗活动

关林的关公信俗活动内容丰富，形式多样，包括关公祭祀文化、娱神活动、祈福纳祥活动等。

1. 庄严隆重的官祭文化

洛阳关林是中国最早的关庙，祭祀关公的活动最早起源于此。洛阳关林庙碑记载："内葬灵首，汉时有庙"，"历晋唐宋元……数百祀于此"。

我国自古有祭祀鬼神的习俗。曹操在洛阳礼葬关羽并建庙祭祀后，附近村落的百姓怕关羽变为厉鬼惊吓自己，纷纷前来祭祀。之后，人们发现关羽

的亡灵不仅没有作祟，反而对百姓的祈求庇护有加，于是就在家中悬挂关羽像以求庇护，久而久之，关羽在百姓心目中就成为福佑吉祥的神灵。出于对关公的敬仰、对神灵的膜拜，更多的百姓前来关林祭拜祈愿，关林庙会由此产生。到明代，随着皇帝对关公的逐步加封，关林庙会日益兴盛。明万历二十年（公元1592年），关林已形成数万人规模的"关王冢会"，香烟浩荡，百姓云集，远近闻名。

关林作为朝廷礼制的祭祀庙宇，也是我国古代最早由朝廷派人专司承祀的庙宇。在明代，关公农历正月十三、九月十三的春秋二祭已列为国家祭祀，届时或朝廷遣官或地方官员主持的祭祀活动已成定制，关林设有专祀承礼的生员。清康熙五年敕封洛阳关帝陵为"忠义神武关圣大帝林"，从此关林成为封建级别最高的关庙，届时皇帝或亲自御书致祭，或遣官到关林致祭，以官方为主导以庙会为表现形式的关公信俗成为人们生活中的一件大事。乾隆至道光年间，每年的正月十三春祭、五月十三诞祭、九月十三秋祭均由地方官主祭，附近官邸神社也纷纷前来助兴，声势浩大，关林庙会也由庙内延伸到庙外。咸丰三年（公元1853年），关公祭祀被列为"中祀"，形成了"行礼三跪九叩，乐六奏，舞八佾，如帝王庙仪"的关公祭祀文化。

关公官方祭祀文化的主要内容是迎神、献太牢、祭五谷、祈平安等，其中最具特色的是献太牢和八佾舞。太牢是祭祀典礼中的供物，按照封建礼制，太牢是只有帝王、社稷活动才能享有的规格，其具体内容在不同时期有所不同，清时的太牢是牛羊猪三牲合祭。关公被以帝王之礼祭祀，所以献太牢是其祭祀文化的重要内容。佾，指的是舞列，八佾指纵横都是八人，共六十四人。八佾也是表示社会地位的乐舞等级和规格，按照封建礼制是只有天子才能享有的。八佾舞共九十六个八拍，五步一顿，庄重、缓慢，是用来祭拜文武圣人、太庙的乐舞。

祭祀仪仗也是关公传统祭礼中的重要组成部分。祭祀仪仗由五谷神，风伯、雨师、雷公、电母，青龙、白虎、朱雀、玄武，象征"忠义仁勇"道德精神的灵牌和财神等组成，充分体现了人们祈求平安、富足，重视忠勇仁义的传统观念。比如，仪仗中的五谷神象征丰收富足，风伯、雨师、雷公、电母象征风调雨顺,青龙、白虎、朱雀、玄武则是护佑四方的神灵。

2. 热闹非凡的民祭:娱神活动

关林祭祀文化中,既有庄重的官祀文化,也有热闹的民祭文化。从明代开始,关公的祭祀活动除了依照朝廷典制进行官方拜祭外,各地神社也纷纷前来助兴并形成浩大声势,称为"娱神"。以前关林曾有许多兼具祭祀与社会表演性质的民间团体,如"关爷社""海神社"等。传统的舞狮、排鼓、十万(洛阳古曲,又称社盘)、高跷、旱船、杂技等是娱神活动的主要形式。民国时期,庙会影响越来越大,娱神活动也越来越丰富,闻名遐迩的大里王舞狮,清咸丰年间自立名号为"关火圣社",排演了"狮子上老杆""狮子上天梯""狮子走软索"等杂耍节目在关林庙会亮相,一下引起轰动,吸引着善男信女和远近百姓,至今仍是民祭文化的主要内容。

除了这些社团的娱神活动,关林一带最具地方特色的民间祭拜活动还有"献灵羊""磨刀会""烧纸马""送桥布"等。正月十三,各村社社众牵着白色公羊(这些羊从头到尾被红绿绸子结成的花装饰着,脖子下方还挂一个木牌,上写"神羊刀"),由乐手吹奏引导,在社首的带领下,进庙到大殿关帝像前。社众跪地,社首先是烧香献酒,然后用酒杯盛满酒郑重地浇向羊头,如果"神羊"被浇后立即摇头,表示关公显灵同意收下这只羊,这也意味着关公能保佑全社人愿望达成,全社因此而兴高采烈退场并回去大摆宴席进行庆祝。如果羊头不摇则表示社首敬神的心不够真诚,神羊不被接受。农历五月十三,关公诞祭时有"磨刀会""烧纸马""送桥布"等祭祀活动。传说五月十三是关羽单刀赴会日,也是怪物旱魃经过的日子,人们在这一天祭祀关公,一方面是祈求关公显灵,驱旱魃降甘霖,以解农忧,另一方面也是希望天降雨水助关公磨刀,称作"为磨刀雨"。所以,这天又称"雨节"。过去关林人也把这一天称作关公磨刀会:"五月十三(儿),关公磨刀(儿)。""烧纸马"是关林五月十三拜关公特有的风俗。从农历五月十二开始,关林周边各村信众抬着纸马,敲锣打鼓,绕街巡行,然后到关林门前,焚香设祭,一边用草料假装喂纸马,一边口中念念有词。各村社的纸马林立庙前,信众唱经燃炮,场面热烈。直至入夜,将纸马焚烧献祭。"磨刀会""烧纸马"都有助力关公降妖除魔之意。烧完纸马各村社还要到庙里送桥布。桥布有九尺九、百尺等规格,人在布下托举使其状如桥,"桥布"之名因此而得。送桥布时,男女信众排成纵队手举黄布于头顶,跟随执事者在唢呐班子的伴奏下先在庙外巡行,后到大殿甬道处宣读祭文,唱经献祭,最后将桥布搭于大殿屋梁上,磕头许愿,焚燃号旗,才算结束。送桥布有神明踏桥而至、降福信众之意。

除了娱神活动,还有众多百姓的祭拜。他们带着供品到庙里,虔诚恭敬地焚香燃箔,磕头献祭,求关公庇佑。每年的农历正月十三,许多女信众还在大殿或二殿结伴吟唱,语句合辙押韵,木鱼、响铃、"嗨嗨呀"之声此起彼伏,这是女信众的特殊祭拜形式——唱经。唱的内容为称颂关帝恩德事迹、做人向善的基本道理和传统孝道等。

3. 招财进宝、祈福纳祥活动

关公信俗文化中,关公不仅是忠义仁勇的英雄,还是无所不能的万能神。千年关林不仅是朝拜的圣域,更成为祈福避禳的圣地。不论是鸿儒巨商还是平民百姓,不断来到这里求富贵、祈平安。特别是关公春秋诞三祭时,附近民众及远方信众来到这里摆上糕点、水果等供品,烧纸钱,焚香跪拜,虔诚祈愿,祈福避灾,招财进宝。甚至关林的许多柏树,如龙首柏、凤尾柏、结义柏、旋生柏、长寿柏,也成为能保佑百姓儿女成龙成凤、兄弟和睦和平安长寿的神树。

三 关林关公信俗的传承发展与思考

斗转星移,日月穿梭。随着时光的流逝、社会的变迁,关公信俗文化在人们特别是中原人心中日渐淡化,官祭文化自不必说,民间祭祀的很多活动及团体也日渐消亡。2014年2月24日,习近平总书记在中共中央政治局第十三次集体学习时曾讲:"培育和弘扬社会主义核心价值观必须立足中华优秀传统文化。牢固的核心价值观,都有其固有的根本。抛弃传统、丢掉根本,就等于割断了自己的精神命脉。"关公信俗文化所承载的"忠、义、仁、勇"精神，集中了我国传统文化的思想精华，与我们的社会主义核心价值观相契合，是中华民族重要的精神命脉，应充分重视、积极传承。

（一）关林关公信俗的传承与发展

作为关公信俗文化的重要承载地，洛阳关林管理处及洛阳市政府等为顺应社会发展的要求，满足联谊和沟通同胞亲情的需要，在传承发展关公信俗文化方面做了大量工作并取得了很大的成效。

1. 举办关林国际朝圣大典

关林是世界华人祭拜关羽、寻根谒祖的重要"圣地"之一。洛阳是河洛人的故乡、客家人的祖籍地。历史上，关公信仰随着河洛先民向湖广、福建、江浙、台湾及东南亚等地的迁徙逐渐向闽南乃至世界各地传播。时至今日，关公信俗文化在我国闽南等地乃至东南亚、美国等世界其他国家和地区仍有大量传播产生很大影响。比如，以关公信仰为主体的民间组织——成立于美国的刘关张赵龙岗亲义总会，下设世界各国分会多达140个，拥有信众300余万人。游走异国他乡的华人，仍将关林视为关公精神的家园、心灵的故乡。1980年以后，海内外要求祭祀关公的呼声很高，1993年10月25日，宝岛台湾宜兰县260余人的朝拜团来关林朝拜。洛阳关林管理处审时度势，积极作为，应海外关庙人士及宗亲组织的要求，在挖掘关公文化的基础上，于1994年首次举办了"东方文化寻根游中国洛阳关林国际朝圣大典"，为全球华人搭建起祭祀关公的平台。1997年、1999年分别迎接香港澳门回归祖国，又相继成功举办朝圣大典。从1999年起，洛阳市政府决定于每年的9月29日至10月6日举行"中国洛阳关林国际朝圣大典"。2000年开始，"中国洛阳关林国际朝圣大典"由洛阳市人民政府主办、洛阳市文物局和关林管理委员会承办，全面恢复传统祭祀方式，从而成为拜祭关公、宣扬关公文化的盛会，成为海内外华人华侨寻根问祖的重要活动之一。

2011年起，朝圣大典恢复采用了清代咸丰年间皇家祭关典仪，再现了帝王遣官致祭关林的古老民俗和宏大场景：乐舞告祭、献太牢、献肴、献爵、行祭拜礼等。乐舞包括大合唱关帝颂、舞蹈关林神韵、武术威武关家军、祭祀舞八佾舞、舞狮舞龙等。其中的八佾舞，经抢救性发掘整理，在2009年的关林国际朝圣大典上首次亮相。"洋洋中华，几多英豪，威震华夏，关云长……"，乐舞告祭在大合唱《关帝颂》中圆满结束。然后由典仪宣读祭天文书，在主祭官带领下，海内外各关帝庙主委、朝拜团体由仪门沿御道来到大殿前，向关公敬献供物、上香、献酒、行祭拜礼，表达对关公的敬仰爱戴之情，纪念其忠、义、仁、勇精神。整个朝圣仪式庄重肃穆、气势恢宏，也体现了祈求平安、富足、仁义、诚信的传统观念。

"中国洛阳海峡两岸关公文化论坛"是朝圣大典的重要组成部分，于2011年首次举办，已连续成功举办六年，成为促进两岸关公文化研究、交流和发展的重要平台，同时也是增进两岸同胞亲情、扩大关公文化认同的重要纽带。2017年的中国洛阳海峡两岸关公文化论坛上，来自海内外的五十多位专家学者，围绕"浩然之气塞天地忠义之行澈古今——论关公文化在对中华优秀传统文化中的地位"的主题，对关公文化的形成、传播、内涵、意义等方面进行了深入研讨。中国社会科学院特邀研究员朱高正、四川大学教授伍宗文、中国台湾道教联合会监事长颜惠玲、中国民间文艺家协会关公文化专业委员会主任胡泊、郑州大学出版社副社长骆玉安、成都武侯祠博物馆研究保管部主任梅铮铮、洛阳理工学院人文与社会科学学院院长王彩琴等关公文化专家学者参加会议。这次论坛还是国务院台湾事务办公室2017年对台交流七项重大事项之一。

总之，关林国际朝圣大典遵循华夏历史传承，贴近关公文化信俗，突出朝圣、祈福、求财和国泰民安的民间文化，并通过祭祀关公、传承古礼，展现河洛文明、弘扬关公精神。关林国际朝圣大典已经成为海内外华人华侨寻根问祖的重要活动之一，成为团结中华儿女，联系海内外华夏子孙的纽带。2007年4月，关林国际朝圣大典被河南省政府列入"非物质文化遗产"名录。如今，关林朝圣大典已成为河南省非物质文化遗产和古都洛阳的一张名片。

2. 积极申报非物质文化遗产

为了更好地传承、传播关公文化，洛阳市积极开展关公信俗文化的非物质文化遗产申报工作,并取得了一定成效。2008年,关公信俗被国务院确定为国家级非物质文化遗产(编号:992X-85)。2011年3月,河南和山西两省又共同向国家文化部递交申报材料,正式启动了联手申遗的行动。

此外,从2011年开始,关林恢复春节古庙会,展示拜关公、上福香、挂福灯(长明灯)、请莲花灯、安太岁、降财神、求福果、祈福放生等古色古香的老洛阳民俗,以满足河洛儿女的祈福需求。古庙会活动与时俱进,不断更新内容。2017年的关林庙会,打造了"千年香火""桃园花市""穿越三国"等景观,同时加入以穿越三国为主线的吕布戏貂蝉、挽花姑娘等真人互动环节。还发起财神巡游发红包活动,为民众营造出欢乐、祥和、喜庆、热烈的节日氛围。

(二)传承发展关林关公信俗的几点思考

"滚滚长江东逝水,浪花淘尽英雄。"经过历史长河的冲刷,我国几千年文明史上只留下文圣孔子、武圣关公两位圣人。文圣孔子是我国传统社会主流价值观——仁义礼智信等的重要创立者,武圣关公则是践行这些价值观的楷模甚至成为这些价值观的化身。孔子对我国文人品格塑造产生了重要的影响,因此被称为万世师表,关公则对全民的精神产生了普遍而深远的影响。2014年,习近平总书记在全国文艺工作座谈会上的讲话中说:"中华优秀传统文化是中华民族的精神命脉,是涵养社会主义核心价值观的重要源泉,也是我们在世界文化激荡中站稳脚跟的坚实根基。"作为关公信俗文化的发源地与重要承载地,关林要加强担当意识,进一步做好关公信俗文化的传承发展工作。

1. 充分认识关公信俗文化的重要意义,增强传承发展意识

关公信俗文化承载着"忠"、"义"、"仁"、"勇"甚至"礼"、"智"、"信"等道德精神。"仁",即仁爱、仁慈,是儒家文化的核心范畴。仁爱精神激发社会正能量,是社会的黏合剂。忠,是儒家最为关键的伦理精神。忠于祖国、忠于组织,是提高社会凝聚力的重要力量。义,即遵循社会准则、维护社会公平与正义。重义轻利、以义制利、义不容辞、舍生取义等是我国

传统道德的基本要求,是维护社会秩序、促进社会健康发展的重要基础。勇,即不怕牺牲、无所畏惧。它是国家自立、自强的重要精神支撑。这些道德精神是中华优秀传统文化,是中华文化基因,展现了中华审美风范,具有永恒的社会价值。

"人民有信仰,民族有希望,国家有力量。"人的精神世界里,信仰的力量最强大。社会文化中,信仰文化对人们的意识观念浸染最深。关公信仰是我国信仰文化的重要分支,连通官方文化、宗教文化与世俗文化,儒释道尽皈依,官民共尊奉,是中华民族的标志性文化符号,跨越时空、跨越群体,不断散发着生命力。它所凝结的"忠""义""仁""勇",包括"礼""智""信"等道德精神是植根于中国人内心的中华魂,与今天我们所倡导的社会主义核心价值观相契合。挖掘、发展关公信俗文化,对于传承关公道德精神,弘扬社会正能量,培养社会主义核心价值观,强大民族精神,实现强国梦,提高中华民族的凝聚力都具有十分重要的意义,应予充分重视。

2. 突出关公道德精神的展现,引导关公信俗文化与时俱进,健康发展

2013年12月30日,习近平总书记在中共中央政治局第十二次集体学习时指出,在5000多年文明发展进程中,中华民族创造了博大精深的灿烂文化,要使中华民族最基本的文化基因与当代文化相适应,与现代社会相协调,以人们喜闻乐见、具有广泛参与性的方式推广开来,把跨越时空、超越国度、富有永恒魅力、具有当代价值的文化精神弘扬起来,把继承传统优秀文化又弘扬时代精神、立足本国又面向世界的当代中国文化创新成果传播出去。关公信俗文化里既包含关公道德精神的褒扬,又有娱神娱乐活动,还有祈福纳祥求财的内容。我们要把关公道德精神的褒扬作为传承发展关公信俗文化的主旋律,并且与时俱进,与时代相衔接,用人们喜闻乐见、具有广泛参与性的方式把它展现出来、传播出去。

首先,关林国际朝圣大典,可适当增加对关公道德精神宣扬的内容。目前的关林国际朝圣大典,最大限度地复原了清朝祀典关公的官方祭祀程式,在展示传统文化、满足激发对关公的崇敬心、提高海内外华人的凝聚力方面发挥着重要作用,但是对关公道德精神的宣扬不够突出。能否与时俱进、有

皮书系列

2018年

智库成果出版与传播平台

社长致辞

蓦然回首,皮书的专业化历程已经走过了二十年。20年来从一个出版社的学术产品名称到媒体热词再到智库成果研创及传播平台,皮书以专业化为主线,进行了系列化、市场化、品牌化、数字化、国际化、平台化的运作,实现了跨越式的发展。特别是在党的十八大以后,以习近平总书记为核心的党中央高度重视新型智库建设,皮书也迎来了长足的发展,总品种达到600余种,经过专业评审机制、淘汰机制遴选,目前,每年稳定出版近400个品种。"皮书"已经成为中国新型智库建设的抓手,成为国际国内社会各界快速、便捷地了解真实中国的最佳窗口。

20年孜孜以求,"皮书"始终将自己的研究视野与经济社会发展中的前沿热点问题紧密相连。600个研究领域,3万多位分布于800余个研究机构的专家学者参与了研创写作。皮书数据库中共收录了15万篇专业报告,50余万张数据图表,合计30亿字,每年报告下载量近80万次。皮书为中国学术与社会发展实践的结合提供了一个激荡智力、传播思想的入口,皮书作者们用学术的话语、客观翔实的数据谱写出了中国故事壮丽的篇章。

20年跬步千里,"皮书"始终将自己的发展与时代赋予的使命与责任紧紧相连。每年百余场新闻发布会,10万余次中外媒体报道,中、英、俄、日、韩等12个语种共同出版。皮书所具有的凝聚力正在形成一种无形的力量,吸引着社会各界关注中国的发展,参与中国的发展,它是我们向世界传递中国声音、总结中国经验、争取中国国际话语权最主要的平台。

皮书这一系列成就的取得,得益于中国改革开放的伟大时代,离不开来自中国社会科学院、新闻出版广电总局、全国哲学社会科学规划办公室等主管部门的大力支持和帮助,也离不开皮书研创者和出版者的共同努力。他们与皮书的故事创造了皮书的历史,他们对皮书的拳拳之心将继续谱写皮书的未来!

现在,"皮书"品牌已经进入了快速成长的青壮年时期。全方位进行规范化管理,树立中国的学术出版标准;不断提升皮书的内容质量和影响力,搭建起中国智库产品和智库建设的交流服务平台和国际传播平台;发布各类皮书指数,并使之成为中国指数,让中国智库的声音响彻世界舞台,为人类的发展做出中国的贡献——这是皮书未来发展的图景。作为"皮书"这个概念的提出者,"皮书"从一般图书到系列图书和品牌图书,最终成为智库研究和社会科学应用对策研究的知识服务和成果推广平台这整个过程的操盘者,我相信,这也是每一位皮书人执着追求的目标。

"当代中国正经历着我国历史上最为广泛而深刻的社会变革,也正在进行着人类历史上最为宏大而独特的实践创新。这种前无古人的伟大实践,必将给理论创造、学术繁荣提供强大动力和广阔空间。"

在这个需要思想而且一定能够产生思想的时代,皮书的研创出版一定能创造出新的更大的辉煌!

社会科学文献出版社社长
中国社会学会秘书长

2017年11月

社会科学文献出版社简介

社会科学文献出版社(以下简称"社科文献出版社")成立于1985年,是直属于中国社会科学院的人文社会科学学术出版机构。成立至今,社科文献出版社始终依托中国社会科学院和国内外人文社会科学界丰厚的学术出版和专家学者资源,坚持"创社科经典,出传世文献"的出版理念、"权威、前沿、原创"的产品定位以及学术成果和智库成果出版的专业化、数字化、国际化、市场化的经营道路。

社科文献出版社是中国新闻出版业转型与文化体制改革的先行者。积极探索文化体制改革的先进方向和现代企业经营决策机制,社科文献出版社先后荣获"全国文化体制改革工作先进单位"、中国出版政府奖·先进出版单位奖,中国社会科学院先进集体、全国科普工作先进集体等荣誉称号。多人次荣获"第十届韬奋出版奖""全国新闻出版行业领军人才""数字出版先进人物""北京市新闻出版广电行业领军人才"等称号。

社科文献出版社是中国人文社会科学学术出版的大社名社,也是以皮书为代表的智库成果出版的专业强社。年出版图书2000余种,其中皮书400余种,出版新书字数5.5亿字,承印与发行中国社科院院属期刊72种,先后创立了皮书系列、列国志、中国史话、社科文献学术译库、社科文献学术文库、甲骨文书系等一大批既有学术影响又有市场价值的品牌,确立了在社会学、近代史、苏东问题研究等专业学科及领域出版的领先地位。图书多次荣获中国出版政府奖、"三个一百"原创图书出版工程、"五个'一'工程奖"、"大众喜爱的50种图书"等奖项,在中央国家机关"强素质·做表率"读书活动中,入选图书品种数位居各大出版社之首。

社科文献出版社是中国学术出版规范与标准的倡议者与制定者,代表全国50多家出版社发起实施学术著作出版规范的倡议,承担学术著作规范国家标准的起草工作,率先编撰完成《皮书手册》对皮书品牌进行规范化管理,并在此基础上推出中国版芝加哥手册——《社科文献出版社学术出版手册》。

社科文献出版社是中国数字出版的引领者,拥有皮书数据库、列国志数据库、"一带一路"数据库、减贫数据库、集刊数据库等4大产品线11个数据库产品,机构用户达1300余家,海外用户百余家,荣获"数字出版转型示范单位""新闻出版标准化先进单位""专业数字内容资源知识服务模式试点企业标准化示范单位"等称号。

社科文献出版社是中国学术出版走出去的践行者。社科文献出版社海外图书出版与学术合作业务遍及全球40余个国家和地区,并于2016年成立俄罗斯分社,累计输出图书500余种,涉及近20个语种,累计获得国家社科基金中华学术外译项目资助76种、"丝路书香工程"项目资助60种、中国图书对外推广计划项目资助71种以及经典中国国际出版工程资助28种,被五部委联合认定为"2015-2016年度国家文化出口重点企业"。

如今,社科文献出版社完全靠自身积累拥有固定资产3.6亿元,年收入3亿元,设置了七大出版分社、六大专业部门,成立了皮书研究院和博士后科研工作站,培养了一支近400人的高素质与高效率的编辑、出版、营销和国际推广队伍,为未来成为学术出版的大社、名社、强社,成为文化体制改革与文化企业转型发展的排头兵奠定了坚实的基础。

宏观经济类

经济蓝皮书

2018年中国经济形势分析与预测

李平 / 主编　2017年12月出版　定价：89.00元

◆ 本书为总理基金项目，由著名经济学家李扬领衔，联合中国社会科学院等数十家科研机构、国家部委和高等院校的专家共同撰写，系统分析了2017年的中国经济形势并预测2018年中国经济运行情况。

城市蓝皮书

中国城市发展报告 No.11

潘家华　单菁菁 / 主编　2018年9月出版　估价：99.00元

◆ 本书是由中国社会科学院城市发展与环境研究中心编著的，多角度、全方位地立体展示了中国城市的发展状况，并对中国城市的未来发展提出了许多建议。该书有强烈的时代感，对中国城市发展实践有重要的参考价值。

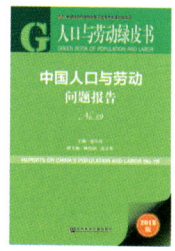

人口与劳动绿皮书

中国人口与劳动问题报告 No.19

张车伟 / 主编　2018年10月出版　估价：99.00元

◆ 本书为中国社会科学院人口与劳动经济研究所主编的年度报告，对当前中国人口与劳动形势做了比较全面和系统的深入讨论，为研究中国人口与劳动问题提供了一个专业性的视角。

宏观经济类 · 区域经济类

中国省域竞争力蓝皮书
中国省域经济综合竞争力发展报告（2017～2018）

李建平　李闽榕　高燕京 / 主编　2018年5月出版　估价：198.00元

◆ 本书融多学科的理论为一体，深入追踪研究了省域经济发展与中国国家竞争力的内在关系，为提升中国省域经济综合竞争力提供有价值的决策依据。

金融蓝皮书
中国金融发展报告（2018）

王国刚 / 主编　2018年6月出版　估价：99.00元

◆ 本书由中国社会科学院金融研究所组织编写，概括和分析了2017年中国金融发展和运行中的各方面情况，研讨和评论了2017年发生的主要金融事件，有利于读者了解掌握2017年中国的金融状况，把握2018年中国金融的走势。

区 域 经 济 类

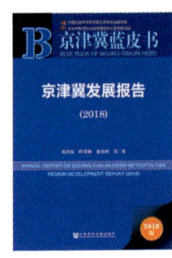

京津冀蓝皮书
京津冀发展报告（2018）

祝合良　叶堂林　张贵祥 / 等著　2018年6月出版　估价：99.00元

◆ 本书遵循问题导向与目标导向相结合、统计数据分析与大数据分析相结合、纵向分析和长期监测与结构分析和综合监测相结合等原则，对京津冀协同发展新形势与新进展进行测度与评价。

社会政法类

社会蓝皮书
2018年中国社会形势分析与预测

李培林　陈光金　张翼/主编　2017年12月出版　定价：89.00元

◆ 本书由中国社会科学院社会学研究所组织研究机构专家、高校学者和政府研究人员撰写，聚焦当下社会热点，对2017年中国社会发展的各个方面内容进行了权威解读，同时对2018年社会形势发展趋势进行了预测。

法治蓝皮书
中国法治发展报告 No.16（2018）

李林　田禾/主编　2018年3月出版　定价：128.00元

◆ 本年度法治蓝皮书回顾总结了2017年度中国法治发展取得的成就和存在的不足，对中国政府、司法、检务透明度进行了跟踪调研，并对2018年中国法治发展形势进行了预测和展望。

教育蓝皮书
中国教育发展报告（2018）

杨东平/主编　2018年3月出版　定价：89.00元

◆ 本书重点关注了2017年教育领域的热点，资料翔实，分析有据，既有专题研究，又有实践案例，从多角度对2017年教育改革和实践进行了分析和研究。

皮书系列 重点推荐　社会政法类

社会体制蓝皮书
中国社会体制改革报告 No.6（2018）

龚维斌/主编　2018年3月出版　定价：98.00元

◆ 本书由国家行政学院社会治理研究中心和北京师范大学中国社会管理研究院共同组织编写，主要对2017年社会体制改革情况进行回顾和总结，对2018年的改革走向进行分析，提出相关政策建议。

社会心态蓝皮书
中国社会心态研究报告（2018）

王俊秀　杨宜音/主编　2018年12月出版　估价：99.00元

◆ 本书是中国社会科学院社会学研究所社会心理研究中心"社会心态蓝皮书课题组"的年度研究成果，运用社会心理学、社会学、经济学、传播学等多种学科的方法进行了调查和研究，对于目前中国社会心态状况有较广泛和深入的揭示。

华侨华人蓝皮书
华侨华人研究报告（2018）

贾益民/主编　2017年12月出版　估价：139.00元

◆ 本书关注华侨华人生产与生活的方方面面。华侨华人是中国建设21世纪海上丝绸之路的重要中介者、推动者和参与者。本书旨在全面调研华侨华人，提供最新涉侨动态、理论研究成果和政策建议。

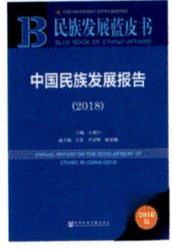

民族发展蓝皮书
中国民族发展报告（2018）

王延中/主编　2018年10月出版　估价：188.00元

◆ 本书从民族学人类学视角，研究近年来少数民族和民族地区的发展情况，展示民族地区经济、政治、文化、社会和生态文明"五位一体"建设取得的辉煌成就和面临的困难挑战，为深刻理解中央民族工作会议精神、加快民族地区全面建成小康社会进程提供了实证材料。

 产业经济类 · 行业及其他类

产业经济类

房地产蓝皮书
中国房地产发展报告 No.15（2018）

李春华 王业强 / 主编 2018年5月出版 估价：99.00元

◆ 2018年《房地产蓝皮书》持续追踪中国房地产市场最新动态，深度剖析市场热点，展望2018年发展趋势，积极谋划应对策略。对2017年房地产市场的发展态势进行全面、综合的分析。

新能源汽车蓝皮书
中国新能源汽车产业发展报告（2018）

中国汽车技术研究中心 日产（中国）投资有限公司
东风汽车有限公司 / 编著 2018年8月出版 估价：99.00元

◆ 本书对中国2017年新能源汽车产业发展进行了全面系统的分析，并介绍了国外的发展经验。有助于相关机构、行业和社会公众等了解中国新能源汽车产业发展的最新动态，为政府部门出台新能源汽车产业相关政策法规、企业制定相关战略规划，提供必要的借鉴和参考。

行业及其他类

旅游绿皮书
2017～2018年中国旅游发展分析与预测

中国社会科学院旅游研究中心 / 编 2018年1月出版 定价：99.00元

◆ 本书从政策、产业、市场、社会等多个角度勾画出2017年中国旅游发展全貌，剖析了其中的热点和核心问题，并就未来发展作出预测。

行业及其他类

民营医院蓝皮书
中国民营医院发展报告（2018）
薛晓林 / 主编　2018年11月出版　估价：99.00元

◆ 本书在梳理国家对社会办医的各种利好政策的前提下，对我国民营医疗发展现状、我国民营医院竞争力进行了分析，并结合我国医疗体制改革对民营医院的发展趋势、发展策略、战略规划等方面进行了预估。

会展蓝皮书
中外会展业动态评估研究报告（2018）
张敏 / 主编　2018年12月出版　估价：99.00元

◆ 本书回顾了2017年的会展业发展动态，结合"供给侧改革"、"互联网+"、"绿色经济"的新形势分析了我国展会的行业现状，并介绍了国外的发展经验，有助于行业和社会了解最新的展会业动态。

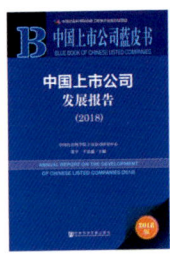

中国上市公司蓝皮书
中国上市公司发展报告（2018）
张平　王宏淼 / 主编　2018年9月出版　估价：99.00元

◆ 本书由中国社会科学院上市公司研究中心组织编写的，着力于全面、真实、客观反映当前中国上市公司财务状况和价值评估的综合性年度报告。本书详尽分析了2017年中国上市公司情况，特别是现实中暴露出的制度性、基础性问题，并对资本市场改革进行了探讨。

工业和信息化蓝皮书
人工智能发展报告（2017~2018）
尹丽波 / 主编　2018年6月出版　估价：99.00元

◆ 本书国家工业信息安全发展研究中心在对2017年全球人工智能技术和产业进行全面跟踪研究基础上形成的研究报告。该报告内容翔实、视角独特，具有较强的产业发展前瞻性和预测性，可为相关主管部门、行业协会、企业等全面了解人工智能发展形势以及进行科学决策提供参考。

国际问题与全球治理类

世界经济黄皮书

2018年世界经济形势分析与预测

张宇燕 / 主编　2018年1月出版　定价：99.00元

◆ 本书由中国社会科学院世界经济与政治研究所的研究团队撰写，分总论、国别与地区、专题、热点、世界经济统计与预测等五个部分，对2018年世界经济形势进行了分析。

国际城市蓝皮书

国际城市发展报告（2018）

屠启宇 / 主编　2018年2月出版　定价：89.00元

◆ 本书作者以上海社会科学院从事国际城市研究的学者团队为核心，汇集同济大学、华东师范大学、复旦大学、上海交通大学、南京大学、浙江大学相关城市研究专业学者。立足动态跟踪介绍国际城市发展时间中，最新出现的重大战略、重大理念、重大项目、重大报告和最佳案例。

非洲黄皮书

非洲发展报告 No.20（2017～2018）

张宏明 / 主编　2018年7月出版　估价：99.00元

◆ 本书是由中国社会科学院西亚非洲研究所组织编撰的非洲形势年度报告，比较全面、系统地分析了2017年非洲政治形势和热点问题，探讨了非洲经济形势和市场走向，剖析了大国对非洲关系的新动向；此外，还介绍了国内非洲研究的新成果。

皮书系列 重点推荐　　国别类

国别类

美国蓝皮书
美国研究报告（2018）

郑秉文 黄平 / 主编　2018 年 5 月出版　估价：99.00 元

◆ 本书是由中国社会科学院美国研究所主持完成的研究成果，它回顾了美国 2017 年的经济、政治形势与外交战略，对美国内政外交发生的重大事件及重要政策进行了较为全面的回顾和梳理。

德国蓝皮书
德国发展报告（2018）

郑春荣 / 主编　2018 年 6 月出版　估价：99.00 元

◆ 本报告由同济大学德国研究所组织编撰，由该领域的专家学者对德国的政治、经济、社会文化、外交等方面的形势发展情况，进行全面的阐述与分析。

俄罗斯黄皮书
俄罗斯发展报告（2018）

李永全 / 编著　2018 年 6 月出版　估价：99.00 元

◆ 本书系统介绍了 2017 年俄罗斯经济政治情况，并对 2016 年该地区发生的焦点、热点问题进行了分析与回顾；在此基础上，对该地区 2018 年的发展前景进行了预测。

 文化传媒类　皮书系列 重点推荐

文化传媒类

新媒体蓝皮书
中国新媒体发展报告 No.9（2018）

唐绪军 / 主编　2018 年 6 月出版　估价：99.00 元

◆ 本书是由中国社会科学院新闻与传播研究所组织编写的关于新媒体发展的最新年度报告，旨在全面分析中国新媒体的发展现状，解读新媒体的发展趋势，探析新媒体的深刻影响。

移动互联网蓝皮书
中国移动互联网发展报告（2018）

余清楚 / 主编　2018 年 6 月出版　估价：99.00 元

◆ 本书着眼于对 2017 年度中国移动互联网的发展情况做深入解析，对未来发展趋势进行预测，力求从不同视角、不同层面全面剖析中国移动互联网发展的现状、年度突破及热点趋势等。

文化蓝皮书
中国文化消费需求景气评价报告（2018）

王亚南 / 主编　2018 年 3 月出版　定价：99.00 元

◆ 本书首创全国文化发展量化检测评价体系，也是至今全国唯一的文化民生量化检测评价体系，对于检验全国及各地"以人民为中心"的文化发展具有首创意义。

地方发展类

北京蓝皮书

北京经济发展报告（2017～2018）

杨松 / 主编　2018年6月出版　估价：99.00元

◆ 本书对2017年北京市经济发展的整体形势进行了系统性的分析与回顾，并对2018年经济形势走势进行了预测与研判，聚焦北京市经济社会发展中的全局性、战略性和关键领域的重点问题，运用定量和定性分析相结合的方法，对北京市经济社会发展的现状、问题、成因进行了深入分析，提出了可操作性的对策建议。

温州蓝皮书

2018年温州经济社会形势分析与预测

蒋儒标　王春光　金浩 / 主编　2018年6月出版　估价：99.00元

◆ 本书是中共温州市委党校和中国社会科学院社会学研究所合作推出的第十一本温州蓝皮书，由来自党校、政府部门、科研机构、高校的专家、学者共同撰写的2017年温州区域发展形势的最新研究成果。

黑龙江蓝皮书

黑龙江社会发展报告（2018）

王爱丽 / 主编　2018年1月出版　定价：89.00元

◆ 本书以千份随机抽样问卷调查和专题研究为依据，运用社会学理论框架和分析方法，从专家和学者的独特视角，对2017年黑龙江省关系民生的问题进行广泛的调研与分析，并对2017年黑龙江省诸多社会热点和焦点问题进行了有益的探索。这些研究不仅可以为政府部门更加全面深入了解省情、科学制定决策提供智力支持，同时也可以为广大读者认识、了解、关注黑龙江社会发展提供理性思考。

宏观经济类 | 皮书系列 2018全品种

宏观经济类

城市蓝皮书
中国城市发展报告（No.11）
著(编)者：潘家华 单菁菁
2018年9月出版 / 估价：99.00元
PSN B-2007-091-1/1

城乡一体化蓝皮书
中国城乡一体化发展报告（2018）
著(编)者：付崇兰
2018年9月出版 / 估价：99.00元
PSN B-2011-226-1/2

城镇化蓝皮书
中国新型城镇化健康发展报告（2018）
著(编)者：张占斌
2018年8月出版 / 估价：99.00元
PSN B-2014-396-1/1

创新蓝皮书
创新型国家建设报告（2018～2019）
著(编)者：詹正茂
2018年12月出版 / 估价：99.00元
PSN B-2009-140-1/1

低碳发展蓝皮书
中国低碳发展报告（2018）
著(编)者：张希良 齐晔
2018年6月出版 / 估价：99.00元
PSN B-2011-223-1/1

低碳经济蓝皮书
中国低碳经济发展报告（2018）
著(编)者：薛进军 赵忠秀
2018年11月出版 / 估价：99.00元
PSN B-2011-194-1/1

发展和改革蓝皮书
中国经济发展和体制改革报告No.9
著(编)者：邹东涛 王再文
2018年1月出版 / 估价：99.00元
PSN B-2008-122-1/1

国家创新蓝皮书
中国创新发展报告（2017）
著(编)者：陈劲 2018年5月出版 / 估价：99.00元
PSN B-2014-370-1/1

金融蓝皮书
中国金融发展报告（2018）
著(编)者：王国刚
2018年6月出版 / 估价：99.00元
PSN B-2004-031-1/7

经济蓝皮书
2018年中国经济形势分析与预测
著(编)者：李平 2017年12月出版 / 定价：89.00元
PSN B-1996-001-1/1

经济蓝皮书春季号
2018年中国经济前景分析
著(编)者：李扬 2018年5月出版 / 估价：99.00元
PSN B-1999-008-1/1

经济蓝皮书夏季号
中国经济增长报告（2017～2018）
著(编)者：李扬 2018年9月出版 / 估价：99.00元
PSN B-2010-176-1/1

农村绿皮书
中国农村经济形势分析与预测（2017～2018）
著(编)者：魏后凯 黄秉信
2018年4月出版 / 定价：99.00元
PSN G-1998-003-1/1

人口与劳动绿皮书
中国人口与劳动问题报告No.19
著(编)者：张车伟 2018年11月出版 / 估价：99.00元
PSN G-2000-012-1/1

新型城镇化蓝皮书
新型城镇化发展报告（2017）
著(编)者：李伟 宋敏
2018年3月出版 / 定价：98.00元
PSN B-2005-038-1/1

中国省域竞争力蓝皮书
中国省域经济综合竞争力发展报告（2016～2017）
著(编)者：李建平 李闽榕
2018年2月出版 / 定价：198.00元
PSN B-2007-088-1/1

中小城市绿皮书
中国中小城市发展报告（2018）
著(编)者：中国城市经济学会中小城市经济发展委员会
中国城镇化促进会中小城市发展委员会
《中国中小城市发展报告》编纂委员会
中小城市发展战略研究院
2018年11月出版 / 估价：128.00元
PSN G-2010-161-1/1

13

区域经济类

东北蓝皮书
中国东北地区发展报告（2018）
著（编）者：姜晓秋　　2018年11月出版／估价：99.00元
PSN B-2006-067-1/1

金融蓝皮书
中国金融中心发展报告（2017~2018）
著（编）者：王力　黄育华　　2018年11月出版／估价：99.00元
PSN B-2011-186-6/7

京津冀蓝皮书
京津冀发展报告（2018）
著（编）者：祝合良　叶堂林　张贵祥
2018年6月出版／估价：99.00元
PSN B-2012-262-1/1

西北蓝皮书
中国西北发展报告（2018）
著（编）者：王福生　马廷旭　董秋生
2018年1月出版／定价：99.00元
PSN B-2012-261-1/1

西部蓝皮书
中国西部发展报告（2018）
著（编）者：瑋勇　任保平　　2018年8月出版／估价：99.00元
PSN B-2005-039-1/1

长江经济带产业蓝皮书
长江经济带产业发展报告（2018）
著（编）者：吴传清　　2018年11月出版／估价：128.00元
PSN B-2017-666-1/1

长江经济带蓝皮书
长江经济带发展报告（2017~2018）
著（编）者：王振　　2018年11月出版／估价：99.00元
PSN B-2016-575-1/1

长江中游城市群蓝皮书
长江中游城市群新型城镇化与产业协同发展报告（2018）
著（编）者：杨刚强　　2018年11月出版／估价：99.00元
PSN B-2016-578-1/1

长三角蓝皮书
2017年创新融合发展的长三角
著（编）者：刘飞跃　　2018年5月出版／估价：99.00元
PSN B-2005-038-1/1

长株潭城市群蓝皮书
长株潭城市群发展报告（2017）
著（编）者：张萍　朱有志　　2018年6月出版／估价：99.00元
PSN B-2008-109-1/1

特色小镇蓝皮书
特色小镇智慧运营报告（2018）：顶层设计与智慧架构标准
著（编）者：陈劲　　2018年1月出版／定价：79.00元
PSN B-2018-692-1/1

中部竞争力蓝皮书
中国中部经济社会竞争力报告（2018）
著（编）者：教育部人文社会科学重点研究基地南昌大学中国中部经济社会发展研究中心
2018年12月出版／估价：99.00元
PSN B-2012-276-1/1

中部蓝皮书
中国中部地区发展报告（2018）
著（编）者：宋亚平　　2018年12月出版／估价：99.00元
PSN B-2007-089-1/1

区域蓝皮书
中国区域经济发展报告（2017~2018）
著（编）者：赵弘　　2018年5月出版／估价：99.00元
PSN B-2004-034-1/1

中三角蓝皮书
长江中游城市群发展报告（2018）
著（编）者：秦尊文　　2018年9月出版／估价：99.00元
PSN B-2014-417-1/1

中原蓝皮书
中原经济区发展报告（2018）
著（编）者：李英杰　　2018年6月出版／估价：99.00元
PSN B-2011-192-1/1

珠三角流通蓝皮书
珠三角商圈发展研究报告（2018）
著（编）者：王先庆　林至颖　　2018年7月出版／估价：99.00元
PSN B-2012-292-1/1

社会政法类

北京蓝皮书
中国社区发展报告（2017~2018）
著（编）者：于燕燕　　2018年9月出版／估价：99.00元
PSN B-2007-083-5/8

殡葬绿皮书
中国殡葬事业发展报告（2017~2018）
著（编）者：李伯森　　2018年6月出版／估价：158.00元
PSN G-2010-180-1/1

城市管理蓝皮书
中国城市管理报告（2017-2018）
著（编）者：刘林　刘承水　　2018年5月出版／估价：158.00元
PSN B-2013-336-1/1

城市生活质量蓝皮书
中国城市生活质量报告（2017）
著（编）者：张连城　张平　杨春学　郎丽华
2017年12月出版／定价：89.00元
PSN B-2013-326-1/1

社会政法类

城市政府能力蓝皮书
中国城市政府公共服务能力评估报告（2018）
著(编)者：何艳玲　2018年5月出版 / 估价：99.00元
PSN B-2013-338-1/1

创业蓝皮书
中国创业发展研究报告（2017~2018）
著(编)者：黄群慧　赵卫星　钟宏武
2018年11月出版 / 估价：99.00元
PSN B-2016-577-1/1

慈善蓝皮书
中国慈善发展报告（2018）
著(编)者：杨团　2018年6月出版 / 估价：99.00元
PSN B-2009-142-1/1

党建蓝皮书
党的建设研究报告No.2（2018）
著(编)者：崔建民　陈东平　2018年6月出版 / 估价：99.00元
PSN B-2016-523-1/1

地方法治蓝皮书
中国地方法治发展报告No.3（2018）
著(编)者：李林　田禾　2018年6月出版 / 估价：118.00元
PSN B-2015-442-1/1

电子政务蓝皮书
中国电子政务发展报告（2018）
著(编)者：李季　2018年8月出版 / 估价：99.00元
PSN B-2003-022-1/1

儿童蓝皮书
中国儿童参与状况报告（2017）
著(编)者：苑立新　2017年12月出版 / 定价：89.00元
PSN B-2017-682-1/1

法治蓝皮书
中国法治发展报告No.16（2018）
著(编)者：李林　田禾　2018年3月出版 / 定价：128.00元
PSN B-2004-027-1/3

法治蓝皮书
中国法院信息化发展报告No.2（2018）
著(编)者：李林　田禾　2018年2月出版 / 定价：118.00元
PSN B-2017-604-3/3

法治政府蓝皮书
中国法治政府发展报告（2017）
著(编)者：中国政法大学法治政府研究院
2018年3月出版 / 定价：158.00元
PSN B-2015-502-1/2

法治政府蓝皮书
中国法治政府评估报告（2018）
著(编)者：中国政法大学法治政府研究院
2018年9月出版 / 估价：168.00元
PSN B-2016-576-2/2

反腐倡廉蓝皮书
中国反腐倡廉建设报告No.8
著(编)者：张英伟　2018年12月出版 / 估价：99.00元
PSN B-2012-259-1/1

扶贫蓝皮书
中国扶贫开发报告（2018）
著(编)者：李培林　魏后凯　2018年12月出版 / 估价：128.00元
PSN B-2016-599-1/1

妇女发展蓝皮书
中国妇女发展报告No.6
著(编)者：王金玲　2018年9月出版 / 估价：158.00元
PSN B-2006-069-1/1

妇女教育蓝皮书
中国妇女教育发展报告No.3
著(编)者：张李玺　2018年10月出版 / 估价：99.00元
PSN B-2008-121-1/1

妇女绿皮书
2018年：中国性别平等与妇女发展报告
著(编)者：谭琳　2018年12月出版 / 估价：99.00元
PSN G-2006-073-1/1

公共安全蓝皮书
中国城市公共安全发展报告（2017~2018）
著(编)者：黄育华　杨文明　赵建辉
2018年6月出版 / 估价：99.00元
PSN B-2017-628-1/1

公共服务蓝皮书
中国城市基本公共服务力评价（2018）
著(编)者：钟君　刘志昌　吴正杲
2018年12月出版 / 估价：99.00元
PSN B-2011-214-1/1

公民科学素质蓝皮书
中国公民科学素质报告（2017~2018）
著(编)者：李群　陈雄　马宗文
2017年12月出版 / 估价：89.00元
PSN B-2014-379-1/1

公益蓝皮书
中国公益慈善发展报告（2016）
著(编)者：朱健刚　胡小军　2018年0月出版 / 估价：99.00元
PSN B-2012-283-1/1

国际人才蓝皮书
中国国际移民报告（2018）
著(编)者：王辉耀　2018年6月出版 / 估价：99.00元
PSN B-2012-304-3/4

国际人才蓝皮书
中国留学发展报告（2018）No.7
著(编)者：王辉耀　苗绿　2018年12月出版 / 估价：99.00元
PSN B-2012-244-2/4

海洋社会蓝皮书
中国海洋社会发展报告（2017）
著(编)者：崔凤　宋宁而　2018年3月出版 / 定价：99.00元
PSN B-2015-478-1/1

行政改革蓝皮书
中国行政体制改革报告No.7（2018）
著(编)者：魏礼群　2018年6月出版 / 估价：99.00元
PSN B-2011-231-1/1

皮书系列 2018全品种

社会政法类

华侨华人蓝皮书
华侨华人研究报告（2017）
著(编)者：张禹东 庄国土　2017年12月出版 / 定价：148.00元
PSN B-2011-204-1/1

互联网与国家治理蓝皮书
互联网与国家治理发展报告（2017）
著(编)者：张志安　2018年1月出版 / 定价：98.00元
PSN B-2017-671-1/1

环境管理蓝皮书
中国环境管理发展报告（2017）
著(编)者：李金惠　2017年12月出版 / 定价：98.00元
PSN B-2017-678-1/1

环境竞争力绿皮书
中国省域环境竞争力发展报告（2018）
著(编)者：李建平 李闽榕 王金南
2018年11月出版 / 估价：198.00元
PSN G-2010-165-1/1

环境绿皮书
中国环境发展报告（2017~2018）
著(编)者：李波　2018年6月出版 / 估价：99.00元
PSN G-2006-048-1/1

家庭蓝皮书
中国"创建幸福家庭活动"评估报告（2018）
著(编)者：国务院发展研究中心"创建幸福家庭活动评估"课题组
2018年12月出版 / 估价：99.00元
PSN B-2015-508-1/1

健康城市蓝皮书
中国健康城市建设研究报告（2018）
著(编)者：王鸿春 盛继洪　2018年12月出版 / 估价：99.00元
PSN B-2016-564-2/2

健康中国蓝皮书
社区首诊与健康中国分析报告（2018）
著(编)者：高和荣 杨叔禹 姜杰
2018年6月出版 / 估价：99.00元
PSN B-2017-611-1/1

教师蓝皮书
中国中小学教师发展报告（2017）
著(编)者：曾晓东 鱼霞
2018年6月出版 / 估价：99.00元
PSN B-2012-289-1/1

教育扶贫蓝皮书
中国教育扶贫报告（2018）
著(编)者：司树杰 王文静 李兴洲
2018年12月出版 / 估价：99.00元
PSN B-2016-590-1/1

教育蓝皮书
中国教育发展报告（2018）
著(编)者：杨东平　2018年3月出版 / 定价：89.00元
PSN B-2006-047-1/1

金融法治建设蓝皮书
中国金融法治建设年度报告（2015~2016）
著(编)者：朱小黄　2018年6月出版 / 估价：99.00元
PSN B-2017-633-1/1

京津冀教育蓝皮书
京津冀教育发展研究报告（2017~2018）
著(编)者：方中雄　2018年6月出版 / 估价：99.00元
PSN B-2017-608-1/1

就业蓝皮书
2018年中国本科生就业报告
著(编)者：麦可思研究院　2018年6月出版 / 估价：99.00元
PSN B-2009-146-1/2

就业蓝皮书
2018年中国高职高专生就业报告
著(编)者：麦可思研究院　2018年6月出版 / 估价：99.00元
PSN B-2015-472-2/2

科学教育蓝皮书
中国科学教育发展报告（2018）
著(编)者：王康友　2018年10月出版 / 估价：99.00元
PSN B-2015-487-1/1

劳动保障蓝皮书
中国劳动保障发展报告（2018）
著(编)者：刘燕斌　2018年9月出版 / 估价：158.00元
PSN B-2014-415-1/1

老龄蓝皮书
中国老年宜居环境发展报告（2017）
著(编)者：党俊武 周燕珉　2018年6月出版 / 估价：99.00元
PSN B-2013-320-1/1

连片特困区蓝皮书
中国连片特困区发展报告（2017~2018）
著(编)者：游俊 冷志明 丁建军
2018年6月出版 / 估价：99.00元
PSN B-2013-321-1/1

流动儿童蓝皮书
中国流动儿童教育发展报告（2017）
著(编)者：杨东平　2018年6月出版 / 估价：99.00元
PSN B-2017-600-1/1

民调蓝皮书
中国民生调查报告（2018）
著(编)者：谢耘耕　2018年12月出版 / 估价：99.00元
PSN B-2014-398-1/1

民族发展蓝皮书
中国民族发展报告（2018）
著(编)者：王延中　2018年10月出版 / 估价：188.00元
PSN B-2006-070-1/1

女性生活蓝皮书
中国女性生活状况报告No.12（2018）
著(编)者：高博燕　2018年7月出版 / 估价：99.00元
PSN B-2006-071-1/1

社会政法类

皮书系列 2018全品种

汽车社会蓝皮书
中国汽车社会发展报告（2017~2018）
著(编)者：王俊秀　2018年6月出版／估价：99.00元
PSN B-2011-224-1/1

青年蓝皮书
中国青年发展报告（2018）No.3
著(编)者：廉思　2018年6月出版／估价：99.00元
PSN B-2013-333-1/1

青少年蓝皮书
中国未成年人互联网运用报告（2017~2018）
著(编)者：季为民　李文革　沈杰
2018年11月出版／估价：99.00元
PSN B-2010-156-1/1

人权蓝皮书
中国人权事业发展报告No.8（2018）
著(编)者：李君如　2018年9月出版／估价：99.00元
PSN B-2011-215-1/1

社会保障绿皮书
中国社会保障发展报告No.9（2018）
著(编)者：王延中　2018年6月出版／估价：99.00元
PSN G-2001-014-1/1

社会风险评估蓝皮书
风险评估与危机预警报告（2017~2018）
著(编)者：唐钧　2018年8月出版／估价：99.00元
PSN B-2012-293-1/1

社会工作蓝皮书
中国社会工作发展报告（2016~2017）
著(编)者：民政部社会工作研究中心
2018年8月出版／估价：99.00元
PSN B-2009-141-1/1

社会管理蓝皮书
中国社会管理创新报告No.6
著(编)者：连玉明　2018年11月出版／估价：99.00元
PSN B-2012-300-1/1

社会蓝皮书
2018年中国社会形势分析与预测
著(编)者：李培林　陈光金　张翼
2017年12月出版／定价：89.00元
PSN B-1998-002-1/1

社会体制蓝皮书
中国社会体制改革报告No.6（2018）
著(编)者：龚维斌　2018年3月出版／定价：98.00元
PSN B-2013-330-1/1

社会心态蓝皮书
中国社会心态研究报告（2018）
著(编)者：王俊秀　2018年12月出版／估价：99.00元
PSN B-2011-199-1/1

社会组织蓝皮书
中国社会组织报告（2017-2018）
著(编)者：黄晓勇　2018年6月出版／估价：99.00元
PSN B-2008-118-1/2

社会组织蓝皮书
中国社会组织评估发展报告（2018）
著(编)者：徐家良　2018年12月出版／估价：99.00元
PSN B-2013-366-2/2

生态城市绿皮书
中国生态城市建设发展报告（2018）
著(编)者：刘举科　孙伟平　胡文臻
2018年9月出版／估价：158.00元
PSN G-2012-269-1/1

生态文明绿皮书
中国省域生态文明建设评价报告（ECI 2018）
著(编)者：严耕　2018年12月出版／估价：99.00元
PSN G-2010-170-1/1

退休生活蓝皮书
中国城市居民退休生活质量指数报告（2017）
著(编)者：杨一帆　2018年6月出版／估价：99.00元
PSN B-2017-618-1/1

危机管理蓝皮书
中国危机管理报告（2018）
著(编)者：文学国　范正青
2018年8月出版／估价：99.00元
PSN B-2010-171-1/1

学会蓝皮书
2018年中国学会发展报告
著(编)者：麦可思研究院　2018年12月出版／估价：99.00元
PSN B-2016-597-1/1

医改蓝皮书
中国医药卫生体制改革报告（2017~2018）
著(编)者：文学国　房志武
2018年11月出版／估价：99.00元
PSN B-2014-432-1/1

应急管理蓝皮书
中国应急管理报告（2018）
著(编)者：宋英华　2018年9月出版／估价：99.00元
PSN B-2010-562-1/1

政府绩效评估蓝皮书
中国地方政府绩效评估报告 No.2
著(编)者：贠杰　2018年12月出版／估价：99.00元
PSN B-2017-672-1/1

政治参与蓝皮书
中国政治参与报告（2018）
著(编)者：房宁　2018年8月出版／估价：128.00元
PSN B-2011-200-1/1

政治文化蓝皮书
中国政治文化报告（2018）
著(编)者：邢玉敏　魏大鹏　龚克
2018年8月出版／估价：128.00元
PSN B-2017-615-1/1

中国传统村落蓝皮书
中国传统村落保护现状报告（2018）
著(编)者：胡彬彬　李向军　王晓波
2018年12月出版／估价：99.00元
PSN B-2017-663-1/1

皮书系列 2018全品种

社会政法类·产业经济类

中国农村妇女发展蓝皮书
农村流动女性城市生活发展报告（2018）
著(编)者：谢丽华　2018年12月出版 / 估价：99.00元
PSN B-2014-434-1/1

宗教蓝皮书
中国宗教报告（2017）
著(编)者：邱永辉　2018年8月出版 / 估价：99.00元
PSN B-2008-117-1/1

产业经济类

保健蓝皮书
中国保健服务产业发展报告 No.2
著(编)者：中国保健协会　中共中央党校
2018年7月出版 / 估价：198.00元
PSN B-2012-272-3/3

保健蓝皮书
中国保健食品产业发展报告 No.2
著(编)者：中国保健协会
　　　　　中国社会科学院食品药品产业发展与监管研究中心
2018年8月出版 / 估价：198.00元
PSN B-2012-271-2/3

保健蓝皮书
中国保健用品产业发展报告 No.2
著(编)者：中国保健协会
　　　　　国务院国有资产监督管理委员会研究中心
2018年6月出版 / 估价：198.00元
PSN B-2012-270-1/3

保险蓝皮书
中国保险业竞争力报告（2018）
著(编)者：保监会　2018年12月出版 / 估价：99.00元
PSN B-2013-311-1/1

冰雪蓝皮书
中国冰上运动产业发展报告（2018）
著(编)者：孙承华　杨占武　刘戈　张鸿俊
2018年9月出版 / 估价：99.00元
PSN B-2017-648-3/3

冰雪蓝皮书
中国滑雪产业发展报告（2018）
著(编)者：孙承华　伍斌　魏庆华　张鸿俊
2018年9月出版 / 估价：99.00元
PSN B-2016-559-1/3

餐饮产业蓝皮书
中国餐饮产业发展报告（2018）
著(编)者：邢颖
2018年6月出版 / 估价：99.00元
PSN B-2009-151-1/1

茶业蓝皮书
中国茶产业发展报告（2018）
著(编)者：杨江帆　李闽榕
2018年10月出版 / 估价：99.00元
PSN B-2010-164-1/1

产业安全蓝皮书
中国文化产业安全报告（2018）
著(编)者：北京印刷学院文化产业安全研究院
2018年12月出版 / 估价：99.00元
PSN B-2014-378-12/14

产业安全蓝皮书
中国新媒体产业安全报告（2016~2017）
著(编)者：肖丽　2018年6月出版 / 估价：99.00元
PSN B-2015-500-14/14

产业安全蓝皮书
中国出版传媒产业安全报告（2017~2018）
著(编)者：北京印刷学院文化产业安全研究院
2018年6月出版 / 估价：99.00元
PSN B-2014-384-13/14

产业蓝皮书
中国产业竞争力报告（2018）No.8
著(编)者：张其仔　2018年12月出版 / 估价：168.00元
PSN B-2010-175-1/1

动力电池蓝皮书
中国新能源汽车动力电池产业发展报告（2018）
著(编)者：中国汽车技术研究中心
2018年8月出版 / 估价：99.00元
PSN B-2017-639-1/1

杜仲产业绿皮书
中国杜仲橡胶资源与产业发展报告（2017~2018）
著(编)者：杜红岩　胡文臻　俞锐
2018年6月出版 / 估价：99.00元
PSN G-2013-350-1/1

房地产蓝皮书
中国房地产发展报告No.15（2018）
著(编)者：李春华　王业强
2018年5月出版 / 估价：99.00元
PSN B-2004-028-1/1

服务外包蓝皮书
中国服务外包产业发展报告（2017~2018）
著(编)者：王晓红　刘德军
2018年6月出版 / 估价：99.00元
PSN B-2013-331-2/2

服务外包蓝皮书
中国服务外包竞争力报告（2017~2018）
著(编)者：刘春生　王力　黄育华
2018年12月出版 / 估价：99.00元
PSN B-2011-216-1/2

产业经济类

皮书系列 2018全品种

工业和信息化蓝皮书
世界信息技术产业发展报告（2017~2018）
著(编)者：尹丽波　2018年6月出版 / 估价：99.00元
PSN B-2015-449-2/6

工业和信息化蓝皮书
战略性新兴产业发展报告（2017~2018）
著(编)者：尹丽波　2018年6月出版 / 估价：99.00元
PSN B-2015-450-3/6

海洋经济蓝皮书
中国海洋经济发展报告（2015~2018）
著(编)者：殷克东　高金田　方胜民
2018年3月出版 / 定价：128.00元
PSN B-2018-697-1/1

康养蓝皮书
中国康养产业发展报告（2017）
著(编)者：何莽　2017年12月出版 / 定价：88.00元
PSN B-2017-685-1/1

客车蓝皮书
中国客车产业发展报告（2017~2018）
著(编)者：姚蔚　2018年10月出版 / 估价：99.00元
PSN B-2013-361-1/1

流通蓝皮书
中国商业发展报告（2018~2019）
著(编)者：王雪峰　林诗慧
2018年7月出版 / 估价：99.00元
PSN B-2009-152-1/2

能源蓝皮书
中国能源发展报告（2018）
著(编)者：崔民选　王军生　陈义和
2018年12月出版 / 估价：99.00元
PSN B-2006-049-1/1

农产品流通蓝皮书
中国农产品流通产业发展报告（2017）
著(编)者：贾敬敦　张东科　张玉玺　张鹏毅　周伟
2018年6月出版 / 估价：99.00元
PSN B-2012-288-1/1

汽车工业蓝皮书
中国汽车工业发展年度报告（2018）
著(编)者：中国汽车工业协会
　　　　　中国汽车技术研究中心
　　　　　丰田汽车公司
2018年5月出版 / 估价：168.00元
PSN B-2015-463-1/2

汽车工业蓝皮书
中国汽车零部件产业发展报告（2017~2018）
著(编)者：中国汽车工业协会
　　　　　中国汽车工程研究院深圳市沃特玛电池有限公司
2018年9月出版 / 估价：99.00元
PSN B-2016-515-2/2

汽车蓝皮书
中国汽车产业发展报告（2018）
著(编)者：中国汽车工程学会
　　　　　大众汽车集团（中国）
2018年11月出版 / 估价：99.00元
PSN B-2008-124-1/1

世界茶业蓝皮书
世界茶业发展报告（2018）
著(编)者：李闽榕　冯廷佺
2018年5月出版 / 估价：168.00元
PSN B-2017-619-1/1

世界能源蓝皮书
世界能源发展报告（2018）
著(编)者：黄晓勇　2018年6月出版 / 估价：168.00元
PSN B-2013-349-1/1

石油蓝皮书
中国石油产业发展报告（2018）
著(编)者：中国石油化工集团公司经济技术研究院
　　　　　中国国际石油化工联合有限责任公司
　　　　　中国社会科学院数量经济与技术经济研究所
2018年2月出版 / 定价：98.00元
PSN B-2018-690-1/1

体育蓝皮书
国家体育产业基地发展报告（2016~2017）
著(编)者：李颖川　2018年6月出版 / 估价：168.00元
PSN B-2017-609-5/5

体育蓝皮书
中国体育产业发展报告（2018）
著(编)者：阮伟　钟秉枢
2018年12月出版 / 估价：99.00元
PSN B-2010-179-1/5

文化金融蓝皮书
中国文化金融发展报告（2018）
著(编)者：杨涛　金巍
2018年6月出版 / 估价：99.00元
PSN B-2017-610-1/1

新能源汽车蓝皮书
中国新能源汽车产业发展报告（2018）
著(编)者：中国汽车技术研究中心
　　　　　日产（中国）投资有限公司
　　　　　东风汽车有限公司
2018年8月出版 / 估价：99.00元
PSN B-2013-347-1/1

薏仁米产业蓝皮书
中国薏仁米产业发展报告No.2（2018）
著(编)者：李发耀　石明　秦礼康
2018年8月出版 / 估价：99.00元
PSN B-2017-645-1/1

邮轮绿皮书
中国邮轮产业发展报告（2018）
著(编)者：汪泓　2018年10月出版 / 估价：99.00元
PSN G-2014-419-1/1

智能养老蓝皮书
中国智能养老产业发展报告（2018）
著(编)者：朱勇　2018年10月出版 / 估价：99.00元
PSN B-2015-488-1/1

中国节能汽车蓝皮书
中国节能汽车发展报告（2017~2018）
著(编)者：中国汽车工程研究院股份有限公司
2018年9月出版 / 估价：99.00元
PSN B-2016-565-1/1

皮书系列 2018全品种 产业经济类·行业及其他类

中国陶瓷产业蓝皮书
中国陶瓷产业发展报告（2018）
著（编）者：左和平 黄速建
2018年10月出版 / 估价：99.00元
PSN B-2016-573-1/1

装备制造业蓝皮书
中国装备制造业发展报告（2018）
著（编）者：徐东华
2018年12月出版 / 估价：118.00元
PSN B-2015-505-1/1

行业及其他类

"三农"互联网金融蓝皮书
中国"三农"互联网金融发展报告（2018）
著（编）者：李勇坚 王弢
2018年8月出版 / 估价：99.00元
PSN B-2016-560-1/1

SUV蓝皮书
中国SUV市场发展报告（2017~2018）
著（编）者：靳军　2018年9月出版 / 估价：99.00元
PSN B-2016-571-1/1

冰雪蓝皮书
中国冬季奥运会发展报告（2018）
著（编）者：孙承华 伍斌 魏庆华 张鸿俊
2018年9月出版 / 估价：99.00元
PSN B-2017-647-2/3

彩票蓝皮书
中国彩票发展报告（2018）
著（编）者：益彩基金　2018年6月出版 / 估价：99.00元
PSN B-2015-462-1/1

测绘地理信息蓝皮书
测绘地理信息供给侧结构性改革研究报告（2018）
著（编）者：库热西·买合苏提
2018年12月出版 / 估价：168.00元
PSN B-2009-145-1/1

产权市场蓝皮书
中国产权市场发展报告（2017）
著（编）者：曹和平
2018年5月出版 / 估价：99.00元
PSN B-2009-147-1/1

城投蓝皮书
中国城投行业发展报告（2018）
著（编）者：华景斌
2018年11月出版 / 估价：300.00元
PSN B-2016-514-1/1

城市轨道交通蓝皮书
中国城市轨道交通运营发展报告（2017~2018）
著（编）者：崔学忠 贾文峥
2018年3月出版 / 定价：89.00元
PSN B-2018-694-1/1

大数据蓝皮书
中国大数据发展报告（No.2）
著（编）者：连玉明　2018年5月出版 / 估价：99.00元
PSN B-2017-620-1/1

大数据应用蓝皮书
中国大数据应用发展报告No.2（2018）
著（编）者：陈军君　2018年8月出版 / 估价：99.00元
PSN B-2017-644-1/1

对外投资与风险蓝皮书
中国对外直接投资与国家风险报告（2018）
著（编）者：中债资信评估有限责任公司
　　　　　中国社会科学院世界经济与政治研究所
2018年6月出版 / 估价：189.00元
PSN B-2017-606-1/1

工业和信息化蓝皮书
人工智能发展报告（2017~2018）
著（编）者：尹丽波　2018年6月出版 / 估价：99.00元
PSN B-2015-448-1/6

工业和信息化蓝皮书
世界智慧城市发展报告（2017~2018）
著（编）者：尹丽波　2018年6月出版 / 估价：99.00元
PSN B-2017-624-6/6

工业和信息化蓝皮书
世界网络安全发展报告（2017~2018）
著（编）者：尹丽波　2018年6月出版 / 估价：99.00元
PSN B-2015-452-5/6

工业和信息化蓝皮书
世界信息化发展报告（2017~2018）
著（编）者：尹丽波　2018年6月出版 / 估价：99.00元
PSN B-2015-451-4/6

工业设计蓝皮书
中国工业设计发展报告（2018）
著（编）者：王晓红 于炜 张立群　2018年9月出版 / 估价：168.00元
PSN B-2014-420-1/1

公共关系蓝皮书
中国公共关系发展报告（2017）
著（编）者：柳斌杰　2018年1月出版 / 定价：89.00元
PSN B-2016-579-1/1

皮书系列 2018全品种

公共关系蓝皮书
中国公共关系发展报告（2018）
著（编）者：柳斌杰　2018年11月出版／估价：99.00元
PSN B-2016-579-1/1

管理蓝皮书
中国管理发展报告（2018）
著（编）者：张晓东　2018年10月出版／估价：99.00元
PSN B-2014-416-1/1

轨道交通蓝皮书
中国轨道交通行业发展报告（2017）
著（编）者：仲建华　李闽榕
2017年12月出版／定价：98.00元
PSN B-2017-674-1/1

海关发展蓝皮书
中国海关发展前沿报告（2018）
著（编）者：干春晖　2018年6月出版／估价：99.00元
PSN B-2017-616-1/1

互联网医疗蓝皮书
中国互联网健康医疗发展报告（2018）
著（编）者：芮晓武　2018年6月出版／估价：99.00元
PSN B-2016-567-1/1

黄金市场蓝皮书
中国商业银行黄金业务发展报告（2017～2018）
著（编）者：平安银行　2018年6月出版／估价：99.00元
PSN B-2016-524-1/1

会展蓝皮书
中外会展业动态评估研究报告（2018）
著（编）者：张敏　任中峰　聂鑫焱　牛盼强
2018年12月出版／估价：99.00元
PSN B-2013-327-1/1

基金会蓝皮书
中国基金会发展报告（2017~2018）
著（编）者：中国基金会发展报告课题组
2018年6月出版／估价：99.00元
PSN B-2013-368-1/1

基金会绿皮书
中国基金会发展独立研究报告（2018）
著（编）者：基金会中心网　中央民族大学基金会研究中心
2018年6月出版／估价：99.00元
PSN G-2011-213-1/1

基金会透明度蓝皮书
中国基金会透明度发展研究报告（2018）
著（编）者：基金会中心网
　　　　　清华大学廉政与治理研究中心
2018年9月出版／估价：99.00元
PSN B-2013-339-1/1

建筑装饰蓝皮书
中国建筑装饰行业发展报告（2018）
著（编）者：葛道顺　刘晓一
2018年10月出版／估价：198.00元
PSN B-2016-553-1/1

金融监管蓝皮书
中国金融监管报告（2018）
著（编）者：胡滨　2018年3月出版／定价：98.00元
PSN B-2012-281-1/1

金融蓝皮书
中国互联网金融行业分析与评估（2018～2019）
著（编）者：黄国平　伍旭川　2018年12月出版／估价：99.00元
PSN B-2016-585-7/7

金融科技蓝皮书
中国金融科技发展报告（2018）
著（编）者：李扬　孙国峰　2018年10月出版／估价：99.00元
PSN B-2014-374-1/1

金融信息服务蓝皮书
中国金融信息服务发展报告（2018）
著（编）者：王平　2018年5月出版／估价：99.00元
PSN B-2017-621-1/1

金蜜蜂企业社会责任蓝皮书
金蜜蜂中国企业社会责任报告研究（2017）
著（编）者：殷格非　于志宏　管竹笋
2018年1月出版／定价：99.00元
PSN B-2018-693-1/1

京津冀金融蓝皮书
京津冀金融发展报告（2018）
著（编）者：王爱俭　王璟怡　2018年10月出版／估价：99.00元
PSN B-2016-527-1/1

科普蓝皮书
国家科普能力发展报告（2018）
著（编）者：王康友　2018年5月出版／估价：138.00元
PSN B-2017-632-4/4

科普蓝皮书
中国基层科普发展报告（2017～2018）
著（编）者：赵立新　陈玲　2018年9月出版／估价：99.00元
PSN B-2016-568-3/4

科普蓝皮书
中国科普基础设施发展报告（2017～2018）
著（编）者：任福君　2018年6月出版／估价：99.00元
PSN B-2010-174-1/3

科普蓝皮书
中国科普人才发展报告（2017～2018）
著（编）者：郑念　任嵘嵘　2018年7月出版／估价：99.00元
PSN B-2016-512-2/4

科普能力蓝皮书
中国科普能力评价报告（2018～2019）
著（编）者：李富强　李群　2018年8月出版／估价：99.00元
PSN B-2016-555-1/1

临空经济蓝皮书
中国临空经济发展报告（2018）
著（编）者：连玉明　2018年9月出版／估价：99.00元
PSN B-2014-421-1/1

皮书系列 2018全品种
行业及其他类

旅游安全蓝皮书
中国旅游安全报告（2018）
著(编)者：郑向敏 谢朝武　　2018年5月出版 / 估价：158.00元
PSN B-2012-280-1/1

旅游绿皮书
2017~2018年中国旅游发展分析与预测
著(编)者：宋瑞　　2018年1月出版 / 定价：99.00元
PSN G-2002-018-1/1

煤炭蓝皮书
中国煤炭工业发展报告（2018）
著(编)者：岳福斌　　2018年12月出版 / 估价：99.00元
PSN B-2008-123-1/1

民营企业社会责任蓝皮书
中国民营企业社会责任报告（2018）
著(编)者：中华全国工商业联合会
2018年12月出版 / 估价：99.00元
PSN B-2015-510-1/1

民营医院蓝皮书
中国民营医院发展报告（2017）
著(编)者：薛晓林　　2017年12月出版 / 定价：89.00元
PSN B-2012-299-1/1

闽商蓝皮书
闽商发展报告（2018）
著(编)者：李闽榕 王日根 林琛
2018年12月出版 / 估价：99.00元
PSN B-2012-298-1/1

农业应对气候变化蓝皮书
中国农业气象灾害及其灾损评估报告（No.3）
著(编)者：矫梅燕　　2018年6月出版 / 估价：118.00元
PSN B-2014-413-1/1

品牌蓝皮书
中国品牌战略发展报告（2018）
著(编)者：汪同三　　2018年10月出版 / 估价：99.00元
PSN B-2016-580-1/1

企业扶贫蓝皮书
中国企业扶贫研究报告（2018）
著(编)者：钟宏武　　2018年12月出版 / 估价：99.00元
PSN B-2016-593-1/1

企业公益蓝皮书
中国企业公益研究报告（2018）
著(编)者：钟宏武 汪杰 黄晓娟
2018年12月出版 / 估价：99.00元
PSN B-2015-501-1/1

企业国际化蓝皮书
中国企业全球化报告（2018）
著(编)者：王辉耀 苗绿　　2018年11月出版 / 估价：99.00元
PSN B-2014-427-1/1

企业蓝皮书
中国企业绿色发展报告No.2（2018）
著(编)者：李红玉 朱光辉
2018年8月出版 / 估价：99.00元
PSN B-2015-481-2/2

企业社会责任蓝皮书
中资企业海外社会责任研究报告（2017~2018）
著(编)者：钟宏武 叶柳红 张蒽
2018年6月出版 / 估价：99.00元
PSN B-2017-603-2/2

企业社会责任蓝皮书
中国企业社会责任研究报告（2018）
著(编)者：黄群慧 钟宏武 张蒽 汪杰
2018年11月出版 / 估价：99.00元
PSN B-2009-149-1/2

汽车安全蓝皮书
中国汽车安全发展报告（2018）
著(编)者：中国汽车技术研究中心
2018年8月出版 / 估价：99.00元
PSN B-2014-385-1/1

汽车电子商务蓝皮书
中国汽车电子商务发展报告（2018）
著(编)者：中华全国工商业联合会汽车经销商商会
北方工业大学
北京易观智库网络科技有限公司
2018年10月出版 / 估价：158.00元
PSN B-2015-485-1/1

汽车知识产权蓝皮书
中国汽车产业知识产权发展报告（2018）
著(编)者：中国汽车工程研究院股份有限公司
中国汽车工程学会
重庆长安汽车股份有限公司
2018年12月出版 / 估价：99.00元
PSN B-2016-594-1/1

青少年体育蓝皮书
中国青少年体育发展报告（2017）
著(编)者：刘扶民 杨桦　　2018年6月出版 / 估价：99.00元
PSN B-2015-482-1/1

区块链蓝皮书
中国区块链发展报告（2018）
著(编)者：李伟　　2018年9月出版 / 估价：99.00元
PSN B-2017-649-1/1

群众体育蓝皮书
中国群众体育发展报告（2017）
著(编)者：刘国永 戴健　　2018年5月出版 / 估价：99.00元
PSN B-2014-411-1/3

群众体育蓝皮书
中国社会体育指导员发展报告（2018）
著(编)者：刘国永　　2018年6月出版 / 估价：99.00元
PSN B-2016-520-3/3

人力资源蓝皮书
中国人力资源发展报告（2018）
著(编)者：余兴安　　2018年11月出版 / 估价：99.00元
PSN B-2012-287-1/1

融资租赁蓝皮书
中国融资租赁业发展报告（2017~2018）
著(编)者：李光荣 王力　　2018年8月出版 / 估价：99.00元
PSN B-2015-443-1/1

行业及其他类

皮书系列 2018全品种

商会蓝皮书
中国商会发展报告No.5（2017）
著(编)者：王钦敏　2018年7月出版 / 估价：99.00元
PSN B-2008-125-1/1

商务中心区蓝皮书
中国商务中心区发展报告No.4（2017~2018）
著(编)者：李国红 单菁菁　2018年9月出版 / 估价：99.00元
PSN B-2015-444-1/1

设计产业蓝皮书
中国创新设计发展报告（2018）
著(编)者：王晓红 张立群 于炜
2018年11月出版 / 估价：99.00元
PSN B-2016-581-2/2

社会责任管理蓝皮书
中国上市公司社会责任能力成熟度报告No.4（2018）
著(编)者：肖红军 王晓光 李伟阳
2018年12月出版 / 估价：99.00元
PSN B-2015-507-2/2

社会责任管理蓝皮书
中国企业公众透明度报告No.4（2017~2018）
著(编)者：黄速建 熊梦 王晓光 肖红军
2018年6月出版 / 估价：99.00元
PSN B-2015-440-1/2

食品药品蓝皮书
食品药品安全与监管政策研究报告（2016~2017）
著(编)者：唐民皓　2018年6月出版 / 估价：99.00元
PSN B-2009-129-1/1

输血服务蓝皮书
中国输血行业发展报告（2018）
著(编)者：孙俊　2018年12月出版 / 估价：99.00元
PSN B-2016-582-1/1

水利风景区蓝皮书
中国水利风景区发展报告（2018）
著(编)者：董建文 兰忠仁
2018年10月出版 / 估价：99.00元
PSN B-2015-480-1/1

数字经济蓝皮书
全球数字经济竞争力发展报告（2017）
著(编)者：王振　2017年12月出版 / 定价：79.00元
PSN B-2017-673-1/1

私募市场蓝皮书
中国私募股权市场发展报告（2017~2018）
著(编)者：曹和平　2018年12月出版 / 估价：99.00元
PSN B-2010-162-1/1

碳排放权交易蓝皮书
中国碳排放权交易报告（2018）
著(编)者：孙永平　2018年11月出版 / 估价：99.00元
PSN B-2015-652-1/1

碳市场蓝皮书
中国碳市场报告（2018）
著(编)者：定金彪　2018年11月出版 / 估价：99.00元
PSN B-2014-430-1/1

体育蓝皮书
中国公共体育服务发展报告（2018）
著(编)者：戴健　2018年12月出版 / 估价：99.00元
PSN B-2013-367-2/5

土地市场蓝皮书
中国农村土地市场发展报告（2017~2018）
著(编)者：李光荣　2018年6月出版 / 估价：99.00元
PSN B-2016-526-1/1

土地整治蓝皮书
中国土地整治发展研究报告（No.5）
著(编)者：国土资源部土地整治中心
2018年7月出版 / 估价：99.00元
PSN B-2014-401-1/1

土地政策蓝皮书
中国土地政策研究报告（2018）
著(编)者：高延利 张建平 吴次芳
2018年1月出版 / 定价：98.00元
PSN B-2015-506-1/1

网络空间安全蓝皮书
中国网络空间安全发展报告（2018）
著(编)者：惠志斌 覃庆玲
2018年11月出版 / 估价：99.00元
PSN B-2015-466-1/1

文化志愿服务蓝皮书
中国文化志愿服务发展报告（2018）
著(编)者：张永新 良警宇　2018年11月出版 / 估价：128.00元
PSN B-2016-596-1/1

西部金融蓝皮书
中国西部金融发展报告（2017~2018）
著(编)者：李忠民　2018年8月出版 / 估价：99.00元
PSN B-2010-160-1/1

协会商会蓝皮书
中国行业协会商会发展报告（2017）
著(编)者：景朝阳 李勇　2018年6月出版 / 估价：99.00元
PSN B-2015-461-1/1

新三板蓝皮书
中国新三板市场发展报告（2018）
著(编)者：王力　2018年8月出版 / 估价：99.00元
PSN B-2016-533-1/1

信托市场蓝皮书
中国信托业市场报告（2017~2018）
著(编)者：用益金融信托研究院
2018年6月出版 / 估价：198.00元
PSN B-2014-371-1/1

信息化蓝皮书
中国信息化形势分析与预测（2017~2018）
著(编)者：周宏仁　2018年8月出版 / 估价：99.00元
PSN B-2010-168-1/1

信用蓝皮书
中国信用发展报告（2017~2018）
著(编)者：章政 田侃　2018年6月出版 / 估价：99.00元
PSN B-2013-328-1/1

行业及其他类

休闲绿皮书
2017~2018年中国休闲发展报告
著(编)者：宋瑞　2018年7月出版　估价：99.00元
PSN G-2010-158-1/1

休闲体育蓝皮书
中国休闲体育发展报告（2017~2018）
著(编)者：李相如　钟秉枢
2018年10月出版　估价：99.00元
PSN B-2016-516-1/1

养老金融蓝皮书
中国养老金融发展报告（2018）
著(编)者：董克用　姚余栋
2018年9月出版　估价：99.00元
PSN B-2016-583-1/1

遥感监测绿皮书
中国可持续发展遥感监测报告（2017）
著(编)者：顾行发　汪克强　潘教峰　李闽榕　徐东华　王琦安
2018年6月出版　估价：298.00元
PSN B-2017-629-1/1

药品流通蓝皮书
中国药品流通行业发展报告（2018）
著(编)者：佘鲁林　温再兴
2018年7月出版　估价：198.00元
PSN B-2014-429-1/1

医疗器械蓝皮书
中国医疗器械行业发展报告（2018）
著(编)者：王宝亭　耿鸿武
2018年10月出版　估价：99.00元
PSN B-2017-661-1/1

医院蓝皮书
中国医院竞争力报告（2017~2018）
著(编)者：庄一强　2018年3月出版　定价：108.00元
PSN B-2016-528-1/1

瑜伽蓝皮书
中国瑜伽业发展报告（2017~2018）
著(编)者：张永建　徐华锋　朱泰余
2018年6月出版　估价：198.00元
PSN B-2017-625-1/1

债券市场蓝皮书
中国债券市场发展报告（2017~2018）
著(编)者：杨农　2018年10月出版　估价：99.00元
PSN B-2016-572-1/1

志愿服务蓝皮书
中国志愿服务发展报告（2018）
著(编)者：中国志愿服务联合会
2018年11月出版　估价：99.00元
PSN B-2017-664-1/1

中国上市公司蓝皮书
中国上市公司发展报告（2018）
著(编)者：张鹏　张平　黄胤英
2018年9月出版　估价：99.00元
PSN B-2014-414-1/1

中国新三板蓝皮书
中国新三板创新与发展报告（2018）
著(编)者：刘平安　闻召林
2018年8月出版　估价：158.00元
PSN B-2017-638-1/1

中国汽车品牌蓝皮书
中国乘用车品牌发展报告（2017）
著(编)者：《中国汽车报》社有限公司
　　　　　博世（中国）投资有限公司
　　　　　中国汽车技术研究中心数据资源中心
2018年1月出版　定价：89.00元
PSN B-2017-679-1/1

中医文化蓝皮书
北京中医药文化传播发展报告（2018）
著(编)者：毛嘉陵　2018年6月出版　估价：99.00元
PSN B-2015-468-1/2

中医文化蓝皮书
中国中医药文化传播发展报告（2018）
著(编)者：毛嘉陵　2018年7月出版　估价：99.00元
PSN B-2016-584-2/2

中医药蓝皮书
北京中医药知识产权发展报告No.2
著(编)者：汪洪　屠志涛　2018年6月出版　估价：168.00元
PSN B-2017-602-1/1

资本市场蓝皮书
中国场外交易市场发展报告（2016~2017）
著(编)者：高峦　2018年6月出版　估价：99.00元
PSN B-2009-153-1/1

资产管理蓝皮书
中国资产管理行业发展报告（2018）
著(编)者：郑智　2018年7月出版　估价：99.00元
PSN B-2014-407-2/2

资产证券化蓝皮书
中国资产证券化发展报告（2018）
著(编)者：沈炳熙　曹彤　李哲平
2018年4月出版　估价：98.00元
PSN B-2017-660-1/1

自贸区蓝皮书
中国自贸区发展报告（2018）
著(编)者：王力　黄育华
2018年6月出版　估价：99.00元
PSN B-2016-558-1/1

国际问题与全球治理类

皮书系列 2018全品种

"一带一路"跨境通道蓝皮书
"一带一路"跨境通道建设研究报（2017~2018）
著(编)者：余鑫 张秋生　2018年1月出版 / 定价：89.00元
PSN B-2016-557-1/1

"一带一路"蓝皮书
"一带一路"建设发展报告（2018）
著(编)者：李永全　2018年3月出版 / 定价：98.00元
PSN B-2016-552-1/1

"一带一路"投资安全蓝皮书
中国"一带一路"投资与安全研究报告（2018）
著(编)者：邹统钎 梁昊光　2018年4月出版 / 定价：98.00元
PSN B-2017-612-1/1

"一带一路"文化交流蓝皮书
中阿文化交流发展报告（2017）
著(编)者：王辉　2017年12月出版 / 定价：89.00元
PSN B-2017-655-1/1

G20国家创新竞争力黄皮书
二十国集团（G20）国家创新竞争力发展报告（2017~2018）
著(编)者：李建平 李闽榕 赵新力 周天勇
2018年7月出版 / 估价：168.00元
PSN Y-2011-229-1/1

阿拉伯黄皮书
阿拉伯发展报告（2016~2017）
著(编)者：罗林　2018年6月出版 / 估价：99.00元
PSN Y-2014-381-1/1

北部湾蓝皮书
泛北部湾合作发展报告（2017~2018）
著(编)者：吕余生　2018年12月出版 / 估价：99.00元
PSN B-2008-114-1/1

北极蓝皮书
北极地区发展报告（2017）
著(编)者：刘惠荣　2018年7月出版 / 估价：99.00元
PSN B-2017-634-1/1

大洋洲蓝皮书
大洋洲发展报告（2017~2018）
著(编)者：喻常森　2018年10月出版 / 估价：99.00元
PSN B-2013-341-1/1

东北亚区域合作蓝皮书
2017年"一带一路"倡议与东北亚区域合作
著(编)者：刘亚政 金美花
2018年5月出版 / 估价：99.00元
PSN B-2017-631-1/1

东盟黄皮书
东盟发展报告（2017）
著(编)者：杨静林 庄国土　2018年6月出版 / 估价：99.00元
PSN Y-2012-303-1/1

东南亚蓝皮书
东南亚地区发展报告（2017~2018）
著(编)者：王勤　2018年12月出版 / 估价：99.00元
PSN B-2012-240-1/1

非洲黄皮书
非洲发展报告No.20（2017~2018）
著(编)者：张宏明　2018年7月出版 / 估价：99.00元
PSN Y-2012-239-1/1

非传统安全蓝皮书
中国非传统安全研究报告（2017~2018）
著(编)者：潇枫 罗中枢　2018年8月出版 / 估价：99.00元
PSN B-2012-273-1/1

国际安全蓝皮书
中国国际安全研究报告（2018）
著(编)者：刘慧　2018年7月出版 / 估价：99.00元
PSN B-2016-521-1/1

国际城市蓝皮书
国际城市发展报告（2018）
著(编)者：屠启宇　2018年2月出版 / 定价：89.00元
PSN B-2012-260-1/1

国际形势黄皮书
全球政治与安全报告（2018）
著(编)者：张宇燕　2018年1月出版 / 定价：99.00元
PSN Y-2001-016-1/1

公共外交蓝皮书
中国公共外交发展报告（2018）
著(编)者：赵启正 雷蔚真　2018年6月出版 / 估价：99.00元
PSN B-2015-457-1/1

海丝蓝皮书
21世纪海上丝绸之路研究报告（2017）
著(编)者：华侨大学海上丝绸之路研究院
2017年12月出版 / 定价：89.00元
PSN B-2017-684-1/1

金砖国家黄皮书
金砖国家综合创新竞争力发展报告（2018）
著(编)者：赵新力 李闽榕 黄茂兴
2018年8月出版 / 估价：128.00元
PSN Y-2017-643-1/1

拉美黄皮书
拉丁美洲和加勒比发展报告（2017~2018）
著(编)者：袁东振　2018年6月出版 / 估价：99.00元
PSN Y-1999-007-1/1

澜湄合作蓝皮书
澜沧江-湄公河合作发展报告（2018）
著(编)者：刘稚　2018年9月出版 / 估价：99.00元
PSN B-2011-196-1/1

皮书系列 2018全品种

国际问题与全球治理类

欧洲蓝皮书
欧洲发展报告（2017~2018）
著(编)者：黄平 周弘 程卫东
2018年6月出版 / 估价：99.00元
PSN B-1999-009-1/1

葡语国家蓝皮书
葡语国家发展报告（2016~2017）
著(编)者：王成安 张敏 刘金兰
2018年6月出版 / 估价：99.00元
PSN B-2015-503-1/2

葡语国家蓝皮书
中国与葡语国家关系发展报告·巴西（2016）
著(编)者：张曙光
2018年8月出版 / 估价：99.00元
PSN B-2016-563-2/2

气候变化绿皮书
应对气候变化报告（2018）
著(编)者：王伟光 郑国光
2018年11月出版 / 估价：99.00元
PSN G-2009-144-1/1

全球环境竞争力绿皮书
全球环境竞争力报告（2018）
著(编)者：李建平 李闽榕 王金南
2018年12月出版 / 估价：198.00元
PSN G-2013-363-1/1

全球信息社会蓝皮书
全球信息社会发展报告（2018）
著(编)者：丁波涛 唐涛 2018年10月出版 / 估价：99.00元
PSN B-2017-665-1/1

日本经济蓝皮书
日本经济与中日经贸关系研究报告（2018）
著(编)者：张季风 2018年6月出版 / 估价：99.00元
PSN B-2008-102-1/1

上海合作组织黄皮书
上海合作组织发展报告（2018）
著(编)者：李进峰 2018年6月出版 / 估价：99.00元
PSN Y-2009-130-1/1

世界创新竞争力黄皮书
世界创新竞争力发展报告（2017）
著(编)者：李建平 李闽榕 赵新力
2018年6月出版 / 估价：168.00元
PSN Y-2013-318-1/1

世界经济黄皮书
2018年世界经济形势分析与预测
著(编)者：张宇燕 2018年1月出版 / 定价：99.00元
PSN Y-1999-006-1/1

世界能源互联互通蓝皮书
世界能源清洁发展与互联互通评估报告（2017）：欧洲篇
著(编)者：国网能源研究院
2018年1月出版 / 定价：128.00元
PSN B-2018-695-1/1

丝绸之路蓝皮书
丝绸之路经济带发展报告（2018）
著(编)者：任宗哲 白宽犁 谷孟宾
2018年1月出版 / 定价：89.00元
PSN B-2014-410-1/1

新兴经济体蓝皮书
金砖国家发展报告（2018）
著(编)者：林跃勤 周文
2018年8月出版 / 估价：99.00元
PSN B-2011-195-1/1

亚太蓝皮书
亚太地区发展报告（2018）
著(编)者：李向阳 2018年5月出版 / 估价：99.00元
PSN B-2001-015-1/1

印度洋地区蓝皮书
印度洋地区发展报告（2018）
著(编)者：汪戎 2018年6月出版 / 估价：99.00元
PSN B-2013-334-1/1

印度尼西亚经济蓝皮书
印度尼西亚经济发展报告（2017）：增长与机会
著(编)者：左志刚 2017年11月出版 / 定价：89.00元
PSN B-2017-675-1/1

渝新欧蓝皮书
渝新欧沿线国家发展报告（2018）
著(编)者：杨柏 黄森
2018年6月出版 / 估价：99.00元
PSN B-2017-626-1/1

中阿蓝皮书
中国-阿拉伯国家经贸发展报告（2018）
著(编)者：张廉 段庆林 王林聪 杨巧红
2018年12月出版 / 估价：99.00元
PSN B-2016-598-1/1

中东黄皮书
中东发展报告No.20（2017~2018）
著(编)者：杨光 2018年10月出版 / 估价：99.00元
PSN Y-1998-004-1/1

中亚黄皮书
中亚国家发展报告（2018）
著(编)者：孙力
2018年3月出版 / 定价：98.00元
PSN Y-2012-238-1/1

国别类·文化传媒类

皮书系列
2018全品种

国别类

澳大利亚蓝皮书
澳大利亚发展报告（2017-2018）
著(编)者：孙有中 韩锋　2018年12月出版 / 估价：99.00元
PSN B-2016-587-1/1

巴西黄皮书
巴西发展报告（2017）
著(编)者：刘国枝　2018年5月出版 / 估价：99.00元
PSN Y-2017-614-1/1

德国蓝皮书
德国发展报告（2018）
著(编)者：郑春荣　2018年6月出版 / 估价：99.00元
PSN B-2012-278-1/1

俄罗斯黄皮书
俄罗斯发展报告（2018）
著(编)者：李永全　2018年6月出版 / 估价：99.00元
PSN Y-2006 0G1-1/1

韩国蓝皮书
韩国发展报告（2017）
著(编)者：牛林杰 刘宝全　2018年6月出版 / 估价：99.00元
PSN B-2010-155-1/1

加拿大蓝皮书
加拿大发展报告（2018）
著(编)者：唐小松　2018年9月出版 / 估价：99.00元
PSN B-2014-389-1/1

美国蓝皮书
美国研究报告（2018）
著(编)者：郑秉文 黄平　2018年5月出版 / 估价：99.00元
PSN B-2011-210-1/1

缅甸蓝皮书
缅甸国情报告（2017）
著(编)者：祝湘辉
2017年11月出版 / 定价：98.00元
PSN B-2013-343-1/1

日本蓝皮书
日本研究报告（2018）
著(编)者：杨伯江　2018年4月出版 / 定价：99.00元
PSN B-2002-020-1/1

土耳其蓝皮书
土耳其发展报告（2018）
著(编)者：郭长刚 刘义　2018年9月出版 / 估价：99.00元
PSN B-2014-412-1/1

伊朗蓝皮书
伊朗发展报告（2017~2018）
著(编)者：冀开运　2018年10月 / 估价：99.00元
PSN B-2016-574-1/1

以色列蓝皮书
以色列发展报告（2018）
著(编)者：张倩红　2018年8月出版 / 估价：99.00元
PSN B-2015-483-1/1

印度蓝皮书
印度国情报告（2017）
著(编)者：吕昭义　2018年6月出版 / 估价：99.00元
PSN B-2012-241-1/1

英国蓝皮书
英国发展报告（2017~2018）
著(编)者：王展鹏　2018年12月出版 / 估价：99.00元
PSN B-2015-486-1/1

越南蓝皮书
越南国情报告（2018）
著(编)者：谢林城　2018年11月出版 / 估价：99.00元
PSN B-2006-056-1/1

泰国蓝皮书
泰国研究报告（2018）
著(编)者：庄国土 张禹东 刘文正
2018年10月出版 / 估价：99.00元
PSN B-2016-556-1/1

文化传媒类

"三农"舆情蓝皮书
中国"三农"网络舆情报告（2017~2018）
著(编)者：农业部信息中心
2018年6月出版 / 估价：99.00元
PSN B-2017-640-1/1

传媒竞争力蓝皮书
中国传媒国际竞争力研究报告（2018）
著(编)者：李本乾 刘强 王大可
2018年8月出版 / 估价：99.00元
PSN B-2013-356-1/1

传媒蓝皮书
中国传媒产业发展报告（2018）
著(编)者：崔保国
2018年5月出版 / 估价：99.00元
PSN B-2005-035-1/1

传媒投资蓝皮书
中国传媒投资发展报告（2018）
著(编)者：张向东 谭云明
2018年6月出版 / 估价：148.00元
PSN B-2015-474-1/1

皮书系列 2018全品种　文化传媒类

非物质文化遗产蓝皮书
中国非物质文化遗产发展报告（2018）
著(编)者：陈平　2018年6月出版 / 估价：128.00元
PSN B-2015-469-1/2

非物质文化遗产蓝皮书
中国非物质文化遗产保护发展报告（2018）
著(编)者：宋俊华　2018年10月出版 / 估价：128.00元
PSN B-2016-586-2/2

广电蓝皮书
中国广播电影电视发展报告（2018）
著(编)者：国家新闻出版广电总局发展研究中心
2018年7月出版 / 估价：99.00元
PSN B-2006-072-1/1

广告主蓝皮书
中国广告主营销传播趋势报告No.9
著(编)者：黄升民 杜国清 邵华冬 等
2018年10月出版 / 估价：158.00元
PSN B-2005-041-1/1

国际传播蓝皮书
中国国际传播发展报告（2018）
著(编)者：胡正荣 李继东 姬德强
2018年12月出版 / 估价：99.00元
PSN B-2014-408-1/1

国家形象蓝皮书
中国国家形象传播报告（2017）
著(编)者：张昆　2018年6月出版 / 估价：128.00元
PSN B-2017-605-1/1

互联网治理蓝皮书
中国网络社会治理研究报告（2018）
著(编)者：罗昕 支庭荣
2018年9月出版 / 估价：118.00元
PSN B-2017-653-1/1

纪录片蓝皮书
中国纪录片发展报告（2018）
著(编)者：何苏六　2018年10月出版 / 估价：99.00元
PSN B-2011-222-1/1

科学传播蓝皮书
中国科学传播报告（2016~2017）
著(编)者：詹正茂　2018年6月出版 / 估价：99.00元
PSN B-2008-120-1/1

两岸创意经济蓝皮书
两岸创意经济研究报告（2018）
著(编)者：罗昌智 董泽平
2018年10月出版 / 估价：99.00元
PSN B-2014-437-1/1

媒介与女性蓝皮书
中国媒介与女性发展报告（2017~2018）
著(编)者：刘利群　2018年5月出版 / 估价：99.00元
PSN B-2013-345-1/1

媒体融合蓝皮书
中国媒体融合发展报告（2017~2018）
著(编)者：梅宁华 支庭荣
2017年12月出版 / 定价：98.00元
PSN B-2015-479-1/1

全球传媒蓝皮书
全球传媒发展报告（2017~2018）
著(编)者：胡正荣 李继东　2018年6月出版 / 估价：99. 元
PSN B-2012-237-1/1

少数民族非遗蓝皮书
中国少数民族非物质文化遗产发展报告（2018）
著(编)者：肖远平（彝）柴立（满）
2018年10月出版 / 估价：118.00元
PSN B-2015-467-1/1

视听新媒体蓝皮书
中国视听新媒体发展报告（2018）
著(编)者：国家新闻出版广电总局发展研究中心
2018年7月出版 / 估价：118.00元
PSN B-2011-184-1/1

数字娱乐产业蓝皮书
中国动画产业发展报告（2018）
著(编)者：孙立军 孙平 牛兴侦
2018年10月出版 / 估价：99.00元
PSN B-2011-198-1/2

数字娱乐产业蓝皮书
中国游戏产业发展报告（2018）
著(编)者：孙立军 刘跃军　2018年10月出版 / 估价：99.00元
PSN B-2017-662-2/2

网络视听蓝皮书
中国互联网视听行业发展报告（2018）
著(编)者：陈鹏　2018年2月出版 / 定价：148.00元
PSN B-2018-688-1/1

文化创新蓝皮书
中国文化创新报告（2017·No.8）
著(编)者：傅才武　2018年6月出版 / 估价：99.00元
PSN B-2009-143-1/1

文化建设蓝皮书
中国文化发展报告（2018）
著(编)者：江畅 孙伟平 戴茂堂
2018年5月出版 / 估价：99.00元
PSN B-2014-392-1/1

文化科技蓝皮书
文化科技创新发展报告（2018）
著(编)者：于平 李凤亮　2018年10月出版 / 估价：99.00元
PSN B-2013-342-1/1

文化蓝皮书
中国公共文化服务发展报告（2017~2018）
著(编)者：刘新成 张永新 张旭
2018年12月出版 / 估价：99.00元
PSN B-2007-093-2/10

文化蓝皮书
中国少数民族文化发展报告（2017~2018）
著(编)者：武翠英 张晓明 任乌晶
2018年9月出版 / 估价：99.00元
PSN B-2013-369-9/10

文化蓝皮书
中国文化产业供需协调检测报告（2018）
著(编)者：王亚南　2018年3月出版 / 定价：99.00元
PSN B-2013-323-8/10

文化传媒类 · 地方发展类-经济

皮书系列
2018全品种

文化蓝皮书
中国文化消费需求景气评价报告（2018）
著(编)者：王亚南　2018年3月出版 / 定价：99.00元
PSN B-2011-236-4/10

文化蓝皮书
中国公共文化投入增长测评报告（2018）
著(编)者：王亚南　2018年3月出版 / 定价：99.00元
PSN B-2014-435-10/10

文化品牌蓝皮书
中国文化品牌发展报告（2018）
著(编)者：欧阳友权　2018年5月出版 / 估价：99.00元
PSN B-2012-27/-1/1

文化遗产蓝皮书
中国文化遗产事业发展报告（2017~2018）
著(编)者：苏杨 张颖岚 卓杰 白海峰 陈晨 陈叙图
2018年8月出版 / 估价：99.00元
PSN B-2008-119-1/1

文学蓝皮书
中国文情报告（2017~2018）
著(编)者：白烨　2018年5月出版 / 估价：99.00元
PSN B-2011-221-1/1

新媒体蓝皮书
中国新媒体发展报告No.9（2018）
著(编)者：唐绪军　2018年7月出版 / 估价：99.00元
PSN B-2010-169-1/1

新媒体社会责任蓝皮书
中国新媒体社会责任研究报告（2018）
著(编)者：钟瑛　2018年12月出版 / 估价：99.00元
PSN B-2014-423-1/1

移动互联网蓝皮书
中国移动互联网发展报告（2018）
著(编)者：余清楚　2018年6月出版 / 估价：99.00元
PSN B-2012-282-1/1

影视蓝皮书
中国影视产业发展报告（2018）
著(编)者：司若 陈鹏 陈锐
2018年6月出版 / 估价：99.00元
PSN B-2016-529-1/1

舆情蓝皮书
中国社会舆情与危机管理报告（2018）
著(编)者：谢耘耕
2018年9月出版 / 估价：138.00元
PSN B-2011-235-1/1

中国大运河蓝皮书
中国大运河发展报告（2018）
著(编)者：吴欣　2018年2月出版 / 估价：128.00元
PSN B-2018-691-1/1

地方发展类-经济

澳门蓝皮书
澳门经济社会发展报告（2017~2018）
著(编)者：吴志良 郝雨凡
2018年7月出版 / 估价：99.00元
PSN B-2009-138-1/1

澳门绿皮书
澳门旅游休闲发展报告（2017~2018）
著(编)者：郝雨凡 林广志
2018年5月出版 / 估价：99.00元
PSN G-2017-617-1/1

北京蓝皮书
北京经济发展报告（2017~2018）
著(编)者：杨松　2018年6月出版 / 估价：99.00元
PSN B-2006-054-2/8

北京旅游绿皮书
北京旅游发展报告（2018）
著(编)者：北京旅游学会
2018年7月出版 / 估价：99.00元
PSN G-2012-301-1/1

北京体育蓝皮书
北京体育产业发展报告（2017~2018）
著(编)者：钟秉枢 陈杰 杨铁黎
2018年9月出版 / 估价：99.00元
PSN B-2015-475-1/1

滨海金融蓝皮书
滨海新区金融发展报告（2017）
著(编)者：王爱俭 李向前　2018年4月出版 / 估价：99.00元
PSN B-2014-424-1/1

城乡一体化蓝皮书
北京城乡一体化发展报告（2017~2018）
著(编)者：吴宝新 张宝秀 黄序
2018年5月出版 / 估价：99.00元
PSN B-2012-258-2/2

非公有制企业社会责任蓝皮书
北京非公有制企业社会责任报告（2018）
著(编)者：宋贵伦 冯培
2018年6月出版 / 估价：99.00元
PSN B-2017-613-1/1

29

皮书系列 2018全品种 地方发展类-经济

福建旅游蓝皮书
福建省旅游产业发展现状研究（2017~2018）
著(编)者：陈敏华 黄远水　2018年12月出版 / 估价：128.00元
PSN B-2016-591-1/1

福建自贸区蓝皮书
中国（福建）自由贸易试验区发展报告（2017~2018）
著(编)者：黄茂兴　2018年6月出版 / 估价：118.00元
PSN B-2016-531-1/1

甘肃蓝皮书
甘肃经济发展分析与预测（2018）
著(编)者：安文华 罗哲　2018年1月出版 / 定价：99.00元
PSN B-2013-312-1/6

甘肃蓝皮书
甘肃商贸流通发展报告（2018）
著(编)者：张应华 王福生 王晓芳
2018年1月出版 / 定价：99.00元
PSN B-2016-522-6/6

甘肃蓝皮书
甘肃县域和农村发展报告（2018）
著(编)者：包东红 朱智文 王建兵
2018年1月出版 / 估价：99.00元
PSN B-2013-316-5/6

甘肃农业科技绿皮书
甘肃农业科技发展研究报告（2018）
著(编)者：魏胜文 乔德华 张东伟
2018年12月出版 / 估价：198.00元
PSN B-2016-592-1/1

甘肃气象保障蓝皮书
甘肃农业对气候变化的适应与风险评估报告（No.1）
著(编)者：鲍文中 周广胜
2017年12月出版 / 估价：108.00元
PSN B-2017-677-1/1

巩义蓝皮书
巩义经济社会发展报告（2018）
著(编)者：丁同民 朱军　2018年6月出版 / 估价：99.00元
PSN B-2016-532-1/1

广东外经贸蓝皮书
广东对外经济贸易发展研究报告（2017~2018）
著(编)者：陈万灵　2018年6月出版 / 估价：99.00元
PSN B-2012-286-1/1

广西北部湾经济区蓝皮书
广西北部湾经济区开放开发报告（2017~2018）
著(编)者：广西壮族自治区北部湾经济区和东盟开放合作办公室
　　　　　广西社会科学院
　　　　　广西北部湾发展研究院
2018年5月出版 / 估价：99.00元
PSN B-2010-181-1/1

广州蓝皮书
广州城市国际化发展报告（2018）
著(编)者：张跃国　2018年8月出版 / 估价：99.00元
PSN B-2012-246-11/14

广州蓝皮书
中国广州城市建设与管理发展报告（2018）
著(编)者：张其学 陈小钢 王宏伟　2018年8月出版 / 估价：99.00元
PSN B-2007-087-4/14

广州蓝皮书
广州创新型城市发展报告（2018）
著(编)者：尹涛　2018年6月出版 / 估价：99.00元
PSN B-2012-247-12/14

广州蓝皮书
广州经济发展报告（2018）
著(编)者：张跃国 尹涛　2018年7月出版 / 估价：99.00元
PSN B-2005-040-1/14

广州蓝皮书
2018年中国广州经济形势分析与预测
著(编)者：魏明海 谢博能 李华
2018年6月出版 / 估价：99.00元
PSN B-2011-185-9/14

广州蓝皮书
中国广州科技创新发展报告（2018）
著(编)者：于欣伟 陈爽 邓佑满　2018年8月出版 / 估价：99.00元
PSN B-2006-065-2/14

广州蓝皮书
广州农村发展报告（2018）
著(编)者：朱名宏　2018年7月出版 / 估价：99.00元
PSN B-2010-167-8/14

广州蓝皮书
广州汽车产业发展报告（2018）
著(编)者：杨再高 冯兴亚　2018年7月出版 / 估价：99.00元
PSN B-2006-066-3/14

广州蓝皮书
广州商贸业发展报告（2018）
著(编)者：张跃国 陈杰 荀振英
2018年7月出版 / 估价：99.00元
PSN B-2012-245-10/14

贵阳蓝皮书
贵阳城市创新发展报告No.3（白云篇）
著(编)者：连玉明　2018年5月出版 / 估价：99.00元
PSN B-2015-491-3/10

贵阳蓝皮书
贵阳城市创新发展报告No.3（观山湖篇）
著(编)者：连玉明　2018年5月出版 / 估价：99.00元
PSN B-2015-497-9/10

贵阳蓝皮书
贵阳城市创新发展报告No.3（花溪篇）
著(编)者：连玉明　2018年5月出版 / 估价：99.00元
PSN B-2015-490-2/10

贵阳蓝皮书
贵阳城市创新发展报告No.3（开阳篇）
著(编)者：连玉明　2018年5月出版 / 估价：99.00元
PSN B-2015-492-4/10

贵阳蓝皮书
贵阳城市创新发展报告No.3（南明篇）
著(编)者：连玉明　2018年5月出版 / 估价：99.00元
PSN B-2015-496-8/10

贵阳蓝皮书
贵阳城市创新发展报告No.3（清镇篇）
著(编)者：连玉明　2018年5月出版 / 估价：99.00元
PSN B-2015-489-1/10

地方发展类–经济　　皮书系列 2018全品种

贵阳蓝皮书
贵阳城市创新发展报告No.3（乌当篇）
著(编)者：连玉明　　2018年5月出版 / 估价：99.00元
PSN B-2015-495-7/10

贵阳蓝皮书
贵阳城市创新发展报告No.3（息烽篇）
著(编)者：连玉明　　2018年5月出版 / 估价：99.00元
PSN B-2015-493-5/10

贵阳蓝皮书
贵阳城市创新发展报告No.3（修文篇）
著(编)者：连玉明　　2018年5月出版 / 估价：99.00元
PSN B-2015-494-6/10

贵阳蓝皮书
贵阳城市创新发展报告No.3（云岩篇）
著(编)者：连玉明　　2018年5月出版 / 估价：99.00元
PSN B-2015-498-10/10

贵州房地产蓝皮书
贵州房地产发展报告No.5（2018）
著(编)者：武廷方　　2018年7月出版 / 估价：99.00元
PSN B-2014-426-1/1

贵州蓝皮书
贵州册亨经济社会发展报告（2018）
著(编)者：黄德林　　2018年6月出版 / 估价：99.00元
PSN B-2016-525-8/9

贵州蓝皮书
贵州地理标志产业发展报告（2018）
著(编)者：李发耀 黄其松　　2018年8月出版 / 估价：99.00元
PSN B-2017-646-10/10

贵州蓝皮书
贵安新区发展报告（2017~2018）
著(编)者：马长青 吴大华　　2018年6月出版 / 估价：99.00元
PSN B-2015-459-4/10

贵州蓝皮书
贵州国家级开放创新平台发展报告（2017~2018）
著(编)者：申晓庆 吴大华 季泓
2018年11月出版 / 估价：99.00元
PSN B-2016-518-7/10

贵州蓝皮书
贵州国有企业社会责任发展报告（2017~2018）
著(编)者：郭丽　　2018年12月出版 / 估价：99.00元
PSN B-2015-511-6/10

贵州蓝皮书
贵州民航业发展报告（2017）
著(编)者：申振东 吴大华　　2018年6月出版 / 估价：99.00元
PSN B-2015-471-5/10

贵州蓝皮书
贵州民营经济发展报告（2017）
著(编)者：杨静 吴大华　　2018年6月出版 / 估价：99.00元
PSN B-2016-530-9/9

杭州都市圈蓝皮书
杭州都市圈发展报告（2018）
著(编)者：洪庆华 沈翔　　2018年4月出版 / 定价：98.00元
PSN B-2012-302-1/1

河北经济蓝皮书
河北省经济发展报告（2018）
著(编)者：马树强 金浩 张贵　　2018年6月出版 / 估价：99.00元
PSN B-2014-380-1/1

河北蓝皮书
河北经济社会发展报告（2018）
著(编)者：康振海　　2018年1月出版 / 定价：99.00元
PSN B-2014-372-1/3

河北蓝皮书
京津冀协同发展报告（2018）
著(编)者：陈璐　　2017年12月出版 / 定价：79.00元
PSN B-2017-601-2/3

河南经济蓝皮书
2018年河南经济形势分析与预测
著(编)者：王世炎　　2018年3月出版 / 定价：89.00元
PSN B-2007-086-1/1

河南蓝皮书
河南城市发展报告（2018）
著(编)者：张占仓 王建国　　2018年5月出版 / 估价：99.00元
PSN B-2009-131-3/9

河南蓝皮书
河南工业发展报告（2018）
著(编)者：张占仓　　2018年5月出版 / 估价：99.00元
PSN B-2013-317-5/9

河南蓝皮书
河南金融发展报告（2018）
著(编)者：喻新安 谷建全
2018年6月出版 / 估价：99.00元
PSN B-2014-390-7/9

河南蓝皮书
河南经济发展报告（2018）
著(编)者：张占仓 完世伟
2018年6月出版 / 估价：99.00元
PSN B-2010-157-4/9

河南蓝皮书
河南能源发展报告（2018）
著(编)者：国网河南省电力公司经济技术研究院
　　　　　河南省社会科学院
2018年6月出版 / 估价：99.00元
PSN B-2017-607-9/9

河南商务蓝皮书
河南商务发展报告（2018）
著(编)者：焦锦淼 穆荣国　　2018年5月出版 / 估价：99.00元
PSN B-2014-399-1/1

河南双创蓝皮书
河南创新创业发展报告（2018）
著(编)者：喻新安 杨雪梅
2018年8月出版 / 估价：99.00元
PSN B-2017-641-1/1

黑龙江蓝皮书
黑龙江经济发展报告（2018）
著(编)者：朱宇　　2018年1月出版 / 定价：89.00元
PSN B-2011-190-2/2

31

皮书系列 2018全品种 地方发展类-经济

湖南城市蓝皮书
区域城市群整合
著(编)者: 童中贤 韩未名　　2018年12月出版 / 估价: 99.00元
PSN B-2006-064-1/1

湖南蓝皮书
湖南城乡一体化发展报告（2018）
著(编)者: 陈文胜 王文强 陆福兴
2018年8月出版 / 估价: 99.00元
PSN B-2015-477-8/8

湖南蓝皮书
2018年湖南电子政务发展报告
著(编)者: 梁志峰　　2018年5月出版 / 估价: 128.00元
PSN B-2014-394-6/8

湖南蓝皮书
2018年湖南经济发展报告
著(编)者: 卞鹰　　2018年5月出版 / 估价: 128.00元
PSN B-2011-207-2/8

湖南蓝皮书
2016年湖南经济展望
著(编)者: 梁志峰　　2018年5月出版 / 估价: 128.00元
PSN B-2011-206-1/8

湖南蓝皮书
2018年湖南县域经济社会发展报告
著(编)者: 梁志峰　　2018年5月出版 / 估价: 128.00元
PSN B-2014-395-7/8

湖南县域绿皮书
湖南县域发展报告（No.5）
著(编)者: 袁准 周小毛 黎仁寅
2018年6月出版 / 估价: 99.00元
PSN G-2012-274-1/1

沪港蓝皮书
沪港发展报告（2018）
著(编)者: 尤安山　　2018年9月出版 / 估价: 99.00元
PSN B-2013-362-1/1

吉林蓝皮书
2018年吉林经济社会形势分析与预测
著(编)者: 邵汉明　　2017年12月出版 / 定价: 89.00元
PSN B-2013-319-1/1

吉林省城市竞争力蓝皮书
吉林省城市竞争力报告（2017~2018）
著(编)者: 崔岳春 张磊
2018年3月出版 / 定价: 89.00元
PSN B-2016-513-1/1

济源蓝皮书
济源经济社会发展报告（2018）
著(编)者: 喻新安　　2018年6月出版 / 估价: 99.00元
PSN B-2014-387-1/1

江苏蓝皮书
2018年江苏经济发展分析与展望
著(编)者: 王庆五 吴先满
2018年7月出版 / 估价: 128.00元
PSN B-2017-635-1/3

江西蓝皮书
江西经济社会发展报告（2018）
著(编)者: 陈石俊 龚建文　　2018年10月出版 / 估价: 128.00元
PSN B-2015-484-1/2

江西蓝皮书
江西设区市发展报告（2018）
著(编)者: 姜玮 梁勇
2018年10月出版 / 估价: 99.00元
PSN B-2016-517-2/2

经济特区蓝皮书
中国经济特区发展报告（2017）
著(编)者: 陶一桃　　2018年1月出版 / 估价: 99.00元
PSN B-2009-139-1/1

辽宁蓝皮书
2018年辽宁经济社会形势分析与预测
著(编)者: 梁启东 魏红江　　2018年6月出版 / 估价: 99.00元
PSN B-2006-053-1/1

民族经济蓝皮书
中国民族地区经济发展报告（2018）
著(编)者: 李曦辉　　2018年7月出版 / 估价: 99.00元
PSN B-2017-630-1/1

南宁蓝皮书
南宁经济发展报告（2018）
著(编)者: 胡建华　　2018年9月出版 / 估价: 99.00元
PSN B-2016-569-2/3

内蒙古蓝皮书
内蒙古精准扶贫研究报告（2018）
著(编)者: 张志华　　2018年1月出版 / 定价: 89.00元
PSN B-2017-681-2/2

浦东新区蓝皮书
上海浦东经济发展报告（2018）
著(编)者: 周小平 徐美芳
2018年1月出版 / 定价: 89.00元
PSN B-2011-225-1/1

青海蓝皮书
2018年青海经济社会形势分析与预测
著(编)者: 陈玮　　2018年1月出版 / 定价: 98.00元
PSN B-2012-275-1/2

青海科技绿皮书
青海科技发展报告（2017）
著(编)者: 青海省科学技术信息研究所
2018年3月出版 / 估价: 98.00元
PSN G-2018-701-1/1

山东蓝皮书
山东经济形势分析与预测（2018）
著(编)者: 李广杰　　2018年7月出版 / 估价: 99.00元
PSN B-2014-404-1/5

山东蓝皮书
山东省普惠金融发展报告（2018）
著(编)者: 齐鲁财富网
2018年9月出版 / 估价: 99.00元
PSN B2017-676-5/5

32 权威·前沿·原创

地方发展类-经济　皮书系列 2018全品种

山西蓝皮书
山西资源型经济转型发展报告（2018）
著（编）者：李志强　2018年7月出版 / 估价：99.00元
PSN B-2011-197-1/1

陕西蓝皮书
陕西经济发展报告（2018）
著（编）者：任宗哲 白宽犁 裴成荣
2018年1月出版 / 定价：89.00元
PSN B-2009-135-1/6

陕西蓝皮书
陕西精准脱贫研究报告（2018）
著（编）者：任宗哲 白宽犁 王建康
2018年4月出版 / 定价：89.00元
PSN B-2017-623-6/6

上海蓝皮书
上海经济发展报告（2018）
著（编）者：沈开艳　2018年2月出版 / 定价：89.00元
PSN B-2006-057-1/7

上海蓝皮书
上海资源环境发展报告（2018）
著（编）者：周冯琦 胡静　2018年2月出版 / 定价：89.00元
PSN B-2006-060-4/7

上海蓝皮书
上海奉贤经济发展分析与研判（2017～2018）
著（编）者：张兆安 朱平芳　2018年3月出版 / 定价：99.00元
PSN B-2018-698-8/8

上饶蓝皮书
上饶发展报告（2016～2017）
著（编）者：廖其志　2018年6月出版 / 估价：128.00元
PSN B-2014-377-1/1

深圳蓝皮书
深圳经济发展报告（2018）
著（编）者：张骁儒　2018年6月出版 / 估价：99.00元
PSN B-2008-112-3/7

四川蓝皮书
四川城镇化发展报告（2018）
著（编）者：侯水平 陈炜　2018年6月出版 / 估价：99.00元
PSN B-2015-456-7/7

四川蓝皮书
2018年四川经济形势分析与预测
著（编）者：杨钢　2018年1月出版 / 定价：158.00元
PSN B-2007-098-2/7

四川蓝皮书
四川企业社会责任研究报告（2017～2018）
著（编）者：侯水平 盛毅　2018年5月出版 / 估价：99.00元
PSN B-2014-386-4/7

四川蓝皮书
四川生态建设报告（2018）
著（编）者：李晟之　2018年5月出版 / 估价：99.00元
PSN B-2015-455-6/7

四川蓝皮书
四川特色小镇发展报告（2017）
著（编）者：吴志强　2017年11月出版 / 定价：89.00元
PSN B-2017-670-8/8

体育蓝皮书
上海体育产业发展报告（2017～2018）
著（编）者：张林 黄海燕
2018年10月出版 / 估价：99.00元
PSN B-2015-454-4/5

体育蓝皮书
长三角地区体育产业发展报（2017～2018）
著（编）者：张林　2018年6月出版 / 估价：99.00元
PSN B-2015-453-3/5

天津金融蓝皮书
天津金融发展报告（2018）
著（编）者：王爱俭 孔德昌
2018年5月出版 / 估价：99.00元
PSN B-2014-418-1/1

图们江区域合作蓝皮书
图们江区域合作发展报告（2018）
著（编）者：李铁　2018年6月出版 / 估价：99.00元
PSN B-2015-464-1/1

温州蓝皮书
2018年温州经济社会形势分析与预测
著（编）者：蒋儒标 王春光 金浩
2018年6月出版 / 估价：99.00元
PSN B-2008-105-1/1

西咸新区蓝皮书
西咸新区发展报告（2018）
著（编）者：李扬 王军
2018年6月出版 / 估价：99.00元
PSN B-2016-534-1/1

修武蓝皮书
修武经济社会发展报告（2018）
著（编）者：张占仓 袁凯声
2018年10月出版 / 估价：99.00元
PSN B-2017-651-1/1

偃师蓝皮书
偃师经济社会发展报告（2018）
著（编）者：张占仓 袁凯声 何武周
2018年7月出版 / 估价：99.00元
PSN B-2017-627-1/1

扬州蓝皮书
扬州经济社会发展报告（2018）
著（编）者：陈扬
2018年12月出版 / 估价：108.00元
PSN B-2011-191-1/1

长垣蓝皮书
长垣经济社会发展报告（2018）
著（编）者：张占仓 袁凯声 秦保建
2018年10月出版 / 估价：99.00元
PSN B-2017-654-1/1

遵义蓝皮书
遵义发展报告（2018）
著（编）者：邓彦 曾征 龚永育
2018年9月出版 / 估价：99.00元
PSN B-2014-433-1/1

33

地方发展类-社会

安徽蓝皮书
安徽社会发展报告（2018）
著(编)者：程桦　2018年6月出版 / 估价：99.00元
PSN B-2013-325-1/1

安徽社会建设蓝皮书
安徽社会建设分析报告（2017~2018）
著(编)者：黄家海 蔡宪
2018年11月出版 / 估价：99.00元
PSN B-2013-322-1/1

北京蓝皮书
北京公共服务发展报告（2017~2018）
著(编)者：施昌奎　2018年6月出版 / 估价：99.00元
PSN B-2008-103-7/8

北京蓝皮书
北京社会发展报告（2017~2018）
著(编)者：李伟东
2018年7月出版 / 估价：99.00元
PSN B-2006-055-3/8

北京蓝皮书
北京社会治理发展报告（2017~2018）
著(编)者：殷星辰　2018年7月出版 / 估价：99.00元
PSN B-2014-391-8/8

北京律师蓝皮书
北京律师发展报告No.4（2018）
著(编)者：王隽　2018年12月出版 / 估价：99.00元
PSN B-2011-217-1/1

北京人才蓝皮书
北京人才发展报告（2018）
著(编)者：敏华　2018年12月出版 / 估价：128.00元
PSN B-2011-201-1/1

北京社会心态蓝皮书
北京社会心态分析报告（2017~2018）
北京市社会心理服务促进中心
2018年10月出版 / 估价：99.00元
PSN B-2014-422-1/1

北京社会组织管理蓝皮书
北京社会组织发展与管理（2018）
著(编)者：黄江松
2018年6月出版 / 估价：99.00元
PSN B-2015-446-1/1

北京养老产业蓝皮书
北京居家养老发展报告（2018）
著(编)者：陆杰华 周明明
2018年8月出版 / 估价：99.00元
PSN B-2015-465-1/1

法治蓝皮书
四川依法治省年度报告No.4（2018）
著(编)者：李林 杨天宗 田禾
2018年3月出版 / 定价：118.00元
PSN B-2015-447-2/3

福建妇女发展蓝皮书
福建省妇女发展报告（2018）
著(编)者：刘群英　2018年11月出版 / 估价：99.00元
PSN B-2011-220-1/1

甘肃蓝皮书
甘肃社会发展分析与预测（2018）
著(编)者：安文华 谢增虎 包晓霞
2018年1月出版 / 定价：99.00元
PSN B-2013-313-2/6

广东蓝皮书
广东全面深化改革研究报告（2018）
著(编)者：周林生 涂成林
2018年12月出版 / 估价：99.00元
PSN B-2015-504-3/3

广东蓝皮书
广东社会工作发展报告（2018）
著(编)者：罗观翠　2018年6月出版 / 估价：99.00元
PSN B-2014-402-2/3

广州蓝皮书
广州青年发展报告（2018）
著(编)者：徐柳 张强
2018年8月出版 / 估价：99.00元
PSN B-2013-352-13/14

广州蓝皮书
广州社会保障发展报告（2018）
著(编)者：张跃国　2018年8月出版 / 估价：99.00元
PSN B-2014-425-14/14

广州蓝皮书
2018年中国广州社会形势分析与预测
著(编)者：张强 郭志勇 何镜清
2018年6月出版 / 估价：99.00元
PSN B-2008-110-5/14

贵州蓝皮书
贵州法治发展报告（2018）
著(编)者：吴大华　2018年5月出版 / 估价：99.00元
PSN B-2012-254-2/10

贵州蓝皮书
贵州人才发展报告（2017）
著(编)者：于杰 吴大华
2018年9月出版 / 估价：99.00元
PSN B-2014-382-3/10

贵州蓝皮书
贵州社会发展报告（2018）
著(编)者：王兴骥　2018年6月出版 / 估价：99.00元
PSN B-2010-166-1/10

杭州蓝皮书
杭州妇女发展报告（2018）
著(编)者：魏颖
2018年10月出版 / 估价：99.00元
PSN B-2014-403-1/1

地方发展类-社会

皮书系列
2018全品种

河北蓝皮书
河北法治发展报告（2018）
著(编)者：康振海　2018年6月出版 / 估价：99.00元
PSN B-2017-622-3/3

河北食品药品安全蓝皮书
河北食品药品安全研究报告（2018）
2018年10月出版 / 估价：99.00元
PSN B-2015-473-1/1

河南蓝皮书
河南法治发展报告（2018）
著(编)者：张林海　2018年7月出版 / 估价：99.00元
PSN B-2014-376-6/9

河南蓝皮书
2018年河南社会形势分析与预测
著(编)者：牛苏林　2018年5月出版 / 估价：99.00元
PSN B-2005-043-1/9

河南民办教育蓝皮书
河南民办教育发展报告（2018）
著(编)者：胡大白　2018年9月出版 / 估价：99.00元
PSN B-2017-642-1/1

黑龙江蓝皮书
黑龙江社会发展报告（2018）
著(编)者：王爱丽　2018年1月出版 / 定价：89.00元
PSN B-2011-189-1/2

湖南蓝皮书
2018年湖南两型社会与生态文明建设报告
著(编)者：卞鹰　2018年5月出版 / 估价：128.00元
PSN B-2011-208-3/8

湖南蓝皮书
2018年湖南社会发展报告
著(编)者：卞鹰　2018年5月出版 / 估价：128.00元
PSN B-2014-393-5/8

健康城市蓝皮书
北京健康城市建设研究报告（2018）
著(编)者：王鸿春　盛继洪
2018年9月出版 / 估价：99.00元
PSN B-2015-460-1/2

江苏法治蓝皮书
江苏法治发展报告No.6（2017）
著(编)者：蔡道通　龚廷泰
2018年8月出版 / 估价：99.00元
PSN B-2012-290-1/1

江苏蓝皮书
2018年江苏社会发展分析与展望
著(编)者：王庆五　刘旺洪
2018年8月出版 / 估价：128.00元
PSN B-2017-636-2/3

民族教育蓝皮书
中国民族教育发展报告（2017·内蒙古卷）
著(编)者：陈中永
2017年12月出版 / 定价：198.00元
PSN B-2017-669-1/1

南宁蓝皮书
南宁法治发展报告（2018）
著(编)者：杨维超　2018年12月出版 / 估价：99.00元
PSN B-2015-509-1/3

南宁蓝皮书
南宁社会发展报告（2018）
著(编)者：胡建华　2018年10月出版 / 估价：99.00元
PSN B-2016-570-3/3

内蒙古蓝皮书
内蒙古反腐倡廉建设报告 No.2
著(编)者：张志华　2018年6月出版 / 估价：99.00元
PSN B-2013-365-1/1

青海蓝皮书
2018年青海人才发展报告
著(编)者：王宇燕　2018年9月出版 / 估价：99.00元
PSN B-2017-650-2/2

青海生态文明建设蓝皮书
青海生态文明建设报告（2018）
著(编)者：张西明　高华　2018年12月出版 / 估价：99.00元
PSN B-2016-595-1/1

人口与健康蓝皮书
深圳人口与健康发展报告（2018）
著(编)者：陆杰华　傅崇辉
2018年11月出版 / 估价：99.00元
PSN B-2011-228-1/1

山东蓝皮书
山东社会形势分析与预测（2018）
著(编)者：李善峰　2018年6月出版 / 估价：99.00元
PSN B-2014-405-2/5

陕西蓝皮书
陕西社会发展报告（2018）
著(编)者：任宗哲　白宽犁　牛昉
2018年1月出版 / 定价：89.00元
PSN B-2009-136-2/6

上海蓝皮书
上海法治发展报告（2018）
著(编)者：叶必丰　2018年9月出版 / 估价：99.00元
PSN B-2012-296-6/7

上海蓝皮书
上海社会发展报告（2018）
著(编)者：杨雄　周海旺
2018年2月出版 / 定价：89.00元
PSN B-2006-058-2/7

35

皮书系列 2018全品种 地方发展类-社会 · 地方发展类-文化

社会建设蓝皮书
2018年北京社会建设分析报告
著(编)者：宋贵伦 冯虹　2018年9月出版 / 估价：99.00元
PSN B-2010-173-1/1

深圳蓝皮书
深圳法治发展报告（2018）
著(编)者：张晓儒　2018年6月出版 / 估价：99.00元
PSN B-2015-470-6/7

深圳蓝皮书
深圳劳动关系发展报告（2018）
著(编)者：汤庭芬　2018年8月出版 / 估价：99.00元
PSN B-2007-097-2/7

深圳蓝皮书
深圳社会治理与发展报告（2018）
著(编)者：张晓儒　2018年6月出版 / 估价：99.00元
PSN B-2008-113-4/7

生态安全绿皮书
甘肃国家生态安全屏障建设发展报告（2018）
著(编)者：刘举科 喜文华
2018年10月出版 / 估价：99.00元
PSN G-2017-659-1/1

顺义社会建设蓝皮书
北京市顺义区社会建设发展报告（2018）
著(编)者：王学武　2018年9月出版 / 估价：99.00元
PSN B-2017-658-1/1

四川蓝皮书
四川法治发展报告（2018）
著(编)者：郑泰安　2018年6月出版 / 估价：99.00元
PSN B-2015-441-5/7

四川蓝皮书
四川社会发展报告（2018）
著(编)者：李羚　2018年6月出版 / 估价：99.00元
PSN B-2008-127-3/7

四川社会工作与管理蓝皮书
四川省社会工作人力资源发展报告（2017）
著(编)者：边慧敏　2017年12月出版 / 定价：89.00元
PSN B-2017-683-1/1

云南社会治理蓝皮书
云南社会治理年度报告（2017）
著(编)者：晏雄 韩全芳
2018年5月出版 / 估价：99.00元
PSN B-2017-667-1/1

地方发展类－文化

北京传媒蓝皮书
北京新闻出版广电发展报告（2017~2018）
著(编)者：王志　2018年11月出版 / 估价：99.00元
PSN B-2016-588-1/1

北京蓝皮书
北京文化发展报告（2017~2018）
著(编)者：李建盛　2018年5月出版 / 估价：99.00元
PSN B-2007-082-4/8

创意城市蓝皮书
北京文化创意产业发展报告（2018）
著(编)者：郭万超 张京成　2018年12月出版 / 估价：99.00元
PSN B-2012-263-1/7

创意城市蓝皮书
天津文化创意产业发展报告（2017~2018）
著(编)者：谢思全　2018年6月出版 / 估价：99.00元
PSN B-2016-536-7/7

创意城市蓝皮书
武汉文化创意产业发展报告（2018）
著(编)者：黄永林 陈汉桥　2018年12月出版 / 估价：99.00元
PSN B-2013-354-4/7

创意上海蓝皮书
上海文化创意产业发展报告（2017~2018）
著(编)者：王慧敏 王兴全　2018年8月出版 / 估价：99.00元
PSN B-2016-561-1/1

非物质文化遗产蓝皮书
广州市非物质文化遗产保护发展报告（2018）
著(编)者：宋俊华　2018年12月出版 / 估价：99.00元
PSN B-2016-589-1/1

甘肃蓝皮书
甘肃文化发展分析与预测（2018）
著(编)者：马廷旭 戚晓萍　2018年1月出版 / 定价：99.00元
PSN B-2013-314-3/6

甘肃蓝皮书
甘肃舆情分析与预测（2018）
著(编)者：王俊莲 张谦元　2018年1月出版 / 定价：99.00元
PSN B-2013-315-4/6

广州蓝皮书
中国广州文化发展报告（2018）
著(编)者：屈哨兵 陆志强　2018年6月出版 / 估价：99.00元
PSN B-2009-134-7/14

广州蓝皮书
广州文化创意产业发展报告（2018）
著(编)者：徐咏虹　2018年7月出版 / 估价：99.00元
PSN B-2008-111-6/14

海淀蓝皮书
海淀区文化和科技融合发展报告（2018）
著(编)者：陈名杰 孟景伟　2018年5月出版 / 估价：99.00元
PSN B-2013-329-1/1

地方发展类-文化

皮书系列
2018全品种

河南蓝皮书
河南文化发展报告（2018）
著(编)者：卫绍生　2018年7月出版 / 估价：99.00元
PSN B-2008-106-2/9

湖北文化产业蓝皮书
湖北省文化产业发展报告（2018）
著(编)者：黄晓华　2018年9月出版 / 估价：99.00元
PSN B-2017-656-1/1

湖北文化蓝皮书
湖北文化发展报告（2017~2018）
著(编)者：湖北大学高等人文研究院
　　　　　中华文化发展湖北省协同创新中心
2018年10月出版 / 估价：99.00元
PSN B-2016-566-1/1

江苏蓝皮书
2018年江苏文化发展分析与展望
著(编)者：王庆五 樊和平　2018年9月出版 / 估价：128.00元
PSN B-2017-637-3/3

江西文化蓝皮书
江西非物质文化遗产发展报告（2018）
著(编)者：张圣才 傅安平　2018年12月出版 / 估价：128.00元
PSN B-2015-499-1/1

洛阳蓝皮书
洛阳文化发展报告（2018）
著(编)者：刘福兴 陈启明　2018年7月出版 / 估价：99.00元
PSN B-2015-476-1/1

南京蓝皮书
南京文化发展报告（2018）
著(编)者：中共南京市委宣传部
2018年12月出版 / 估价：99.00元
PSN B-2014-439-1/1

宁波文化蓝皮书
宁波"一人一艺"全民艺术普及发展报告（2017）
著(编)者：张爱琴　2018年11月出版 / 估价：128.00元
PSN B-2017-668-1/1

山东蓝皮书
山东文化发展报告（2018）
著(编)者：涂可国　2018年5月出版 / 估价：99.00元
PSN B-2014-406-3/5

陕西蓝皮书
陕西文化发展报告（2018）
著(编)者：任宗哲 白宽犁 王长寿
2018年1月出版 / 定价：89.00元
PSN B-2009-137-3/6

上海蓝皮书
上海传媒发展报告（2018）
著(编)者：强荧 焦雨虹　2018年2月出版 / 定价：89.00元
PSN B-2012-295-5/7

上海蓝皮书
上海文学发展报告（2018）
著(编)者：陈圣来　2018年6月出版 / 估价：99.00元
PSN B-2012-297-7/7

上海蓝皮书
上海文化发展报告（2018）
著(编)者：荣跃明　2018年6月出版 / 估价：99.00元
PSN B-2006-059-3/7

深圳蓝皮书
深圳文化发展报告（2018）
著(编)者：张骁儒　2018年7月出版 / 估价：99.00元
PSN B-2016-554-7/7

四川蓝皮书
四川文化产业发展报告（2018）
著(编)者：向宝云 张立伟　2018年6月出版 / 估价：99.00元
PSN B-2006-074-1/7

郑州蓝皮书
2018年郑州文化发展报告
著(编)者：王哲　2018年9月出版 / 估价：99.00元
PSN B-2008-107-1/1

37

社会科学文献出版社

❖ 皮书起源 ❖

"皮书"起源于十七、十八世纪的英国,主要指官方或社会组织正式发表的重要文件或报告,多以"白皮书"命名。在中国,"皮书"这一概念被社会广泛接受,并被成功运作、发展成为一种全新的出版形态,则源于中国社会科学院社会科学文献出版社。

❖ 皮书定义 ❖

皮书是对中国与世界发展状况和热点问题进行年度监测,以专业的角度、专家的视野和实证研究方法,针对某一领域或区域现状与发展态势展开分析和预测,具备原创性、实证性、专业性、连续性、前沿性、时效性等特点的公开出版物,由一系列权威研究报告组成。

❖ 皮书作者 ❖

皮书系列的作者以中国社会科学院、著名高校、地方社会科学院的研究人员为主,多为国内一流研究机构的权威专家学者,他们的看法和观点代表了学界对中国与世界的现实和未来最高水平的解读与分析。

❖ 皮书荣誉 ❖

皮书系列已成为社会科学文献出版社的著名图书品牌和中国社会科学院的知名学术品牌。2016 年,皮书系列正式列入"十三五"国家重点出版规划项目;2013~2018 年,重点皮书列入中国社会科学院承担的国家哲学社会科学创新工程项目;2018 年,59 种院外皮书使用"中国社会科学院创新工程学术出版项目"标识。

中国皮书网

（网址：www.pishu.cn）

发布皮书研创资讯，传播皮书精彩内容
引领皮书出版潮流，打造皮书服务平台

栏目设置

关于皮书：何谓皮书、皮书分类、皮书大事记、皮书荣誉、
　　　　　皮书出版第一人、皮书编辑部

最新资讯：通知公告、新闻动态、媒体聚焦、网站专题、视频直播、下载专区

皮书研创：皮书规范、皮书选题、皮书出版、皮书研究、研创团队

皮书评奖评价：指标体系、皮书评价、皮书评奖

互动专区：皮书说、社科数托邦、皮书微博、留言板

所获荣誉

2008 年、2011 年，中国皮书网均在全
国新闻出版业网站荣誉评选中获得"最具商
业价值网站"称号；

2012 年,获得"出版业网站百强"称号。

网库合一

2014 年，中国皮书网与皮书数据库端
口合一，实现资源共享。

权威报告·一手数据·特色资源

皮书数据库
ANNUAL REPORT(YEARBOOK)
DATABASE

当代中国经济与社会发展高端智库平台

所获荣誉

- 2016年，入选"'十三五'国家重点电子出版物出版规划骨干工程"
- 2015年，荣获"搜索中国正能量 点赞2015""创新中国科技创新奖"
- 2013年，荣获"中国出版政府奖·网络出版物奖"提名奖
- 连续多年荣获中国数字出版博览会"数字出版·优秀品牌"奖

成为会员

通过网址www.pishu.com.cn或使用手机扫描二维码进入皮书数据库网站，进行手机号码验证或邮箱验证即可成为皮书数据库会员（建议通过手机号码快速验证注册）。

会员福利

- 使用手机号码首次注册的会员，账号自动充值100元体验金，可直接购买和查看数据库内容（仅限使用手机号码快速注册）。
- 已注册用户购书后可免费获赠100元皮书数据库充值卡。刮开充值卡涂层获取充值密码，登录并进入"会员中心"—"在线充值"—"充值卡充值"，充值成功后即可购买和查看数据库内容。

数据库服务热线：400-008-6695　　　　　图书销售热线：010-59367070/7028
数据库服务QQ：2475522410　　　　　　图书服务QQ：1265056568
数据库服务邮箱：database@ssap.cn　　　图书服务邮箱：duzhe@ssap.cn

所创新，在祭文和祭舞中增加关公忠义仁勇等道德精神展示与颂扬的分量。

其次，加强关林庙宇文化建设，让庙里的关公文化活起来、动起来。通过现代高科技把关林庙宇内关公忠义仁勇的传说、故事转化成好听、好看、互动性强的关公信俗系列文化产品和文化活动，以增强关公信俗文化的生动性、吸引力和感召力。

最后，要引导关公信俗文化健康发展。祈福纳祥、招财进宝是关公信俗文化的重要内容，具有一定的迷信性质，要对它进行有意识的引导，把祈福纳祥、招财进宝与关公的忠义仁勇等道德精神联结起来。比如，通过展示相关内容的短小精悍的经典名句、经典故事等，让人们认识到忠信仁义是福地之基、招财之本。关公的一些信俗文化与新时代文明不太相符，比如，五月十三关公诞祭的烧纸马习俗，大量用纸而且焚烧时产生大量烟雾，与生态文明建设的要求不相符合，应该与时俱进变换方式。

总之，无论是中国洛阳关林国际朝圣大典，还是祈福纳祥活动都要突出关公忠义仁勇等道德精神的传承与弘扬，以增强社会正能量并推动社会主义核心价值观深入人心。

参考文献

郭挺彩主编《关林志》，三秦出版社，2009。
郭挺彩主编《海峡两岸关公文化论坛论文集》，古籍出版社，2011。
李三旺：《关林：忠义英雄安魂处》，《洛阳日报》2017年1月12日。
常书香：《关林庙会：绵延千年传承创新》，《洛阳日报》2017年1月25日。
李三旺：《千年关林 千古信俗》，《洛阳日报》2017年3月22日。
李三旺：《关林：全球华人朝圣地》，《洛阳日报》2017年5月5日。
彭允好：《关公信仰与"三教合一"》，《洛阳日报》2017年6月23日。
杨筝：《热闹非凡的关林民祭》，《洛阳日报》2017年7月6日。

B.7
洛阳周公文化研究报告

张红涛*

摘　要： 周公是西周时期的政治家、思想家，儒家思想的奠基人，又是古代洛阳城市的规划与建设者。周公奠定了洛阳作为中国古代政治经济文化的中心地位。洛阳周公庙是全国三大周公庙之一，是洛阳市周公文化的重要标志。洛阳周公庙历史悠久，影响深远。积极打造周公文化品牌对洛阳文化传承创新体系构建和国际旅游文化名城创建将会起到积极作用。

关键词： 洛阳　周公庙　周公文化　传承创新

周公姓姬名旦，是西周初期的政治家、思想家，儒家思想的奠基人，又是古代洛阳城市的规划与建设者。周公奠定了洛阳作为中国古代政治经济文化的中心地位，为洛阳、为中国、为亚洲、为世界留下了宝贵的文化遗产。洛阳周公庙是全国三大周公庙之一，是洛阳市周公文化的重要标志。加强对周公文化研究宣传，发挥周公文化品牌的影响力，对于洛阳文化传承创新体系构建和国际旅游文化名城创建将会起到积极作用。

一　洛阳周公文化研究的基本情况

20世纪80年代以来，随着改革开放的发展，洛阳文化事业也得到了很

---

* 张红涛，洛阳市委党校科研处处长、副教授，主要研究方向为历史、文化。

大发展，关于洛阳历史文化的研究得到进一步加强，特别是学术界提出了河洛文化的概念。周公作为洛阳历史上一位重要文化名人，关于他的研究越来越受到重视，学者们发表了一大批具有一定影响的论文，出版了一系列编著和专著。与周公研究直接有关的编著主要有：姬传东编著的《元圣周公》，姬传东、汪承兴、杨慧敏主编的《解读周公——中国国学探源》，周海涛主编的《周公书评》《洛阳周公庙》《历代名人咏颂周公诗集锦》，张赞功编著的《洛阳：华夏民族圣地 东方文化圣城》等。

《元圣周公》一书，由军事宜文出版社于2008年出版，由李学勤作序，全书54万余字，分周公世家、周公功绩、周公思想、周公与《周易》、周公后裔、周公胜迹、周公地位和影响等七篇，内容丰富，可以说是洛阳市第一部介绍和研究周公的书籍。

《解读周公——中国国学探源》一书，由新华出版社于2015年出版，共43万字。全书分周公的历史地位及其深远影响、周公的身世、周公的兄弟、周公辅佐周武王、周公摄政、周公东征、完善分封、营建洛邑、制礼作乐、治国思想、德政思想、和谐思想、改革思想、军事思想、经济思想、教育思想、法律思想、忧患思想、时间顺序、家教思想、文化思想、与儒学渊源、周公与《尚书》、周公与《诗经》、周公与《周礼》、周公与《仪礼》、周公与《礼记》、周公后裔等32章，是一部介绍周公思想文化的普及性读物。

周海涛主编的《周公书评》，分上中下三册，由中州古籍出版社于2015年出版，共计150余万字。全书收集有关周公的学术论文，上起1977年，下至2015年，按照内容分为周公总论、摄政称王、东征平乱、制礼作乐、天命人心、理政思想、明德慎罚、伦理思想、周公形象、文学成就、周公与孔子、周公奔楚、周公与鲁国、周公与洛阳14个部分，基本上涵盖了改革开放以来有关周公研究的主要方面和主要成就，内容丰富，有很高的学术价值，对深入研究周公，研究洛阳周公庙，研究中国文化等具有重要参考价值。

《洛阳周公庙》由中州古籍出版社于2014年出版，是一部介绍周公庙

的书。全书共分周公庙的历史沿革、周公庙建筑、周公庙馆藏文物、周公庙与历代名人、周公庙成人礼及重大活动、周公庙历代碑记选、名人笔下的周公庙、周公庙大事记略、全国其他周公庙等。全书图文并茂,内容丰富,集中了研究周公庙的成果及资料,填补了周公庙研究的空白。

《历代名人咏颂周公诗集锦》一书,由中州古籍出版社于2017年出版,收录了先秦至明清歌颂周公的诗歌222首。

张赞功主编的《洛阳:华夏民族圣地 东方文化圣城》一书,由中州古籍出版社于2015年出版,全书26万字,分为华夏民族圣地、东方文化圣城、西周都洛、周公思想、河洛文化、洛阳城市定位、洛阳旅游发展、河图洛书等八个部分,对周公思想及功绩做了比较深入的研究,有较高的学术价值及应用价值。

洛阳理论界对周公文化的研究做了许许多多的工作,这为周公文化进一步传承与创新奠定了良好的基础。

二 洛阳周公庙的基本情况

全国现存三座规模较大的周公庙,在陕西岐山、山东曲阜和河南洛阳。由于周公营建并长期镇守洛邑,周公一生的主要历史功绩大多是在洛邑实现的,因此洛阳周公庙地位显得更为重要。

洛阳周公庙位于河南省洛阳市老城区,西邻定鼎南路,北靠周公路,东连居民区,南面五贤街。该庙正南门为五贤街26号。周公庙坐北向南,院落基本呈长方形,占地面积约3.9万平方米,其中古建筑面积664平方米。整个周公庙古建筑,结构合理,布局严谨,风格朴素,恢宏大气,工艺精湛,丹楹刻桷。古建筑中以定鼎堂为核心反映了"居中为尊"的传统理念。院内槐杨茂盛,椿柏参天,屋旁殿角植有石榴和桂花,形成了既庄重又清幽的环境,周公庙可谓洛阳市明清建筑精品之一。

至1949年中华人民共和国成立,洛阳周公庙保留有6座主题建筑。20世纪60年代元圣殿被毁,1991年重建山门,今沿中轴线由南往北依次为:

山门、元圣殿基址、定鼎堂、二殿（礼乐堂）、三殿（先祖堂）及两侧东西廊房。山门东、西两侧为钟楼、鼓楼台基。

洛阳周公庙的始建时间尚待确认。历史文献记载洛阳周公庙的建造时间应在隋末，据《隋书》卷八五《王世充传》记载：大业十四年（公元618年），李密兵盛，先后攻占洛口仓，克金墉城，陷回洛仓，继而围逼东都城，隋右翊卫将军、尚书左仆射、郑国公王世充遁归东都，不敢出兵再战。据《资治通鉴》卷一八六记载："密破宇文化及还，其劲卒良马多死，士卒疾病。世充欲乘其弊击之，恐人心不一，乃诈称左军卫士（《新唐书·王世充传》称德阳门卫）张永通三梦周公，令宣意于世充，当勒兵相助击贼，乃为周公立庙。每出兵，辄先祈祷，世充令巫宣言周公欲令仆射，急讨李密，当有大功，不即兵皆疫死。王世充兵多楚人，信妖言，皆请战。"王世充乃简练精锐，得2万余人，马2000余匹，埋伏在偃师北山之上。李密轻敌，不设壁，致使众兵大溃，失地亡奔。《旧唐书》卷五四、《新唐书》卷八五《王世充传》及《资治通鉴》卷一八六《唐纪》等所记均与上引略同，可互为印证、补充。

隋末所立周公庙，相传到唐太宗贞观年间曾予以重修。据《资治通鉴》卷一八九《唐纪》五载：621年，李世民率兵入东都，毁（则天门）。因隋周公祠位于则天门东侧，想必在这次破坏中也难以幸免。而《资治通鉴》卷一九三《唐纪》七又载，贞观四年（公元630年），李世民"以洛阳土中，朝贡道均，意欲便民，故使营之"，估计周公祠在这一年又得到重修。至于唐太宗开元年间重修情况，则见《河南府志》所载贾口义撰文的《唐开元重修周公庙祠碑》。惜该碑已亡佚，无可稽考。

明代曾在旧址重建周公庙，并多次修葺。据《钦定四库全书》援引《河南通志》卷四八载：明朝嘉靖四年（公元1525年），在旧址重建周公庙。到万历四十七年（公元1619年），又进行重修。庙门口大路南侧，原有一通《明大司马赠太傅吕忠节公殉难处碑》，记载崇祯十四年（公元1641年），李自成率领农民起义军攻占洛阳，曾驻军周公庙，是年正月二十二日在庙前集会，当众处决了明朝退职兵部尚书吕维祺及福王朱常洵和河南府知府亢孟桧等。惜该碑也下落不明，唯留一龟趺坐尚存庙内。

清代顺治、康熙、乾隆、光绪年间，均对周公庙进行整葺重修。顺治年间（1644～1661年），重修经过相传无据，暂不可考。而康熙十三年（公元1674年），河南知府王来庆重修周公庙的情况则较为详细。据乾隆十年修纂《洛阳县志》卷十五所录曹元仁撰《重修周公庙记》碑载：康熙十三年，河南知府王来庆，在府城西郭周公庙故址重修，"扩而新之，复捐置田七十五亩，以供祀之费"。乾隆年间，周公庙已奠定今日之规模，当时确是殿宇增辉，香火旺盛。

康熙、乾隆年间重修周公庙的规模格局，依《洛阳县志》（乾隆十年重修本）所绘俯瞰图可知分为四进庭院。中轴线的主要建筑从南向北依次为木构牌坊、山门、仪门、元圣殿、定鼎堂、会忠祠等。山门两侧西为文昌阁，东为彰善坊。四进院内东西各有厢房数间。元圣殿两侧又各有一侧门，建筑分布俨然有序，十分完整。

民国时期，对周公庙也进行了维护和建设。1916年，河南省教育会副会长王炎青到洛阳筹办豫西师范学校，校址即设在周公庙内。这就是今天洛阳师范学院的前身，并一度更名为河洛道师范。1920年，直系军阀吴佩孚进驻洛阳，将周公庙至洛阳县城隍庙（今豫通街小学）一带辟为花园。1932年3月，国民政府迁到洛阳，"考试院"设在周公庙内。院长戴季陶为周公庙撰写"定鼎堂"匾额，悬挂在定鼎堂南正门上方。是年11月国民政府迁回南京，返回南京前决定在周公庙设立中原社会教育馆，宋湜任馆长。1933年，据庙内现存《重修洛阳周公庙碑》记载，又对周公庙进行了维修。1943年，洛阳以宋庆龄之名设民众教育馆于周公庙。1944年，洛阳被日寇侵占，周公庙同时遭到炮火袭击，国民党15军94师在周公庙与日军展开激战，后撤离周公庙，周公庙沦为日军驻地。解放战争期间，又成为国民党青年军206师据点。1948年3月，在解放洛阳的战斗中，解放军4纵10旅旅长周希汉率部队与青年军在周公庙激战，并占领周公庙。

中华人民共和国成立后，周公庙为一些单位占用，洛阳市人民政府也曾拨专款维修，基本得到了妥善保护。

1952年以前，周公庙为洛阳军分区驻地。1954年河南省文物工作队接收进驻。从当时拍摄的定鼎堂照片可知，殿堂保存完好。其东北角自北向南遗存有三通石碑，第一通盖有碑亭，碑2米多高。第二通亦高2米左右，第三通约高1.5米，均为明清碑刻，但今已无存，碑文内容不详。1955年，洛阳市人民委员会为保护文物古迹，拨专款进行维修，在此举办出土文物展览，并征地34752平方米进行绿化。1957年洛阳市总工会又将周公庙辟为工人文化宫，在庙墙以西修建花圃、假山、喷泉、凉亭、回廊、露天放映场、游泳池及新式水泥大门。1956年，周公庙被河南省人民委员会公布为重点文物项目，尚保存有明清碑刻。1963年6月20日，被河南省人民政府公布为省级文物保护单位，1964年改为青少年俱乐部。1972年以后，洛阳广播电视局、电视台、洛阳市豫剧团、洛浦酒楼及新生村等单位及居民相继进入周公庙办公或居住，直到1989年4月筹建洛阳都城博物馆后，周公庙才陆续被都城博物馆接收管理。

1990年河南省文物局委托都城博物馆办理房地产登记（省局豫文物字〔1990〕第178号），1991年修建周公庙正南门，此门为九脊单檐歇山式，正门一间及悬山式东西耳房各一间。从1992年至今相继拆除了影响周公庙建筑风貌的违章建筑，并对周公庙内环境进行了多次改造。1993年省文物局拨款15万元对周公庙定鼎堂进行了修葺，更换了正脊、戗脊和前坡瓦件，对断裂的墙体进行了加固，更换了部分斗拱、房椽、隔扇门和棱子窗。2001年争取市财政专项资金6.3万元，对定鼎堂、三殿安装了避雷设施。同年省文物局拨5万元古建维修专款，又对东廊房进行了落架翻修，并依清代建筑形式，恢复了东廊房带前廊的建筑形制。整修后又进行了综合治理，修建了围墙，种植了草皮、树木，绿化面积1.5万平方米，铺设园路600米，安装景观灯96盏（套）。周公庙内部的环境得到了彻底的改变，其古建筑、石刻、古槐得到了充分保护。2002年7月又筹集资金对定鼎堂前后门窗、三殿前檐柱、斗拱和正南门依照旧制进行了油漆彩绘。2004年，周公庙又争取资金，对二殿依旧制进行了维修，更换了棱子窗及腐朽的墙柱子和椽子。2006年9月，周公庙重塑了彩绘像十一尊，另绘制了反映周公一生功绩的

大型壁画400平方米。在三殿陈列布置了"先祖堂",展示了周公后裔姓氏的产生、繁衍、发展等内容,完成了周公庙的调展布展工作。

2006年5月25日,洛阳周公庙被国务院公布为第六批全国重点文物保护单位,根据省、市文物局《关于调整国家级、省级文物保护单位保护范围的通知》有关通知,将保护范围调整如下:周公庙的文物保护范围为:自周公庙围墙向西5米至定鼎南路东侧人行道边沿,向北17米至周公路北侧,向南20米至五贤街南沿,东边线,自周公庙东围墙向东50米,距周公路170米处,再折向东50米,由此向南115米五贤南街南沿。

三 周公对洛阳历史文化的重要影响

洛阳地处"天下之中"的独特地理位置,从远古起就成为中华民族繁衍生息的中心。"河图""洛书"的产生,也印证了洛阳地区是最早进入古代文明社会的地区之一。到了夏代,河洛地区是夏部族活动的中心。我国历史上第二个王朝商的建都之地有多处,偃师西亳便是最早的都城。《史记·封禅书》讲:"昔三代之居,皆在河洛之间。"① 也就是说夏、商、周三个朝代,都是以河洛为中心的,其国都均在洛阳。

西周定都洛阳,与周公有很大关系。大家知道,武王灭商前西周都城在镐京,即今西安长安区丰水流域。武王灭商之后的第二年武王就病死了,未能实现对东方的有效控制。到了周公摄政的第五年,周公向成王建议,认为洛阳"四方入贡道里均",请求成王建都洛邑。"何尊"这件青铜器铭文中也说:成王"迁宅于成周"的目的,是按照武王的遗愿"宅兹中国,自兹乂民"。这样,西周有两座都城,一座是镐京,称宗周,另一座称洛邑,为成周。当洛邑建成后,周公使百官谒新邑,归政于成王,迁九鼎于洛邑,派"成周八师"拱卫,洛阳遂成为全国的政治中心和军事中心。

周公不仅迁九鼎于洛阳,而且在洛阳完成了"制礼作乐"的文化创举。

---

① 司马迁:《史记·封禅书》。

原河南大学教授陈昌远先生讲道:"我认为周公营洛邑及制礼作乐在洛邑完成在中国历史上有重大作用与意义。"①周公制礼作乐,对巩固周王朝发挥了重大作用。更重要的是,周公在洛阳"制礼作乐",奠定了儒家学说的基础。正是因为周公封于鲁,周公后人治理鲁,故鲁国成为保存西周典籍及文物制度最多、最丰富的国家,成为周公思想、儒家思想根基深厚之国,所谓"周礼尽在鲁也"。后鲁国诞生孔子,孔子向往周,故又有"孔子入周问礼乐"之事。也就是说,孔子倾毕生精力,丰富、发展、弘扬周公奠基的儒家学说,整理编订《诗》《书》《礼》《易》《春秋》等古代典籍,兴办教育,成为一位伟大的思想家和教育家。由此可知,周公奠基儒学于洛阳,孔子发扬儒学于鲁国,历代儒家尊周公为"元圣",河洛大地实儒学渊源之地。②

文化往往是由优秀的、杰出的或者是伟大的人物创造的。每个时代都造就了一个或多个伟人,而一个伟人往往成为一个时代、一种文化的代表。所以,在弘扬、规划、建设洛阳"华夏文明圣地"文化中,我们需要一个统领全局性的历史人物。客观地讲,洛阳历史上的名人不是太少,而是太多,并且都很重要。道家的老子、纵横家的苏秦、洛学的"二程"、易理天数之学的邵雍等。但真正具有代表性的历史人物应该是周公。我们可以自豪地讲,周公是历史送给洛阳的一大宝贵的文化符号和品牌。孔子,世界文化名人,如果追根溯源,孔子的文化导师应是周公。周公创立了礼乐文化,孔子创立儒家学说;周公奠基了儒学,孔子把儒学发扬光大,二者一脉相承。打造周公文化品牌,一方面是恢复周公作为中国文化史上应有之伟大地位,另一方面是为了重塑洛阳作为"华夏文明圣地"的形象。周公是洛阳"华夏文明圣地"的一面旗帜、一个标志。

概而言之,通过周公文化品牌的打造,认识河洛文化,引领、支撑、推

---

① 陈昌远:《先秦河洛历史地理与河洛文化历史地位考察》,《河洛文化论丛第一辑》,河南大学出版社,1990,第49页。
② 徐金星:《河洛文化与黄河文明》,《黄河报》2009年1月13日。

动洛阳国际文化旅游名城的创建，彰显洛阳"华夏文明之源"的地位，提升洛阳城市的文化形象。

四 关于进一步打造周公文化品牌的若干建议

洛阳是国务院首批公布的国家历史文化名城，是华夏历史文明的重要发祥地。保护好、传承好悠久厚重的历史文化，构建文化传承创新体系，建设国际文化旅游名城，洛阳责无旁贷，而以周公庙为主要标志的周公文化品牌在洛阳构建文化传承创新体系中具有十分重要的地位。把周公文化品牌打造为洛阳"华夏文明之源"的标志，其基本思路是保护和传承华夏历史文明，重在创新，重在提升。洛阳五大都城遗址的保护，重在展示华夏5000年文明的物证，周公文化品牌，重在展示洛阳"华夏文明之源"的文化见证，这个见证就是要体现思想文化的灵魂性、价值性、庄严性和神圣性。其基本对策一是把周公文化品牌纳入周文化区"一轴四点"布局，二是依托周公庙和周王城广场以及西工体育场的改造，拓宽规划视野、扩大规划范围、丰富规划内容。具体建议如下。

（一）统筹周文化区"一轴四点"布局

一是以东周王城广场为轴线。东周文化广场的南北轴线，既是洛阳城市的时代轴线，又是目前建设中的周文化园区的中轴线。首先要扩大现有的"天子驾六"博物馆的展示规模，将2003年回填的部分车马坑进行展示；其次要利用西工体育场的改建，将诸子百家的代表人物予以塑像，请书法名家、雕刻家将其名言警句刻于石碑之上，达到人人能传诵、人人索拓片之"洛阳纸贵"的效果，营造周文化的光辉灿烂氛围。

二是扩建"孔子入周问礼处"。以现存于洛阳东关大街的"孔子入周问礼乐至此"的碑刻为中心，高规格扩建"孔子入周问礼处"，并改善周边环境。首先将老子和孔子对话场景予以再现，复原孔子入周问礼之车马人物；其次将老子对孔子所讲的经典语言刻于石碑之上；再次建议将孔子周游列国之路线用图片展示出来；最后将孔子在周公庙看到的"满则覆、虚则欹、中则正"的欹器展示出来。

三是高规格扩建周公庙。洛阳周公庙现为全国重点文物保护单位。周公作为"元圣"，周公庙只有64亩，并且在应天门之旁，好像一种附属，不足以体现周公作为"元圣"的庄严气象，也难以发挥周公文化品牌的引领和支撑作用。因此，要按照"元圣"的地位，高规格扩建周公庙，打造庄严、宏大、神圣的周公庙遗址景区，使之成为拜谒周公、弘扬周公思想和儒家文化的圣地。

四是增加王城公园周文化内容。王城公园建在东周王城之上，跨涧河两岸，在增加东周文化之内涵的同时，应拆掉围墙，建成一个开放式的周文化公园。

五是扩建周山王陵森林公园。洛阳高新技术开发区管委会已拟出《洛阳周山王陵森林公园项目策划方案》，并向市委市政府上报《关于建设"洛阳周山王陵森林公园"的请示》，应加快研究，加快实施。

（二）依托周公庙打造周公文化品牌

洛阳周公庙是历史上遗留下来纪念周公的重要遗迹。于时茂先生讲道："洛阳虽以建都最早、朝代最多、时间最长著称于世，但作为古都本身存留给后人的少之又少，龙门石窟、白马寺也不过是这些古都的附属。好在有周公庙在。这个为纪念洛阳城最早的营建者周公旦的庙宇，在目睹了隋唐盛世景象之后，依傍着洛河顽强地生存了下来。而周公，这个天下第一圣人，在制礼作乐成就了周朝的千秋伟业之后，如今却幻化成了一个笑眯眯的解梦老人。"[1]

2003年，中山大学旅游发展与规划研究中心主任、博士生导师保继刚先生在《洛阳市旅游发展规划》评审委员会上曾明确指出："洛阳市的同志，现在如果还觉得建设炎黄胜地、周公制礼作乐的文明堂、夏都斟、商都

---

[1] 于时茂：《千秋一梦周公庙》，河南日报网站，http：//www.dahe.cn。

西亳、唐朝三大工程（天堂、天枢、应天门）的重要人文景观还不能赚钱的话，那么从国外旅游业发展的趋势来看，随着人民生活水平和文化素质的提高，最终还是文化景观比自然山水景观具有生命力，希望洛阳市的同志能及早认识到这一点。"① 从这些专家教授的观点来看，周公的文化品牌作用应当很好地发挥出来，周公庙的文化旅游价值应当很好地体现出来。发挥好周公庙应有的巨大文化旅游价值，除了加强宣传以外，还要高规格建设周公庙，最终把周公庙建成洛阳"华夏之源"的重要文化旅游品牌。因此，洛阳要打造周公品牌，必须要高规格建设周公庙。

（三）周公庙内部规划思路

高规格建设周公庙是洛阳"华夏文明圣地"建设的需要，是洛阳建设文化强市的需要，这应当比修一条路、建一个企业更为重要，可谓功在当代，利在千秋。周公庙可高规格规划，分期建设。

一是高规格建设"土中堂"，重塑洛阳地理圣地形象。要树立洛阳古代地理中心的标志，就要把五帝的活动范围及夏商周的范围展示出来，把洛阳处在中国地形第一阶梯向第二阶梯过渡的特点展示出来，把古代国都选址的特点及规律展示出来，与现代洛阳"零公里"的标志很好地结合起来。

二是高规格建设定鼎堂，重塑洛阳政治圣地形象。九鼎自夏以后，历经商代，周灭商后，九鼎迁于洛阳，周公营建王城，成王定鼎于此，武周时期曾在洛阳重铸九鼎。应邀请专家学者对九鼎予以考证，重铸九鼎，摆放于周公庙之内，充分展现洛阳的中国古代政治中心之地位。

三是高规格建设礼乐堂，重塑洛阳文化圣地形象。周公在洛阳制礼作乐是中国古代政治文化的一大改革，是中国历史上具有重大历史意义的大事。充实制礼作乐内容，体现文化中心地位。

四是高规格建设道统堂，重塑中华民族文化，并使之绵延不断。将尧、

---

① 张红涛：《周公文化品牌与洛阳文化强市战略》，《洛阳工业高等专科学校学报》2007年10月第5期。

舜、禹、汤、文、武、周公、孔子、孟子、程颐、程颢、朱熹等分别塑像，象征古代洛阳圣贤云集，华夏文化一脉相承。

五是高规格建设元圣殿，体现周公天下独尊的地位。元圣殿的规格应不低于曲阜大成殿。同时建设摄政殿，体现周公的爱国和勤政。

（四）弘扬礼乐文化，打造礼仪洛阳

周公制礼作乐于洛阳，孔子问礼乐于洛阳，洛阳是礼乐文化肇始之地。以礼乐文化为价值取向的儒学，几千年来已成为华夏民族修身、齐家、治国、平天下的思想主体。要传承弘扬中华民族的优秀传统文化，就必须弘扬礼乐文化，继承和发扬古代礼乐文化，用礼乐文化塑造市民，提高市民的文化素养，用礼乐文化塑造城市形象，打造礼仪洛阳。[①]

（五）加强对周公文化的研究和宣传

打造周公文化品牌，离不开对周公思想的研究和宣传。一方面要研究和宣传周公思想的来源、内容、意义及在中国历史上的影响，另一方面要研究周公对洛阳历史发展的影响及对现今洛阳发展的作用。要举办丰富多彩的研究宣传活动，譬如：举办周文化研讨会、周公文化研讨会、周公与孔子思想研讨会、周公思想与洛阳发展研讨会、周公建洛3000多年学术研讨会及庆典活动等。在街道、建筑、景观的命名、城市建设上体现周公的历史功绩和伟大影响，还可以创作宣传周公的文学作品、电视电影等。现在王城广场设立的周公塑像就是一个很好的尝试，但远远不够。

首都师范大学教授、世界华人演讲家协会总干事长李燕杰于2007年2月28日在《河南日报》上发表的《圣贤文化：中国传统文化的精髓》一文从世界文化的角度讲道："研究人类文明不可忽视东方文化；研究东方文化，不可忽视亚洲文化；研究亚洲文化，不可忽视中国文化；研究中国文

---

① 张红涛：《周公文化品牌与洛阳文化强市战略》，《洛阳工业高等专科学校学报》2007年10月第5期。

化,不可忽视中原文化;研究中原文化,不可忽视河南文化。因为古圣先贤产生于河南和在河南活动的比较多,占非常大的比例。"① 如果顺着李燕杰的思路,我们可以认为:研究河南文化,不可忽视河洛文化;研究河洛文化,不可不研究洛阳的古圣先贤;研究洛阳的古圣先贤,不可不研究周公。河洛文化在中国历史上的地位是独一无二的,周公在中国及洛阳历史上的地位亦是独一无二的。周公是圣人的代表,又"成文武之德,适当帝全王备",他的形象凝聚为忠君爱国、勤政为民的象征,国家统一强大、长治久安的象征,文化昌盛的象征,制度创新的典范。致力于中华民族的复兴,离不开中华文化的复兴。今天,洛阳要在中原经济区建设中有所担当、有所作为,要在中原华夏历史文明传承创新中有所提升,离不开周公文化品牌的支撑。周公奠基的儒家思想,是中国五千年文化的主体思想。打造好周公文化品牌有利于弘扬中国传统文化,有利于提升洛阳在全国乃至东亚的文化影响力,有利于从整体上提高洛阳的文化品位和城市形象,有利于促进洛阳国际文化旅游名城的创建,有利于在实现中国梦伟大征程中谱写中原更加出彩的洛阳篇章。

---

① 李燕杰:《圣贤文化:中国传统文化的精髓》,《河南日报》2007年2月28日。

B.8
洛阳音乐类非物质文化遗产研究报告

余东衍*

摘　要： 洛阳作为历史文化名城，有着十分丰富的非物质文化遗产，其中有多个音乐类项目，具有很高的价值。然而，随着时代的发展和社会环境的变化，洛阳的音乐类非物质文化遗产受到了较大冲击。如何对其进行更好的保护与传承，是非常重要的一件事。政府有关部门和社会各界，都应当给予这个问题更多的关注。

关键词： 音乐　非物质文化遗产　保护　传承

自2004年8月中国批准加入《保护非物质文化遗产公约》以后，在国家号召之下，各地区逐渐意识到非物质文化遗产保护的价值及意义。作为有着千百年文化积淀的洛阳，在漫长发展过程之中给后人留下了诸多无法用金钱衡量的非物质文化遗产，这些厚重的遗产见证了河洛文明的发展，是最宝贵的"活化石"，其中有多个音乐类项目，具有很高的价值。然而，随着时代发展，这些非遗项目的生存环境发生了重大改变，不少项目正面临生存发展危机。因此，更好地加强对洛阳市音乐类非物质文化遗产的保护与传承，具有重要意义。

---

* 余东衍，洛阳市委党校讲师，研究方向为文史文化、应用写作。

一 洛阳市音乐类非遗的现状

早在20世纪80年代,洛阳市就凭借悠久的历史和丰富的文化遗存,被中央评选为国内第一批历史文化名城。它拥有的非物质文化遗产之中,包含多个音乐类项目,特点如下。

(一)涉及层级多

洛阳市目前有1258个不同层级的非遗项目,其中国家级非遗项目8项,省级58项,市级135项,县(市)区级1057项,这里面音乐类的项目,国家级的有1项,省级的有4项,市级的有7项,县级的有12项(见表1)。

表1 洛阳市各层次音乐类非遗项目

国家级 (1项)	省级 (4项)	市级 (7项)	县级 (12项)
河洛大鼓	洛阳海神乐 硪工号子 木偶戏 三弦铰子书	武皇十万宫廷乐 同乐社盘 洛阳龙马盘鼓 靠山黄 嵩县大铜器 南街排鼓 洛阳小调曲	船工号子(吉利区、偃师市) 排鼓表演与鼓谱(偃师市) 善书宣讲(偃师市) 社盘(新安县) 花鼓戏(洛宁县) 河洛响器(洛宁县) 洛宁鼓歌(洛宁县) 曹家唢呐(嵩县) 柴家木偶戏(栾川县) 牛栾越调(栾川县) 何村唢呐(栾川县) 坠琴演奏技艺(汝阳县)

资料来源:洛阳市文化广电新闻出版局。

(二)涵盖范围广

洛阳的音乐类非物质文化遗产项目,在非遗名录中被分别列入"民间音乐(传统音乐)""民间戏剧(传统戏剧)""曲艺"这三个类目,它们中既有河洛大鼓这样的说唱艺术,又有海神乐这样的民间音乐,还有洛阳小调曲这样的地方戏曲,可谓涵盖范围非常广。

(三)内在价值高

1. 历史文化价值

非物质文化遗产最大的价值,就在于它的历史文化价值。[①]

党中央、习主席高度重视中华优秀传统文化的传承发展。音乐类非物质文化遗产,正是中华优秀传统文化的一部分。它们为地方史志研究提供了珍贵的资料,有重要的参考价值。

洛阳悠久的历史和独特的地理位置孕育了特色鲜明的河洛音乐文化。从二里头遗址出土的早期乐器、商都西亳的乐舞,到两周青铜礼乐、汉代乐府声歌;从魏晋京洛女乐、隋唐宫廷燕乐,到宋元杂剧散乐、明清洛阳民乐。洛阳音乐类非物质文化遗产,正是在河洛音乐文化的浸润和影响下产生、发展出来的。

例如:洛阳海神乐,是洛阳市独有的汉族民间音乐,有着悠久的发展历程。据古文献记载,早在上古时代武王克商之后,除了册封内陆各方诸侯以外,也对各方海神进行了册封,同时每年还要在宫廷内举办隆重祭祀活动,在此期间古代音乐匠人谱写了诸多与祭祀活动有关的音乐,此种音乐的出现为洛阳海神乐的发展奠定了基础。发展至隋唐时代以后,海神乐非常兴盛。此后,它从宫廷流入民间,一直延续到明清、民国。截止到中华人民共和国成立之前,洛阳海神乐仍流行在东到郑州、西到陕县的广大地区,涵盖城乡,受众广泛。这样一来,海神乐就成为现代人观照我国古代音乐流变的参照物。[②]

2. 艺术价值

洛阳音乐类非物质文化遗产作为传统文艺演出项目,具有很高的艺术价

[①] 苑利、顾军:《非物质文化遗产保护干部必读》,社会科学文献出版社,2013。

[②] 余东衍:《洛阳市非物质文化遗产的保护与开发》,《洛阳师范学院学报》2015年12月。

值。无论是来源于"民间音乐(传统音乐)""民间戏剧(传统戏剧)""曲艺"中的哪一种,都需要表演者通过道具、乐器,还有舞蹈动作等肢体语言的配合来呈现。多种乐曲和舞姿的表现,既反映本地人民的审美情趣、审美理想与艺术创造力,又丰富了古时候人们的生活内容。不管时代与环境如何变迁,这些非物质文化遗产的艺术价值都是不可磨灭的。

二 洛阳市音乐类非遗面临危机

不可否认,洛阳的众多非遗项目,包括这些音乐类项目,大都是过去长期小农经济社会的产物。随着时代变迁、社会发展,这些非遗的生存环境发生了重大变化,导致它们面临消亡的严重危机,尤其体现在传承方面。我们知道,非物质文化与其他物质文化不同,在漫长历史发展脉络之中,非物质文化主要依靠"言传身教"的师徒方式进行传承,音乐方面的传承及发展也是如此。作为时间、空间相互交错的艺术门类,音乐艺术的表演及发展离不开历代传承人的勤劳付出,但也正是这样单一的传承方式,导致国内民间音乐有着很强的易逝性,"人在艺在、人死乐亡"的情况在该门艺术的发展演变过程中十分常见,在科学技术高速发展的今天更是如此。通过田野式调查发现,当前国内诸多音乐类非物质文化遗产在传承过程中依然存在上述问题。如何通过国家政策的引导,避免古人留下来的动人乐章销声匿迹,已成为社会各界共同关注的文化发展问题。

(一)传承人经济困难,生存状况不容乐观

造成这种现象的原因较为复杂。首先,音乐类遗产传承人不像手工艺类遗产传承人那样,可以发挥一技之长生产出能够转化为商品的手工艺品进入市场,从而获取经济回报。除了少数有"看点""卖点"者之外,大部分音乐类遗产很难体现甚至自身不一定具备经济价值。其次,要成为音乐类遗产传承人绝非易事,需要全身心投入,需要长期努力,需要对艺术的痴情和高超的技艺,等等。这些痴迷于音乐类遗产的"传承人"或"准传承人"没

有时间去经商，没有精力去从事多种经营，更谈不上什么发家致富。他们的物质生活大都清贫得令人难以想象。①

（二）传承人高龄易逝，身体健康状况不好

民进中央调查数据显示，已公布的全国四批国家级非遗传承人共有1986位，截至2015年8月，已有250位去世，占总数的12.6%。全国总体情况如此，洛阳面临的情况也很严峻。河洛大鼓、海神乐等项目的国家级、省级传承人大多年事已高。目前，偃师长期坚持演出河洛大鼓的老艺人已经不足10人。

（三）社会环境变化，传承人后继乏人

随着社会转型，国内非物质文化遗产的发展环境也已发生翻天覆地的变化，尤其是在古镇等乡村地区。在现代化社会环境之中，乡村大量青壮年劳力外出打工，社会公众的文化娱乐生活可选择内容更多，审美情趣改变，传统音乐作品的市场变小，就业形势严峻，愿意学习这些技艺的年轻人也越来越少。这些，都成为导致非遗项目后继乏人的重要原因。

以国家级音乐类非遗河洛大鼓为例。

发源于偃师的河洛大鼓，是在洛阳琴书与南阳鼓儿词的融合中发展起来的曲艺形式，创于清末民初，1952年更名为"河洛大鼓"。它曾经非常盛行。当地百姓有红白喜事不请"响器"（唢呐等吹奏音乐）而流行"请书"，也就是请河洛大鼓艺人说书。每说三天九场书为"一棚书"。这种"请书"名目很多，有求阖家平安的"平安书"，有婚庆娶妻的"红书"，有给儿童过生日请客的"面书"，有给家里老人做寿的"寿书"，等等。当地人无论大事小事，只要有事都要请艺人去家里说书。甚至政府部门有事也"请书"，称为"官书"。②

---

① 何丙：《商丘市音乐类非物质文化遗产保护与传承对策思考》，《延安职业技术学院学报》2012年2月。
② 马春莲：《洛阳河洛大鼓音乐调查报告》，《武汉音乐学院学报》2004年第4期。

河洛大鼓于20世纪50年代在洛阳随处可见，发展到80年代以后仍然是洛阳特色文娱表演节目，在洛阳有着极高的知名度，不用担心缺乏传承者，其原因在于：首先，它使用洛阳方言，通过形象生动且富有生趣的故事情节、妙趣横生的语言艺术，在表达方式上让不少听众感到亲切自然；其次，在早期发展过程中，内地整体经济水平发展较为落后，劳动人民的生活娱乐方式较为单一，加上淳朴的社会环境，让不少人出于对河洛大鼓表演的喜欢而选择了学习该门艺术，也有不少本地劳动者因学有所成，个人及家庭的生活质量有了明显提升。

现而今河洛大鼓早已不复当年的兴盛。一些现有的说书艺人虽然还在坚持表演这一技艺，但若依靠其养家糊口已没有可能。在这种情况下，很多优秀的艺人纷纷转行，说书只是副业而已。这样一来，无论是表演水平还是内容、形式，都难以得到持续的改进和完善。说书内容多为传统题材与剧目，难以找到新的题材。如此一来，河洛大鼓就无法满足现代观众的审美诉求，观众大量流失、市场萎缩也就成为不争的事实，① 导致不少河洛大鼓表演者没有机会登台献艺，无法在实践过程中积累表演经验，长此以往形成恶性循环。加之其他现代艺术形式的冲击以及人们就业选择的增多，最终出现一方面老艺人只减不增，另一方面愿意学习河洛大鼓的年轻人越来越少、后继乏人的尴尬局面。

三 洛阳市音乐类非遗保护的进展

洛阳市包括音乐类在内的非遗资源面临传承发展危机，引起了政府和社会各界有识之士的警觉。政府在推进洛阳市民族民间文化保护和洛阳市非物质文化遗产保护的过程中，做了大量的工作，取得了相当的进展。

（一）通过了地方性非遗立法

依法治国是党领导人民治理国家的基本方略，法律法规是政府行政管理

---

① 王艳：《河洛大鼓的文化嬗变边缘化与保护传承》，《戏剧文学》2016年10月。

的基本依据。在《中华人民共和国非物质文化遗产法》和《河南省非物质文化遗产保护条例》相继颁布实施的背景下，2016年3月，按照《关于认真做好〈洛阳市人大常委会2016年度地方立法计划〉工作的通知》（洛人常〔2016〕16）的工作部署，洛阳市将《洛阳市非物质文化遗产保护条例》作为当年度立法项目，并在学习各地已有条例经验的基础上，对其在保存保护、社会传承、资金保障、传承人及传承单位引导、人才队伍和评估机制建设等方面的经验做法给予关注和学习借鉴。最终，《洛阳市非物质文化遗产保护条例》于2016年11月2日经洛阳市第14届人民代表大会的26次会议审批通过，于2017年3月正式在全市范围内施行。

这是在依法治国的大背景下，将非遗保护工作纳入法治化、制度化、科学化轨道的必然要求，为非遗保护提供了可靠的法律保障。洛阳由此成为全国对非遗保护进行地方性立法的屈指可数的城市，也是河南唯一的城市（直辖市中只有上海，省会城市只有南京、武汉，地级市只有苏州），走在了全国前列。

（二）设立了专门的保护机构

2005年11月洛阳市成立民族民间文化保护中心（简称中心），内设"民保办"。从2006年8月起，中心更名为洛阳市非物质文化遗产保护中心，"民保办"更名为"非遗办"，由其专门负责全市的非遗保护相关工作。同时，洛阳市利用非遗资源在本地的影响力及政府的号召力，与地方各大高校、研究机构达成共识，申报设置了该项非物质文化遗产的传承机构、文化展览厅，希望通过此种方式宣传及保护地方的非物质文化遗产，让更多市民感受到本地非物质文化遗产的魅力。[①]

对于音乐类非遗项目，目前河洛大鼓、洛阳海神乐、南庄木偶戏、硪工号子都设立了传习所。

[①] 余东衍：《洛阳市非物质文化遗产的保护与开发》，《洛阳师范学院学报》2015年12月。

（三）争取了专项保护资金

根据《国家非物质文化遗产保护专项资金管理办法》《河南省非物质文化遗产保护专项资金管理办法》，河南省各级政府机构，应及时了解地方非物质文化遗产的传承情况，应及时对本地处于发展边缘的非物质文化遗产进行保护，尤其是在历史、艺术及文学作品等方面，必要时还可适量申请保护资金，确保各项工作顺利进行。

通过多年发展努力，河南洛阳现已成功申请多项非物质文化遗产保护项目，获得诸多国家级、省级专项保护资金，有效推动了地方非物质文化保护工作的开展。

（四）通过"非遗进校园"培养人才

《洛阳市非物质文化遗产保护条例》中明确规定，市级、县级人民政府在发展地方经济、科技的同时，也应注重地方非物质文化遗产保护队伍的建设，不断引进及培养更多专门从事非物质文化遗产保护、传承及管理非物质文化的专业人才。同时，该条例还为市级、县级的非遗传承人培养工作的开展指明了发展方向，对地方教育部门做出了指示，支持和引导地方高等、中职院校在课程体系完善过程中开设有关非物质文化遗产保护的课程，通过校企合作方式助力传承人的培养。鼓励及支持中小学积极组织学生实践活动，到非物质文化展览场所参观、学习，感受地方非物质文化遗产与生俱来的无穷魅力。

对于河洛大鼓，洛阳市非遗中心与洛阳市水叮当艺术培训中心于2014年共同开展了"河洛大鼓进校园"活动，现已在洛阳市区的西下池小学、王城小学、凯旋路小学和三山小学这4所小学建立了"河洛大鼓传承基地"，开设了河洛大鼓培训班，目前已有400名儿童学习河洛大鼓艺术。

2018年1月，教育部对认定的第二批全国中小学中华优秀文化艺术传承学校予以公示，在认定的全国1036所学校中，河南省有40所学校上榜，洛阳有4所。其中，涧西区青岛路小学的传承项目正是国家级音乐类非遗项目河洛大鼓。

对于洛阳海神乐，2000年春季，海神乐社与洛龙区第十四中心小学、洛龙区西高明德小学、洛龙区第二实验小学建立了传习关系。乐社老师为学校三年级以上学生传授海神乐曲。乐社2015年与洛阳师范文学院不断往来，定期为学生传授技艺，多次为师院师生进行公益表演。2016年1月洛阳师范学院曾为洛阳海神乐社社长、省级代表性传承人郭红运颁发了教授聘书。

（五）通过组织展演扩大非遗影响

一是每年中国洛阳牡丹文化节期间，洛阳市非遗展演活动在"河洛欢歌·广场文化月"专场舞台上集中展示各级各类非遗项目，自2011年起已连续举办7届。2011～2013年，每年还只有1个本地项目，3～6支表演队伍，参演人员不足20人。2014年起，活动场次大量增多，每年专场2～4场，增大了本地项目的演出力度，一般是5～8个项目，五六十人的演出规模。2016年，洛阳市邀请省内外的优秀项目参与演出，活动规模得到了很大扩展。2016年，省外项目1个、省内项目17个、本地项目11个，共34支队伍314人参演；2017年，参演项目：省内项目18个、本地项目11个，共36支队伍429人参演。省内的"登封大鼓书""王屋琴书""沙河船工号子"都曾在舞台上进行集中展演，群众反响热烈。

二是每年的河洛文化新春庙会期间，洛阳市文化部门要求活动承办方安排非遗项目、传统文化项目进行演出，丰富庙会文化内涵。公开招标时就有相应的要求：地方戏剧的演出剧团需要有正规经营性演出许可证、工商营业执照等证件；地方戏剧要求活动期间（15天）每天2场（按整场戏要求），不允许另外收取门票；非遗项目展演要求至少设5个演出点，每个演出点每天演出2场以上，每场至少90分钟，不允许另外收费；民俗文化项目至少6项；等等。

三是洛阳市非遗保护中心从2008年开始举办洛阳市河洛大鼓曲艺节，已先后在偃师市、宜阳县、汝阳县、洛宁县、嵩县、栾川县、吉利区、伊川

县和老城区洛邑古城成功举办了九届。举行时，邀请全市各县市区以及周边地市的河洛大鼓表演艺术家进行表演。

四 洛阳市音乐类非遗保护的短板

洛阳市的音乐类非物质文化遗产保护与传承，在地方政府及广大群众的积极配合下，现已取得了多方面发展和进步。然而，由于各种原因，目前该市非物质文化遗产的保护仍然存在诸多发展不足，尤其表现在以下几个方面。

（一）政府对非遗保护的经费支持力度不够

这些音乐类项目作为非物质文化遗产，在政府的非遗保护工作上，面临着与其他类别的非遗项目类似的困境，主要是在保护资金投入方面尚不充足。与物质文化的保护不同，非物质文化保护牵涉的内容更为广泛，是一项系统且全面的工程，涉及每一环节的工作开展都需要政府部门投入大量人力物力，否则各项工作依然难以推进。尽管通过上阶段努力，洛阳市现已成功申请了多个国家级、省级非物质文化项目，同时获得国家、省政府的资金支持，但在各项工作落地过程中仍然存在资金紧缺现象。直到《洛阳市非物质文化遗产保护条例》通过并施行，设立非遗保护专项资金，加强非遗保护的资金支持才有了明确的本地法规的支持。但从总体上看，洛阳市对于非遗保护的资金投入仍然不足。

（二）音乐类非遗传承人的保护仍有待加强

民间艺术与高校等教育机构开设的艺术门类不同，该艺术的发展在传承方面存在诸多问题，尤其是在音乐方面，这就需要洛阳市加强地方老一辈民间音乐传唱者挖掘及保护工作的开展。目前，洛阳市已公布了3批市级代表性传承人名录，同时该市现已成功完成市内第4批传承人的申报工作，现有国家级非遗代表性传承人7名，省级传承人67名，市级传承人205名，县级传承人400多名。洛阳已初步建立起国家、省、市、县四级代表性项目和代表性传承人的名录体系。

虽然政府已经为非遗传承人争取了经费支持，可是在实际发展过程中因物质生活水平及消费的提升，现扶持资金仅能帮助非物质文化传承者解决他们日常生活及子女教育问题，若想他们在发展过程中潜心保护及传承地方民间音乐，还需地方政府及他们共同努力。

（三）社会公众参与不够，"官热民冷"的尴尬仍在

虽然近年来洛阳市政府部门的非遗保护工作取得了相当进展，可是通过走访调查了解，地方群众的参与度仍然有待提升。目前，洛阳市在组织及开展非物质文化遗产保护工作的时候，广大群众的主动性及积极性相对不足，并不愿意主动参与到各项工作的开展过程之中，没有真正理解千百年传承下来的非物质文化遗产对于洛阳的意义及价值，此种发展势态并不利于该区域非物质文化遗产保护工作的开展，导致地方非物质文化遗产保护陷入"官热民冷"的尴尬局面，此方面问题地方政府及群众应深思及解决。①

五　改进洛阳市音乐类非遗保护与传承的对策建议

（一）进一步加深对非遗和非遗保护的正确认识

若想保护、传承非物质文化首先应深入了解非物质文化的内涵及意义，其次要全面了解非物质文化遗产保护的基本原则，这就要求洛阳相关组织机构在平时工作中全面了解联合国《保护非物质文化遗产公约》的内容及章程，同时对2011年6月正式生效的《中华人民共和国非物质文化遗产法》有更深刻的认识。2015年以来，联合国教科文组织为进一步指导世界各国推动非物质文化遗产保护工作，又出台了《保护非物质文化遗产伦理原则》

---

① 何丙瑞：《商丘市音乐类非物质文化遗产保护与传承对策思考》，《延安职业技术学院学报》2012年2月。

文件,该文件紧紧围绕非物质文化遗产的"活态性"与"动态性",对世界各国非物质文化提出了12项基本原则,要求世界各国在文物保护过程中遵守。

作为世界文化发展大国的一个文化大市,洛阳相关机构在准确把握联合国教科文组织、国家机构发布的指导性文件的内容之外,在具体工作开展过程中,还需客观、全面地认识当前各种非物质文化遗产的现状,例如在音乐类文化遗产保护方面。在科技创新日新月异的今天,伴随人们物质生活条件的改善,不少传统民间音乐人现已难以单纯依靠乐器表演带来的微薄收入支撑自己及家人生活。此外,当代传统民间音乐还面临着残酷的竞争现实,大量西方交响乐、流行乐及摇滚乐的出现,让不少年轻人对传统民间音乐失去了兴趣,在生活中不愿意主动去学习、了解传统音乐艺术,导致传统民间音乐陷入后继无人的困境,这就需要各地区非物质文化遗产保护机构,在平时工作中注重传统民间手艺人生活质量的改善,同时通过与高校、社会教育性组织机构合作,引导青年学生正确认识非物质文化遗产,了解非物质文化遗产的发展脉络,认识到保护及传承非物质文化遗产的必要性。正如文化和旅游部副部长项兆伦指出的那样,非物质文化遗产并非文物,而是在实践、尝试中的积累下来的传统文化行为,保护非物质文化遗产工作的开展,必须建立在可持续发展观念之上,从根本问题出发才能建立非物质文化遗产在国家文化事业发展中的地位,让更多人积极参与到该项伟大且富有文化内涵的工作的开展中去,转变年轻一代对非物质文化遗产的认识及态度。①

(二)加大对非遗保护的资金支持力度

如前文所述,非物质文化遗产保护工作是一项系统且漫长的工程,需要大量的资金投入,政府部门作为地方的经济、文化、科技等方面的指导者,理应承担起为非物质文化遗产的保护筹集资金的重任。

---

① 项兆伦:《在全国非物质文化遗产保护工作会议上的讲话》,2017年5月。

《河南省非物质文化遗产保护条例》和《洛阳市非物质文化遗产保护条例》都明确规定各级政府应当设立非遗保护专项资金。但是，受限于各种因素，洛阳市对于非遗保护的资金投入仍显不足。

这方面，苏州和上海的经验值得借鉴、参考。这两地在非遗项目的经费支持上，规定财政拿出专项资金对传承人授徒进行补助。不但补贴老一辈传承人，而且补贴拜师学艺的徒弟。这就大大缓解了非遗传承中的资金困难。

（三）优化人才培养，加强传承人保护

人才培养方面，洛阳市虽然对于国家级非遗项目河洛大鼓和省级非遗项目洛阳海神乐的人才培养进行了大力资助，但洛阳还有其他更多的音乐类非遗项目需要培养传承人，特别是大量的市县级项目。要真正让音乐类非遗在年轻人心中扎根，还有很长的路要走。

另外，为了应对非遗高龄传承人的不断去世，避免传承断档，国家文化部非遗司已于2015年启动了国家级非遗代表性传承人抢救性记录工作，目标是在2020年前全面完成对300名年满70周岁及不满70周岁但体弱多病的国家级代表性传承人进行抢救记录。洛阳市应当对此高度关注，尽力做好本市音乐类非遗高龄代表性传承人的抢救性记录工作。

（四）唤醒公众"文化自觉"，动员全社会参与非遗保护

所谓文化自觉，是指在现实生活中有一定知识积累及文化修养的人群对自己的传统文化有一定的主观认识，换句话说，就是人们自身对文化具备一定自我反思能力。若人们拥有良好的"文化自觉"意识，即可在社会环境生活中，会根据外界环境的变化，不断学习及巩固自身文化知识，让个人具备的文化得到延续及创新，这样更利于外来文化、本地传统文化发展关系的处理，而且有利于处理本土文化内部隐形与显性文化、历史与现代文化之间的关系。[①] 因此，唤醒洛阳民众对于非遗保护的"文化自觉"意识，十分

---

① 李娜：《河南音乐类非物质文化遗产的保护》，《飞天》2012年第4期。

重要。

因此改进宣传就成为非常迫切的事情。一项非物质文化遗产，要想保护好、传承好，应当不断改进宣传。如果宣传效果不理想，则无法让生活在现代的青年一代更多地了解该项非物质文化遗产的内涵实质，从而漠视这些非遗逐渐淡出人们的生活视野，被世人所遗忘。[①] 为此本地相关组织应紧随时代发展的步伐，不断创新自身宣传手段，真正唤起民众的"文化自觉"意识，只有这样才能动员全社会都参与到非遗项目的技艺传承、创新发展中来，才不会后继乏人。

六 结语

习近平总书记系列重要讲话中多次指出，要传承发展好中华优秀传统文化，实现中华文化的创造性转化和创新性发展。在多元文化时代，传承及保护非物质文化现已成为国家文化复兴的主要工作任务。[②] 洛阳市音乐类非物质文化遗产的传承与保护，必须按照国家对于非遗保护的相关政策要求和有关的法律法规内容，遵循艺术发展规律，政府引导，动员全社会积极参与，多策并举，久久为功。只有这样才能达到更好的效果。

---

① 何悦、王存福：《非遗传承人：老祖宗的绝活儿怎么就没人学了》，新华网，2013年6月8日。
② 项兆伦：《在全国非物质文化遗产保护工作会议上的讲话》，2017年5月。

B.9
洛阳民俗博物馆发展报告

王支援 葛珊*

摘 要： 洛阳民俗博物馆是以展示民俗风情、弘扬河洛文化为主的专题性博物馆，在习近平新时代中国特色社会主义思想的引领下，洛阳民俗博物馆迎来了新的发展机遇，也面临着历代陶瓷器标本亟须得到保护和展示、人员严重不足、文物资源需要整合等新的严峻挑战，要加快洛阳民俗博物馆发展，建议成立洛阳古瓷标本博物馆、洛阳民俗博物院，建立契约文书类纸质文物修复保护研究基地，以提升洛阳历史文化名城形象，促进文物保护事业发展，推动洛阳打造"博物馆之都"。

关键词： 洛阳 民俗 博物馆 文物保护 资源整合

民俗文化是普通民众长期以来在生产、生活实践中逐渐形成的一种社会文化。古都洛阳地处中原，是华夏文化的发祥地，自夏朝起先后有十三个朝代在此建都，历史上曾长期居于政治、经济、文化的中心地位。这样一座古城必定有着看不尽的历史遗存和道不完的民俗故事。[①] 为集中展示洛阳及周边地区的民风民俗，1988年洛阳民俗博物馆正式建成开放。

---

* 王支援，洛阳民俗博物馆馆长、研究馆员，洛阳市民间文艺家协会主席；葛珊，洛阳民俗博物馆馆员。
① 王支援：《洛阳民俗博物馆的发展之路》，《北京民俗论丛》，2014，第39~45页。

一 洛阳民俗博物馆的历史及现状

洛阳民俗博物馆是以展示民俗风情、弘扬河洛文化为主的专题性博物馆，现辖洛阳匾额博物馆、洛阳老子纪念馆、洛阳契约文书博物馆，是河南省最大的民俗类专题博物馆，国家AAA级旅游景点、河南省文物局重点科研基地。该馆位于河南省洛阳市瀍河区新街433号，所依馆舍是始建于清乾隆九年（公元1744年）的潞泽会馆。

潞泽会馆，系山西潞安府（今长治市）、泽州府（今晋城市）两地商人集资所建，供商贾聚会、货物集散、商洽接待，为同乡人之贫病死亡而捐助接济的地方。会馆占地15750平方米，整个建筑气势宏大、布局严谨、装饰精美。所建之初因供奉武财神关公而得名关帝庙，后改称为潞泽会馆。中华人民共和国成立前此处曾设立潞泽中学，中华人民共和国成立后为洛阳地区公安处占用，1981年由公安处移交给文物部门，辟为"豫西博物馆"，1986年被列为河南省重点文物保护单位，1987年由洛阳市编委批准更名为"洛阳民俗博物馆"，1988年该馆正式对外开放，2001年被国务院列为全国重点文物保护单位。馆内现有信俗、婚俗、寿俗、民间工艺、刺绣服饰、生活器具、农具、交通工具、床具等9个基本陈列展览。2006年，该馆的陈列展览荣获河南省博物馆陈列展览"最佳内容设计奖"。

自2000年，河南省文物局开展"继往开来·百年文物征集"活动以来，洛阳民俗博物馆坚持狠抓文物的征集和保护工作。截至目前，馆藏藏品数量为53000余件（套），其中三级以上文物1300余件（套），[①] 以民间刺绣服饰、生活器具、交通工具、民间工艺、木雕造像、石刻、匾额、契约文书类纸质文物为主要类别。

（一）下辖的三个专题博物馆

1. 洛阳匾额博物馆

2000~2008年，洛阳民俗博物馆从河南、山西、湖北、江苏等省份，

---

① 资料来源：洛阳民俗博物馆馆藏文物账册。

累计征集古匾 2000 余块①，藏品数量位居全国国有博物馆同类收藏前列。为进一步保护和展示这些匾额，2009 年 4 月，全国第一座国有匾额专题博物馆——洛阳匾额博物馆建成开放。该馆位于洛阳民俗博物馆西侧，占地面积 3160 平方米，青砖灰瓦，为仿清建筑风格。馆内共设有功德声望、贞节贤孝、官府门第、婚喜寿庆、医德教泽、寺庙宗祠、精品匾额、书斋堂号八个展区，展出匾额 500 余块，时间上起于明代天顺年间，下止于民国时期，其中不乏傅义渐、陈廷敬、纪昀、刘墉、和珅、左宗棠、蒋介石、丁汝昌等历史要人和书法名家之作，具有极高的历史文物价值和观赏价值。2009 年，其陈列展览荣获河南省最佳内容设计奖。洛阳匾额博物馆的建成开放填补了国内匾额类专题博物馆的空白，使一批流散于民间濒临消失，却又弥足珍贵的古匾得到了专业的保护修复和充分的展示利用。②

2. 洛阳老子纪念馆

自 2010 年起，洛阳民俗博物馆争取国家、省、市各级资金支持，对全国重点文物保护单位——祖师庙古建筑群进行全面的修缮保护，并广泛征集与老子、道教相关的各类文物，2012 年 9 月，洛阳老子纪念馆正式建成开放。该馆位于洛阳市老城区北大街，馆址前身是祖师庙，始建于元末明初，最初是为纪念道教祖师老子而建，明代时曾改作他用。20 世纪 90 年代中期移交给洛阳市文物部门保护管理后，国家、省、市各级政府曾多次拨款予以修缮。2006 年被国务院公布为全国重点文物保护单位。馆内大殿建筑是典型的元代梁架结构，这也是祖师庙跻身全国重点文物保护单位的重要原因。殿内塑有老子雕像，四周墙壁上的彩色壁画讲述了老子一生的经历。第一和第二展厅共展出木雕人物造像 200 余件。③ 这些造像多是明清时期家庭供奉的木雕神像，其中包括老子、八仙、土地神、灶神等。第三展厅是洛阳地区历史文化遗存的沙盘模型，其中的老子故居、孔子入周问礼碑、上清宫和下清宫等与道教相关的历史遗迹均有特别标注。中国道家学派创始人老子居洛

---

① 资料来源：洛阳民俗博物馆馆藏文物账册。
② 王支援：《洛阳民俗博物馆的发展之路》，《北京民俗论丛》，2014，第 39~45 页。
③ 资料来源：洛阳老子纪念馆。

达数十年之久,孔子入周问礼及著写《道德经》等事件均发生在这里。洛阳老子纪念馆以老子在河洛地区的史迹为主线,突出展示老子的生平事迹及道教文物,开创了我国此类纪念馆的先河。①

3.洛阳契约文书博物馆

在洛阳民俗博物馆的藏品中,纸质契约文书占有很大的比例,其类别大致包括地契、房契、结婚证、婚书、继嗣文书、丧葬文书、科举试卷、药单、路条、借据、分单、金兰谱、族谱、诉状等。这些纸质文物为研究中国古代社会,尤其是明、清、民国时期的土地制度、信俗文化、社会生活等方面提供了重要的实物依据。②2011年4月,洛阳民俗博物馆挑选600余份纸质文书在潞泽会馆的大殿内举办了"故纸撷英——洛阳民俗博物馆馆藏契约文书精华展",获得社会各界的广泛好评。这次临展的成功举办为一座新的专题博物馆的筹建带来了契机。2011年9月,经洛阳市发改委审批立项,洛阳契约博物馆的建设工作正式启动。该馆位于洛阳民俗博物馆东侧,总建筑面积约6000平方米。建筑风格为仿清代建筑,青砖灰瓦、琉璃花脊饰顶、歇山重檐。目前,该馆建筑主体工程已经全部完工,正在进行陈列展览的装修施工。

(二)河洛文化民俗庙会

举办河洛文化民俗庙会(洛阳民俗文化庙会)是洛阳民俗博物馆每年四月的重点工作。洛阳民俗文化庙会自1991年起,每年一届,是按照洛阳市委、市政府的花会工作部署,为配合中国洛阳牡丹文化节所举办的一项重要活动,自2011年起改称为河洛文化民俗庙会。庙会以"弘扬洛阳历史文化,推进洛阳旅游发展"为主题,以民间文艺表演为主要内容,包括鼓乐、狮舞、变脸、马戏、坠子书、排鼓等,同时还有许多民间艺术家会带上自己的手艺活,例如剪纸、面塑、布艺等前来助兴。热闹非凡的庙会气氛、丰富

---

① 王支援:《洛阳民俗博物馆的发展之路》,《北京民俗论丛》,2014,第39~45页。
② 王支援:《洛阳民俗博物馆的发展之路》,《北京民俗论丛》,2014,第39~45页。

多彩的活动内容、雅俗共赏的民间工艺，吸引着大批中外游客前来观光游览，使种种濒临灭绝的民间技艺重获新生，其中不乏国家级、省市级的非物质文化遗产，如河洛大鼓（国家级非物质文化遗产项目）、二鬼摔跤（洛阳市非物质文化遗产）、武皇十万宫廷乐、木偶戏等。一年一度的河洛文化民俗庙会，在弘扬河洛文化、展示民俗风情、烘托中国洛阳牡丹文化节气氛、丰富活跃城乡群众文化生活等方面发挥着重要作用。[1]

（三）文物外展交流

为了使日益丰富的藏品能够发挥更大的社会价值，提高藏品的展出率，促进文物交流，经河南省文物局批准，2013年3月，洛阳民俗博物馆挑选出匾额、刺绣和契约文书共计288件（套）馆藏文物，赴湖北省荆州市荆州博物馆进行了为期3个月的"洛阳民俗文化展"。2014年10月与新疆维吾尔自治区巴音郭楞蒙古自治州库尔勒市文体局联合举办了"河洛民俗文化交流展"，同年11月与新疆维吾尔自治区昌吉州玛纳斯县乐土驿镇驿站博物馆联合举办了"洛阳民俗文化交流展"。洛阳民俗博物馆的藏品在湖北荆州和新疆库尔勒、玛纳斯受到了当地公众的极高评价，此举为宣传古都文化、树立城市形象、提升洛阳民俗博物馆的知名度起到了巨大的推动作用。

（四）科研工作

丰富的藏品为洛阳民俗博物馆的科研工作提供了有力支撑。自2005年《潞泽会馆与洛阳民俗文化》一书出版后，该馆又相继出版了《洛阳匾额》一至五卷、《洛阳匾额论文集》、《洛阳民俗文化研究论文集》、《洛阳刺绣》、《故纸拾遗》一至六卷、《洛阳民俗故事》、《洛阳民俗博物馆馆藏文物》、《中国会馆文化研究》、《洛阳民俗博物馆馆藏木雕造像》等学术著作20余本，并在《中国文物报》、《文物天地》等专业和学术报刊上刊登过多期馆藏文物研究专辑。其中《洛阳匾额》第四、第五卷荣获2010年"河南

---

[1] 王支援：《洛阳民俗博物馆的发展之路》，《北京民俗论丛》，2014，第39~45页。

省优秀科普作品"一等奖和"洛阳市2009~2010年度优秀社科成果"一等奖;《故纸拾遗》第四卷荣获2011年"河南省优秀科普作品"一等奖;《故纸拾遗》第五卷荣获2012年"河南省优秀科普作品"二等奖。此外,由该馆申报的《河洛地区节庆习俗研究》《契约文书的保护与利用》等多个研究课题也获得了批准立项,其中不乏获奖成果。① 2015年10月,该馆承办了中国文物学会会馆专业委员会2015年会暨第七届(洛阳)会馆文化学术研讨会,为会馆文化的研究提供了学术交流平台。2017年3月,洛阳民俗博物馆被河南省文物局列为"河南省文物局重点科研基地"。

洛阳民俗博物馆以其清代古建筑群的宏伟气势和文物藏品的诸多种类,吸引着八方来客,再现了豫西地区的民风民俗。常抓文物征集、做好保护利用、形成良性循环,是该馆得以不断向前发展的有效经验。洛阳民俗博物馆在30年的发展过程中,并没有仅仅局限和满足于潞泽会馆古建群所吸引的游客,而是通过不断地征集文物,向馆内注入新鲜血液,变被动为主动,积极争取各方支持,在充分利用古建群这一历史遗迹的同时不断扩充馆内的藏品数量和种类,重视文物的保护修复和科研工作,成功地将1988年成立的一个专题博物馆发展成为现在四馆(洛阳民俗博物馆、洛阳匾额博物馆、洛阳老子纪念馆、洛阳契约文书博物馆)合一的盛况,走出了一条特色发展之路。②

二 洛阳民俗博物馆发展中的困境

党的十九大宣告中国特色社会主义进入了新时代,习近平新时代中国特色社会主义思想是全党全国人民为实现中华民族伟大复兴而奋斗的行动指南。党和国家进一步明确了文化建设在中国特色社会主义新时代的基本定位,强调文化自信是建设社会主义文化强国的动力之源,要坚

---

① 王支援:《洛阳民俗博物馆的发展之路》,《北京民俗论丛》,2014,第39~45页。
② 王支援:《洛阳民俗博物馆的发展之路》,《北京民俗论丛》,2014,第39~45页。

定文化自信，推动文化事业和文化产业发展，要加强文物保护利用和文化遗产保护传承。洛阳民俗博物馆迎来了新的发展机遇，也面临着新的严峻挑战。

（一）万余片中国历代陶瓷器标本亟须得到保护和展示

洛阳民俗博物馆多年来整理采集到中国历代陶瓷器标本1万余片。这些标本时间自新石器时期起，历经秦汉、魏晋南北朝、隋唐元明清诸朝，至民国时期，涵盖了中国历代瓷器各大主要窑系的诸多窑口，品类齐全，是研究中国古代陶瓷和古都洛阳历史、经济和文化不可多得的重要实物资料和珍贵文物。随着城市建设的不断发展和时间的推移，这些标本将会越来越少直至消失。基于此，王支援欲将收藏的这批陶瓷器标本全数无偿捐赠给洛阳民俗博物馆。但无论是硬件还是软件，目前该馆均不具备保护展出这批珍贵文物的专业条件，因此亟须建设成立一所专题博物馆，将这万余片中国历代陶瓷器标本进行更好的保护利用。

（二）工作人员严重不足，已制约各项工作的进一步发展

洛阳民俗博物馆现有编制35名（实有在编人员27人），承担着洛阳民俗博物馆（潞泽会馆）、洛阳匾额博物馆和洛阳老子纪念馆（祖师庙）3个专题博物馆的免费开放、陈列展示、文物保护、科学研究、学术交流、对外宣传，洛阳契约文书博物馆的筹建开放，以及潞泽会馆、祖师庙2处全国重点文物保护单位的维修保护利用等工作。同时，潞泽会馆作为清代晋商在洛阳的重要文化遗存，是"万里茶路"河南段洛阳市区重要的申遗备选遗产点之一，因此洛阳民俗博物馆还承担着中国"万里茶路"申报世界文化遗产的申报准备工作，任务繁重。现有员工数量已远远不能满足日常运营需求，严重制约了博物馆社会教育职能的发挥和洛阳民俗博物馆事业的发展。目前，迫切需要增加人员，引进专业人才以满足博物馆的日常运营，使科学研究、文物保护修复等工作向着更为专业化、系统化的方向发展。

（三）文物资源需要得到整合

全省文物工作会议提出要结合河南文物资源特色和文物工作实际，扎实推动河南文物事业繁荣发展，要紧抓"多规合一"机遇，系统挖掘、梳理、研究、整合本地区文物资源，围绕洛阳副中心城市建设等重点工作，进一步拓展文物事业服务领域，统筹协调博物馆建设，着力提升公共文化服务水平，研究规划中原地区博物馆体系建设。

洛阳作为国家级历史文化名城和著名古都，文物资源异常丰富。改革开放以来，洛阳市文物保护机构建设取得了长足发展，为文博事业的全面发展提供了强有力的保障。近年来，在国家、省文物部门和市委、市政府的大力支持下，洛阳民俗博物馆积极开展了卓有成效的文物征集工作，并依托征集的丰富藏品，先后筹建开放了洛阳匾额博物馆、洛阳老子纪念馆，正在建设中的洛阳契约文书博物馆不久也将建成开放。为科学整合利用洛阳民俗博物馆的文物资源、挖掘民俗文化潜力、提高博物馆的服务社会效能，需要成立一个专门机构对以上文物资源进行综合统筹管理，发挥博物馆群整体优势。

三 洛阳民俗博物馆发展的建议和设想

洛阳是文物大市，是历史文化名城，正在着力打造"国际文化旅游名城"和"博物馆之都"。为系统挖掘、梳理、研究、整合洛阳地区文物资源，"建设副中心、打造增长极"，推进"9+2"工作布局、实现"四高一强一率先"，建议从以下几个方面着手促进洛阳民俗博物馆的进一步发展。

（一）展示利用，成立洛阳古瓷标本博物馆

自十七十八世纪以来瓷器（英文China）一直是中国的标志性符号。洛阳民俗博物馆潜心整理收藏的万余片中国历代陶瓷器标本，是中国古代陶瓷文化的缩影，是城市繁华兴盛的历史见证。建议以"弘扬传播和展示中国

陶瓷文化、繁荣洛阳博物馆事业，创建博物馆之都"为宗旨，利用晴望阁①设立洛阳古瓷标本博物馆，以展示中国陶瓷艺术的发展历程，让公众更为系统地了解、认知中国古代悠久灿烂的陶瓷文化，使这批珍贵的古代陶瓷器文物标本得以更好的保护、展示和利用，进一步丰富洛阳市国有博物馆的类别和内容，填补河南省乃至全国第一家国有古瓷标本专题博物馆的空白。

（二）整合资源，成立洛阳民俗博物院

洛阳民俗博物馆自成立以来，广泛开展文物征集和民俗文化研究工作，已建成的3个专题博物馆从民俗文化、匾额文化和佛、道教木雕造像艺术以及民俗信仰等方面，全面地展示了河洛地区文化的博大精深。洛阳契约文书博物馆建成开放后也将以丰富的藏品内容、珍贵的文物发挥其重要的社会价值。加之前文提及的洛阳古瓷标本博物馆，在洛阳民俗博物馆周围将形成一个集民俗、匾额、契约文书、陶瓷文物标本展示于一体的颇具规模的专题博物馆群。

为充实和丰富洛阳市老城区东西南隅历史文化街区建设的文化内涵和展示内容，进一步提升洛阳的城市文化品位，建议以"高效、优化、精简"为原则，对洛阳民俗博物馆现有机构和人员重新整合，实现资源合理配置，增加人员编制，以满足文物保护、科学研究、陈列展示、安全保卫和宣传教育等工作实际和岗位需求。同时将洛阳民俗博物馆、洛阳匾额博物馆、洛阳老子纪念馆、洛阳契约文书博物馆（即将开放）、洛阳古瓷标本博物馆（正在申请设立）进行资源整合，成立洛阳民俗博物院，负责研究制定下辖5个专题博物馆的事业发展规划，并进行统一协调管理。负责对潞泽会馆和祖师庙2处全国重点文物保护单位进行维修保护，并承担"万里茶路"世界文化遗产的遗产点申报准备等工作，集中展示研究、统一规划管理，以更好地发挥博物馆群的积聚效应。这项工作的开展将是提升洛阳历史文化名城形

---

① 晴望阁：位于瀍河注入洛河的交汇处洛浦游园之内，南距洛阳民俗博物馆约一公里处，属于洛阳八小景之一——瀍壑朱樱的复古景观建筑之一，为三层仿古阁楼式建筑，面积约2000平方米，现属市水务局管辖，功能为文化项目。

象、促进文物保护事业的有益探索，是推动洛阳打造"博物馆之都"的有力举措。

（三）引进人才，推进科研工作向更深层次发展

洛阳民俗博物馆员工依托馆藏文物积极进行科学研究，编写出版科研著作20余部，在民俗文化、匾额、契约文书、民间信仰和木雕造像艺术研究领域有了一定程度的影响。该馆的科研工作虽然涉及的研究领域比较广泛，但存在深度不够、缺乏创新、具有影响力的学术带头人比较少等问题。科研工作是博物馆得以持久、全面、科学发展的根本保障，拥有一支专业的科研队伍，进行多学科的综合研究，不断引进先进的学术思想、研究方法和专业人才，才能使得科研工作形成良性循环，最终取得有意义和价值的学术成果，以促进博物馆更好地发展。洛阳民俗博物馆拥有数量大且种类多样的文物藏品，这为科研工作提供了坚实且丰富的第一手资料，有许多珍贵文物还在等待着科研人员去揭开其神秘的面纱，向世人揭示它重要的历史和文物价值。目前，洛阳民俗博物馆开展科研工作主要使用的是国拨免费开放补贴经费，建议向该馆投入专项科研资金，引进高学历专业人才，建立系统全面的学术研究体系，将科研工作向着更深的层次推进发展。

（四）抢救保护，建立契约文书类纸质文物修复保护研究基地

2011年以来，洛阳民俗博物馆积极开展馆藏纸质文物的修复保护工作，选派青年业务骨干参加国家、省、市文物部门举办的纸质文物修复保护培训，修建文物修复室，购置专业设备，按照国家文物局批准的修复保护方案，在河南博物院文物保护研究中心纸质文物修复专家的指导下，修复保护纸质文物（三级以下文物）1200余件，积累了一定的纸质文物修复保护经验。2016年10月，河南省文物局授予洛阳民俗博物馆可移动文物修复资质，业务范围主要为修复纸质文物。

洛阳民俗博物馆现藏有明代至中华人民共和国成立初期的各类契约文书、古籍、字画等纸质文物近50000件（套），是研究当时社会政治、经济

制度、社会生活和古文艺术的重要实物资料。这些文物年代久远，且纸质类文物本就不易保存，普遍存在病虫害、老化、酸化、磨损、断裂、缺损等问题，保存状况极差，且还在继续恶化。虽然洛阳民俗博物馆已经拥有一批长期从事纸质文物修复保护的技术人员、专业科技保护室和较完善的设备设施，但人力物力有限。建议以"保护为主，抢救第一"为原则，尽快建立契约文书类纸质文物修复保护研究基地，加大资金投入，吸纳更多的具有丰富经验的专业修复人才，对馆藏近50000件（套）纸质文物进行抢救性保护修复。纸质文物是反映社会生活的原始文字资料，是不可再生的历史文化资源，加强纸质文物的保护修复、管理和合理利用，对传承和弘扬中华民族优秀传统文化具有深远意义。建立契约文书类纸质文物修复保护研究基地，对文物进行抢救性保护修复是保存和延续文物的历史、艺术、科学信息与价值的有效手段，这项工作十分必要，且意义重大。

文物是传统文化的重要物质载体，蕴含着优秀传统文化的思想精华和道德精髓，也包含着以爱国主义为核心的民族精神和以改革创新为核心的时代精神。[1] 以习近平同志为核心的党中央高度重视中华文化的传承发展和文化遗产保护工作，强调保护历史文物是国家法律赋予每个人的责任，也是实施可持续发展战略的重要内容，要"让收藏在禁宫里的文物、陈列在广阔大地上的遗产、书写在古籍里的文字都活起来"。[2]

为此，要推动洛阳民俗博物馆加快发展，必须始终坚定不移地贯彻以习近平同志为核心的党中央的决策部署，全面贯彻省委、省政府对洛阳市关于建设国际文化旅游名城新的战略定位，坚持将文物的抢救和保护作为己任，抢抓机遇、务实重干、主动作为，留住文化根脉、守住民族之魂，为洛阳加快建设中原城市群副中心城市、建设国际文化旅游名城、打造博物馆之都不懈奋斗。

---

[1] 《习近平总书记关心历史文物保护工作纪实》，《人民日报》2015年1月10日。
[2] 《习近平谈治国理政》，外文出版社，2014，第161页。

B.10
洛阳演艺业发展现状、问题及对策建议

刘俊月*

摘　要： 演艺业处于文化产业的核心层面，具有知识密集和劳动密集的共有特点，是群众基础良好、能源消耗少的绿色产业。发展演艺业对于传播新时代中国特色社会主义文化，坚定中国特色社会主义文化自信具有十分重要的意义。2017年洛阳演艺业实现稳步发展，但也面临着许多制约因素。未来洛阳演艺业要想实现繁荣发展，必须从不断深化改革、加强艺术创新、注重市场培育等多方面着力，探寻出一条可持续发展之路。

关键词： 演艺业　改革　创新　培育

随着经济社会的快速发展，随着人民生活水平的提高，人民的文化消费也呈现出多元化的趋势。演艺业作为文化产业领域最直观、最鲜活、最具多样艺术表现形式的产业，自然有着更广泛的群众基础。近年来，洛阳在推动演艺业发展方面做了许多有益的探索和尝试，并取得了一定的成绩。如今洛阳正在加快建设国际文化旅游名城，这也将为洛阳演艺业带来前所未有的发展机遇。

一　洛阳演艺业发展现状

洛阳古为"天下之中"，作为我国历史上建都最早、朝代最多、历史最

---

* 刘俊月，洛阳市委党校副教授，研究方向为文化产业。

久的城市，洛阳从不乏故事素材，演艺便是讲述故事的最好手段。洛阳演艺界曾经的辉煌令业界赞叹，著名戏曲大师马金凤创立的马派豫剧，对豫剧的发扬光大做出了巨大贡献。改革开放以后，洛阳也培养出诸如程琳、陈明等著名流行歌手，她们都曾红遍大江南北。近几年，洛阳市先后出台了一系列文化产业政策，大力支持演艺业发展，推动旅游和演艺进一步融合。洛阳演艺业发展不仅满足了人民日益增长的对美好生活的需要，也成为洛阳国际文化旅游名城建设的重要推动力量。

截至2017年6月，洛阳市有国有院团16个，其中市直院团4个，在职从业人员人数为300人，离退休人员125人。市直属文艺院团注册资本为1613万元，总资产为2263万元。县区国有文艺演出团体12个，分属所在县区有关部门经营管理，每个团在职人员多少不等，一般在300人上下。全市民营演出团体114个，其中城市区23个，县（市）68个，从业人员约2200人，主要从事戏剧、舞蹈、曲艺、马戏、魔术、杂技、其他（表演）、器乐、声乐等文艺演出活动。民营经纪机构19个。[1]

总体上看，洛阳演艺业呈现以下特点。

（一）演艺机构调整力度加大

我国演艺机构在不同时期有不同的变化。演艺机构按所有制可分为国有事业演出机构、国有企业演出机构及民营演出机构三类。按演艺机构的功能和作用划分，演艺机构又可划分为演艺团体、剧场、演出公司等。随着改革的不断深入和市场体系的不断完善，洛阳演艺机构进一步调整。

一是市属文艺院团改革进一步深化。洛阳市是河南省5个文化体制改革试点城市之一。从2005年开始，根据国家和河南省关于文化院团改革发展要求，洛阳着手对市属文艺院团进行改革。2009年，洛阳率先对市属洛阳市豫剧院、洛阳市曲剧院、洛阳市歌舞剧院3个文艺院4个团进行改革，使这些文艺院团由事业单位转变为国有独资的文化企业，同时完成经营方式的

---

[1] 资料来源：洛阳市文广新局。

转变，由过去政府包办转变为向市场要效益。为进一步激发职工内在创作和演出的积极性主动性，提高经济和社会效益，2012年，在市政府主导下进一步深化改革，上述国有演出团体转变为国有控股和领导班子及骨干演员参股的有限责任公司，国有持股率为98.2%，职工持股率为1.8%。

2017年，洛阳市以全面深化改革为引领，以坚持人民文艺为人民为指导，既坚持优先注重社会效益，又兼顾社会效益和经济效益的有机统一，进一步深化对市属国有3家文艺院团的改革，在充分调研和广泛征求各部门意见的基础上，初步制定了《市直国有文艺院团深化改革的意见》（以下简称《意见》），并提交市文化体制改革专项小组工作会研究讨论。随后，有关部门一方面根据参会各部门提出的意见建议，对《意见》进行了修订；另一方面会同市财政局赴许昌、平顶山、商丘等地进行调研，详细了解当地文艺院团改革发展情况，吸取成功经验和有益做法，对《意见》进行补充完善。通过改革，主要实现两个目标：一是有效确保洛阳市财政支持市直文艺院团的人员和经费保障政策；二是推动国有文艺院团逐步完善现代企业管理制度，建立健全内部管理机制，搞活内部运营分配机制，充分调动广大文艺工作者积极性，提高国有文艺院团的生存能力和市场竞争力，着眼长远，立足市场，逐渐壮大，逐渐步入良性发展运行轨道。

改革后，国有文艺院团在用人机制上打破了过去受事业单位编制的限制，文艺院团根据自身事业发展需要，自主招聘急需的专业人才，改变了以往"有用人才进不来，无用人员出不去"的局面，人才断层现象得到了初步缓解，能进能出的用人机制初步形成。在工资待遇方面，全面推行绩效工资，多演出才能多收入，演得好才能有市场，充分调动了演职人员演出演好节目的积极性。同时，政府还通过以购代补，切实提高演职人员基本工资收入。2011年，洛阳市参照全供事业单位人员的工资待遇标准，计算出市直文艺院团原在职在编人员的档案工资总额，扣减拨付的定补经费和人员待遇经费后，政府通过购买市直文艺院团400场演出，每场7575元的办法，对文艺院团人员工资予以供给。市财政于2011年和2013年先后两次提高"洛阳市百场公益性文化演出"活动场次补贴标准，2013年起，每场提高到1.2

万元。通过以购代补，文艺院团职工收入较转企前有了明显提高，进一步稳定了演艺团体的职工队伍。

在艺术创新方面，市属国有文艺院团在上级项目资金、市财政投入资金的引领下主动加大投资力度，并积极争取社会力量支持，进一步激发自身创造创新活力，陆续创作出《北魏孝文帝》、新版《穆桂英挂帅》、《清风明月》、《盘夫索夫》、《洛阳令》、《花为媒》、《关公》等数十部优秀精品剧目。其中，《洛阳令》获河南省文华大奖，《清风明月》获河南省精神文明建设"五个一工程"奖，《北魏孝文帝》入选中原人文精神精品工程重点项目，舞剧《关公》入选中原文艺精品创作工程，并获河南省精神文明建设"五个一工程"奖。此外，舞剧《关公》先后于2016年、2017年在北京和郑州进行了专场演出，取得了很好的演出效果，受到观众一致好评。为开拓市场，各文艺院团还精选剧目，主动开拓市场，先后到福建漳州、广东佛山、山西运城等外省市进行商业演出，积累了演艺经验，取得良好的社会经济效益。洛阳市属演艺团体正在步入良性发展轨道。

二是民营演艺团体呈现较好发展态势。洛阳民营演艺团体在经历了从无到有、从小到大的艰难起步阶段，目前呈现出较好发展态势。一方面新生演艺团体不断增多，队伍不断壮大，他们立足本土市场，扎根本土文化，把握时代特点，弘扬主流文化，不断创作出具有时代和地域特点且广受大众欢迎的优秀文艺作品，为洛阳文艺事业的繁荣发展增添新的力量。另一方面一些发展较早的如洛阳隋唐百戏文化发展有限公司在经历艰难创业后有了长足发展，公司名下隋唐百戏城声誉鹊起，该公司倾力打造的《隋唐百戏传奇》，不仅挖掘再现了盛行于隋唐时期的杂技、幻术、游戏、乐舞等古称"百戏"的传统表演节目，而且通过引入国际马戏、现代杂技，融合舞蹈、乐队、东西方小丑表演等，展现时空穿越，让观众享受传统与现代交融艺术视觉的强大冲击力。

（二）演出艺术种类齐全

洛阳作为十三朝古都，文艺演出永远是洛阳人精神生活的重要组成部

分。无论国有演艺团体还是民营演出机构，都在尽力为洛阳人民提供丰富多彩的演艺节目。目前洛阳市的演出艺术种类涵盖戏曲、歌舞、杂技、曲艺、演唱会等各个方面。

在戏曲方面，洛阳历来有着先天优势。洛阳拥有自己创建的豫剧团和曲剧团，洛阳市豫剧团更是在全国负有盛名。1956年洛阳豫剧团成立，自创立以来，洛阳豫剧团始终把"出人、出戏、出精品，弘扬民族文化"作为院团的艺术宗旨，先后整理、改编了《穆桂英挂帅》《杨八姐游春》《花打朝》等多部优秀传统剧目。这些剧目因在剧本、演出、导演、音乐、舞美等方面的杰出表现，分别获得国内、省级多项大奖，并被拍成电影在全国各地上演。如今，这些优秀剧目依然深受观众喜爱。在洛阳每年举办的"百场公益演出"中，这些传统剧目都是百姓广为传颂的经典保留剧目。洛阳豫剧团不仅在艺术创作上成绩突出，更是培养出像豫剧大师马金凤一样的戏曲人才，这些艺术家成为洛阳戏曲发展的核心力量。

在歌舞方面，洛阳的歌舞演出内容丰富，形式多样。每年牡丹花会和河洛文化节成为洛阳歌舞的集中展示平台，2017年洛阳河洛文化旅游节上就有来自7个国家的十余支表演团队为市民和游客带来多场别具异域风情的演出。洛阳歌舞剧院历时三年精心打造的大型民族舞剧《关公》是中国首部关公题材史诗舞剧。该剧以宏大的历史背景、完整的故事结构、独特的表现形式向人们展示了一个义薄云天、有血有肉的关羽形象。落户洛阳国学剧场的中国首部国学修行剧《功夫诗·九卷》用进化成诗的功夫形体来充分展示中国博大精深的儒释道文化。另外，为进一步丰富洛阳舞台演出，洛阳洛神演艺有限公司、洛阳中网传媒股份有限公司联合引进大型儿童魔幻舞台剧《冰雪奇缘》和来自西班牙的不朽名作《卡门》，这是洛阳第一次引进剧目原班人马，联手中外顶级制作团队，一起打造的文化盛宴。

在曲艺演出方面，洛阳舞台演出丰富多彩，主要艺术形式有河洛大鼓、相声、快板、河南坠子等。其中河洛大鼓是最具地方特色的艺术表现形式，洛阳人都把河洛大鼓称为"说书"。河洛大鼓最早产生于清光绪末年，是民间艺人在洛阳琴书和南阳鼓词儿的基础上创立的一种新型说唱艺术。它用坠琴、三弦、四胡等特殊乐器伴奏，并且加上书鼓、月牙钢板击节，使河洛大鼓呈现出一种别具一格的艺术效果。这种演艺形式由于曲调新颖动听，受到群众喜爱，后来又不断借鉴河南坠子、河南豫剧、山东大鼓等演唱技巧，使河洛大鼓的表现形式进一步完善。河洛大鼓作为传统的表演艺术，应该说和"国粹京剧一样出类拔萃，和京韵大鼓一样魅力无穷，跟苏州评弹一样弥足珍贵"。[①] 关于河洛大鼓，人们曾有口诀相传："百般生意好做，唯有说书难趟，紧鼓慢板好打，就是老难开腔，先学太太说话，然后再学姑娘，学会起落闪战，蹦蹦跳跃跟上。喜怒哀乐用准，才敢码头闯荡。"[②] 这不仅表达了河洛大鼓的艺术难度，也从一定程度上反映了河洛大鼓的艺术高度。如今，河洛大鼓已被列为第一批国家非物质文化遗产，着力保护好这一优秀传统文化自然是洛阳不可推卸的责任。这些年，洛阳一方面致力于培养传承人，同时为河洛大鼓传承建立了传习所，日常的群众活动也成为非遗展示的平台。2017年，洛阳举办了第九届河洛大鼓曲艺节。

在演唱会方面，作为开放的旅游城市，洛阳的舞台成为许多歌舞明星的首选。近年来，洛阳先后举办了周杰伦、王力宏、S.H.E、蔡琴等的演唱会，仅2017年，洛阳就举办了好妹妹乐队"自在如风"演唱会、五月天演唱会、邓紫棋演唱会、蔡健雅演唱会、周杰伦演唱会。除了传统的演唱会，洛阳还成功举办了第二届"糖·Town（唐）"音乐节。"糖·Town（唐）"音乐节由洛阳旅发集团主办，文化创意小镇八里唐和唐·936洛阳音乐广播共同承办，是洛阳人自己的音乐节品牌。所谓"糖·Town（唐）"，意为"甜蜜的城市"。Town，是"城市"，又与tang发音同，而洛阳又是大唐盛世时期丝绸之路的东方起点，"糖·Town（唐）"音乐节的命名将古今中外文化进行融合，将音乐节与城市特色紧密结合，从而吸引世界各地的游客到洛阳观光、旅游、发展。2016年，首届"糖·Town（唐）"音乐节三天内吸引游客10万余人次，"糖·Town（唐）"音乐节已经成为中原地区当之无愧的最具影响力的音乐节品牌。

---

① 李剑：《河洛大鼓唱腔研究》，《艺术教育》2009年3月。
② 李剑：《河洛大鼓唱腔研究》，《艺术教育》2009年3月。

（三）旅游演艺取得突破

建设国际文化旅游名城是河南省委省政府赋予洛阳的四个定位之一。近年来，洛阳致力于旅游业的发展，在景点开发、旅游服务等方面都取得了较为显著的成绩。目前洛阳共拥有A级景区44家，其中有5家5A级旅游景区、21家4A级旅游景区、18家3A级旅游景区。2017年，全市共接待游客1.23亿人次，同比增长约8%，旅游总收入1040亿元，同比增长约15%。洛阳市先后荣膺中国优秀旅游城市、中国十大最佳魅力城市、国家旅游标准化试点城市、国家首批智慧旅游试点城市、全球网民推荐的中国十大旅游城市、福布斯中国大陆最发达旅游城市等称号。在中国城市竞争力研究会发布的《2017年中国最具特色旅游城市排名》中，洛阳位列第四。

作为一个旅游城市，洛阳近几年的旅游接待人数逐年攀升，但是洛阳旅游发展一直有一个短板，那就是洛阳入境游客停留时间短，过夜客人较少。大多数游客因为没有更多的消费项目，一般都在看完龙门和牡丹花后直接离开，这就形成了洛阳旅游的门票经济。在当今全域旅游发展的时代背景下，充分发掘洛阳历史文化资源，不断丰富旅游服务内容，必然成为洛阳旅游发展的不二选择。

2017年4月，由洛阳舜谛文化传播有限公司投资建设，由北京山水盛典策划，集导演、作曲、舞美、灯光、服装各领域名家联袂打造的中国首部大型实景史诗剧《武则天》如约和观众见面。该剧以洛阳为历史背景，将武则天这个历史人物与洛阳地方特色的历史文化有机结合起来，并且融入卢舍那大佛、牡丹、洛阳方言等地道的"洛阳元素"，运用现代声光、电控模型、电脑技术、舞美，深入剖析展现了中国历史上唯一的女皇武则天从14岁入宫到82岁去世光辉而波澜壮阔的一生。该剧一经上演就受到观众的广泛好评，仅在4月试演的一个月内就吸引了20000多名观众。《武则天》实景演出不仅丰富了洛阳夜间演艺市场，而且实现了文化与旅游的有机结合，成为洛阳旅游的新名片。

（四）惠民演出深入推进

为了满足人民日益增长的美好生活的需要，为了让人民在精神上"富"起来，洛阳市大力开展文化惠民活动。2017年8月，市文广新局组织洛阳豫剧院演艺有限公司、洛阳曲剧院演艺有限公司等市直戏曲文艺院团举办了"河洛百姓大舞台"活动，《洛阳桥》《泪洒相思地》等一大批优秀经典剧目在河洛剧院连番上演，到年底共演出了60场（8月演出安排见表1）。由河南省委宣传部主办的"中原文化大舞台"活动，充分发挥公共文化基础设施作用，通过政府购买服务、吸收社会力量参与等方式，让更多群众欣赏到优秀的文化艺术作品。2017年，该活动在洛阳市共进行38场精品剧目演出，包括豫剧《花木兰》2场、豫剧《五世请缨》2场、豫剧《铡刀下的红梅》2场、豫剧《大明皇后》2场、豫剧《穆桂英挂帅》4场、豫剧《清风明月》2场、豫剧《盘夫索夫》2场、曲剧《洛阳令》4场、曲剧《寇准背靴》2场、舞剧《关公》2场、《功夫诗·九卷》2场、百戏展演2场、豫剧《山妞》2场、豫剧《游子吟》2场、豫剧《特殊亲家》2场、豫剧《新月》2场、豫剧《赤子心》2场（部分演出时间安排见表2）。另外，洛阳还在牡丹文化节期间举办了优秀剧目展演月活动，共有9家优秀文艺表演团体的12部精品在洛阳市上演，其中不乏国家级的艺术精品，如豫剧《焦裕禄》、舞剧《沙湾往事》、评剧《母亲》等，剧目展演让洛阳市民在家门口就可以欣赏到一流的精品剧目。12部精品在洛阳歌剧院共演出20场，约2.4万人次观看了演出活动。

表1　"河洛百姓大舞台"活动2017年8月演出安排

序号	演出剧目	演出时间	演出单位
1	《洛阳桥》	8月1日19:40	洛阳豫剧院演艺有限公司（二团）
2	《泪洒相思地》	8月2日19:40	洛阳豫剧院演艺有限公司（二团）
3	《八珍汤》	8月3日19:40	洛阳豫剧院演艺有限公司（二团）
4	《穆桂英挂帅》	8月4日19:40	洛阳豫剧院演艺有限公司（一团）
5	《程婴救孤》	8月5日19:40	洛阳豫剧院演艺有限公司（一团）

续表

序号	演出剧目	演出时间	演出单位
6	《绣花女奇缘》	8月6日19:40	洛阳豫剧院演艺有限公司(一团)
7	《铡赵王》	8月11日19:40	洛阳曲剧院演艺有限公司
8	《刘秀还乡》	8月12日19:40	洛阳曲剧院演艺有限公司
9	《寇准背靴》	8月13日19:40	洛阳曲剧院演艺有限公司
10	《哑女告状》	8月18日19:40	洛阳曲剧院演艺有限公司
11	《生死恨》	8月19日19:40	洛阳曲剧院演艺有限公司
12	《玉蝉梦》	8月20日19:40	洛阳曲剧院演艺有限公司
13	《花为媒》	8月25日19:40	洛阳曲剧院演艺有限公司
14	《三子争父》	8月26日19:40	洛阳曲剧院演艺有限公司
15	《窦娥冤》	8月27日19:40	洛阳曲剧院演艺有限公司

表2　2017年"中原文化大舞台"部分演出安排

序号	演出时间	演出剧场	演出剧目	演出单位
1	2月17日	洛阳国学剧院	曲剧《寇准背靴》	洛阳曲剧演艺有限公司
2	3月11日	洛阳航空城酒店会议中心	曲剧《洛阳令》	洛阳曲剧演艺有限公司
3	3月12日	洛阳航空城酒店会议中心	曲剧《洛阳令》	洛阳曲剧演艺有限公司
4	3月17日	宜阳县委党校多功能演播大厅	曲剧《洛阳令》	洛阳曲剧演艺有限公司
5	3月18日	宜阳县委党校多功能演播大厅	曲剧《洛阳令》	洛阳曲剧演艺有限公司
6	3月21日	洛阳歌剧院	豫剧《铡刀下的红梅》	河南小皇后豫剧团
7	3月22日	洛阳歌剧院	豫剧《铡刀下的红梅》	河南小皇后豫剧团
8	3月23日	洛阳歌剧院	豫剧《大明皇后》	河南小皇后豫剧团
9	3月24日	洛阳歌剧院	豫剧《大明皇后》	河南小皇后豫剧团
10	4月28日	洛阳国学剧院	《功夫诗·九卷》	洛阳功夫诗九卷演出管理有限公司
11	8月3日	洛阳市工人俱乐部	豫剧《游子吟》	新乡演艺有限责任公司
12	8月4日	洛阳市工人俱乐部	豫剧《游子吟》	新乡演艺有限责任公司

续表

序号	演出时间	演出剧场	演出剧目	演出单位
13	8月5日	洛阳市工人俱乐部	豫剧《特殊亲家》	新乡演艺有限责任公司
14	8月6日	洛阳市工人俱乐部	豫剧《特殊亲家》	新乡演艺有限责任公司
15	8月7日	洛阳市工人俱乐部	豫剧《新月》	新乡演艺有限责任公司
16	8月8日	洛阳市工人俱乐部	豫剧《新月》	新乡演艺有限责任公司
17	10月27日	洛阳市工人俱乐部	豫剧《穆桂英挂帅》	洛阳豫剧演艺有限公司
18	10月28日	洛阳市工人俱乐部	豫剧《穆桂英挂帅》	洛阳豫剧演艺有限公司

二 洛阳演艺业存在的问题

洛阳演艺业经过这些年的发展的确取得了一定成绩，但也存在着不容忽视的问题。

（一）市属文艺院团发展中存在的突出问题

1. 年龄结构老化、后备人才匮乏，是制约洛阳国有文艺院团发展的根本问题所在

人才是任何行业生存发展的根本要素，演艺行业尤其如此，优秀的演艺人才就是一个演出团队的核心竞争力，一个团队名角越多，该团队的市场竞争力就越强。根据实践经验，作为地市级戏曲团体，起码需要80余人的演职人员才能确保演出团队阵容完整，保证行当齐全和新老交替有序。歌舞团体则需要更多的演职人员。洛阳市4个院团保留事业编制的人员仅有149人（洛阳豫剧院演艺有限公司一团34人、洛阳豫剧院演艺有限公司二团27人、洛阳曲剧院演艺有限公司45人、洛阳歌舞剧院演艺有限公司43人），演职人员缺口较大。从年龄结构看，普遍存在年龄偏大的情况，年龄结构不合理，两个戏曲院团职工的平均年龄为44.7岁，歌舞院团职工平均年龄也达到41.8岁，年龄偏大和跳舞受伤不能继续登台演出的在编待岗人员多达17人。鉴于这种状况，为解决国有院团年龄结构偏大，人才储备匮乏，各市直

文艺院团不得不面向社会分批次招聘了大量的演职人员。

2.文艺院团运营成本加大，职工收入缺乏保障，是困扰洛阳市属国有文艺院团发展的又一重要因素

按照河南省要求，洛阳市属国有文艺院团全部进行了转企改革，无论改制的速度还是彻底性方面，都走在了全省前列。从发展看，虽然转企改革是大势所趋，但转企改革后出现的一些新情况也始料未及。这其中最主要的就是国有院团的各种运营成本明显加大，如在惠民演出中，事业性质的文艺院团只要出具《行政事业单位收据》即可拿到财政的演出补贴，而企业性质的文艺院团需出台正规发票（出具发票需缴税）才可拿到财政的演出补贴。此外，企业性质的文艺院团每年如账面稍有盈余，相关部门就要求院团上交国有资本投资收益。

目前，洛阳市政府购买市直文艺院团的"洛阳市百场公益性文化演出"活动，取得的演出补贴是市直文艺院团的主要收入来源。在经过转企改制后，除了负担原在职在编人员的工资、社保金等费用外，还需自筹一部分支付保留事业编制退休人员的生活补贴、社保费及福利待遇等。就当前实际情况看，3个国有戏曲文艺院团问题较为突出，调研发现，各戏曲文艺院团在职在编人员仅能拿到其档案工资的50%左右，与全省好的演艺团体相比，演职员工的工资明显偏低，再加上演出淡季经常出现拖欠工资的现象，更是极大削弱了团队的凝聚力，每年都会出现大量的优秀年轻人才选择跳槽。据统计，2017年市直文艺院团已流失28人，其中洛阳豫剧院演艺有限公司一团和二团各有8人，洛阳曲剧院演艺有限公司4人，洛阳歌舞剧院演艺有限公司8人，分别选择到省直和许昌、南阳、漯河等地文艺院团就职发展。歌舞团体在编在岗人员工资基本能够正常供给，但要负担受伤员工和待岗人员的基本工资。

3.商演场次减少，缺少资金积累，致使国有院团发展后劲不足

党的十八大以来，在中央和河南省的倡导下，各级政府都很重视文化演艺业的发展。近年来，洛阳持续加大对国有院团的投入力度，为支持市属国有院团排演新剧目，市财政先后投入1000多万元，支持排演了新版曲剧

《洛阳令》、豫剧《北魏孝文帝》、豫剧《洛神赋》和舞剧《关公》。但与此形成鲜明对比的是，各文艺院团的商演普遍较少，政府保生存，商演保发展，没有大量的商业演出，国有院团就无法完成资本积累，没有资本积累，就无法支持大量新作品创作投入，没有大量新作品涌现，就很难培育完善的演艺市场。

4. 演出设备老化，配备数量不到位，是制约国有院团发展的重要因素

为改变演出设备老化，2016年洛阳市先后投入700余万元支持市直文艺院团更新了3套流动演出用音响设备、1套灯光设备，并更新了演出服装。但是演出必配的大巴车和流动舞台车配备不足，而洛阳市直文艺院团仅上级文化行政部门配备了3辆流动舞台车，其中一辆因车龄长、车况差已无法使用，各演出院团至今未配备大巴演出专用车辆，每逢下乡演出，需调剂使用或搭建临时演出舞台，大巴车辆需要租用，这不仅影响演出效果，还增加了大量的演出成本。

（二）民营演艺业发展存在的问题

1. 资源过于分散，缺少龙头企业的引领带动作用

洛阳民营演艺业总的来看处在发展的初创阶段，经过注册的大大小小民营演艺团体100多家，但无论是从注册资金还是演艺人员构成情况看，大都是小规模演艺企业。这种小型化演艺团队虽然便于起步，但对于本来资源不足的三四线城市来说，资源的分散不利于产业的长远发展，不利于企业做大做强，由此可以预见，洛阳演艺业市场的竞争会日趋激烈，在生存与发展的残酷竞争的环境中，必然要经历一个资源整合的过程。

2. 创新能力不足，产品趋同化严重

由于洛阳演艺市场相对狭小，中小企业专业人才储备非常有限，创意型、营销型高端人才稀缺，致使当前洛阳演艺业产品、演艺形式相对单一，特别叫好叫座的创意创新型特色产品不多，产品的趋同化严重，时常给观众带来似曾相识的感觉。创新不易，演艺业本来就是创意创新要求高、资金投入大、产品排演周期长、风险大的行业，对于风险承受能力不足的中小企

业，任何新产品的开发，都要瞻前顾后，掂量再三。

3.市场培育不足，高端管理人才奇缺

演艺业市场的培育不足，是中小城市共性问题，这主要是受地域经济发展、居民收入和全民文化教育层次等多种因素的影响，从全国演艺市场发展火爆的一线城市分析，人民群众物质上的需求得到满足后，精神层面的需求就自然催生演艺市场的快速发展。演艺产业是既传统又现代的朝阳产业，搞得好，既能带来社会效益又能产生经济效益，既能带来精神享受又能带来物质利益。因此政府必须高度重视演艺产业发展，不断营造良好的发展环境，厚植有利于企业起步生长的土壤。

管理人才对于演艺市场的培育、产品的打造和营销至关重要，就全国情况看，高端演艺业管理人才的高地集中在北京、上海、深圳等一线城市，中小城市普遍人才短缺，洛阳也不例外。不管是从人才成长规律还是市场发展规律看，单靠企业自身解决人才短缺问题，短时间很难有较大改观。政府要营造引进人才的大环境，民营企业要积极进取，要舍得花重金招揽人才，寻求资源的整合融合。

三 洛阳演艺业发展的对策建议

洛阳演艺业发展需要国有文艺院团进一步深化改革，也需要民营演艺团体进一步激发创新活力。

（一）国有院团的发展对策

1.妥善解决转企改革遗留的职工待遇问题，减轻企业包袱，解除后顾之忧

在转企改革中，河南省曾出台"老人老办法、新人新办法"的指导性政策，但并未明确解决"老人"职工待遇问题的具体措施，由各地市根据本地情况各行其是，导致全省各地市的保障措施不统一，一省之内待遇有高有低，互相攀比，矛盾辄生，这不仅不利于稳定职工队伍，为解决这些问题，还要空耗管理层许多精力。事实上，随着时间的推移"老人"问题也

在自然消化，压力也在逐渐减轻，建议洛阳市政府尽快出台具体保障政策，切实解决遗留问题，化解职工矛盾，解除企业发展的后顾之忧。

2. 建立人才引进培养长效机制，制定减轻税负负担适度倾斜政策

人才的引进培养，不仅要纳入全市人才引进培养机制，还要充分考虑演艺人才的特殊性，特别是在引进人才方面，要加大政策支持力度，充分发挥财政专项资金的作用，重点引进高精尖人才，同时着眼长远，确保高端人才，既能招进来，又要留得住。在人才培养上，既要注重全面培养，又要抓好重点培养，特别是年轻人才的培养。针对转企改制后运营成本加大这一实际情况，政府可利用地方税调节机制，在对国有院团税负征收上给予一定的政策支持，减轻企业负担，增加企业积累，增强发展内生动力。

3. 加大财政投入，全方位提升国有院团的基础设施条件

2017年3月，洛阳出台了《关于繁荣发展社会主义文艺的实施意见》，明确要求各级党委要充分认识文艺工作的地位和作用，加强直接领导，加大投入力度，"坚持政府引导和市场调节两轮驱动，创新资金投入方式，健全政府采购、项目补贴、贷款贴息、捐资激励等制度，鼓励和引导社会力量参与文艺创作生产，逐步建立健全文艺创作生产资助体系"。[①] 近年来，流动舞台车及服装道具等演出的基础设备虽有一定改善，但因长期以来欠账太多，资金缺口仍然很大，特别是各县区，受县域经济发展制约，在安排筹措资金方面不能很好地落实。

（二）民营演艺企业的发展建议

1. 政府要加大演艺市场的培育力度，营造良好的发展环境

培育演艺市场是一个复杂艰难而长期的过程，各级政府要着眼长远，抓住重点，要在政策引导上多下功夫，在打造优良发展环境、提供优质服务上动脑筋做文章，该管的管，不该管的坚决不管，为民营企业打造优良的投资发展环境。

---

① 《中共洛阳市委关于繁荣发展社会主义文艺的实施意见》，《牡丹》2017年4月。

一是市县（区）两级政府要制定演艺产业规划，加强政策性引导。一方面通过产业规划引领企业为市场提供更多更优秀的产品；另一方面通过开展文艺惠民工程进一步繁荣演艺市场。文化惠民活动不仅为广大群众提供了丰富的精神食粮，在培养居民消费习惯方面也有很好的促进作用。

二是为企业发展提供强大的人才支持。民营演艺企业除了自身注重人才培养和引进外，政府也应在人才培养上助力企业发展。洛阳可通过市文艺成果最高奖"牡丹奖"的评比，不断发现优秀文艺人才；通过发挥示范带动、媒体宣传不断推出名家新人，特别是通过加大对获奖者、获奖成果的宣传展示力度，扩大文艺人才的影响力。洛阳要力争在5~10年内，培养引进一批在全省、全国叫得响的演艺领军人才，创作一批具有洛阳地域文化特色的精品力作。

三是把握市场规律、找准市场定位。洛阳有深厚的文化底蕴，洛阳市民也有较高的文艺鉴赏水平。民营演艺企业应研究受众需求，立足地域文化，吸收融合外来文化，提高原创力，特别是结合洛阳旅游业发展，不断推出一批有思想内涵、有艺术品质、有独特风格的原创演艺产品。

2. 政府要主导鼓励支持企业资源整合，注重培育龙头演艺产业

龙头企业是一个行业的风向标和领航者，龙头企业的示范引领带动，对一个地区行业的发展十分重要。第一，龙头企业能够掌握大量资源，特别是能够吸纳行业顶尖人才的加盟，从而增加企业的核心竞争力。第二，龙头企业运作管理机制较为健全，科学合理的运作管理机制，能够确保企业生产高效，降低企业生产成本。第三，龙头企业抗风险能力较强，在当今竞争激烈的市场环境中，抗风险能力就是企业的护城河。第四，龙头企业因其具有商业模式和人才优势，创意、策划、设计和编剧的能力要远远高于同行业，比如宋城演艺，其精心打造的《宋城千古情》凭借其强大的创新优势，20年来常演不衰，创造了中国演艺业收入第一、利润第一、观众人数第一、演出场次第一的奇迹，目前已发展成为全国的龙头演艺产业。

就洛阳目前情况来看，还缺少如宋城集团一样的一家独大的行业排头兵，缺少有力整合洛阳演艺资源的龙头企业。借鉴外地的经验，建议由政府牵线搭桥、因势利导，尊重市场规律，推动企业融合并购发展。

发展演艺业是洛阳建设国际文化旅游名城的需要，更是满足洛阳人民日益增长的美好生活需要。未来在洛阳市委市政府的大力支持下，在企业的广泛参与下，在市场的不断优化中，洛阳演艺业必将迈入新的发展时代。

B.11
洛阳文化旅游业发展报告

时丽茹 刘涛[*]

摘 要： 洛阳是闻名中外的十三朝古都，文化旅游资源十分丰富，2017年文化旅游业持续健康发展，势头迅猛，成绩喜人，但同时也存在着不容忽视的问题和不足，需要采取有力措施大力发展文化旅游业，加快推进洛阳国际文化旅游名城建设。

关键词： 洛阳 文化旅游 名城 建设

党的十九大报告指出："中国特色社会主义已经进入新时代，我国社会的主要矛盾已经转化为人民日益增长的美好生活需要和不平衡不充分的发展之间的矛盾。"文化旅游业的发展就是为满足人民美好生活需要而产生的一种新兴产业。国家主席习近平曾于2013年3月22日在俄罗斯中国旅游年开幕式的致辞中指出："旅游是传播文明、交流文化、增进友谊的桥梁，是人民生活水平提高的一个重要指标""旅游是综合性产业，是拉动经济发展的重要动力"，对旅游业给予了高度评价。文化旅游业是由文化资源而衍生发展的旅游业，日益成为国民经济发展的支柱产业之一。洛阳作为十三朝古都，是久负盛名的历史文化名城，文化底蕴深厚，旅游资源丰富，发展文化旅游业的条件得天独厚，近年来文化旅游业的发展不断攀升，知名度和美誉度都逐年提高，2017年的文化旅游业保持了持续快速健康发展的良好态势，

---

[*] 时丽茹，洛阳市委党校科研处副处长、副教授，主要研究方向为哲学、文化、政治；刘涛，洛阳市旅游与发展委员会办公室主任。

并具有重大发展和突破，同时也存在着一些不足和问题，需要进一步加以改进。

一 2017年洛阳文化旅游业发展的总体情况

2017年，洛阳文化旅游发展不断推进，文化旅游业呈现持续快速发展的良好局面。

（一）建设国际文化旅游名城目标坚定，步伐加快

"国际文化旅游名城建设"是近年来洛阳市委市政府的重要战略部署。早在2010年10月，洛阳市委全会就提出了建设"国际文化旅游名城"的发展目标。2016年，新一届领导班子更是高度重视文化旅游业，着重推进洛阳国际文化旅游名城建设。2017年，洛阳市委市政府又将旅游产业列为"565"现代产业体系中的五大主导产业之一。2017年9月，洛阳市委十一届四次全会提出"加快建设国际文化旅游名城，着力打造融合发展新名片"，洛阳市建设国际文化旅游名城，目标坚定，步伐加快。

建设国际文化旅游名城，是河南省委赋予洛阳发展新的战略定位之一。2016年10月召开的省十次党代会明确提出要把洛阳建设成为国际文化旅游名城。2017年7月21日，省委常委会通过《关于支持洛阳市加快中原城市群副中心城市建设的若干意见》，再一次明确鼓励洛阳建设国际文化旅游名城，并给予大力支持。建设国际文化旅游名城，体现了省委、省政府对洛阳寄予的厚望和更高的要求，是洛阳发展面临的新的历史机遇，省、市对此都是态度明确、目标坚定、措施到位、力度空前。2017年8月31日，《河南省旅游产业转型升级行动方案（2017~2020年）》发布，明确提出"支持郑州、洛阳、开封等历史文化古都建设国际文化旅游名城"。2017年9月，省委、省政府又出台了《关于支持洛阳市加快中原城市群副中心城市建设的若干意见》，其中"建设国际文化旅游名城"是重点支持内容。2018年2

月,洛阳市出台了《关于加快旅游产业转型升级建设国际文化旅游名城实施意见》,对洛阳建设国际文化旅游名城进行了具体部署。

国际文化旅游名城建设,文化是灵魂,抓手在旅游,标准是国际。洛阳文化旅游业要奋力拼搏,努力前行,把洛阳建成特色彰显、华夏气派、国际水准的旅游城市,建设成为具有"国际范、中国风、洛阳味"的国际文化旅游名城。

(二)洛阳文化旅游业持续增长,健康发展

文化旅游业持续增长,景区数量不断增加,旅游品质大幅提升。2017年,洛阳共有旅游景区68家,其中5A级景区5家,4A级景区21家,3A级景区18家,2A级景区4家,全市A级旅游景区数量达48家,使洛阳的文化旅游更加丰富多彩。特别是2017年洛阳新增重大文化旅游项目5个,分别是伊滨道湛的倒盏民俗文化村、老城洛邑古城、中赫海洋馆、武则天演艺和重新开放的新安县青要山。

国内外游客数量持续过亿,旅游收入大幅增长,经济效益日益提高,在经济总量中所占比重进一步加大。继2015年洛阳全年接待的国内外游客数量首次突破1亿人次大关后,2016年达到1.142亿人次,2017年又稳步上升,共接待国内外游客1.23亿人次,比2016年增长7.71%。近三年来,洛阳的游客量在全省18个地市接待游客总量中的占比为20%左右。其中,2017年洛阳市接待入境游客132万人次,相较2016年的115万人次增长了14.78%;接待国内游客1.22亿人次,增长8%左右。2017年全省入境游客307.32万人次,同比增长4.5%。洛阳市在入境游客的接待上增幅比全省高出10.28个百分点。旅游总收入达到1040亿元,比2016年增长15%左右。其中,国内旅游收入1014亿元,同比增长15%左右,旅游创汇4亿美元,同比增长15%左右(见表1)。①

---

① 本报告数据除特别注明外,均来源于洛阳市旅游发展委员会。

表1　洛阳市2015～2017年文化旅游业增长情况

年度	接待游客量（亿人次）	占全省比重（%）	增幅（%）	入境游客量（万人次）	增幅（%）	旅游总收入（亿元）	增幅（%）	占全市GDP比重(%)
2015	1.043	20.14	10.14	100.36	19.48	701.76	16.77	20.00
2016	1.142	19.60	9.50	115.00	14.59	905.00	28.96	23.92
2017	1.230	18.50	7.71	132.00	14.78	1040.00	15.00	23.95

注：表中数据根据洛阳市旅游发展委员会及统计部门公开数据计算。

旅游景区的环境和质量不断提高，提档升级成效斐然。截止到2017年底，洛阳已经成功创建国家级文明景区1家，即龙门石窟景区；省级文明景区7家，分别是：隋唐城遗址植物园、白云山国家森林公园、鸡冠洞风景名胜区、龙潭大峡谷景区、国花园管理处、周王城天子驾六博物馆、重渡沟风景区有限公司。各大景区的旅游环境和服务质量都得到明显提升，投诉率控制在0.5‰以下，游客的旅游体验更加舒适、便捷、惬意，游客满意度不断提升。

洛阳文化旅游业的知名度和美誉度日渐提升，对国内外游客的吸引力逐步加强。根据今日头条和界面新闻联合发布的《2017中国旅游城市排行榜》，通过对中国大陆地区旅游收入达到一定规模的地级以上城市的旅游人数、旅游收入、旅游业比重、交通便利程度和旅游基础设施等五项指标进行评比，北京、重庆、上海位居榜单前三名，洛阳市的综合排名位于第21位，是河南省唯一入选城市，而在非省会城市中，只有苏州、深圳、青岛、宁波、丽江、三亚、大连等7个城市位居洛阳之前，充分说明了洛阳文化旅游的实力和魅力。

（三）洛阳文化旅游业成绩突出，屡获殊荣

洛阳第三次获得"全国文明城市"桂冠。"全国文明城市"是目前我国所有城市品牌中含金量最高、创建难度最大的一个，是一个城市最有价值的无形资产和最具竞争力的金字招牌。能够连续九年获得三届全国文明城市称号，是对洛阳的文明程度的肯定，也体现着洛阳文化旅游的实力。

连续在休闲农业和乡村旅游方面跃居全国先进行列。2017年4月，在全国休闲农业和乡村旅游大会上，洛阳被评为"全国休闲农业和乡村旅游示范市"，洛阳孟津县被评为"全国休闲农业和乡村旅游十强县"，孟津县洛阳银滩休闲农业观光园被评为"全国休闲农业和乡村旅游五星级示范企业（园区）"。洛阳的栾川、嵩县、孟津三个县都成为全国休闲农业与乡村旅游示范县，栾川县的重渡沟、孟津县的平乐村被选为全国乡村旅游创客示范基地。

旅游环境和旅游服务的硬件和软件得到极大提升，旅游厕所建设和管理服务水平全国领先。洛阳市的公厕建设和使用管理在全国属先进行列，是全国第五个实行免费公厕的大中型城市。2017年，洛阳市旅游厕所实际建设数量已经连续两年居河南省第一位。2017年2月4日，在广州市召开了全国厕所革命工作现场会，洛阳荣获"2016年全国厕所革命先进市"的称号，这是继2014、2015年后，洛阳连续第三年获得全国厕所革命先进市的荣誉。2017年5月26日，在浙江义乌举办的"第四次全国厕所革命推进大会"上，洛阳市旅游发展委员会荣获了"全国厕所革命先进单位"称号，河南省仅有洛阳市获此奖项。2017年，洛阳市的旅游志愿服务在全国也名列前茅，在国家旅游局开展的"四个一批"旅游志愿服务先锋行动中，洛阳市旅游发展委员会党员志愿服务队被评为"先锋组织"。

二 2017年洛阳文化旅游业的主要工作

2017年洛阳文化旅游业能够获得较大发展，得益于全市上下同心，做了大量艰苦细致的工作。

（一）全面开展文化旅游营销，不断扩大洛阳全球影响

1. 在国内外城市的旅游推介活动广泛多样

2017年3月，洛阳旅游专题推介活动在德国、俄罗斯等欧洲国家火热开展。2017年4月，洛阳首次在美国纽约开展营销宣传活动。2017年5月，

在印度尼西亚等地也开展了系列洛阳旅游推介活动。第35届中国洛阳牡丹文化节期间，洛阳旅游专题推介活动在北京、广州、武汉、重庆、郑州、西安、厦门、泉州、杭州、昆明等主要客源城市和香港地区都有开展，并且在海口、福州等新开通航线城市也开展了隆重的旅游推介活动。

2. 传统媒体和新媒体平台的宣传推介深入加强

2017年，洛阳继续保持与国内大台、大报、大网的联系，与各大传统媒体和新媒体平台开展战略合作，持续在中央电视台4套中文国际频道、中国国际广播电台国际在线网、香港大公网、中国旅游报等主流媒体和互联网平台投放洛阳旅游形象和产品广告，增强洛阳的城市品牌形象。与河南日报、洛阳日报报业集团、洛阳广播电视台深入合作，在《河南日报》、《洛阳晚报》、洛阳网等开设专栏、专版、深度报道等，全方位开展洛阳旅游宣传报道。借力微博微信平台，重点是借助新浪、腾讯上的洛阳旅游官方微博、腾讯QQ、微信、头条等平台和途径，强力开展网络营销，并且创建了洛阳旅游头条号矩阵。洛阳旅游微信平台（订阅号）名列全国旅游行业微信平台前十名，通过新媒体平台向广大网民持续推送各类洛阳旅游信息和旅游产品。

3. 事件营销和各类宣传活动不断策划推出

2017年，洛阳先后策划、组织和举办了一大批有新意、有影响、有轰动效应的文化旅游营销活动，包括2017年洛阳端午节龙舟大赛、"同享蓝天新风，共创环保旅游"环保旅游公益大型宣传活动、"5·19"中国旅游日洛阳广场活动、洛阳旅游宣传语征集、旅游摄影大赛、洛阳博物馆之都论坛、"记住乡愁增辉洛阳"微信营销活动和旅游营销快闪活动等等，产生了强烈的聚客效应。

2017年，洛阳组织策划和举办的各类活动众多，先后成功举办了2017亚太旅游协会探险旅游大会及交易会暨河南洛阳探险旅游与装备博览会、2017中原旅游商品博览会、洛阳博物馆之都专家论谈会、洛阳博物馆之都畅游活动、国际文艺广场巡演、世界摄影家看洛阳、百家旅行社推介会等多项重大旅游活动，吸引了海内外目光聚焦洛阳，有力地提升了洛阳知名度和影响力。

4. 编印旅游宣传资料和借助会展活动持续扩大影响

2017年，洛阳特别邀请了外籍团队编辑出版了《遇见洛阳——中国开始的地方》英文旅游丛书，还编辑印制了《吉祥洛阳》中英文宣传册以及《中国丝绸之路旅游年》《洛阳博物馆之旅》的宣传折页等资料。同时，借助旅交会、博览会等会展活动的参加、承办和组织，加强与旅行商、旅游机构的沟通交流。2017年4月2~4日，洛阳组织举办了亚太旅游协会探险旅游大会，共有30多个国家和地区的近400位代表前来参加，这是国内城市开展的首次以探险旅游为主题的国际性展会，影响很大。

（二）推进重大旅游项目发展，着力丰富旅游产品体系

1. 重大文化旅游项目强力推进

2017年，围绕全域融合发展文化旅游业、建设国际文化旅游名城重大专项，洛阳市梳理确定了33个项目进行重点推进，计划总投资436.64亿元，累计完成投资48.47亿元。其中代表性重点推进项目包括老君山国家级旅游度假区建设项目、白云山国家级旅游度假区建设项目、洛阳古城历史街区保护与整治示范区项目、龙门石窟景区西北服务区项目、老城区文峰塔非遗文化产业园项目、城市会客厅项目等。除了强力推进33个重大专项以外，还在重点项目中推荐了5个项目列入2017年全国优选旅游项目名录，分别是：白云山自驾旅游营地（一期）项目、西泰山养生养老休闲度假项目、河洛印象地—卫坡古村落文化旅游区项目、青要山旅游景区总体开发项目和东西南隅历史文化街区一期项目。在激励先进的同时，还鞭策督促后进。2017年，洛阳市旅发委专门邀请市人大常委会组织人大代表对重点旅游项目推进情况进行现场督察，对其中推进乏力、进展缓慢的项目如洛阳三彩陶艺村、中国·洛阳三彩小镇等项目进行通报。

2. 文化旅游产品体系稳步发展

2017年，洛阳市持续深入挖掘文化旅游资源，推出新的文化旅游产

品，使产品体系更加丰富，稳步发展。一是利用文化资源，提升改造和新建一批传统历史文化景区。2017年洛阳倾力打造了位于老城区的洛邑古城景区、位于伊滨区的大宋名相园等新产品，极大地满足了新时代旅游注重文化体验、回忆怀旧的需求。二是深挖历史内涵，着力谱写博物馆之都的洛阳旅游新篇章。2017年，洛阳相继推出了丝绸之路起点、大运河交汇点、万里茶道、大遗址、非遗传统技艺、豫西古建筑、红色旅游、峥嵘岁月工业游、河洛寻根、探宝寻秘等10条各具特色、内容丰富的博物馆之都精品旅游线路，打造了一批高质量的博物馆之都旅游产品，尤其是二里头遗址博物馆在2017年中国文化和自然遗产日开工建设，备受瞩目，将成为洛阳打造文脉传承的新地标，向世界展示"最早中国"。三是延展自然生态，打造了一批生态文化旅游度假区。2017年，洛阳大力发展集花海观赏、主题游乐、文化体验、生态休闲于一体的综合文化旅游度假区，如万安山国际郁金香花园、会盟银滩等，改造提升了老君山、鸡冠洞、重渡沟等生态景区，使之成为短途旅行、长期度假的目的地。四是丰富乡村业态，围绕休闲农业、康体养生实施融合发展。推出了孟津魏坡民俗村、伊滨倒盏民俗文化村、孟津凤凰山田园综合体、栾川祖师庙村"隐心谷"等一批乡村旅游产品。五是创作演艺作品，丰富洛阳旅游文化内涵。2017年洛阳继续推出和提升已经获得广泛影响的《隋唐百戏》和在八里堂文化艺术公园举办的第二届洛阳"糖·Town（唐）"音乐节。2017年4月19日，在洛阳市涧西区盛世唐园文化产业园正式开演了大型实景史诗剧《武则天》，用卢舍那大佛、牡丹、洛阳方言等诸多"洛阳元素"，演绎了中国历史上一代女皇武则天的传奇人生。这是洛阳首部大型实景旅游演艺剧目，为洛阳增添了一张具有深厚人文气息和历史文化的新名片。

3. 文化旅游招商工作成效突出

洛阳大力协调支持，扎实做好旅游招商工作，制订了《2017年旅游产业开放行动计划》，组织2017亚太旅游协会探险旅游大会投资项目洽谈会，邀请国内外50余家投资商进行洽谈，达成了合作意向5个，总投资3.8亿元。全市签约亿元以上旅游项目7个，总投资额约94.8亿元，其中10亿元以上项目3个，目前已开工项目4个，完成投资4.5亿元。

（三）积极推进精品景区建设，全力打造洛阳旅游品牌

1. 积极推进精品旅游景区建设

2017年，洛阳市持续开展A级景区创建达标和提升工作，组织全市旅游景区规划管理提升培训班。启动了黛眉山景区创建国家5A级景区，指导和推荐天河大峡谷、豪泽国际郁金香花海欢乐城、"二程"文化园和青要山景区创建国家4A级景区，新评定了5家景区晋级3A级景区，即中国一拖东方红工业游、新安函谷关、伊川鹤鸣峡、嵩县白云小镇、嵩县石头部落。狠抓旅游景区服务质量提升，市旅游发展委员会组织暗访组对全市所有A级景区进行暗访检查，对存在严重问题的卧龙谷景区给予摘牌处理，对龙峪湾、木札岭、养子沟、汉光武帝陵、王铎故居、龙隐等6家存在问题的景区给予严重警告、全市通报批评。

2. 积极推进旅游创建工作

2017年，洛阳市配合河南省旅游局在白云山景区举办了2017年全省旅游度假区创建与管理培训班。重渡沟景区旅游度假区被评为省级旅游度假区，老君山、西泰山、万安山被省旅游局确定为省级旅游度假区创建单位。开展工业旅游创建活动，向省旅游局推荐中国一拖集团有限公司等6家单位申报河南省工业旅游创新单位和河南省工业旅游示范基地。

3. 成功举办多项大型旅游活动

2017年4月2~4日，洛阳成功举办了2017亚太旅游协会探险旅游大会及交易会暨河南洛阳探险旅游与装备博览会，这是国内首次举办的以探险旅游为主题的国际性展会。2017年9月24~27日，成功举办了第5届中原旅游商品博览会暨"老家礼物"旅游商品大赛。本届博览会是参展商品最多、接待游客最多、签约项目最多、布局最具特色的一届，叫响了洛阳旅游品牌，"老家礼物"深入人心，取得了极大成功。

（四）不断完善旅游公共服务体系，扎实推进全域旅游建设

1. 不断完善旅游公共服务体系

一是智慧旅游持续提升。2017年，洛阳智慧旅游2.0项目建设扎实推进，持续深化旅游大数据建设及应用，智慧旅游数据中心已实现支撑洛阳旅游信息发布、公共服务、行业管理、行业运行监测、安全应急、精准营销、服务提升等方面的应用，智慧旅游系统导入交警部门高速卡口车辆数据。编制了第35届牡丹文化节智慧旅游大数据报告和2017年河洛文化旅游节智慧旅游大数据报告。积极引导旅游景区、旅行社开展智慧旅游建设，以龙门石窟、老君山为代表的智慧旅游景区已实现了Wi-Fi网络覆盖、电子讲解、智能入园、移动支付、智能停车场、大数据分析等功能，借助互联网实现了服务、管理、营销水平提升。指导部分旅行社开发了微信公众平台、旅行社同业平台、导游预约平台、电子合同等系统。二是旅游厕所革命成效显著。2017年，洛阳市525座旅游厕所全部完工并投入使用。三是旅游标识系统不断完善。2017年，洛阳共更换改造了18套旅游交通标识，进一步提升了全市交通标识引导功能，使旅游更加便捷通畅。四是旅游标准化工作扎实推进。在全市文化旅游景区和旅游服务单位推行旅游标准化规程，对先进单位进行表彰和奖励，汝阳县、华阳广场国际大饭店、白云山被确定为河南省旅游标准化示范单位。五是强化旅游行业培训。2017年，洛阳市文化旅游部门大力强化旅游单位和从业人员的行业培训，有力地提升了旅游行业的服务质量和水平。

2. 多措并举，扎实推进全域旅游建设

2017年，洛阳稳步推进《全域融合发展文化旅游业，建设国际文化旅游名城重大专项》，各县区积极响应全域旅游示范区创建工作，制定了切实可行的实施举措，扎实推进全域旅游建设。作为旅游强县，栾川县率先成立了主要领导挂帅的高规格创建国家级全域旅游示范区指挥部，实施"118"旅游工程（即围绕旅游富县战略建设旅居福地新栾川，落实10条意见，完成80项具体工作），初步建立了旅游治理"1+3+X"模式。嵩县积极推动

"1+3+X"综合管理体制机制改革,完善提升基础设施,打造全域旅游产品。孟津和洛龙作为全国第二批全域旅游示范区创建单位,积极组织编制全域旅游发展规划,制订创建国家全域旅游示范区工作实施方案,筹备全域旅游推进大会。

(五)全面优化旅游环境,深入开展旅游惠民

1. 全面优化旅游市场环境,多方努力

一是加大旅游市场检查力度,依法整顿旅游市场秩序。二是抓好旅游110值班工作,精心受理旅游咨询投诉。2017年全年共受理各类咨询、投诉7964起。其中,受理游客咨询7730件,游客投诉234件。通过受理旅游咨询,协调处理旅游投诉,受理率100%,满意率100%,为旅游者挽回经济损失30余万元,为旅游企业挽回经济损失60余万元。旅游投诉案件办结率100%,游客满意度100%。三是全力营造旅游发展环境,大力促进县域旅游发展。栾川县以建设国家级旅游业改革创新先行区和国家全域旅游示范区为载体,策划举办的"自驾游栾川·高速全免费"旅游公益扶贫活动成为国内热点。嵩县围绕建设中原首个山水休闲型全域旅游示范区战略定位,着力构建门类多元、功能完善、可持续发展的旅游产业集群,白云山四星级白云人家酒店、五星级白云国际酒店、小黄山索道建成投入使用,石头部落、白云小镇双双晋升为3A级景区。新安县举办了国内百家媒体暨世界摄影家看洛阳——新安采风活动、2017全国摄影大赛暨世界摄影家来新安大型采风活动的开镜仪式等活动,叫响了"我要去新安"品牌。宜阳县以承办第13届全运会部分比赛项目为契机,强化宣传营销,持续开展服务质量和市场秩序集中整治,"休闲宜阳"旅游品牌影响力不断提升。孟津县集中精力抓项目,汇聚合力抓招商,多措并举抓宣传,着力发展乡村游,"来孟津耍吧"在洛阳家喻户晓,乡村旅游发展模式得到第六届联合国世界旅游组织旅游可持续发展中国观测点专家认可,成为大会的经典案例之一。

2. 深入开展文化旅游惠民,力度空前

2017年4月,洛阳市旅发委修订了《洛阳市旅游年票使用管理办法》,

取消了旅游旺季不能使用旅游年票的限制。出台了"部分公园不收费、旅游年票不受限、社会车辆不限行、餐饮住宿控涨幅"等旅游惠民措施,牡丹文化节期间,全市接待游客数量比上年同期增长6.11%,旅游总收入同比增长13.07%,旅游收入的增长率是旅游人数增长率的两倍还多,惠民效果彰显。2017年9~10月的河洛文化旅游节,洛阳市在固化牡丹文化节四项惠民举措的基础上,又延展了惠民范围和内容,推出了"部分景区免费看,其余景区全半价"和"环城高速豫C车辆免费通行"、"精品剧目预约领票免费观看"等新的惠民举措。全市有43个旅游景区自9月17~30日,对所有来洛游客和市民实施门票优惠,其中A级景区30个,非A级景区14个,其中包括驰名中外的龙门石窟景区等5个5A级景区,白马寺、重渡沟等13个4A级景区,涵盖了洛阳旅游景区的精华,吸引了国内外众多媒体聚焦洛阳,产生了强烈的聚客效应,有效地激活了洛阳秋季旅游市场,也使旅游年票的办理呈现井喷之势,2017年全年,洛阳旅游年票共发行近80万张,同比增长26%,年票游客刷卡进入景区263.97万人次,同比增长17%。市委、市政府还出台了"部分公园不收费、餐饮住宿控涨幅"等惠民政策,进一步增强了群众的获得感、幸福感,受到了广大市民及游客的广泛赞誉。

三 2017年洛阳文化旅游业发展存在的问题

2017年洛阳的文化旅游业取得了历史上最好成绩,步入良性发展轨道,发展前景十分广阔。但以国际文化旅游名城的目标衡量,还存在许多不尽如人意的地方,需要继续改进和提高。

(一)洛阳文化旅游的目标细化不够明晰

2017年,洛阳市明确了打造"国际范、中国风、洛阳味"的国际文化旅游名城的文化旅游业发展目标,但是还需要进一步细化,需要明确具体的衡量指标、行为路径和方式方法。洛阳结合自身实际,赋予了国际文化旅游

名城的目标以鲜活的内涵：国际范、中国风、洛阳味。这是十分值得称道的。但是这些内容还要进一步细化。2017年5月20日，在"国际文化旅游名城研讨会"上发布的《国际文化旅游名城研究报告》，首次对国际文化旅游名城的评价指标进行了明确界定，共提出了10项一级指标和35项二级指标。城市文明度、城市知名度、城市开放度、城市活跃度、国际化程度、文化资源丰度、文旅发展水平、文旅服务质量、发展环境、发展持续性等都是国际文化旅游名城测评的一级指标。[①] 这些指标为建设国际文化旅游名城提供了参考指南。目前各地建设国际文化旅游名城的基本标准大致包括六个方面：城市旅游形象国际化、旅游服务国际化、旅游产品国际化、旅游环境国际化、旅游价值国际化和旅游经济国际化等。但还缺乏相应细化的指标，且文化的内涵没有凸显。洛阳应据此制定一套综合而又细化的评价标准体系，以利于旅游行业对标建设。

（二）洛阳文化旅游的特色定位不够准确

对于一个国际文化旅游名城来说，鲜明的特色是其标识。中国的政治文化中心、庄严的天安门、雄伟的长城、神秘的故宫，这种帝都气象是北京的独特标识。雄奇瑰丽的东方明珠塔、神形各异的摩天大楼、万国风格的外滩建筑，这是现代化的国际大都市上海。"洛阳地脉花最宜，牡丹尤为天下奇。"欧阳修《洛阳牡丹图》中的记述，道出了洛阳一绝是牡丹。洛阳的文化旅游业因为牡丹而兴盛，也因为牡丹而局限。作为历史文化名城，洛阳已经有一大批活化历史、品味文化的重点文化旅游项目建成或正在推进，但仍然让人感觉洛阳整体的文化旅游特色不够突出，缺乏一条鲜明的历史文化主线，难以把这些散乱的明珠串联起来，让人有明确深刻的共识和极其鲜明的城市印象。

---

① 魏国剑、肖建勇：《国际文化旅游名城有了评价指标》，《大河报》2017年5月23日，第AⅡ05版。

（三）洛阳文化旅游的产品整合不够有效

洛阳对文化旅游资源的整合力度不够，产品盲目开发等问题相对突出，产生了一些品位不高、重复雷同、效益不佳的文化旅游产品，缺少一流的文化旅游精品，如伊滨区的倒盏民俗文化村火爆后，同类型的民俗文化旅游景区跟风而上，既造成资源浪费，又产生了恶性竞争。没有持续推出高品位、具有核心吸引力的文化旅游精品，也缺少让人耳目一新、吸引眼球的文化旅游新品，原有的龙门、白马寺、关林等老三篇吸引力下滑，新开发的天堂明堂等景区体量有限，游客游玩时间较短，老城丽景门、十字街、洛邑古城等历史文化景区的档次、品位、设施、环境等相比南京夫子庙、西安大唐芙蓉园等景区还有不小差距。洛阳仍然缺少汇聚大型游乐、体验、休闲等多元素可反复消费的新型旅游业态和旅游综合体，难以满足高端游客需求，而开封的七盛角、小宋城等文化旅游综合体做得风生水起，值得洛阳学习借鉴。洛阳的旅游景区仍然是各自为战，没有结成互助联盟，没有形成相互关联、互为补充的伙伴关系。在旅游旺季，尤其是牡丹文化节期间，一些知名牡丹园人满为患，赏花体验受到交通、餐饮、停车、如厕、服务等诸多困扰，而另外一些牡丹园则"门前冷落车马稀"，为了抢占客源，甚至不惜采用不正当竞争手段。

洛阳的旅游市场中体积较小、方便携带、具有寓意、价格适中的旅游商品还是偏少。传统的观光产品多，而商务会展类、文化体验类、休闲度假类等新的综合性、高附加值旅游产品少，不能适应新的市场需求。旅游商品特色化、便携化程度不高，旅游购物占比较低。多数景区产业链短、增值服务少，大多局限于门票经济、同质化严重，没有形成独一无二的吸引力、竞争力和变现能力。特别是一些旅游景区包括传统历史文化街区，所出售的众多旅游纪念品或食品地方特色不突出，缺乏创意和新意。对于大宗旅游纪念品的购买，与快递物流业的联系不多，不能有效刺激游客的购买欲望。

（四）洛阳文化旅游的转型发展不够深入

2017年，洛阳市委市政府明确提出全力推动洛阳旅游由"老三篇"向新篇章，由门票经济向全域旅游，由旅游城市向城市旅游的转变，使旅游业成为经济新常态下带动全市经济增长的驱动力和新亮点，但目前短板仍然不少，转型只是开始。

洛阳在基础设施上还不够完善，始发航线、高铁车次少，国际航线少。截止到2017年底，洛阳北郊机场有24条航线，直通国内外27个城市，已是历史最高，但与其他旅游城市相比差距仍然很大。湖南张家界市已经拥有55条国内航线、6条国际航线；云南丽江市拥有56条国内航线、5条国际航线，出入境都非常方便。洛阳目前仅有郑西高铁过境，导致入境游客、商务游客、远程游客等高端游客进出洛阳不便，国际知名旅游企业落户少。洛阳文化旅游的发展质量仍然不高，旅游产品和结构体系较为单一，高端产品较少，适应自驾游新形势的游客服务中心、集散中心、自驾车营地等设施不完善。宣传营销费用持续投入不足，造成高端游客市场开发不够充分，尤其是在新兴国际市场客源地市场开发上投入不足，开拓力度不大。作为发展文化旅游产业的主体，洛阳的旅游企业整体弱小，大多是分散式、个体化经营，截止到目前没有一家全国百强旅行社，只有两家五星级酒店，这和洛阳国际文化旅游名城的地位很不相称，在做大做强文化旅游产业方面难以发挥更大的作用，同时洛阳国际知名旅游企业落户少，缺乏在国际国内有实力的品牌旅游集团，难以带动整体旅游市场。

（五）洛阳文化旅游的整体效益不够理想

洛阳文化旅游业的整体效益与旅游资源的突出优势及其他优秀旅游城市相比，还有很大的差距和遗憾，无论是经济效益还是社会效益都未达到较为理想的状态。

目前洛阳文化旅游人才较为缺乏，高端旅游人才严重不足，包括文化旅游业的经营管理人才、文化旅游业的规划设计人才、文化旅游业的营销策划人才、文化旅游业的一线服务人才等都相对匮乏。人才的不足导致了文化旅游业发展的结构和效益也不尽如人意。从游客结构看，国际化程度不高，入境游客比重仍然偏小，2015年、2016年、2017年三年的入境游客占全市游客接待总量的比重分别为0.96%、1.01%和1.07%。

从旅游总体效益来看，虽然游客接待总量在全国地级城市中名列前茅，但是旅游综合收入不高，目前旅游收入中门票占比过高，购物、娱乐等消费偏少，一日游的游客多，二日游、三日游及停留更长时间的游客偏少，省内及周边游客多，中远程游客少，普通观光游客多，休闲度假、商务、会展等具备高消费能力的游客少。游客在洛阳停留时间较短，旅游二次消费不足。2017年，杭州、南京的旅游总收入分别是洛阳市的2.5倍和1.9倍，来洛游客人均消费不足1000元，只有杭州的43%、成都的63%、南京的46%、厦门的55%，差距十分明显。

2016年，河南省旅游业总收入为5764亿元，比上年增长12.37%，而洛阳市的旅游总收入的同比增幅是16%，比全省高出3.63个百分点。2017年，洛阳市旅游总收入的增幅有所下降，同比增长为15%，而河南省旅游业总收入为6751亿元，比上年增长17.1%，洛阳市比全省低2.1个百分点。2016年，河南省接待国内外游客5.83亿人次，同比增长14.47%，洛阳市接待国内外游客1.142亿人次，同比增长9.5%，比全省低4.97个百分点。2017年，河南省接待国内外游客6.6511亿人次，同比增长14.1%，洛阳市的游客总量为1.23亿人次，同比增长7.71%，比河南省低6.39个百分点，增速与全省平均水平相比差距较大（见表2）。

表2 2017年河南省内主要旅游城市发展指标

地区	游客数量（亿人次）	同比增长（%）	占全省比重（%）	旅游总收入（亿元）	同比增长（%）	占全省比重（%）
郑州	1	12.9	15.04	1186	12.5	17.57
开封	5862.6	15.4	8.81	483.2	21.2	7.16
洛阳	1.23	7.71	18.49	1040	15	15.41

注：表中数据根据公开资料统计。

四 洛阳文化旅游业发展的对策建议

洛阳的文化旅游业要按照已定的发展思路，加快旅游供给侧结构性改革，以建设国际文化旅游名城为总目标，以旅游标准化建设为基础，以培育精准化旅游产品为切入点，以擦亮城市旅游品牌为抓手，以提升旅游从业人员素质为重点，加快实现旅游产业地位、旅游经济模式、旅游产品、旅游地性质、旅游区域关系的转变，实现旅游产业由发展速度型向质量效益型的转型，真正把洛阳建设成为具有"国际范、中国风、洛阳味"的国际文化旅游名城。今后还需在以下方面做出努力。

（一）围绕发展目标，制定评价标准体系

洛阳文化旅游业发展的目标是建设国际文化旅游名城。国际文化旅游名城是指经济社会发达，文化底蕴厚重，城市综合环境优美，旅游资源丰富，旅游产品体系健全，具有超国界吸引力，旅游功能显著、体系完备、符合国际标准且在城市功能中占据主导地位，国际国内游客数量众多，是国际型旅游城市和重要旅游目的地，在世界上具有较高知名度的国际性城市。洛阳要围绕这一目标，树立全域旅游发展理念，按照"高端化、绿色化、智能化、融合化、标准化"的发展方向，尽快制定公布洛阳文化旅游产业发展、建设国际文化旅游名城的目标评价标准和体系。国际文化旅游名城的目标和标准要做到领导干部明确、旅游管理人员明确、旅游服务人员明确、洛阳民众明确。人人行动，全民参与，为国际文化旅游名城建设贡献力量。

（二）突出独特优势，准确定位文化旅游

聚焦洛阳的独特文化资源，让优势资源更加凸显，要以独特文化主线贯穿众多历史文化遗迹，突出历史的发展脉络，把散落的珍珠串成一条精美的项链。

河南省省长陈润儿曾说："作为历史文化名城，洛阳要尤其注意文化的

深入挖掘，做好文化的记忆传承和载体建设，让古都的每一小段残垣断壁都能得到充分保护，发挥其文化传承作用。"洛阳有着丰富而独特的文化遗产，对于历史文化遗产的保护和深入挖掘，洛阳已经有了明确的总体思路，这就是："坚持守正出奇，保护固态、传承活态、发展业态，让传统风貌和现代气息交融。"① 司马光有诗云："若问古今兴废事，请君只看洛阳城。"欲知中国五千年的历史，洛阳是最好的目的地。洛阳偃师二里头的夏都斟鄩开启了最早的中国历史，商都西亳留下了商朝无尽的遐思，周公兴建洛邑，平王迁都成周，群雄逐鹿、问鼎中原。偃师孟津接壤之处，汉魏故城遗迹犹存。隋唐洛阳城，东都神都地。历史长河奔流不息，洛阳古城起起伏伏。走过历史的足迹，看今天的洛阳新城，古风新韵，不仅加深了游客对洛阳的印象，也在洛阳的游览中深入了解了中国的历史文化，更加增强了对中国特色社会主义的自信。

（三）合理布局设计，整合链接旅游产品

深化旅游综合体制改革，实施全域旅游创建提升行动。按照《洛阳市创建国家全域旅游示范区实施方案》，建立统筹全域旅游建设发展的领导机制，全力推进国家级全域旅游示范区和国家级旅游业改革创新先行区创建工作，在制度创新、资源整合、产业融合、特色培育、政策扶持、要素保障等方面先行先试。加快"1+3+X"全域旅游管理体制改革，形成科学高效的全域旅游综合监管机制。积极推进栾川县、嵩县、洛龙、孟津县等国家全域旅游示范区创建，确保栾川县、嵩县在2018年底前创建成功。到2020年，基本完成全市全域旅游示范区创建各项任务，实现"旅游治理规范化、旅游供给品质化、旅游参与全民化、旅游效应最大化、旅游发展全域化"的创建目标。

推动产业融合，提升旅游业综合带动效应。实施产业融合提升行动，推动农旅融合，实施乡村旅游提质升级工程，深入抓好乡村游的提质升级，建

---

① 《洛阳：守正出奇 建设国际文化旅游名城》，http：//mp.weixin.qq.com/s? src =11&timestam。

设孟津魏家坡河洛印象地、伊滨倒盏民俗文化村、栾川三川"隐心谷"特色民宿示范区、嵩县白云山自驾营地旅游小镇、洛宁爱和小镇等一批富有特色的风情旅游小镇，争创国家级乡村旅游创客示范基地。推动文旅融合，建成孟津卫坡、汝阳杜康古镇一期等文化旅游项目。推动体旅融合，依托举办全国性、国际性高水平赛事，推动赛事体育旅游、节庆体育旅游、专项体育旅游发展。推动研学旅游融合，加强与北京大学、清华大学等高等院校的合作交流，努力把洛阳建成研学游基地。推动会展旅游融合。精心组织办好2018年中原旅游商品博览会，提升中原旅游商品博览会档次和国际化水平，积极发展会展旅游，吸引高端商务游客。

（四）紧盯目标定位，加快推动转型升级

一是打造旅游品牌，着力推动洛阳旅游从"老三篇"向"新篇章"转变。要打造国际知名旅游品牌，巩固提升龙门、关林、白马寺等"老三篇"，形成龙头示范引领带动作用，重点打造博物馆之都、隋唐洛阳城国家历史文化公园、龙门国际文化旅游目的地、河洛之根、国花牡丹等一批具有较高知名度和影响力的国际旅游品牌。包装推出"河洛之根"旅游线路和产品，将龙门石窟、白马寺、玄奘故里与登封少林寺联合打造成国际一流的精品文化旅游线路。着力培育旅游新品牌，谱写洛阳旅游"新篇章"。持续开展高A级景区和度假区创建。引导并启动黛眉山景区、小浪底景区创建国家5A级景区，指导天堂明堂、洛邑古城等景区创建国家4A级景区。开展旅游度假区创建，指导白云山、重渡沟创建国家级旅游度假区，老君山、西泰山、万安山创成省级旅游度假区。实施旅游休闲度假小镇培育工程，指导开展栾川风情小镇、杜康小镇、上戈苹果小镇、三彩小镇等特色小镇的建设工作。注重开发创作文化旅游演艺产品，提升传统演艺作品的艺术性、思想性、观赏性和互动性。抓好重大文化旅游项目建设，积极开展对外招商工作，促进旅游产业转型升级，为建设国际文化旅游名城提供重要支撑。

二是注重功能提升，着力推动旅游城市向城市旅游转变。实施旅游设施提升行动，构建高水平旅游公共服务体系。深入开展旅游标准化示范单位创

建，重点指导汝阳县、洛阳白云山旅游有限责任公司、洛阳华阳广场国际大饭店有限公司积极开展旅游标准化示范单位创建，在全省、全国树立旅游服务的标杆和典范。完善旅游服务设施，重点强化交通枢纽地带、商业繁华集中区域、高速公路服务区、旅游集散中心等场所的旅游咨询服务功能，完善提升旅游集散中心、停车场、自驾车房车营地、通用航空营地、旅游公厕等配套服务设施。开展旅游星级饭店提升工程，引进一批国际知名品牌饭店。推动乡村旅游标准提升，加快智慧旅游建设步伐，深入开展新三年旅游厕所革命，不断完善旅游便民设施和旅游集散体系、旅游咨询体系。

三是提升旅游消费，着力推动门票经济向产业经济转变。围绕洛阳的历史文化、文化创意、旅游演艺、运动休闲、旅游文创、特色民宿、养生保健等板块，深入挖掘整合，培育更多旅游新业态，大力发展旅游文创产品。加大旅游商品、旅游纪念品开发、营销、推广的扶持力度，促进旅游消费结构优化。编制洛阳旅游商品、旅游纪念品发展计划，引导文创企业参与旅游商品、旅游纪念品设计与制造；培育旅游商品运营企业，开发销售以"洛阳礼物"为代表的旅游纪念品，有效提升游客购物消费。建设旅游特色街区、旅游综合体。着力打造特色旅游街区，建设一批集观光、购物、体验、住宿、餐饮、娱乐等多种要素于一体的旅游综合体，不断提升旅游二次消费和高端消费。

（五）创新营销模式，着力促进旅游营销

实施旅游营销提升行动，创新城市旅游形象宣传策略，整合各级各部门营销资源，讲好"洛阳故事"。强化国际营销，制订实施洛阳国际文化旅游名城形象宣传计划，确立洛阳旅游产品形象、宣传口号和Logo，构建全球推介营销体系。通过"走出去"和"请进来"的方式，强化与国家旅游局各驻外办事机构和主要客源国家和地区、"一带一路"沿线国家的旅行商、媒体的联系，借助Facebook、Youtube、Twitter等社交网络平台开展境外线上营销推介，有针对性地做好国际旅游营销。抓好国内营销，精心策划事件营销活动，吸引海内外目光聚焦洛阳。借助大报、大台、大网等主流媒体，

开展统一形象、统一标识、统一品牌、统一内容的城市旅游整体营销。加强对洛阳高铁、航线直达城市的旅游宣传推介，抓好高铁线路冠名宣传，同步开发高铁沿线市场。对京津冀、长三角、珠三角和成渝板块等主要客源城市和地区开展不同形式的针对性旅游营销。用好新媒体营销，综合运用微信、微博、今日头条、抖音等各类网络新兴媒体和社交网络，借力百度、腾讯、携程等网络平台，着力发展"线上订单、线下旅游"的旅游产品销售新模式。

（六）注重人才建设，提升旅游综合效益

借助"河洛英才"计划的实施，下大力气引进和留住外地文化旅游业的高端人才，同时重视和培养提升本地人才，为洛阳文化旅游业的发展提供强大的人才支撑和发展后劲。加强文化旅游业从业人员队伍管理，对现有文化旅游业从业人员进行摸排，对优秀人才进行表彰激励，对损害洛阳文化旅游业发展的行为进行惩戒。

综上所述，通过全方位的努力，大力补齐洛阳文化旅游发展短板，持续提升洛阳文化旅游的品牌优势，定会促进洛阳文化旅游业的综合效益的大幅度提高，推动国际文化旅游名城建设目标早日实现。

B.12
卫坡传统村落保护问题研究

刘荣利*

摘　要： 卫坡古民居具有较高的历史、文化、科学价值。它的文化起源深厚，既培育出魏紫牡丹，又有400年卫氏的家族传承，遗留下"文化大革命"时代的痕迹。卫坡传统村落的保护与开发，主要包括政府引导下的市场开发模式，规划先行的理念引领方式，修旧如旧的保护开发方式，安置居民并行的美丽乡村建设。通过对卫坡传统村落的SWOT分析，提出创新引领，全域思维；准确定位，做到极致；寻找IP，放大宣传；多元协作，联动发展的对策建议。

关键词： 卫坡　传统村落　保护

河南省洛阳市孟津县朝阳镇卫坡村，[①] 因卫氏家族聚居而得名。卫坡清代古建筑群，在豫西地区规模最大、种类最全、保存得也最完整。因此，卫坡成为"中国传统村落""中国美丽乡村""河南省文物保护单位""河南省历史文化名村"。作为洛阳市17个中国传统村落之一，卫坡的保护开发模式，在挽救珍贵的历史文化遗存的基础上，不仅传承河洛文化、壮大旅游经济，更为其他各类传统村落的发展探索路径，并提供有益借鉴。

---

* 刘荣利，洛阳市委党校副教授，研究方向为区域经济。
① 卫坡，又名卫家坡、魏家坡。卫、魏混用，在卫坡，也是奇趣现象。

一 卫坡传统村落的基本情况

卫坡村，位于千年帝都洛阳北部的邙山腹地，北部组团孟津县的朝阳镇，南至连霍高速公路，东至洛阳到孟津快速通道，北至北魏孝文帝陵，西至卫坡水库，村域面积约2800亩。整个村落背靠邙岭，环绕瀍河之流，周围树林葱郁，环境宁静清幽。

卫坡古民居属典型官宦私宅建筑布局结构，建于清乾隆至道光年间。它气势非凡，布局错落有致，庭院侧门互通，厅堂格局气派，建筑庄重古朴。古民居大体上呈东西走向，沿一条长180米的青石板路南北分布，周围原有围墙，东、西、南、北各设有大门，大门上有更楼。现存房屋248间，建筑面积5000多平方米，包括16所正宅，3座祠堂，1所私塾，28孔靠山窑，8座天井窑院。整条古街16所正宅，南面7所北面9所。北边是三进院，南边多是五进院，人们习惯将此称为三宅五院。各个院落都是青砖灰瓦，大门也比较统一，布局严整，而且建筑装饰丰富多彩，有木雕、石雕、砖雕、彩绘、壁画等，工艺精美，内涵丰富。另有磨坊、花园、织造院、车马院及仆人住所等设施。

卫坡古民居的规模、布局、风格比较完整。青砖灰瓦的古老宅院，座座气宇轩昂，户户紧挨，大小厢房、正堂、偏房、小庭院、地坑院一个连着一个。其宏大的建筑群不仅外观庄重、典雅，和依然居住着的卫家后人一起见证着历史的辉煌与沧桑。卫坡古民居是目前豫西地区最大、保存最完整的清代建筑群，具有较高的历史、文化、科学价值。

二 卫坡传统村落的文化起源

卫坡是洛阳历史文化财富中的一颗璀璨明珠。它以深刻的历史记忆承载着深厚的文化积淀，与苍然博大的邙山一起，成为河洛文化的有机组成部分。

（一）"魏氏池馆"培育出魏紫牡丹

卫坡距今有 1000 多年的历史，这里是后周、宋两代宰相魏仁溥的私人花园，是牡丹魏紫的诞生地。

洛阳牡丹甲天下。如果说牡丹是花中之王，那么姚黄和魏紫就是洛阳最名贵的两个牡丹品种，分别被称为"花王""花后"。姚黄出自姚氏民家，魏紫出自宰相魏仁溥家。"魏家花者千叶肉红花，出于魏相（仁溥）家。今姚黄真可为王，而魏花乃后也。"① 在浩瀚的历史长河中，辅佐过两朝皇帝的魏仁溥，可谓"极品"。他原为后晋枢密院刀笔小吏，后力助郭威"黄袍加身"，建立后周，位居宰相。后来赵匡胤"黄袍加身"，建立大宋，他又在相位上干了四年。魏仁溥的私家园林"魏氏池馆"，就位于今邙山脚下卫坡村。"魏氏池馆"甚大，有山有水，看景要"登舟渡池"，可谓名园。据说，魏仁溥一生酷爱牡丹，在池馆中大量种植，而且只要听说哪里的牡丹好，还会不惜重金购买。有一个砍柴人从洛阳寿安山中挖回一株开紫花的野生牡丹。魏仁溥以五十金买之，栽在池馆，慢慢培育出一代名花"魏紫"。"人有数其叶者，云至七百叶。"魏家有名花的消息就像长了翅膀，花开时节，魏氏池馆人满为患。魏家以看花卖门票，一不小心开了"牡丹花会"的先河。"花初出时，人有欲阅者，人税十数钱，乃得登舟渡池至花所，魏氏日收十数缗。"②

（二）400 年卫氏终成官宦大族

卫坡村起源于明末清初，鼎盛于清朝中叶，至今已有 400 年历史。据卫坡《卫氏家谱》记载，清顺治年间，卫氏第七世卫天禄由济源迁此兴家置业，因姓氏及邙山上一"簸形纳金"的地形起村名卫家坡。《卫氏家谱》记载，天禄公"踏遍北邙精选于此"，是因为"三慕一望"："一慕名都洛阳，

---

① 摘自北宋欧阳修的《洛阳牡丹记》。
② 摘自北宋欧阳修的《洛阳牡丹记》。

二慕名花魏紫牡丹发祥地,三慕宝地北魏孝文帝陵之侧,望此三面环沟,沟中有水,山明水秀,古树成林,出门可观邙山山景,居家可听水流声,乃宝地一方。"实际上,卫氏初来,"一担两筐,人口不过十口",居住在村西沟半腰的三孔土窑,背靠邙岭,面向小河。可见,卫天禄逃荒来此,见有荒地有水源,能满足最基本生存需要,便在此定居。清乾隆年间,卫氏第十代两支六门,称为老六门,是卫氏的"中兴一代",卫氏族人开始入朝当官,并逐渐增多,整个清代入仕者将近百人,最高的当过四品五城兵马司,有26位七品以上官员,还出过诰命夫人4位。卫氏成为中州望族,开始了历经将近一百年的卫氏老宅修建,最终形成了集南北老宅、绣楼、祠堂、私塾于一体的较完整的封建官宦家族宅院。咸丰年间,家族中有功名出仕者渐少,家族逐渐衰落。清末,鸦片祸及卫家,卫坡衰败。

(三)"文化大革命"遗留下时代痕迹

卫坡古街,处处可见"文化大革命"的痕迹。老宅外墙上的壁画,如葵花、太阳、红灯笼、毛主席头像,还有毛主席语录等,都是那个年代所特有的符号。如"大讲忠于的事迹,大颂忠于的威力,大传忠于的经验,大树忠于的榜样",等等。一所老宅的大门上,黄漆刷的对联,上联是"天天读毛主席的书",下联是"句句听毛主席的话",横批是"破旧立新"。很多屋的内墙上都画有毛主席头像,写有毛主席语录,或者是其他红色标语,比如"毛主席指示我照办,大海航行靠舵手,干革命靠毛泽东思想","我们都是来自五湖四海,为了一个共同的革命目标,走到一起来了……"它们都是二十世纪六七十年代留下来的,保留了古屋在中华人民共和国成立后的历史演进印记。

三 卫坡传统村落的保护与开发

卫坡古民居,作为豫西地区清代古建筑群的典型代表,规模最大、保存也最为完整。但它的保护开发过程,却是历经风雨沧桑。卫坡人几经探索、多方努力,终于确定了文旅结合、农旅结合的保护与开发方式,激发出古村活力。

(一)政府引导下的市场开发模式

卫坡古民居,原本就是外砖内坯,夏季豫西雨水较多,加上年深日久,每年都有房屋倾塌,一些院落已成废墟。卫坡村民自发对这些古建筑进行了一些简单的修缮,但面对需要大量投资的古建筑整修保护,村两委和村民们都显得无能为力。2003 年以来,经新闻媒体报道,卫坡古民居逐渐引起人们关注。2006 年,卫坡被列入河南省文物保护单位;2007 年,被列入河南省历史文化名村。卫坡曾尝试通过发展旅游来保护民居,最终都归于失败。

在群众积极参与的基础上,经过专家反复研讨论证,认为引入社会资本参与是保护开发古民居最好的方法。2011 年,卫坡村与洛阳魏紫旅游开发有限公司达成协议,制订了卫坡保护性开发方案——以卫坡古民居保护性开发为中心,在全面修复现有古民居的基础上,打造集古民居参观、文化交流展示、民间文物交易、休闲度假于一体的综合性旅游景区。[①] 社会资本的注入,不仅解决了修缮保护文物所需要的资金问题,而且也给卫坡村及其老百姓的生活发展带来了新机遇。通过市场的作用进行社会融资对卫坡进行保护性开发的方式,得到了广泛认可,取得了一系列成效。2013 年,住建部授予卫坡"中国传统村落"称号,2014 年,卫坡被评为"中国美丽乡村"创建试点村。目前的卫坡村,正发挥其文化和生态优势,积极探索古民居保护开发与美丽乡村建设融合发展的新模式。

(二)规划先行的理念引领方式

孟津县政府确定,在搞好卫坡总体规划的基础上,制定详细规划、文物保护规划等,开发建设要严格按照规划进行。洛阳市魏紫旅游开发有限公

---

① 《卫坡村:市场力量"唤醒"古村魅力》,《洛阳日报》网站,http://lyrb.lyd.com.cn/html/2014-07/23/content_1232073.htm。

司，按照"遵循历史保护修缮，合理开发充分利用"的宗旨，对卫坡做整体发展规划：要按照明清文化小镇来打造、策划卫坡村，并融入古民居文化、豫西窑院民居民俗、北魏孝文帝陵等文化元素，确定了"河洛印象地·卫坡古村落"的规划开发项目主题。

河洛印象地——卫坡古村落文化旅游项目占地1675亩，总投资15亿元。[①] 该项目以自然生态、人文环境、保健体验为主题，以古民居建筑文化、窑洞文化、民俗文化、饮食文化、婚俗文化、养生文化、乡村文化和夜文化为内容。规划涵盖：修复古民居，将古街建成集古玩书画展览销售为一体的明清特色旅游步行街；修复"佛爷寺"，并在周边建设修行禅院，为善男信女提供安静的修行场所；建设专业书画创作交流中心，为广大艺术创作者提供诗意的创作交流环境；修复天井窑院，让游客在其中体验民间工艺；修建仿明清建筑的文化商业长街，使其形成一个洛阳的"宽窄巷"；建设以魏紫牡丹为主题的名贵牡丹园，让人们观赏丰富的植被景观，体验四季的自然之美；建设独具特色的私人收藏品展示中心，与书画院、古民居相映成趣；修复卫坡水库，形成一个集农家餐饮、水上娱乐、垂钓、休闲度假于一体的特色休闲度假乐园。届时，整体项目将与北魏孝文帝长陵连成一片。项目分三期，其中，一期工程占地475亩，投资5.77亿元，主要规划有三十六行作坊区、百家特色小吃街、汉婚演艺广场、民间艺术表演区、卫坡历史塑像馆以及以魏紫牡丹为主题的魏家花园民俗客栈和酒店、水上乐园等，[②] 已基本建成并对外开放。

（三）修旧如旧的保护开发方式

按照"修旧如旧"的原则，洛阳市文物考古研究院受孟津、卫坡委托编制了卫坡古民居保护维修方案，具有文物保护维修资质的施工队伍对卫坡进行了精细施工，整个施工过程由清华大学文物保护建筑专家负责全程技术

---

① 数据来自卫坡景区资料。
② 《孟津卫坡古村落文化旅游区项目即将建成迎宾》，《洛阳日报》2016年9月6日。

指导和监督。洛阳市魏紫旅游开发有限公司，按照"修旧如旧"，本着最大限度保留原址、原状、原物的原则，进行古建筑修复，尽可能保留古建筑的原有结构风貌和历史特色。在修建古民居之前，设计人员查阅了大量的文献和历史记录，多方走访原屋主，尽量保证在用料、装饰等方面能原汁原味修复古屋。对于古民居存有的大量木雕、砖雕、石雕、匾额、雕花木床等，在施工中全部予以保留，仅对个别损毁严重的进行简单修饰，对在原址重建的房舍尽可能保持其历史特色和原有结构风貌。当然，施工中还对这些古建筑采取了必要的现代化保护手段。比如，以前的古屋基本都是不够结实的土坯房，在修复时就改成砖土结构。除了固态的修旧如旧外，还有活态的文化传承。公司对村中的私塾学堂进行重新修复，也注意收集卫家潜心治学、清廉为官的传说，让游客感受卫家的发家之路。通过亲身参与、体验大众喜闻乐见的多种形式的民俗活动，让游客多方位感受原汁原味的民俗风情和民俗文化的魅力。

（四）安置居民并行的美丽乡村建设

曾经的卫坡村，2000余亩山坡分布在"一路三沟十道岭"沟岔之间，390户1700余名群众，"吃水靠拉、浇地靠天"，出行"三步一小坑、十步一大坑"，该村是全县典型的"穷、乱、差"村。

卫坡在对古民居做保护开发规划之初，为妥善安置居住在清代民居内的村民，洛阳市魏紫旅游开发有限公司，先在卫坡村东南部建了安置房，其中318套两层半式的连体住宅，面积约13万平方米，200套仿古式单元房，约3万平方米。两个小区连为一体，功能齐全、环境优美。2013年，卫坡解决了困扰群众多年的吃水难和出行难问题。卫坡先后利用争取到的"美丽乡村"和"传统村落"项目资金1110万元，推进实施"三化两场两站一街"工程，包括道路硬化、村庄绿化、街道亮化，民俗文化广场、私塾文化广场，垃圾收集站、污水处理站，历史文化街区等。

2016年国庆节期间，卫坡古民居开始试营业，黄金周共接待游客17万人次，2017年春节游客量为30余万人次，平时每逢周末游客络绎不绝。旅游业的发展，拓宽了村民的增收渠道。2016年底，卫坡摘掉了贫困村的帽子。

四　卫坡传统村落的SWOT分析

卫坡传统村落的保护和开发，在拥有核心产品——古民居的基础上，已经形成了整体规划和总体发展思路，详尽分析其优势、劣势及面临的机遇和挑战，对卫坡的发展有着极其重要的作用。

（一）卫坡传统村落的优势分析

卫坡有着交通区位、文化建筑、遗存集聚等优势，更是孟津乃至洛阳旅游一个有益的补充。

1. 交通区位优势

孟津是距离洛阳最近的县。洛阳机场坐落在孟津境内，航线直达27个国内国际城市。G30、G36、G55国家高速公路在孟津交会互通，设有4个上下道口。焦柳铁路过境30公里，有4座火车站。黄河小浪底中心码头位于孟津。洛吉快速通道等11条干线公路形成"五纵六横"公路框架。航空、公路、铁路、水运，构成了四通八达的交通网络，使孟津成为对外联系的通衢之地。

卫坡地理位置优越，交通十分便利，区位优势明显。北距孟津县城8公里，南距洛阳市区6公里，西距洛阳机场3公里，连霍高速和小浪底大道穿村而过，新G310公路紧邻村庄南侧，离连霍高速洛阳站仅有0.5公里。卫坡因其位于高速路口的有利区位优势，又被称为"孟津第一要"。

2. 文化建筑价值

卫坡古民居，展现了古代建筑文化、宗族文化和民俗文化，具有很高的历史、文化、科学、研究价值。

（1）卫坡古民居的建筑价值

卫坡古民居作为豫西地区清代古建筑群中规模最大、种类最全、保存最完整的典型代表，其规模、布局、风格比较完整，在豫西地区乃至全省较为少见，是我国古民居建筑中的精品。

第一，卫坡古民居的龙形风水与避难设计。

卫坡古民居是一座"龙"形村落，造型别致。整条古街依地势而建，面南背北、东高西低蜿蜒而上，如龙盘卧。古宅院的墙体使古街形成封闭的胡同，而东西出口各有一株300余年的老槐树，东边的因酷似龙头称为"龙头槐"，西边的自然就是"龙尾槐"。古街地面由青石铺成，被打磨得光滑发亮的青石，就像龙体上闪闪发光的鳞片。

实际上，"院内有院，院中套院，院院相连，院院相通"是卫坡古民居最大的特点。相连的前后宅院的侧门，从东到西，彼此相通，串起来像是一条长廊。一旦遭遇发大水、兵匪入侵，卫家人都可通过相连相通的院落通道从西头出村，北上邙山岭逃生。从最西一户宅院的侧门出去，向北到头有一个阶梯通向院落后面的山坡。据说在这台阶附近，过去还有一个暗道通向西面的沟里，也是逃生用的。在当时的社会条件下，卫家先祖巧妙地利用了村后有山、村西有沟的特殊地理位置，设计建造了这种逃生通道，表现出他们的聪明智慧。

第二，卫坡古民居的院落规整与森严等级。

卫坡的三宅五院，有着严格的等级。以五进院为例，古宅门口的"门当""户对"格外显眼：门当石鼓相对而坐，户对木雕雕刻精美。"门当""户对"寓意避邪驱鬼，是大户人家才有的。宅院门前，原本都有上马石，房顶都是五脊六兽狮子海马分列，并装有钢叉。所谓"五进"，就是大门内为一进，二门内为二进，过二门，上月台，入客厅为三进，也就是现在所说的客厅，均为十二扇雕花门，是主人家的待客场所。穿过客厅屏门，进内宅门为四进，有相对的闺楼和堂楼，是主人家的居所。后院为五进，是下人的居所。整个院落有三条直通道路，中轴线道路宽敞，两侧道路狭窄。两侧的道路是甬道，下人们只能走甬道，中轴线上的路是让主人们走的，等级制度十分森严。在大宅中生活，卫氏有严格家规："长工不准进街，外客只能到客厅，不准过屏门，女眷不能出屏门。人路水路神路分清,主人路仆人路各走其道。"① 以此维持着纲纪伦常、尊卑有序的生活。

第三,卫坡古民居的建筑艺术和装饰艺术。

卫坡古民居,因保存了大量的石雕、砖雕、木雕、匾额、家具等艺术品,被称为清代豫西民居的样板。

在卫坡村的建筑艺术中,"三雕"是最大的艺术特色。一是俊美的"石雕"。宅院的大门两侧,分列着上马石、石门墩、抱鼓石。这些石物件造型雅致,雕饰俊美,寓意巧妙。上马石象征富贵,雕饰牡丹;石门墩沉稳大气,雕以青莲;抱鼓石开天地,镂刻太极卷云。卫氏祠堂,石碑林立,苍劲的魏书、蚕头的隶书,镌刻着卫家先辈、后嗣的名号、官爵与业绩。二是秀丽的"砖雕"。卫氏古宅多以青砖建造,砖雕极为丰富,且以浮雕为主。每所院子的垂花门的门楣之上均有一块砖匾,镌刻着方正的文字:"乐韵书声""兰室药房""诗礼传家""重门燕禧""兰桂竞芳""福禄寿""祝三多"等,还有"万"字线雕、"双喜"纹等。卫氏祠堂有"麟吐玉书"的砖雕,左右还有对称的竹节柱、奔驰欲飞的骏马图。三是灵动的"木雕"。最典型的是老宅,房子正面全部以镂花木隔扇构成,门楣是"燕桂竞秀"木雕字匾,木隔扇下部都是平板浮雕,"麒麟祥云""凤穿牡丹""松鹤莲花""鹿衔仙草"等。正中的两扇门,圆形浮雕中间有一个"寿"字,"寿"字中间盛开着一朵牡丹,"寿"字四周围绕着5只展翅旋转的蝙蝠。寿心牡丹寓意富贵长寿;5只蝙蝠环绕四周,意为"五福捧寿",好一幅动静结合、寓意巧妙的吉祥图。除此之外,在卫坡,门楣上镶嵌透雕牡丹,柱头、穿插枋装饰浮雕牡丹,这些镂花雕叶的牡丹元素,与庭院种植的鲜艳牡丹相映生辉。把卫坡人对牡丹的喜爱表现得淋漓尽致。

(2)卫氏家族的文化传承

卫氏家族,在几百年的历史长河中形成了一系列、一整套的卫氏家族文化,有家规、家训、家谱、族长喻、祭祖歌、字辈歌等。卫氏家族

---

① 《河南孟津朝阳镇北邙山上卫家坡》,中华卫氏网,http://www.10000xing.cn/x012/2014/0607221818.html。

文化集儒学、礼教、民俗和风俗习惯于一体，通过文字记载，口头传授，铭刻心间而代代相传。古民居内的几百块匾额楹联，词语文雅优美，意思深奥，寓意深刻，正是卫氏文化的精髓，突出了卫氏家族的儒雅之气和文化品位。

卫氏私塾，人称卫氏家族的"干部学院"。三百多年的时间内受教的学生有千人之多，不仅有卫家子孙，还惠及其他省份的学子。从这个学堂考上秀才举人，步入仕途的不计其数。据史料记载，卫氏家族在清朝年间七品以上官员 29 人，秀才 53 人，举人 4 人，进士 3 人，受皇封 4 道。在民国时期将军、官员、老红军、老八路以及其他行业领军人物有 30 人之多。立于卫坡街东北角北祠大门外的教思碑，是 1940 年，卫氏家族最后一个有科举功名者——卫作霖，逝世三周年时，他的学生为他所立，可见直至那时，卫家在当地仍有影响力。

（3）"魏""卫"混用的奇趣现象

卫坡，是卫氏聚族之地，全村 95% 以上的人姓卫。在《卫氏家谱》及古碑、匾额中，所涉人名多姓"魏"而非"卫"。卫坡古民居内有两座祠堂，一座叫魏氏祠堂，另一座叫卫族祠堂，虽然两座祠堂的名字不一样，但供奉的祖先却是同一个。村中不少家庭的父子、兄弟居然都不同姓。这就是卫坡魏、卫混用的奇趣现象。

魏、卫不分，历史悠久。卫氏第九代时，洛阳知县魏襄，在与卫家往来书信时，将"卫"误写作"魏"。由于魏、卫音同，卫家坡又紧邻北魏孝文帝陵墓，又是魏紫牡丹发祥地，卫氏族人便不加纠正沿用下来。还有一说是皇帝赏赐给卫氏的皇封和匾额上都是"魏"，卫氏族人只好将错就错。卫家曾建一座魏氏祠堂，称北祠，到了清光绪时，族人决定溯本复卫。之后，又建了一座卫氏祠堂，称南祠，同时供奉卫、魏先祖。1999 年，孟津县民政局正式发文件，将魏家坡村更名为卫坡村，魏家人身份证也才由"魏"回到"卫"。曾经由卫易魏又复卫，地名也由卫家坡至魏家坡终至卫家坡，但魏、卫之后仍有混用，村头 2006 年立的河南"省保"标志碑，仍是"魏家坡古民居"。

3. 周边文物遗存集聚

卫坡所在的孟津县朝阳镇，是洛阳目前唯一的中国特色小镇，著名的"三彩之乡"。境内文物遗存众多，如有"东方金字塔"之称的北邙陵墓群，在朝阳境内有大量古墓，如北魏孝文帝陵、汉定远侯班超墓、南唐后主李煜墓等，其中北魏孝文帝陵为全国重点文物保护单位；镇域内的新石器时代的伏羲画八卦的卦沟遗址，为河南省重点文物保护单位，此外，还有伯乐相马的伯乐凹、"唐三彩之乡"南石山村、卫坡古民居等等。南石山村的唐三彩工艺，釉色艳丽，千姿百态，品种繁多，生动逼真，保留着唐三彩浑厚质朴的大唐韵味，古色古香。南石山三彩小镇要打造成集生产销售、旅游观光、休闲体验等于一体的旅游景点。卫坡古民居是河南省文物保护单位、河南省历史文化名村。

4. 孟津文化旅游的有益补充

孟津文化底蕴深厚，素有"九朝古都半孟津"之称。文化软实力正成为孟津转型发展的"硬支撑"。作为国家全域旅游示范区，孟津挖掘历史文化、山水生态、特色农业资源、丰富旅游资源，创新发展以文旅融合、农旅融合为代表的全域旅游，效果明显。平乐牡丹画、朝阳唐三彩、横水粤钰青铜器、会盟王铎书法、白鹤黄河石画等特色文化品牌产业效益凸显，"来孟津耍吧"都市观光休闲游迅猛发展，汉魏故城遗址声名远扬。"河洛印象地·卫坡古村落"保留了原汁原味的清代建筑风格，为人们了解清代建筑和民俗提供了重要的实物资料，补充了孟津文化旅游资源的不足。

（二）卫坡传统村落的劣势分析

卫坡古村落从2016年国庆节试营业开始，历时一年有余。其发展呈现出喜人的局面。2017年春节黄金周，洛阳主要景区（点）和各类庙会活动共接待游客188.06万人次，其中：白马寺23.25万人次、龙门石窟12.99万人次、关林10.1万人次，而卫坡则达到32.62万人次。① 人气火爆的背

---

① 《一座千年历史的安静古城，为什么突然吸引了32万人》，搜狐旅游，http://www.sohu.com/a/126471835_232704。

后，卫坡发展存在的问题也不容忽视。

1. 开发商投资能力不够强

卫坡，是由中辉煌集团、洛阳魏紫旅游开发有限公司投资开发的。2014年是中辉煌集团全面发展之年，白马城邦项目、卫坡传统村落暨美好乡村旅游地产项目、高新区城中村改造项目等齐头并进。卫坡的保护性开发历程中，多次因缺乏资金，而几经波折。

2. 缺少专业及管理人才

卫坡试营业期间暴露的问题，既表现在杂耍摆摊品味文化不足、民俗民间文化体验感不够等河洛文化印象地的打造上，也表现在高峰客流的应对、景区卫生的管理上，并且停车混乱，没人管，乱收费等外围环境问题也亟须整治。这些都显示出卫坡缺少专业及管理人才。就卫坡居民而言，由于农民缺乏专业的旅游服务培训和指导，他们的小农意识和自由、懒散的生活习惯，汇集成的无意识的旅游形象，相比较规范化、标准化的旅游服务要求，还有较大的差距。

3. 基础设施滞后

2017年春节，卫坡初一接待游客四万多人，初二、初三接待游客五万多人，从连霍高速口到卫坡村大面积拥堵。交通基础设施及其他公共配套设施配置不完善，在很大程度上制约着卫坡的发展。

4. 村民的参与度有待提高

不同于工业化时代下的城市，传统中国小镇和村落的最大特色，就是那种千百年来，经历漫长的自给自足的农耕社会，自然而然形成的乡村空间及生活方式。乡村旅游，就是在现代城市生活与传统乡土生活方式和场景之间的穿越。乡村旅游的发展，离不开农民和农村。农民的原生态生活就是乡村旅游的"景点"和"看点"。农民的语言、衣着、生活方式，农村特色产品，都是民俗的一部分。同时，乡村旅游也必须使村民成为受益者。卫坡的居民离开古民居，在搬进新安置房改变居住条件的同时，也使得古民居失掉了"人间烟火"，这是"魂"的东西。农民处于外围，也很难共享卫坡发展的成果。

（三）卫坡传统村落的机遇分析

1. 党的十九大提出乡村振兴战略

党的十九大报告提出了乡村振兴战略。发展休闲观光农业和乡村旅游正是推进农村第一、二、三产业融合发展的新动能。从旅游供给侧结构性改革的角度看，农村是未来旅游业增长的潜力股及着力点。乡村旅游作为新型的经济业态和新型的文化业态，其发展不仅有利于乡村文物保护利用和文化遗产保护传承，而且能最有效地展现和传播真实、立体、全面的中国故事。实施乡村振兴战略，旅游业将会有更大的担当。这是卫坡面临的重大机遇。

2. 政策资金的倾力点

国家及各级地方政府都有在财政预算中安排历史文化名城、街区、名镇、名村、传统村落和历史建筑等保护专项资金的强制性规定，用以保护、修缮、基础设施建设，改善居住环境。美丽乡村建设也有相应的财政补助政策。卫坡是中国传统村落、中国美丽乡村、河南省文物保护单位、河南省历史文化名村，是国家多项政策资金的倾力点。河洛印象地·卫坡古村落文化旅游区项目入选2017年全国优选旅游项目名录，对此，国家旅游局将给予重点支持。比如，通过相关投资推介等平台向投资商重点推介；优先给予信贷支持；协调相关部门和金融机构给予相应的金融、土地等政策支持。①

3. 洛阳的文化旅游吸引力

河南省十次党代会赋予洛阳"建设国际文化旅游名城"的发展目标。在洛阳的"565"现代产业体系中，旅游业是五大主导产业之一，文化产业是五大特色产业之一。

旅游作为洛阳传统优势产业，近年来，洛阳市旅游业发展以"旅游+"和"全域旅游"理念为引领，致力于推动旅游业转型升级，旅游产业核心竞争力和旅游目的地吸引力不断提高，接待游客数量逐年攀升。2015年，

---

① 《洛阳五个旅游项目入选全国优选名录》，洛阳网，http://ly.hnr.cn/ly/20170522/291978/。

洛阳接待游客人数首次突破1亿人次，这标志着洛阳旅游进入亿人次时代，迈上了更高的台阶。新阶段意味着洛阳旅游进入转型发展的关键时期，洛阳旅游开始从量的扩张转向质的提升、从门票经济转向产业经济、从旅游城市转向城市旅游。洛阳旅游产品体系将更加丰富，旅游服务质量需持续提高，旅游新业态也必然不断涌现。

"食、住、行、游、购、娱"六大旅游基本要素不断完善，"商、养、学、闲、情、奇"六大旅游发展要素不断拓展，洛阳通过不断推动旅游业与其他各产业的相互融合，拉长了旅游链条，丰富了文化旅游内涵，在洛阳全市形成了"全域旅游"的良好环境和社会效果。2017年前9个月，全市共接待游客9310.4万人次，其中接待入境游客101.63万人次，旅游总收入798.45亿元，分别同比增长4%、9.34%、11.41%。[1]

4. 洛阳副中心城市的持续发力

河南省第十次党代会明确提出：巩固提升洛阳中原城市群副中心城市地位，形成带动全省经济发展新的增长极，国家《促进中部地区崛起"十三五"规划》更是赋予了洛阳国家区域性中心城市的战略定位，随着支持洛阳发展的一系列重大部署的出台与落实，给洛阳带来了前所未有的重大发展机遇。2017年，洛阳市生产总值首次突破4000亿元大关，达到4343.1亿元，全国排名47位，增长8.7%，产业结构实现了由"二三一"向"三二一"的历史性转变。总体经济形势可以说是位次高、增速快、结构优、质量高。洛阳副中心城市的持续发力，必然给卫坡提供更好的发展环境和市场消费力支持。

（四）卫坡传统村落的挑战分析

1. 竞争异常激烈

近年来，中国的乡村旅游蓬勃发展，全国各地的特色乡村旅游小镇

---

[1] 《洛阳：大处着眼实处着力 推动产业转型跨越》，国际在线，http://city.cri.cn/20171102/8f106fda-ba2c-d9db-5aa7-be7285bf1fb0.html。

如雨后春笋般不断涌现,在大大丰富中国旅游业态的同时,也使得乡村旅游的竞争异常激烈。距离洛阳西400公里的陕西袁家村被奉为乡村旅游黑马之典范,年吸引游客300万人次,年营业额达到10亿元,成为乡村生活的传奇样板。与洛阳西邻的三门峡市陕州地坑院,是全国乃至世界唯一的地下古民居建筑,被誉为地平线下的古村落、人类穴居的活化石、地下的北京四合院……是我国特有的四大古民居建筑之一。① 陕州地坑院的独特性、唯一性经央视新闻联播和国际频道播出后,誉满世界。位于洛阳老城区的洛邑古城园区自2017年4月10日开园以来,截至2017年11月底,接待游客已超过200万人次,预计2018年,年客流量突破500万人次,实现年营业收入1亿元,创造就业岗位1000多个。洛阳市伊滨区倒盏村,这个昔日荒山沟变身美丽民俗文化村,2017年"十一"黄金周期间,吸引了超过100万人次的游客。处于激烈竞争中的卫坡,面临着极大挑战。

2. 市场腹地较小

卫坡古民居是豫西地区规模最大、种类最全、保存最为完整的清代古建筑群。仅这一点,就使得卫坡古民居的吸引力指向限定在了洛阳及其周边,辐射半径相对较小,而洛阳周围游客的消费能力又受到中原地区居民收入水平较低的限制,加上激烈的市场竞争,市场容量有限,而且洛阳及周边游客客源少、收入低。如何拓展市场腹地,是卫坡不得不经受的巨大考验。

五 卫坡传统村落发展建议

面对激烈的市场竞争,卫坡要有充分的准备,以创新的理念,将自身的优势发挥出来,打好组合牌。

---

① 《人类穴居活化石——陕州地坑院,品名吃十碗席》,搜狐旅游,http://shanzhou.smx.gov.cn/zjsx/sxgk/lyjq/71194.htm。

（一）创新引领，全域思维

在五大发展理念中，创新居于首位，摆在发展全局的核心位置。卫坡的发展也必须依靠创新引领、全域思维。这就要创新理念认识，跳出"小旅游"思维，转向旅游目的地建设。以完善的旅游公共服务体系作支撑，更加强调旅游目的地空间的开放性，处处都是旅游环境。建设完善旅游官网、旅游信息获取终端平台、旅游咨询体系，用"智慧+"做好旅游终端和旅游咨询中心、呼叫中心等的建设，选择更有效率的方式来运营旅游公共服务。用更加开阔的视野、更加开放的姿态来认识乡村资源和乡村旅游的发展空间。串联盘活乡村全域旅游资源，以乡村旅游产业为催化剂，用"互联网+""旅游+"，突出现代农业、健康养生养老业、文化创意产业等多产业融合创新发展的全产业体系，营造"主客共享、居游一体"的全域旅游发展格局。

（二）准确定位，做到极致

《河南省"十三五"旅游产业发展规划》《河南省旅游产业转型升级行动方案（2017～2020年）》提出，要加快推动旅游产业从要素驱动向创新驱动转型、从规模扩张向质量效益提升转型、从产业链和价值链的中低端向中高端跨越。[1] 洛阳旅游产业的供给侧结构性改革也在不断推进。乡村旅游业发展有三个阶段，包括：建立在民俗基础上的观光体验阶段，建立在乡村度假基础上的旅居阶段，以旅游业带动形成的第一、二、三产业融合发展的产业化发展链阶段。这其中又包含着一个个小的产业，最终促进了大产业的发展。卫坡要精准切入，结合自身特色，谋求甚或引领市场的发展方向。在准确定位的基础上，通过引进系列化、高端化、个性化的民俗创意文化产品，倾尽全力打造高品质的产品、高品质的服务、高品质的体验、高品质的推荐系统和顾客反馈，补充完善大业态，实现跨越发展。

---

[1] 《洛阳：大处着眼实处着力 推动产业转型跨越》，国际在线，http://city.cri.cn/20171102/8f106fda-ba2c-d9db-5aa7-be7285bf1fb0.html。

（三）寻找IP，放大宣传

新媒体时代的IP价值，已经得到广泛的认知，同样的道理，在乡村旅游发展过程中，旅游IP的价值和影响也越来越突出，成为乡村旅游的核心吸引力。乡村游的最大魅力，不仅仅是清新的乡村风景，更重要的是不同于城区的独特民俗风情、乡土文化。突出每个区域和景点特色，尤其是当地文化特色，避免同质化经营，才是保持长期发展活力的"撒手锏"。而特色文化就是当地旅游发展的最大IP。乡村旅游IP＝创意＋文化＋品牌＋品质。卫坡已经获得"中国传统村落""中国美丽乡村""河南省文物保护单位""河南省历史文化名村"等荣誉称号，其核心"河洛印象地·卫坡古村落"，还有待进一步加强与放大。宣传方式上，不仅注重传统媒体的优势，更强调新媒体的"乘数"效应。比如媒体对袁家村的关注度，世研旅游智库监测的舆情数据显示，与袁家村相关的传播内容达到237965737条，其中微博125014672条、网络媒体51425894条、微信49343628条、其他（包括论坛、视频、平面媒体）等12178843条。①

（四）多元协作，联动发展

协作发展，可以共享信息、客源、市场，形成合力，增强推力。卫坡的发展可以采取三种协作方式：横向协作、纵向协作、综合协作。从横向上看：洛阳作为历史文化名城，优秀旅游城市，文化、生态等各种旅游资源极为丰富，旅游吸引力强。孟津有深厚的文化底蕴，有便利的交通条件，有丰富的自然资源，有坚实的农业基础，通过"农旅融合""文旅融合"发展，孟津已基本形成了纵横连片的现代农业和特色鲜明的文化村落。卫坡与洛阳、孟津其他旅游业态融合发展，具备成熟的条件。从纵向上看，可以发挥卫坡古村落或者卫氏、魏氏家族文化及相关景区的纵向联系，抱团发展。比如充分发挥好魏氏家族历史文化的作用，搞好旅游开发，把洛

---

① 《袁家村：成功背后的隐忧》，搜狐网，http://www.sohu.com/a/161387078_186475。

阳魏家坡（卫坡古民居）、郑州魏氏家谱博物馆、中牟魏惠王陵、永城魏氏三公书院，四点连成一线，深入研究魏氏文化，打造魏氏文化品牌。从综合协作上看，卫坡可以与培训机构合作搞民俗、遗产类教学，与学校联合搞社会实践，与文艺、摄影、绘画类协会合作建基地，与各种形式会议合作搞论坛，等等。

园 区 篇

Report on Parks

B.13 白马寺佛教文化园区发展报告

赵伟宁*

摘　要： 白马寺具有深厚的历史文化资源，是中国佛教文化的发祥地，也是佛教传入中国后官办的第一座寺院。白马寺以佛教文化为纽带，广泛开展不同传统、地区之间的佛教文化交流，传播正念、正信的中国佛教文化与传统文化。在近两千年的建寺史上，白马寺始终是维护正法的清净道场、弘扬祖庭文化的基地。

关键词： 白马寺　佛教　文化园区

---

* 赵伟宁，博士，洛阳市文化艺术学校副校长。

一 白马寺佛教文化园区总体概况

白马寺在中国历史，乃至世界历史的发展过程中都具有举足轻重的作用。白马寺在佛教历史上有"祖庭十古"之说，被佛教界誉为"释源"、"祖庭"、世界著名伽蓝。[①] 有"中国第一古刹"之称的白马寺始建于东汉永平十一年（公元68年），是佛教传入中国后官办的第一座佛教寺院。中华人民共和国成立后，白马寺在1961年被国务院公布为第一批全国重点文物保护单位，1983年被国务院确定为第一批汉族地区佛教全国重点寺院，1984年交由宗教工作部门管理，作为宗教活动场所对外开放，2001年被国家旅游局评定为第一批4A级旅游景区（点）。

（一）白马寺文化资源丰富

白马寺之所以名扬海内外，在于其独特的文化资源以及在世界文化发展交流中所发挥的重要作用。

白马寺最为著名的是天王殿内供奉的弥勒佛以及大雄殿内供奉的三世佛、二天将、十八罗汉，这24尊佛像分别是元代、明代"夹纻干漆"造像，国内已非常罕见，其中十八罗汉为国内仅存的一套，是白马寺的镇寺之宝。作为中原地区为数不多的金代建筑遗存之一齐云塔位于白马寺东南，初建于公元69年，后被焚毁，现塔为金代复建，成为研究金代建筑不可多得的物证。

作为中国汉传佛教祖庭，白马寺十分重视国际的佛教文化交流，先后多次组织考察团外出参访，瞻仰伽蓝，加强与海内外佛教界及国际友人的联

---

① "祖庭十古"之说：中国第一座古刹——白马寺、中国第一座舍利塔——齐云塔、第一次去"西天取经"的朱士行始于白马寺、最早来华的印度高僧禅居于白马寺、最早传入的梵文佛经《贝叶经》收藏于白马寺、最早的译经道场在白马寺的清凉台、第一本汉文佛经《四十二章经》是在白马寺译出、第一本汉文戒律《僧祇戒心》始译于白马寺，并最早在洛阳立坛传戒、第一场佛道之争发生于白马寺、第一个汉人和尚朱士行受戒于白马寺。

系。近年来,白马寺在国际上交往日益增多,交流不断深入。泰国、韩国、日本等国多次派僧人来白马寺学习体验,白马寺也经常组织法师团队赴泰国、缅甸、日本等国讲学,与亚洲及欧美佛教界建立了良好的关系,为深入合作、共同研习、交流弘传佛教文化打下了良好的基础。

(二)白马寺佛教文化园区总体规划的出台

白马寺佛教文化园区是以白马寺古建筑区为依托,现遗存的白马寺占地面积56.04亩。2005年,本着保护与开发相结合的原则,白马寺开始该寺有史以来第三次大规模建设。① 2011年洛阳市规委会审议并原则通过了依托白马寺古建区、占地面积1200余亩的白马寺佛教文化园区概念性总体规划。

根据规划方案,白马寺佛教文化园区将按照"释源祖庭、佛教圣地"的总体定位,园区采用古建区东西向长度作为依据,将142米×142米的网格形成设计尺度。在此基础上,分别规划设计门前广场区、中轴礼佛区、国际寺庙区、菩萨道场区、佛教文化研究区、综合服务区以及绿化隔离区等,从硬件到软件全面提升。其中,中轴礼佛区位于白马寺的中心位置,依次设置古建筑区—万佛殿—中心浮屠—藏经阁,具有礼佛、修行、弘法、传戒、藏经等功能。国际寺庙区位于园区西轴线上,规划占地面积约100亩,规划建设包括印度、缅甸、泰国等10个国家的、不同建筑风格的佛教寺庙(佛殿)。佛教文化研究区位于寺院东轴线上,规划设立白马寺国际佛教文化学院。白马寺佛教文化园区项目资金全部由白马寺自筹。按照"维护传统、保持清净、内净外商"的管理、布局原则,将白马寺建成佛教研究中心、佛事中心、旅游中心、国际一流名寺。

本着"重现释源祖庭地位、再塑佛教圣地形象"的目标,白马寺佛教文化园区内所有建筑将遵循"保护白马寺历史文化遗产,再塑白马寺'佛教圣地'形象,彰显白马寺自然山水格局,再现'九龙汇白马'之胜景"的思路规划设计。同时,文化园区将增添多项服务功能,重树佛教文化研究

---

① 第一次是公元68年创寺时期,第二次是在盛唐时代。

传播中心的地位。此外，设计方将充分利用现代科技手段，建立绿色生态可持续发展的新寺院模式；建立灵活的空间发展模式，以适应白马寺长期发展的需要。

二 白马寺佛教文化园区中心规划

2010年5月泰国风格佛殿扩建工程动工，标志着园区项目正式启动，截止到2017年底已累计完成投资4.21亿元。目前项目用地征迁工作已基本完成。白马寺佛教文化园区项目采用了由南向北依次建设、东西两翼共同发展的方式整体规划、分片实施。

1. 中轴礼佛区

中轴礼佛区是白马寺的核心空间。该区域现存的建筑主要有天王殿、大佛殿、大雄殿、接引殿、清凉台，依次新建万佛殿、中心浮屠、藏经阁。正在筹建的标志性建筑万佛殿位于中轴礼佛区的核心位置，采用汉代建筑风格、全木结构建筑形式，衔接南部现存白马寺明清建筑群、北部中心组合塔建筑群。万佛殿整体设计和施工设计由泛华建设集团公司和北京北林地景规划设计院共同负责。

2. 国际寺庙区

西侧主轴线修建国际寺庙区，主要设置世界各国建筑风格的佛殿建筑，使不同风格的佛殿在寺院绿化环境中和谐统一。目前已经建成并对外开放的是印度风格佛殿、缅甸风格佛殿、泰国风格佛殿。这是白马寺依托汉传佛教祖庭进行国际佛教文化交流的重要成果，也是进一步扩大佛教文化国际交流的重要平台。三国佛殿的建成，在东南亚乃至全世界各国都产生了广泛深远的影响。斯里兰卡风格佛殿奠基典礼已于2016年底隆重举行，柬埔寨等国家在白马寺修建佛殿的意向已经达成。

3. 佛教文化研究区

佛教文化研究区位于东侧主轴线的南部，主要是对洛阳荣康医院旧址中质量较好的建筑物进行保留和改造，建设集研究、弘化、体验于一体的白马

寺国际佛教文化学院。

4. 菩萨道场区

菩萨道场区位于东侧主轴线的北部，规划设立大慈弥勒菩萨殿、大智文殊菩萨殿、大行普贤菩萨殿、大悲观世音菩萨殿、大愿地藏菩萨殿及伽蓝菩萨殿。

5. 综合服务区

综合服务区位于园区东北角，主要安排僧人居住、公共服务等功能，为寺院提供后勤和辅助空间。

白马寺佛教文化园区项目规划总建筑面积 242995 平方米，容积率 0.29，建筑密度 18%，道路广场 20%，绿化率 56%。各区域用网格进行指标控制，依据不同功能控制建筑面积、容积率、绿化率。园区内部道路分级设置，分别有车行路、步行路，对游览线路进行了规划。园区山体呈环抱之势，构成礼佛空间的自然背景，水体以"九龙汇白马"之势会于中心浮屠，以山水体系串联和划分各基本院落单元。

三 白马寺佛教文化园区配套项目

为使佛教文化园区更加完整，规划在园区外围修建释源大道、释源广场、游客服务中心、河洛古镇、环白马寺周边引水退水工程等配套项目。配套项目是白马寺佛教文化园区项目的重要支撑，能够满足数量日益增长的公众需求，把旅游六要素中的吃、住、行、购、娱等五要素让位于地方，带动周边相关产业的良性发展，实现白马寺未来发展"内静外商"的良好格局，最大限度地挖掘白马寺佛教文化内涵，彰显白马寺价值和地位。

1. 释源广场

释源广场位于白马寺寺院南侧，规划占地约 1000 亩，计划总投资 5.6 亿元。整体规划布局分为三部分：北侧为宽约 600 米的寺前广场，是游客集散中心；南侧为宽约 774 米的入口广场和大型停车场；中间为长 880 米、宽 108 米的释源大道，北起白马寺，下穿陇海铁路向南与中州东路连接，整体区域呈"工"字结构。其内布置"中国第一古刹牌坊""白马取经群雕""七重门""佛脚印""二十四经幢""净手池""石莲花"等雕塑和艺术小品,突出佛教的"一花一世界,一叶一菩提",打造幽静、优美、富含佛理的佛教主题广场,彰显白马寺作为"释源祖庭"的庄严神圣。释源大道南部衔接中州路延长线,与洛河东湖相连接,融入伊洛河水生态文明示范区。释源大道的景观分为三段进行打造,分别形成寺前广场片区、文化展示片区、功能服务片区。

2. 游客服务中心

游客服务中心位于释源广场两侧,规划占地约400亩,征迁、安置和建设计划总投资2.75亿元。整体规划采用仿汉代风格,立足于白马寺与汉魏故城遗址,建设汉魏文化总服务平台——汉魏大市,并融入现代材料和技术对建筑的外观形态和内部空间做精心设计,结合白马寺寺院内部建筑色调和尺度,打造集文化展示、商业运作与综合服务为一体的国际高端品牌文化商业建筑群。

3. 环白马寺周边引水退水工程

环白马寺周边引水退水工程规划依次设置银杏林、引水退水渠道、绿化带、行车及人行步道,总宽度71米。环白马寺周边引水退水工程是白马寺佛教文化园区的有效缓冲区,是"内静外商"的隔离区,实现绿色生态可持续发展的支撑点。

4. 河洛古镇

河洛古镇占地1500亩,建设内容包括主题公园、文化主街、文化水系等,同时安置周边拆迁农户。该项目面向国内招商,是配套项目资金的重要来源。

四 白马寺佛教文化园区建设项目进展

(一)国际寺庙区初具规模

白马寺国际寺庙区已建成并对外开放的有泰国风格佛殿、印度风格佛殿、缅甸风格佛殿,正在筹建的有斯里兰卡风格佛殿和柬埔寨风格佛殿。根据占地面积和当前佛教世界格局,该区域计划修建10个具有不同建筑风格的国外佛殿建筑,用于展示释源祖庭形象,深入研究佛教文化,开展对外友好交流,推动国际文化旅游名城建设。

1. 泰国风格佛殿

泰国风格佛殿始建于20世纪90年代初期。泰国友好人士常媛女士和泰国内务部助理部长马裕炎先生到白马寺参观朝拜后,为增进中泰两国佛教界的友谊,向白马寺赠送了一尊高7.2米、重8吨的铜制贴金佛像。为安置佛像,白马寺于1992年修建了具有泰国建筑风格的佛殿。泰国风格佛殿区域占地面积4亩,坐南朝北,区域内主要有一座供奉泰国佛像的大殿,大殿实有建筑面积约为110平方米。泰国风格佛殿工程于1995年竣工。1997年10月31日,白马寺举行了泰国风格佛殿落成暨泰国佛像开光庆典法会。此后,泰国风格佛殿对中外游客开放。

2010年初,泰国高僧拍特实铁哥颂长老以及马裕炎先生参访白马寺后,为进一步丰富和彰显泰国佛教文化元素及建筑风格,促进中泰两国佛教文化交流,由马裕炎先生出资对佛殿进行翻修,并进行扩建。泰国风格佛殿扩建工程主要包括:一是扩大泰国风格佛殿占地面积为108×108平方米;二是对大佛殿改造并进行内外部装饰;三是新修围墙及3个大门;四是新建藏经阁、舍利塔、法堂、钟楼、鼓楼、凉亭以及僧舍、接待室、配电室等附属设施;五是增加消防、给排水、绿化等基础设施。内外部装饰以及佛教文化元素符号的制作与安装工作,由泰方提供工程技术人员负责现场施工,建筑物顶部瓦片等由泰国制作完成后运抵白马寺安装。扩建工程全部资金由泰国马裕炎先生承担。由于泰国风格佛殿扩建工程没有改变白马寺整体布局,2010年5月上旬,白马寺泰国风格佛殿扩建工程正式动工。

2014年9月22~26日,由泰国副僧王帕蓬迪乐,泰国副僧王、曼谷金山寺方丈帕蓬素提等700余人组成的泰国佛教代表团陆续抵达洛阳,参加"泰国风格佛殿落成庆典暨恭迎佛舍利佛像开光法会"。国家、省、市相关领导出席落成庆典,国家、省佛教协会领导等率四众弟子共计600余人,安奉佛舍利，举行佛像开光法会。

2015年9月27日，白马寺泰国风格佛殿落成暨佛舍利安奉周年庆典举行，泰国副僧王、曼谷金山寺方丈帕蓬西提大长老率团参加。在泰国，佛殿落成一周年后，一般都要举行庆祝活动，标志着佛殿正式投入使用。周年庆典上，最为隆重的是披红布仪式，该仪式形成于19世纪。2015年9月10日，泰国专门制作了长度为数十米的红布供奉在曼谷金山寺，之后随团带至白马寺，在释源供奉后，披在泰国风格佛殿舍利塔顶，寓意吉祥，上有中泰佛子共同纪念留言。

2.印度风格佛殿

印度风格佛殿位于泰国风格佛殿南侧，白马寺院西侧围墙外30米，坐西朝东，占地面积100×60平方米，建筑面积3450平方米，佛殿总高21米，框架二层结构。印度风格佛殿包含大佛殿、研修室、展览室、讲经堂以及佛脚印雕刻、牌楼、水系等配套设施。大佛殿下部为圆柱、上部为穹顶，直径24米，外部全部用印度黄砂岩石材粘贴，上下两层均有佛教故事雕刻。大佛殿内供奉的主佛像为释迦牟尼坐像，佛像总高5.3米，用印度黄砂岩雕刻而成。佛殿其他设施也均用印度石材装饰。印度风格佛殿由印度国内设计师进行施工设计，中方负责对图纸进行转换和组织施工，设计构思来源于位于印度的世界文化遗产桑吉佛教遗迹园内的桑吉大塔，印度政府派遣工程技术人员常驻工地指导施工。

佛殿的由来得益于中印两国的友好交往。2003年6月，印度驻华大使来洛阳安排印度前总理瓦杰帕伊访问时，受到白马寺国际寺庙区中泰式佛殿和白马寺院内摄摩腾、竺法兰印度高僧墓冢的启迪，产生了在白马寺建造具有印度建筑风格佛殿的想法。2003年6月25日，印度前总理瓦杰帕伊参观白马寺，为印度政府在白马寺建设佛殿奠定了基础。2005年4月，温家宝访问印度，同印度总理辛格签订了《印度共和国与中华人民共和国联合声明》（简称《联合声明》），根据《联合声明》，两国政府签订了《印度在中国洛阳白马寺院西侧建造印度风格佛殿的备忘录》（简称《备忘录》）。《备忘录》为佛殿提供了建设依据。

印度风格佛殿总投资约5000万元人民币（不包含佛殿由印度政府投资的设计费用及石材运输费用），其中印度政府直接投资约1500万元、印度提供的石材价值约980万元，其他剩余投资由中方完成。印度政府非常重视佛殿建设，一是如期拨付工程进度款；二是两任印度驻华大使、公使及工程负责人先后多次到工地解决工程建设中的有关问题；三是先后派7名印度工程师常驻工地指导施工。印度风格佛殿于2006年4月26日奠基，2006年6月18日开始施工，2010年5竣工，历时近4年。2010年5月29日，白马寺印度风格佛殿落成仪式在白马寺隆重举行。来洛访问的印度时任总统普拉蒂巴·德维辛格·帕蒂尔和全国政协副主席王志珍出席落成仪式，并为佛殿剪彩揭碑。省、市相关领导出席仪式，观礼佛教界举行的佛像开光法会。

3. 缅甸风格佛殿

2010年底，在与缅甸联邦共和国驻华使馆建立联系后，确定了在白马寺国际寺庙区建立缅甸风格佛殿的计划。在白马寺修建缅甸风格佛殿也得到了缅甸联邦共和国吴登盛总统的极大认同，吴登盛指定缅甸风格佛殿由缅甸亚洲国际有限公司设计、投资和建设。中缅双方就相关问题多次深入洽谈后，2011年12月底，缅甸联邦共和国宗教部长杜拉吴敏貌率团访问洛阳市，并最终确定缅甸风格佛殿修建事宜。

缅甸风格佛殿位于泰国风格佛殿西侧，距离泰国风格佛殿西围墙30米，缅甸风格佛殿南北长108米、东西宽65米，南北围墙与泰国风格佛殿南北围墙平齐。整个佛殿坐北朝南，佛殿主出入口位于院落东侧，次出入口位于院落南侧，院落东侧设置门前广场。缅甸风格佛殿主体建筑包括大金塔、大佛殿以及博物馆，其中大金塔总高26米，是佛殿的最高建筑，占地46.33×46.33平方米；大佛殿占地6.10×3.05平方米；博物馆占地29.26×14.63平方米，二层结构。缅甸风格佛殿由缅甸宗教部负责，由缅甸亚洲世界公司具体承建，是参照仰光大金塔的建筑，按照约3∶1的比例建造，以喜庆的红色和富丽的金色为主色调。

缅甸是第三个在白马寺国际寺庙区完成佛殿建设的国家，2014年6月30日举行了缅甸风格佛殿落成典礼暨佛像安奉开光法会，缅甸总统吴登盛在对我国进行正式的国事访问期间,专赴洛阳参加相关活动。

4. 推进斯里兰卡风格佛殿建设

2013年10月由通用技术集团中机公司承建的斯里兰卡南部铁路项目正式启动,参加相关活动的河南省佛教协会副会长、洛阳市佛教协会会长印乐法师于活动期间拜见了斯里兰卡前总统拉贾帕克萨,拉贾帕克萨总统对洛阳市正在修建的国际寺庙区表现出极高的兴致,并安排斯里兰卡佛教部致函国家宗教局,认为洛阳市从事与斯里兰卡和其他佛教国家的文化交流,不仅仅是对加强佛教传播迈出了重要一步,也为进一步加强两国之间的友谊做出了贡献。2016年12月23日,斯里兰卡风格佛殿奠基仪式在白马寺国际寺庙区举行,斯里兰卡国民议会议长卡鲁·贾亚苏里亚、斯里兰卡风格佛殿设计顾问哈撒等在河南省人民政府外事侨务办公室礼宾处长刘宝的陪同下出席典礼,斯里兰卡风格佛殿建设取得突破。

5. 推进柬埔寨风格佛殿建设意向

2014年10月底,柬埔寨王国王家军副总司令、总理卫队总司令、四星上将兼洪森首相办公厅副主任 Hing Bun Heing(黑幕黑)访华期间,获悉洛阳市正在修建国际寺庙区,弘扬佛教文化。柬埔寨作为佛教国家,黑幕黑总司令表达了在国际寺庙区修建柬埔寨风格佛殿的意向,回国后向洪森首相进行了汇报。柬方表示,愿意在国际寺庙区修建柬埔寨风格佛殿,并负责方案设计,将邀请河南省、洛阳市代表团访问柬埔寨,考察佛教文化遗迹,结合国际寺庙区实际,选择最合适的建筑模式。2016年9月下旬,柬埔寨王家军三军副总司令、警卫司令部总司令黑幕黑率20人代表团参访白马寺,与白马寺方丈印乐大和尚进行会谈,商定在白马寺国际寺庙区修建柬埔寨风格佛殿具体事宜,双方确定了柬埔寨风格佛殿建设意向。

(二)万佛殿建设项目

万佛殿位于中轴礼佛区的核心位置,采用汉代建筑风格、全木结构建筑形式,衔接南部现存白马寺明清建筑群、北部中心组合塔建筑群。

万佛殿整体设计和施工设计由泛华建设集团公司和北京北林地景规划设

计院共同负责。经过数十次的研讨和论证后，国内著名的古建、规划、文物、佛教、历史等方面的专家、学者成立了评审专家委员会，对设计单位编制的白马寺万佛殿建筑设计方案进行了评审，专家委员会同意万佛殿采用汉代建筑风格、全木结构的设计方案，建议按照评审意见修改后开展施工图纸设计工作。

（三）筹备设立白马寺国际佛教文化学院

为响应国家"一带一路"发展倡议，发挥洛阳作为丝绸之路东方起点的积极作用，利用白马寺平台开展对外友好交往工作，计划筹备设立白马寺国际佛教文化学院。设立佛教文化学院一方面符合白马寺未来发展实际，另一方面将提升宗教教职人员整体素质，切实造就一批政治上靠得住，学识上有造诣，品德上能服众，关键时候起作用的僧才。

筹建白马寺国际佛教文化学院，是深化佛教国际友好交往的现实需要；是弘扬中国传统文化、挖掘与传承我国佛教文化的需要；是培养高素质僧才队伍的需要；是新形势下发挥佛教文化纽带作用，使中国传统文化、中国佛教"走出去"的迫切要求；是我国佛教自身发展的广泛期待；也是这座千年古刹国际化至关重要的一步，对中国乃至世界佛教文化的传播与发展都将带来深远的影响。

（四）大力推动佛教文化教育、弘扬和宣传

白马寺成立了佛教文化研究会，进行佛教文化整理、研究与佛教教育，提高寺院僧团及信众的文化素质。具体说来，一是编辑出版了《洛阳佛教》与《佛教文化丛书》。《洛阳佛教》开辟了多种多样的栏目，既刊发佛学历史、佛学理论的研究文章，又宣传高僧大德、佛界英才，介绍修学心得体会，报道佛界信息，免费结缘给信众，对海内外僧众、信众及社会文化界产生了良好影响，发挥了佛学研究、宣传、弘扬、佛教教育的作用。同时，白马寺根据信众的文化层次，倡印了《佛学入门》《学佛群疑》《正信的佛教》《禅的体验》等书籍作为学习教材，免费送给信众结缘。二是开设了

"释源大讲堂"。每周六、周日，都会安排佛教院校毕业的僧人为信众开示佛法，解答疑惑。三是设立了"释源图书馆"。为信众提供了学习场所，满足信众的求知欲。四是设立了"释源美术馆"。目前已吸引国内外优秀艺术家举办了100多次以佛教为主题的艺术展览。参展者除国内的知名书画家外，还有来自加拿大、美国、德国、日本、韩国、泰国、马来西亚、新加坡、印尼、中国台湾、中国香港、中国澳门的高僧大德和艺术家。五是建立白马寺网站、微博以及微信公众平台。这是利用现代化科技方式宣传佛教文化、进行佛教教育的有效平台，速度快、范围广。这三个网络宣传同步进行，组织专人负责，及时更新内容，取得了良好效果。

（五）加强与高校等科研机构的合作

与高校建立联系，成立宗教学实习和研究基地。先后与中国人民大学合作，建立宗教学教学实习基地；与洛阳理工学院合作，建立实习基地，加强对河洛文化、佛教文化的挖掘整理；与武汉大学合作，建立中国佛学和佛教艺术研究中心教学科研基地，加强中国佛教发展与传播问题的研究。2017年4月19日，与河南科技大学建立了教学实习基地。此外，每年都会有各地高校的师生来到白马寺进行佛教艺术、佛教文化等方面的交流与学习。

五 白马寺佛教文化园区发展展望

佛教自从沿着丝绸之路传播到中国之后，便逐渐成为我国传统文化水乳交融的一部分。白马寺是中国佛教的发源地。作为汉传佛教的"祖庭""释源"，在近两千年的建寺史上，白马寺始终是维护正法的清净道场、弘扬祖庭文化的基地。在新的历史时期，白马寺要进一步把弘扬祖庭文化、佛教文化建设摆在突出重要的地位，加快建设佛教文化园区，庄严国土、利乐有情，尤其要发挥佛教在文化沟通领域的特殊地位，大力弘传人间佛教，用适合现代人生活的方式来弘法利生，与时俱进，依托白马寺"祖庭""释源"的历史地位，积极加强与国际上的佛教文化交流。

进一步推进白马寺佛教文化园区建设，是深化佛教国际友好交往的现实需要；是弘扬中国传统文化、挖掘与传承我国佛教文化的需要；是培养高素质僧才队伍的需要；是新形势下发挥佛教文化纽带作用，使中国传统文化、中国佛教"走出去"的迫切要求；是我国佛教自身发展的广泛期待；也是这座千年古刹国际化至关重要的一步，对中国乃至世界佛教文化的传播与发展都将产生深远的影响。

洛阳作为"一带一路"节点城市，在提升城市影响力方面应该突出自身特色，将文化高地建设作为一项重要任务。因此，在白马寺佛教文化园区的建设过程中，应积极挖掘古都洛阳深厚的文化资源，弘扬优秀的中国传统文化。充分利用白马寺在中外佛教文化交流的历史地位和现实社会影响，真正打造"释源""祖庭"佛教圣地品牌和形象。以文化建设与文化弘扬为核心，同时重视国际文化交流，利用民间外交，持续扩大洛阳市在海外的影响，提升城市魅力、扩大国际知名度，实现经济社会文化旅游全面发展。

B.14
洛邑古城文化旅游园区发展报告

苗菱 李雪茹*

摘　要： 古城是历史遗迹与传统文化的现实载体，是几千年来中华文明以及文化的集中体现和缩影，是珍贵的物质及精神遗产。洛邑古城文化旅游园区在古城传统历史文化的固态保护、活态传承以及业态发展方面做出了积极的探索和实践，使其成为洛阳古城区文物保护、复兴和继承洛阳传统文化的亮点。报告从整体推进、拓展古城风采、创建全域旅游"示范区"，还原特色、深入认识文化、重现千年古都的"老底片"，改善民生、促进保护文化、建设传承文化的"新客厅"，科学规划、推进弘扬文化、打造传统文化的"新品牌"等四个方面提出了相应的对策建议。

关键词： 洛邑古城　文化旅游产业　非物质文化遗产

"八方之广，周洛为中，谓之洛邑"，"洛邑"系洛阳的旧称，由古至今是华夏文明的代表，历经十三朝古都，被喻为"文化圣城"。千百年来，在中原人民的哺育下，洛邑地区逐渐形成了汉族文化与多民族文化共融、交错、同息的文化特征，为中华民族文化之林增添了一幅深邃而博大的区域人文的精神画卷。被誉为"中原渡口"的洛邑古城文化旅游园区以其深厚的

---

* 苗菱，洛阳市委党校副教授，研究方向为经济、文化；李雪茹，洛阳市老城区古城管理委员会主任。

文化底蕴为依托,致力于打造集旅游观光、民族工艺、商业休闲、文化餐饮和酒店居住为一体的"文化圣城",既发展和继承了古城原有的文化景观和人文气息,又使古城焕发出了新的活力,使其成为洛阳古城区文物保护、复兴的重点也成为继承洛阳传统文化的亮点。

一 洛邑古城文化旅游园区概况

洛邑古城文化旅游园区位于洛阳市老城区,为河南省重点PPP项目,园区范围东至新街,西至金业路,南至南护城河,北至中州东路。该园区总体规划分为四期,总规划面积1360亩,总投资逾人民币127亿元,开发周期10~15年。园区依托"整体规划,分期实施"的原则,率先启动了一期片区的建设,项目一期为非遗文化产业园区,位于洛阳老城区成功街以西、四眼井街以东,南护城河以北,柳林东街、柳林西街以南,规划面积280亩,其中经营性区域占地约70亩,建筑面积约4.8万平方米,总投资7亿元。一期主体以唐、宋、元、明、清、民国各时期建筑风格为建设主基调,以"传承非遗文化,弘扬民族精神"为文化传承宗旨,以中国传统文化为主题,紧紧围绕"非遗文化"核心,全面植入非物质文化遗产元素,全力打造中原乃至全国规模最大、非遗产业化最集中的文化旅游目的地,园区设有优秀传统文化和非遗代表作品的展示交易区,可以欣赏和购买到各类代表性非遗项目的优秀大师作品;园区还设有传统手工技艺的传习区,可以直接观赏一件件精美作品的制作过程并亲身参与到手工制作的过程中,在体验和互动中增加对中国优秀传统手工艺和非遗知识的了解,在感受中国优秀传统文化魅力的同时,增加弘扬中华民族优秀传统文化的文化自信。与此同时,园区以文化结合旅游,配套旅游餐饮、住宿、娱乐等多种业态,综合建设集文化、旅游、商业、休闲、度假于一体的历史文化古城。

洛邑古城文化旅游园区以"政府主导、公司管理、市场运作"为核心指导思路,在运营和管理上,采用中渡总公司(北京中渡互联网科技有限公司)独家研发、全行业首创的旅游大数据管理平台,通过管理平台集合大数据信息采集、分析、挖掘、可视化应用、征信等功能,运用管理平台的互联网、大数据集成技术分析游客消费、商户运营、公共服务、咨询投诉等游客综合信息,而后通过针对性的宣传、促销、业态调整、征信数据收集,实现商户、运营方的多赢局面。与此同时,园区实行无现金消费,游客刷身份证入园,平台实时采集、显示、追踪信息,建设智慧型园区管理。

洛阳中渡文化科技有限公司旅游大数据管理平台统计,洛邑古城2017年4月10日开园迎客,首日游客量突破3万人次,三日内突破10万人次。"五一"期间,接待国内外游客12.21万人次,日均4万人次。截至2017年底,园区接待游客量已超过230万人次。预计2018年,洛邑古城年客流量突破500万人次,创造上千个就业岗位。同时,力求社会效益和经济效益的最佳结合,实现年营业收入2亿元,形成涵盖多业态的以文化、旅游和服务业为主体的综合运营管理体系,打造成为洛阳市乃至河南省文化旅游产业新亮点,为把洛阳建设成为华夏文明创新示范区和区域性商贸中心做出应有贡献。

二 洛邑古城文化旅游园区发展特色

洛邑古城文化旅游园区以围绕河洛文化为核心的非物质文化遗产项目为园区文化项目定位,利用洛阳本土深厚的文化资源与优势,发挥洛阳在国家"一带一路"建设构想中联通东西、承接南北的中原地区地域优势,着力打造洛阳老城与现代都市交相辉映的历史文化传承创新示范区和区域性文化旅游商贸中心,在发展中逐渐形成了突出的特色与运营亮点。

(一)注重保护与修补,展现古城历史风貌

洛邑古城文化旅游园区从建设之初就始终坚持以保护为主,保用结合的原则,大力拓展文物合理适度利用的有效途径。一方面,加强对文峰塔、府文庙、妥灵宫等历史文物建筑的保养和维护,对新潭、金元故城墙遗址、四眼井遗址进行修复,增加历史文物的可读性、可视性和影响力;另一方面,

通过把传统文化与现代科技创新结合起来的方式,以文峰塔、金元古城墙遗址、新潭遗迹、妥灵宫、文庙、四眼井等保护遗址为节点,以新潭—护城河水系为纽带,连接各种商服业态,让老建筑与新建筑相互辉映,既体现洛阳传统文化底蕴又不失现代气息。与此同时,通过3D光雕投影灯光秀、全息影像、定向传感音效等新兴科技技术,让洛邑古城的所有文物活起来,焕发出新的光彩,实现整个园区一步一景,人文气息浓厚,成为洛阳文物保护、旅游开发的新亮点。

(二)突出河洛文化主题,汇聚非遗特色产业

洛邑古城文化旅游园区以可持续发展的非物质文化遗产为填充,以非物质文化遗产保护展示、传承为主题,以"突出河洛文化特色,传承、保护结合文化再创新"为核心,结合民间文学、传统艺术、民宿演艺、保健养生等文化,打造文化学术交流的立德大讲堂、非遗购物交易的非遗文化天街、非遗传承的大师工作坊等系列业态布局,引入国家、省、市级非物质文化遗产产业业态,聚集以唐三彩、牡丹瓷、汝阳刘、孔家均窑、洛京窑、秦式绢艺等为代表的重点非遗项目,以高水旺、宋胜利、孔相卿等一批大师级非遗传承代表人为指导,全力打造非遗文化产业精品园区。

非物质文化遗产是指各族人民世代相传并视为其文化遗产组成部分的各种传统文化表现形式以及与传统文化表现形式相关的实物和场所。包括:传统口头文学以及作为其载体的语言;传统美术、书法、音乐、舞蹈、戏剧、曲艺和杂技;传统技艺、医药和历法;传统礼仪、节庆等民俗;传统体育和游艺以及其他非物质文化遗产。① 园区的代表性非遗项目及其传承人包括以下几方面。

1. 唐三彩

唐三彩是唐代低温彩釉陶器的总称,始于初唐,盛于中唐,衰于两宋,迄今已有1300余年的历史,其技艺断代的历史亦有近千年。唐三彩传统烧制技艺于2008年6月入选中国非物质文化遗产名录,它吸收中国传统国画、

---

① 《中华人民共和国非物质文化遗产法》,2011年6月1日施行。

雕塑等工艺美术的特点，把精细加工研制的高岭土作为坯体，先把素坯入窑焙烧为陶坯，再上釉彩（将含有铜、铁、锰、钴等矿物作为釉料着色剂，釉中加入适量铅灰与炼铅熔渣作为助剂），二次入窑烧至800℃左右而成。在烧制过程中釉面由于铅釉的强流动性向四周流淌扩散，色釉相互交融浸润形成斑驳绚丽而又自然的色彩，成为独具中国风格特色的传统工艺品。作为重点展示项目，唐三彩烧制技艺代表性传承人高水旺大师入驻园区。

2. 大唐官窑

唐白瓷是唐代优秀文化遗产之一，代表了唐代陶瓷艺术的最高成就。唐白瓷烧制技艺始创、发展、传承于河洛地区，迄今已有1500多年历史，开创了中国陶瓷制作"南青北白"的历史，唐代白瓷窑口多集中于北方，河南的巩县窑、密县窑就是其中的代表，洛阳是白瓷文化之根，洛阳孟津宋家岭是一个具有1700余年历史的陶瓷古村落，生产出的白瓷"类银类雪"，曾有"白如玉、薄如纸、声如磬"之说。唐代白窑制作洛阳宋氏家族第33代传人宋胜利大师入驻园区。

3. 汝阳刘毛笔

河南省项城市汝阳刘是久负盛名的"妙笔之乡"。自秦朝蒙恬将军研制而成后，世代相传，制笔历史已有2200余年。汝阳刘毛笔为东晋书法家王羲之所喜爱，挥洒书写之间，觉此笔流畅洒脱，自如婉转，在其书写《黄庭经》之后连连称赞"妙笔、妙笔"，故有"羲之妙笔"之说，汝阳刘也因此得名"妙笔之乡"。汝阳刘毛笔的制作需精选特定区域的狼毫、羊毛、汉松尾、石獾、过冬鼠须、紫毫等上等原料，经128道工序精制而成，尖、圆、齐、健，四德俱备，历代文人墨客视为文房上等精品。"中华老字号"汝阳刘毛笔第66代传承人刘好勤入驻园区。

4. 钧瓷

钧瓷发端于东汉，是宋代五大名窑瓷器之一，中国传统制瓷工艺中的珍品，被称为国宝、瑰宝。钧瓷以独特的窑变艺术而闻名于世，有"家有万贯不如钧瓷一件"与"黄金有价钧无价"的美誉，钧瓷烧制技艺是国家级非物质文化遗产。孔相卿和崔松伟两位大师入驻园区。

5. 秦氏绢艺

河南安阳滑县的秦氏绢艺最早创始于明崇祯年间,兴盛于清朝中期,经历了四百多年的岁月洗礼以及秦家代代艺人的创新与发展。绢艺是用绢质材料手工制作的工艺品,秦氏绢艺表现内容宽泛,仕女人物、花鸟昆虫、果蔬等无所不能,均为手工制作,做工细腻,始终保持不变质、不褪色、不变形,皆栩栩如生、几可乱真,尤以"白菜蝈蝈"为其代表作,堪称华夏一绝、国之瑰宝。秦氏绢艺第十三代传人秦勇入驻园区,其父亲秦竹林生于河南省滑县四间房乡,系秦氏绢艺第十二代传人。

6. 洛绣

中国的刺绣艺术有着悠久的历史,它是用彩色丝、棉线、绒,借助针在绸、麻葛、缎、布帛等底布上的运行穿刺形成花纹、图像或文字。洛绣起源于周,是我国刺绣艺术中的一枝奇葩,绣工精细、针法活泼、图案秀丽、色彩雅洁。洛绣构图丰满、形象逼真、活泼欢快、施针简洁,民间刺绣有"图必有意,意必吉祥"的说法,并常用谐音和象征性手法。洛绣技艺的第五代传承人高源入驻园区,将洛绣这一古老技法与织绣文化再现于世。

除此之外,园区还有泥咕咕、古琴、古筝弹奏、扎染布艺、木刻、泥塑、软陶、传统射艺、剪纸、稀有乐器演奏等非遗体验项目,目前,园区已经建设成为包含立德苑文化交流中心、非遗文化天街、博物馆、展览馆、特色饮食、特色小吃、精品民宿、休闲娱乐等的多个商业综合区域,共计入驻非遗项目及其他配套旅游餐饮、住宿、娱乐等综合业态200余家。园区依托洛阳老城悠久的历史文化内涵和深厚的人文底蕴,融合了代表中国优秀传统文化精髓的众多非物质文化遗产传承项目,致力于打造中国优秀传统文化展示区、非遗代表作品交易区、传统技艺传习区、各国游客休闲养生体验区,以汇聚具有代表性的非物质文化遗产为核心载体,立足非遗保护、传承和发扬,建立非遗大数据和线上线下互联网互动平台,着力打造一个以非遗文化体验旅游为形式,以"互联网+"为载体的新型文化项目及综合性非物质文化遗产智慧产业园。

（三）引入大数据管理模式，创建智慧型文化旅游园区

洛邑古城文化旅游园区入驻商户采用联营形式，不收取租金，孵化商户，尤其是孵化具有可持续发展的非物质文化遗产产业商户的成长。园区采用全国首创的"征信+大数据"旅游管理模式，对使用身份证刷卡入园的游客，通过大数据平台快速确认其个人征信情况，对符合标准的游客实行先消费后付款。与此同时，园区一方面采用"互联网+大数据管理模式"，涵盖"大数据、旅游金融、旅游运营"等要素，采取统一支付、结算、推广、维权等集约化管理模式，构建"互联网+大数据科技管理"智慧园区大数据平台；另一方面通过集约化的大数据管理集中现金流，产生金融板块的赢利，最终实现游客消费、商铺运营、公共服务、咨询投诉等信息的实时采集、发布与调控，建设智慧型产业园区。园区还借助互联网宣传覆盖面广、传播便捷的优势，让潜在游客在第一时间共享新型旅游资讯，并通过中渡总公司（北京中渡互联网科技有限公司）研发的"找导游"App直接与园区对接产生订单。在国内，在线旅游游客增长的态势下，中渡公司利用自身App的不断完善，促进洛邑古城实现线上游客与景区互动的新格局，使洛邑古城项目成为中国旅游行业转型升级的代表。

三 洛邑古城文化旅游园区发展中存在的问题

洛邑古城文化旅游园区在建设及运营中进行了多方面的探索实践，从当前的具体实践角度研究，在首期的非物质文化产业园区建设中，遵循了国内外古城保护与整治成功案例的一些普遍规律，取得了初步成果，但同时也存在一些问题。

（一）整体推进有待进一步加快

老城是洛阳这个历史文化名城的重要组成部分，其作用是洛阳市内其他部分所不能代替的，尤其是宋之后，老城基本上成为洛阳的代言人。目前老

城历史文化街区的范围主要是中州路以南的部分，尤其是当前的精华部分集中于东西南大街即洛邑古城所在地一带，广义来讲，洛邑古城未来涵盖的是老城历史文化街区这一大范畴，这也是河南省体量最大的历史文化街区。目前，洛邑古城园区坚持规划先行，合规推进保护与整治进程。园区本着先总体后局部，先规划后实施的原则，每一步骤确保符合法律法规的要求，充分尊重和采纳广大民众与专家的意见，争取做到各方满意。但是，当前的70亩可展示区域范围较小，一遇到节假日等高峰期，园区内入园人数超出园区的承载量，周边的古城路段交通也严重堵塞甚至瘫痪，客容量、交通及停车难等问题对游客在洛邑古城的游览造成了一定影响，园区的后续整体进度及配套设施等建设亟待加快与完善，以保证园区的健康快速发展。

（二）保护与科学利用有待进一步协调

站在全国视野来看，历史文化资源本身就是一笔不可多得、不可再生、不可复制的财富，这是古城首要的可持续发展资源。洛邑古城文化旅游园区在建设运营中始终坚持保护为主，确保遗产科学利用。其中，凡是被列为各级文物保护单位的，不损伤"一草一木"，不搞历史建筑的"大拆大建"，在确保风格协调的前提下，科学利用文化遗产，已经考古发掘的遗迹或单体文物建筑、建筑群，如文峰塔、文庙、城隍庙、鼓楼等现存及比较有地标意义且有文物保护价值的建筑文物，通过不断地投入进行维修、维护，在坚持原真性的原则上进行修复。但同时也应该看到，文物保护一般周期长、费用高、工程量大，对于其整体保护往往缺乏持续的能力或动力去做，加之文物保护投资缺乏等现实情况的存在，因此多数古城的文物往往利用过度、保护不足。目前古城内文物古迹分布较广、历史文化价值十分珍贵、保护管理的难度大，且多数是砖木结构，年代久远、年久失修、耐火等级较低，防盗、防火、防塌的工作压力很大。古城内的道路状况也没有得到彻底改善，一些不协调问题还比较突出，这是洛邑古城文化旅游园区保护发展中最值得关注的一个方面。

（三）文化特色有待进一步提升

洛邑古城文化旅游园区坚持以文化为魂，全力打造精神家园。力争把握文化精髓，将文化基因结合现代展示手法，保证文化传承正确导向、传递正能量。从现实情况看，古城应该有自身独特的风貌和特色韵味，老城符合古城的所有特征，包括居民、生活习俗、特色街区等，又相对于其他城市有自己独特的一面。随着时间的流逝，如果历史风貌被忽视破坏，特色的风韵没有得到最好的保护和发展，将会使得人文和自然的双重特性都遭到损失，比如，随着城市化进程的加快，对一些人文、自然性的东西发展不力，古城至今还有很多与其旅游形象不协调的建筑，一些古迹即使还保存着，但是埋没于遍布其周边的现代建筑物中，特色不足并且显得别扭、古旧，两者的韵味及风格差异较大，不能很好地协调一致，诸如此类的现实存在打破了古城旅游总体形象的一致性，让古城难以为观赏游览者提供完美有特色的旅游体验。特别值得注意的一种倾向是，对古城文化氛围、整体风韵缺乏整体性的开发保护思路，只对物质性的建筑等保护有加，而不重视非物质层面的内容，不尊重居民原生态的生活方式，就难以传承历史文化记忆。特色风貌、独特韵味的保存和发展将是洛邑古城文化旅游园区需要长期关注的内容。

（四）惠及民生有待进一步增强

目前老城的现状是城市功能严重滞后，基础设施欠账太多，可增加的公共空间极其有限，高人口密度使出行条件改善几无可能，城市风貌严重缺失，与千年历史文化名城的身份不相匹配，等等，需要在保护历史文化的同时塑造古城的时代风貌。洛邑古城文化旅游园区坚持以民生为本，实现和谐富裕宜居，将促进中原文化和文化产业大发展大繁荣与满足人民群众日益增长的精神文化和物质需求相结合，将生态修复、功能修补与宜居城市建设相结合，最大限度地惠及民生。但是，相比较社会效益来看，在促进民生改善和发展方面还处在上升起步阶段，还有很多进一步提升的领域和空间。

四 推动洛邑古城文化旅游园区发展的对策建议

文化是民族的血脉，是人民的精神家园。作为河洛文化中心的洛阳，拥有5000多年的文明史、4000年的建城史以及1500年的建都史，是华夏文明开元之地、思想文化滥觞之源，在实施中国文化遗产保护传承示范基地建设工程、全球华人根亲文化圣地建设工程、现代文化创新发展新高地建设工程、全国重要的文化产业基地建设工程、中华文化"走出去"重要基地建设工程等方面具有无可比拟的优势。根据《华夏历史文明传承创新区建设方案》，中原经济区五大战略定位之一就是华夏历史文明传承创新区，这是时代赋予中原经济区的重大文化使命，作为华夏文明5000年历史缩影之称的洛阳，如何创建"示范区"、拓展帝都风采，如何留住洛阳"老底片"、充分认识和发现其价值，如何以古城为载体建设"新客厅"、传承好中华文化，打造"新品牌"，展现古城魅力，已成为洛阳发展的重中之重。洛邑古城园区作为老城及洛阳文化旅游的排头兵，理应在传承中华优秀传统文化方面有所作为、担当重任。

（一）整体推进，拓展古城风采，创建全域旅游"示范区"

目前，洛阳围绕建设"国际文化旅游名城示范区"的总目标，构建优化"南城北镇"的空间布局（洛邑古城、牡丹小镇），着力实施并全力将其打造为国际旅游目的地、洛阳旅游集散地，实现古城文化旅游全域发展。具体来说，按照"谋划长远、规划中期、计划滚动、安排当年"的思路，以创建全域旅游示范区为总抓手，实施有针对性的相关举措，要做到年度有方案、近期有计划、中期有目标、长远有方向。全域旅游的创建应当以"全景、全民、全业、全时"的全域旅游发展理念为指引，按照"城乡一体、景城一体，全域布局，四季旅游"的发展路径，加快编制全域旅游规划和创建国家全域旅游示范区实施方案，创新旅游发展体制，完善"1+3"综合监督管理机制，扎实开展创建。一方面要制定全域旅游发展规划。即以创建国家全域旅游示范区为目标，对古城文化旅游产业发展进行总体谋划和布局。聘请知名规划设计机构，高起点修编全域旅游发展规划，确立发展目标、战略和步骤，充分发挥整体规划对文化旅游产业及园区的科学指导和调控作用。目前，洛阳古城历史文化街区游客服务中心项目、文峰塔综合休闲广场项目、府文庙片区、四眼井、妥灵宫保护修缮项目、鼓楼文创休闲产业园区项目、可移动文物大数据库项目、精品演艺剧目项目等 20 多个项目已经规划并在未来三年内陆续实施，通过提供优质且独具古城特色的旅游产品，将促使古城文化旅游产业升级。另一方面要扎实开展全域旅游创建。围绕"旅游治理规范化、旅游供给品质化、旅游参与全民化、旅游效应最大化、旅游发展全域化"的目标，制订创建国家全域旅游示范区实施方案，多策并举，上下联动，强化目标考核，扎实推进国家级全域旅游示范区创建工作。例如对功能设施的完善，在全域旅游视角下，真正解决旅游公共服务设施不健全、体系不完善、管理不到位、使用不规范等问题；要着力补齐短板，实施多元供给，优化旅游交通体系，完善旅游标识系统、旅游集散中心、停车场、自驾车营地、旅游公厕等配套设施，走科技引领之路。

（二）还原特色，深入认识文化，重现千年古都的"老底片"

无论从历史文献和各方专家研究成果，包括历史沿革、物质文化遗产和非物质文化遗产等都可以看出，洛邑古城所属的老城在中原文化、河洛文化及古都洛阳乃至华夏文明发展史上都有着重要和独特的作用，最符合千年古都"老底片"的标准。作为老城文化及特色核心的洛邑古城文化旅游园区，在还原特色，深入认识文化，重现"老底片"价值定位中需要从多方面着力。

一是从历史角度着力。洛邑古城所在的老城跨越了周、隋唐、宋金、明清、近代等五个不同的时期，是一座时间跨度 3000 年、文化遗存叠加深厚的古城，是我国传承历史跨度最大、历史信息最丰富而区域最集中的一个地方，对历史的挖掘及展现是园区发展的基石。

二是从文化角度着力。周公制礼作乐在西周王城，是儒家思想的源头，周公被称为"元圣"，是我们国家有历史记载和文化传承的第一位思想家和政治家。老子和孔子在洛阳相遇。相传安放武圣关公首级的妥灵宫也位于此。唐代诗圣杜甫、诗仙李白这两位分别代表现实主义与浪漫主义巅峰的文学巨匠,又曾在此相会。画圣吴道子作画于老城北面山上的上清宫,程朱理学的创始人邵雍、"二程"等三位夫子又长期在此游历。典故传说、街巷地名、饮食文化、手工技艺、戏曲曲艺等等,内容庞杂,非其他地区所能比拟。洛阳三绝龙门石窟、洛阳牡丹和水席,有两绝源自于此,并且牡丹花会和洛阳水席还分别是国家目前唯一的节会类和饮食类非物质文化遗产项目,所以,园区在文化保护与传承方面还需继续加大力度、拓展涵盖范围。

三是从文物遗存着力。老城有多处国家级、省级和市级文物保护单位,现存有两处金元时期的古建筑河南府文庙和祖师庙,还有精美绝伦的潞泽会馆和山陕会馆,可谓明清建筑中的精品。九家百年大院和八路军驻洛阳办事处纪念馆的宅院,也是民居建筑中的上乘之作。兼有王都、官府、市民等各阶层文化、国内保存相对比较完整的唯有老城。洛阳是丝绸之路、大运河和万里茶路三条文化、经济、历史大通道的唯一结合点,对文物遗存的修旧如旧及拓展其辐射影响力将是园区未来建设的重点。

四是从城市属性着力。老城是大遗址上的城市和中华文明史的博物馆,两周开元、唐宋盛景、明清古貌、民国遗风,老城具有周、唐、宋、明清、民国等几个不同时期的特征。与国内同类古城相比,周城上面是隋唐城,再上面是宋城,还有元、明、清等六座城时空交错地叠摞着,还有很多文物保护单位或有价值的遗存尚未开发。同时,洛阳味道十足,市井文化氛围浓郁,"洛阳模式"留下的珍贵样本,代表了新中国旧城保护与整治的一个典范,离开老城建新城的模式也最大限度地保护了洛阳老城,使工业区远离了传统文化城市,通过园区的进一步建设及发展可以有代表性地展示古城深层次的魅力。具体来说,要结合老城的文化遗存和历史信息,突出文化魅力;对列入保护单位的单体文物建筑,坚持原真性原则进行修复、维护,不能改变文物的本体结构,所有的保护与整治建筑必须在文物保护单位的保护范围内退让一定距离;在风格的处理上,应以凸显古城厚重文化特色为目的,兼顾美学原理,给人以视觉冲击和享受,避免视觉污染;要以老城的实际为出发点，切合古城的现状，不应大拆大建，而应循序渐进；所有改建、扩建、新建部分建筑，要遵循可逆性的原则，必须考虑地下遗迹的承受能力和完整性；投入应经济，收益应以游客规模为基础，不应移植不符合古城特色的产业。总之，多方面、多角度着力，才能更全面、系统地展示古城风采，重现千年古都的"老底片"。

（三）改善民生，促进保护文化，建设传承文化的"新客厅"

洛邑古城文化旅游园区所在的老城是一座"活着"的古城，改善当地民生是一项不容忽视的现实问题。由于年久失修，目前老城已渐渐沦为洛阳市面积最大、人口最多、设施最差的棚户区。老城大部分地区面临民居低矮拥挤并与危房掺杂，水、电管网老化，气、暖无法通达，环卫设施滞后，消防设施和疏散通道不完备等问题，诸多安全隐患威胁着当地居民的人身安全。应该看到，如何有效保护古城及其多层面文化遗产是一个世界性难题，物质文化遗产随着时间推移有自然消亡的风险，现代经济社会的发展也在不断蚕食着本就脆弱的文化遗产。非物质文化遗产蕴含着特有的精神价值、思维方式，传承受传承人的意愿、探索精神、技能的熟练程度以及审美观等制约。文化遗产所处的环境也是文化保护需要考虑的重要因素，与之对应的文化保护方式若不能实事求是、与时俱进，同样难以取得传承和发扬。因此，改善民生，促进保护文化，建设传承文化的"新客厅"，需要在发展中坚持生态修复与城市修补同步推进。即以文物保护、民生改善为目的，以"生态修复、城市修补"为原则，按照"一环、两轴、三片、八节点"的总体规划，加大古城区64处文物、148处老建筑的修复保护力度，拓展延伸洛邑古城的功能效益，打造一批集非遗文化、院落文化、古玩艺术、展示展览、民俗体验于一体的精品项目，把洛邑古城打造成为集文化、旅游、商业、休闲和居住于一体的洛阳古城文化旅游体验基地、古城休闲基地。

一是全面了解、摸清国家政策。围绕民生改善及城市建设，中央相继出台了《中共中央国务院关于加快推进生态文明建设的意见》《中共中央国务院关于进一步加强城市规划建设管理工作的若干意见》[1]等一系列文件,强调加强生态修复与城市修补的"城市双修",为古城区遗址保护、民生改善、生态建设指明了方向与路径。即从"保护文化"出发,在分析古城区位环境、经济社会发展、发展定位以及规划建设保护与整治难点等基础上,借鉴大量国内外关于古城、历史文化街区保护与利用的成功范例,从政策和实施两个层面归纳成功案例的普遍规律,为古城的规划建设提供经验借鉴,旨在为古城的规划建设探索一条既保证合规又突出特色的途径。

二是加快落实"城市双修"实际内容。在工作中要牢固树立创新、协调、绿色、开放、共享的发展理念,把"城市双修"列入推动供给侧结构性改革的重要任务中去。在行动上应以补足城市基础设施短板、改善生态环境质量、提高公共服务水平为重点,深入治理"城市病",切实转变城市发展方式,从而增强城市的治理能力。具体措施包括:加快山体修复,开展水体治理和修复,修复利用废弃地,完善绿地系统,修补城市功能,增加公共空间,改善出行条件,保护与整治老旧小区,等等。最终将古城打造成和谐宜居、富有活力、各具特色的旅游目的地。

三是文化传承与民生改善实现双赢。目前,在留存下来的100万平方米的古城当中,传统街巷、古民居院落、城墙遗址、青砖灰瓦等古城因素正渐渐被淹没在红砖高墙的现代建筑当中,保护与整治、文化传承与民生改善问题相互交织。2016年10月出台的《华夏历史文明传承创新区建设方案》中明确提出:华夏历史文明传承创新区是中原经济区五大战略定位之一,是国家赋予中原经济区的重大文化使命,对传承弘扬中华优秀传统文化,建设中华民族共有精神家园,提升国家文化软实力,对推进文明河南和文化强省建设,促进中原文化大发展大繁荣,满足人民群众日益增长的精神文化需求,具有重大现实意义。[2]因此,文化传承与民生改善的双赢,无疑是老城重新焕发生机的最佳选择。文化遗产要通过深入阐发,结合现代科技搭建创新平

---

[1] 《中共中央国务院关于加快推进生态文明建设的意见》《中共中央国务院关于进一步加强城市规划建设管理工作的若干意见》,分别于2015年3月24日、2016年2月6日出台。
[2] 《华夏历史文明传承创新区建设方案》,2016年10月出台。

台,将文化的"灵魂"深深地植入文化遗产保护、传承发展和建筑风格风貌中,使物质文化遗产活化起来,让非物质文化遗产焕发时代气息,同时推进民生的进一步改善。

(四)科学规划,推进弘扬文化,打造传统文化的"新品牌"

文化的魅力在于超越国界、超越民族的无形的穿透力、感染力和持久力。建设古城历史文化街区保护与发展的"示范区",留住千年古都的历史文化"老底片",打造底蕴深厚且面貌整洁的"新客厅",古城便已具备了打造及推广传统文化"新品牌"的条件。展望未来,古城建设应从"弘扬文化"出发,切合古城的资源优势及规划走出一条科学发展之路。古城在根亲文化方面具有祖源地位,位于隋唐时期的丝绸之路的端点上,洛邑古城的文化基础就是周公的礼乐文明,具备充分的历史条件。古城区域现存丰富的物质文化遗产以及非物质文化遗产资源,有着独特的文化景观与文化特质,是历史文化街区保护的典范,有着再创"洛阳模式"新辉煌的强烈意愿。古城的文化基因非常强大,可以转化为产业的要素众多。洛阳"双创"氛围日渐浓厚,人才基础雄厚,优化经济结构、打造公共文化服务示范区等改善民生方面的呼声日益强烈。古城是古丝绸之路、大运河、万里茶路三条文化、经济和交通要道的交汇点,在延续"一带一路"新辉煌方面具有无可比拟的优势。为此,要进一步加强保障措施,为园区发展保驾护航。

一是要加强领导,合力推进。成立由主要领导为成员的文化旅游产业工作领导小组,建立"上下联动、分级负责、属地管理、部门协作"的管理机制,及时解决工作推进中的重大问题,确保各项工作科学有序地推进。

二是调整支出,提供保障。围绕洛阳市打造国际文化旅游名城的战略定位,根据政策规章,将文化旅游项目建设实绩、文化旅游企业业绩、景区达标升级等与财政扶持、资金扶持挂钩,支持旅游企业发展实行"以奖代补"的方法,促进文化旅游产业实现大跨越发展。加大多方投入,全方位加强、加快古城的保护进程,通过政府投入、银行贷款、国际援助、社会捐助等多种渠道,积极筹集保护资金,推进古城的全面保护进程。

三是引进人才,提供智力支持。每年选派专业人才到文化旅游院校、科研院所、规划机构等学习深造,力争吸引高层次人才参与文化旅游新业态开发建设,组织高级管理人员到先进地区现场观摩学习,加强文化旅游业人才激励。

四是建立机制,考核督导。把文化旅游产业发展纳入科学发展综合考核体系,充分发挥考核在促进文化旅游产业发展中的导向引领作用。各级政府要强化工作督导,推动各项工作落到实处,确保文化旅游产业发展任务目标的如期完成。

B.15 大宋名相园文化创意园区发展报告

涂洪樱子*

摘　要： 大宋名相园即吕文穆园，为挖掘吕蒙正的文化影响，丰富洛阳的文化旅游，在吕文穆园的原址上复建开发建设新的文化景区，是洛阳市首家再现洛阳宋代园艺的园林。该园依托吕蒙正的历史影响，挖掘礼孝等传统文化内涵，以期收到"一座名相园、半部中国史、转眼越千年"的效果。它是集文化发展、旅游观光、休闲娱乐于一体的大型综合文化园区。洛阳大宋名相园的复建不仅再现当年园林美景，而且挖掘古代文化精髓，传承先人遗志，延续文化命脉。

关键词： 大宋名相园　吕文穆　文化创意

历史文化主题公园是围绕一个或多个特定的历史文化主题，由模拟或再现景观和园林环境为载体的人造休闲娱乐活动空间，是游乐园发展到一定阶段同历史文化相结合而产生的一种新型旅游地。它寓教于乐，让游客在游玩过程中体验其文化内涵，发扬传承各国文化。我国一直大力支持历史文化主题公园的发展。①

---

* 涂洪樱子，中共洛阳市委党校讲师，研究方向为行政管理、文化建设。
① 黄华乾、任亚琴：《历史文化主题公园旅游发展研究——以开封清明上河园为例》，《中南林业科技大学学报》（社会科学版）2016年第2期。

一 大宋名相园概况

大宋名相园（吕文穆园）被列为洛阳宋代历史名园。由于历史的变迁，该园已荡然无存。修建恢复"吕文穆园"是传承蒙正文化的重要组成部分，是打造洛阳历史文化名城的必然选择。

大宋名相园是洛阳新的文化景区，位于洛阳市伊滨区佃庄镇西马庄村西侧，东临夏都二里头和东汉太学遗址，西接洛阳隋唐城定鼎门遗址公园，南距龙门石窟十余公里，北与白马寺隔河相望，处于洛阳东湖水城核心区，园区总规划面积1220亩，一期工程占地280余亩，建筑面积28600平方米，水系面积16000平方米，绿化面积52000平方米，计划总投资6亿元，一期建设的吕文穆园主体建筑已全部竣工。目前，园区建设已初具规模，形成古典式建筑群，规划的几个区域即吕蒙正塑像区，吕蒙正故居寒窑区，吕蒙正生平事迹及其家族名人简谱展示区，吕蒙正诗词名作、传奇故事以及三代五相碑廊、石刻作品展示区。进入大宋名相园旅游文化景区会使游客产生置身于公元1009年的大宋王朝宋真宗时期繁华盛世之中的感觉。按照长期规划，大宋名相园不仅是历史文化景区，还将成为集科普教育、生态农业、休闲旅游于一体的综合性项目。

二 大宋名相园发展优势分析

大宋名相园是洛阳市首家再现洛阳宋代园艺的园林，将文化创意和洛阳的历史文化相结合，不仅再现当年园林美景，而且挖掘古代文化精髓，传承先人遗志，延续文化命脉。因此历史积淀深厚、建筑风格、园林景观极具特色，文化展览资源丰富是其发展的重要优势。

（一）历史文化深厚

吕蒙正（公元944～1011年），字圣功，河南洛阳人。北宋初年宰相。

太平兴国二年（公元977年）丁丑科状元。吕蒙正中状元后，授将作监丞，通判升州。后三次登上相位，封许国公，授太子太师。吕蒙正宽厚正直，对上遇礼敢言，对下则宽容有雅度。卒于北宋大中祥符四年（公元1011年），谥文穆，赠中书令。他曾经三次登上相位，是中国历史上第一位平民出身的宰相，第一个书生宰相、状元宰相，是宋朝宰相中经历过三朝的两个人之一。

相公庄为宋朝宰相吕蒙正的故里，位于洛阳市伊滨区佃庄镇，简称"寒窑"，曾是宋朝名相吕蒙正少年时期勤学的地方。佃庄镇历史悠久，有国家级文物重点保护单位"汉魏故城遗址""西晋太学遗址"，位于佃庄镇的"明堂""灵台"是中国历史上天文学家张衡创造出举世闻名的地动仪地方，在佃庄镇东大郊村北，有"大晋龙兴皇帝三临辟雍皇太子又再莅之德隆熙之颂碑"，简称"辟雍碑"。

（二）建筑景观丰富

"人间佳节唯寒食，天下名园重洛阳。"北宋时期是中国历史上的文化鼎盛时期，亦是园林发展的鼎盛时期。当时洛阳的私家园林有上千处之多，被述名的有93处，李格非（北宋大诗人李清照之父）所著《洛阳名园记》中记载的著名的园林有19处，后在靖康年间被战火全部毁于一旦。

现已复建的大宋名相园，是北宋宰相吕蒙正的私家宅园，历经千年战乱已荡然无存。此次设计建设是根据《洛阳名园记》中关于吕文穆园的文字描述、《宋史》的记载以及王铎先生编著的《洛阳古代城市与园林》中有关资料进行恢复建设的，不仅再现了当年的园林美景，而且整个园区的建筑风格将苏州园林的风韵和北方四合院的传统合院式建筑进行了有机而又巧妙的结合，园内水面宽阔荡漾，形成一幅楼阁台榭相连、水系建筑相映、叠石花草相抱的精美无比的大观园式建筑画卷。

园区内建筑景观丰富，建有崇文院、圣功院、四合院、书香苑、仕林院、德和院、书画院、怡馨苑、退思院等9处院落，以及五进门牌楼、六层高福宁宫、九层高状元阁（外五层内九层，高度36.9米，铭刻自隋朝以来中国历史上的状元简介)、人工湖、状元桥、水榭舞乐台、杨柳荷风垂钓区、精品牡丹观赏区等标志性建筑,假山、曲桥、廊、亭、水榭交相辉映,宽阔湖面碧波荡漾,现已形成规模宏大的古典园林景观。并且,建有当时退居洛阳的宋代名相赵普、吕蒙正、吕端、张齐贤、寇准、文彦博、司马光、富弼及范仲淹、欧阳修、程颐、程颢、邵雍等举世闻名的思想家、文学家的汉白玉雕像群并介绍他们的诗词、名著、生平传奇故事,吕蒙正蜡像馆、北宋名家碑林墙、洛阳名园记微缩景观、洛阳名园记石刻文字介绍及大宋名相园建园记都将安放布展在厅堂、阁楼、园区景观之中。

(三)文化配套资源丰富

园内文化配套资源丰富,设有各类展馆8处,包括:中国历史图书馆,游客可凭身份证免费借阅,阅览中华文明;书画家工作室,专为书画名家提供的抒怀园地、书画展示厅,为书画名家展厅、书画作品展、作品拍卖地方;大宋名相研究院,研究和挖掘宋代名相身世传记文化价值;大宋名相吕蒙正博物馆,收藏吕蒙正个人书籍、官服物品;中原名家书画院,书画名人名家作品创作研讨、对外交流、巡回画展、书画名家论坛等;影视剧文化基地,洛阳本土原创影视剧拍摄、国内古装影视剧拍摄地;青少年国学教育中心,孔子礼学、国学培训、学子成人礼、高考及第才子状元钟许愿祭;等等。2017年,园区还举办了洛阳大宋名相园宫灯文化节,迎来游客8万多人次。

三 大宋名相园发展存在的问题

大宋名相园因地制宜,突出特色,将洛阳的历史文化元素融入艺术创作和园区建设,融入群众精神文化需求和市场需要,精心塑造项目形象,但同时也存在一些有待改进的问题。

(一)品牌知名度较低、宣传力度不足

大宋名相园被列为洛阳首家宋代历史文化主题名园,但整体来看,围绕

大宋名相园项目品牌的对外宣传和营销力度小，方法、手段不够丰富，宣传力度不足，导致项目品牌的知名度仍然较低。

目前，大宋名相园的客源以洛阳市内的居民为主，为地缘性客源。地缘性客源的优势在于，有利于提高游客对当地历史文化主题公园的认同度，但是，旅游已经成为人们探索异质文化的主要方式，随着旅游业的发展，客源市场若仅为本地化的客源，就会减少异地文化所形成的吸引力。同时，根据调研发现，珠三角地区主题公园近年来的发展都很不错，尤其是深圳的三大主题公园的运营之所以能够取得巨大的成功，就是因为在客源上比较复杂，所以大部分洛阳市外的游客对大宋名相园了解甚少，导致景区发展缺乏大量游客的支持。

（二）游客参与性、体验性不强

游客在体验旅游产品时的满足程度是其评价景区质量的重要因素，因此为游客制造难忘的旅游体验是文化主题公园的中心任务。但是，大宋名相园目前在开发体验性旅游产品方面比较欠缺，推出的旅游产品多是些观赏层面的人造景观或节目，园内的游憩活动也多以观赏为主，只能游览景致，种类略显单一，例如：宫灯展示、杂耍特技等这些旅游产品，并不能充分地使游客参与其中，体验性不强。

（三）文化特色不突出，文化内涵不丰富

主题公园就是把某种文化浓缩在某个区间内，满足游客的需求。虽然大宋名相园致力于挖掘河洛文化精髓，打造宋代文化精品，致力于打造"一座名相园、半部中国史、转眼越千年"的历史文化主题公园，但是，一直主打宋文化的开封市，有众多的宋文化历史文化名园，与之相比大宋名相园没有充分地挖掘宋代的历史文化资源及吕蒙正本人的文化优势，文化特色突出不明显，文化内涵挖掘不够丰富，旅游产品趋同化明显，导致洛阳本地游客不能获得本土文化价值的认同感，而洛阳本地以外的游客游玩后并不能充分体验到文化的差异性。

（四）园区内配套设施和服务水平有待提升

一个完整的主题公园，除了构成园区内最核心的游乐项目外，一些基础设施和园内整体环境的布局也是非常重要的。目前，大宋名相园园区内配套基础设施处于起步阶段，公共服务水平有待提升，主要表现在：第一，园区宣传介绍资料不够充分，缺乏关于景区特色及宋代文化内涵的详细介绍。大宋名相园作为历史文化主题公园，景区特色是根植于大宋名相吕蒙正的历史文化史料，但是历史文化的内涵是抽象的，如果没有对景区来龙去脉的详细文字介绍，大部分游客游园后只是看看表象，依旧对大宋名相园所展现的历史文化名人了解甚少，因此园区不易被游客尤其是外地游客接受。第二，"吃、住、行、游、购、娱"设施功能配套不足，住宿等配套设施目前还处于起步阶段，游客在景区内不能就近找到餐饮场所，这给游客造成了不便，也决定了游客在景区的逗留时间不超过半天，这不利于景区的长远发展。

（五）赢利模式单一

目前，我国主题公园在赢利模式上存在的最突出问题，就是绝大多数主题公园都是以门票收益为单一收入来源，赢利大多停留在最初级，大宋名相园也不例外，园中没有购物商店，景区的旅游购物品几乎是空白，住宿、餐饮等相应的配套设施，还都在招商阶段，游客到景区只能进行游览，对游客来讲不能不说是一大遗憾。主题公园的赢利模式即主题公园通过投入与获取其他物质利益手段的结合，其核心是主题公园获得现金流入的途径组合。主题公园的赢利模式主要有三种，一是旅游门票赢利模式，即通过简单的圈起来收取门票的模式，这是主题公园最基本和最初级的赢利模式。二是游憩产品服务赢利模式，即提供有助于丰富体验（经历）的游憩服务以及相应的服务体验来赢利的模式，它是主题公园的核心赢利模式。三是旅游综合服务赢利模式，即在主题公园区，通过旅游者的餐饮、住宿、购物等相关外延服务来赢利的模式，这是主题公园的外延赢利模式。世界上成功的主题公园赢利主要是来自娱乐、餐饮、住宿等设施项目，门票收入只作为日常维护费用及管理费用的弥补。①

四 大宋名相园发展对策建议

洛阳文化底蕴深厚，具有发展历史文化名园的独特条件。作为历史文化主题公园的大宋名相园园区的建设发展应以历史人物为主线，以历史文化当背景，扩宽赢利模式，不断提升园区运营的服务种类和质量。

（一）注重园区品牌塑造

打造属于自己的园区品牌，对于一个主题公园的发展是至关重要的。主题公园应深入挖掘当地的历史文化资源，将旅游业与当地历史文化资源紧密融合在一起，利用文化做大旅游，通过发掘和宣扬历史文化来综合性地发展当地的旅游业。

大宋名相园树立了宋文化这样一个历史文化品牌，确定了品牌以后就要求园区的发展战略、内容展示、建筑风格、经营管理等方面都紧紧地围绕品牌进行设计，任何一个细节都不能忽略。因为，历史文化主题公园的发展竞争已经进入品牌竞争的时代，一旦拥有了知名的旅游品牌就意味着高的市场占有率，在市场竞争中也必然体现出极强的发展优势。当主题公园品牌与游客的沟通达到个性层面时，它会在游客心目中形成极深刻的印象。所以，主题公园的开发经营要着重树立品牌形象，以此加强主题公园产品的核心竞争力。目前，我们的各类历史文化主题公园都在努力建立自己的品牌，致力于把自己的主题公园变成名牌产品，最大限度地发挥品牌对客源市场的拉力，为主题公园的发展系上安全带。

---

① 《主题公园市场化商业运作模式分析》，https：//wenku.baidu.com/view/551bd460caaedd3383c4d3a5.html。

(二)深挖文化内涵,丰富文化内涵的表现形式

文化是旅游活动的内涵所在,主题公园的发展应该重在文化内涵的挖掘上,从根本上讲,主题公园销售的是一种文化。同时,文化也是演绎活动的灵魂,是演绎与旅游的联结点和根基,主题文化公园的文化内涵打造更主要体现在与区域文化的一致性方面,历史文化主题公园景区要围绕历史文化主题、突出历史文化主题,才能凸显特色、扩大影响、打响品牌。

大宋名相园作为一个以历史人物为主线,以历史文化当背景,以展现宋文化为主题的文化公园,深厚的文化展示是其旅游活动的内涵所在。因此,大宋名相园应丰富现有资源,在深度挖掘历史文化的基础上,不断更新主题文化,以"一座名相园、半部中国史、转眼越千年"为背景,深挖吕蒙正及北宋名人的人文资源,以转化成可触、可观、可品的旅游产品,让游客深入直观地感受宋文化内涵,强推文化旅游项目开发,探索"文化+旅游+城市"的发展模式。

同时,对于一个好的历史文化主题公园来说,挖掘文化内涵,结合本地文化还不能一劳永逸,要不断做大做强,要围绕着主题公园的文化定位不断地进行文化主题上的创新,不断地对主题加强文化创意,将文化、主题、游乐内容有机地融合起来,满足游人欣赏和游乐多方面的需要。因此,大宋名相园也应充分利用洛阳丰富的历史文化资源,多方位地展示宋代特色文化,使旅游产品融文化欣赏、娱乐休闲、亲身参与于一体,寓教于乐、寓学于游,提高园区的文化品位和教育功能,从而创造出具有鲜明特色的旅游文化。

(三)提升游客的参与性、体验性

目前,随着体验经济时代的到来,人们的旅游需求也日益个性化、多样化,走马观花似的观光型旅游产品已经不能满足人们的旅游需求,人们更希望在旅游过程中提升自身人文内涵,希望景区能为他们提供参与性、体验性强的旅游产品。

在大宋名相园开发过程中应借鉴"以人为本"的理念,就是在开发过程中要让游客积极参与其中,使游客既能得到休闲又能获得娱乐,一举多得。大宋名相园一方面应积极地开发有参与性、体验性强的活动,比如可以聘请一些文化内涵深厚、制作工艺高超的民间艺术家亲自传授民俗文化的基本知识,专门设立刺绣、道情皮影戏、面塑制作馆,遇到那些对民俗文化感兴趣的游客可以教他们一些简单的制作方法,等等。另一方面,在导游系统、购物系统、表演系统等方面也要增强互动性内容,以满足游客"参与式、体验式"的要求,使游客身心得到放松,生活理念得到升华。比如景区所有工作人员及游客进入景区还可以着宋代服装,使游客完全置身于宋文化的空间,产生一种穿越历史的感觉;充分开发水上游乐项目,延长游客在景区的体验时间;还可以利用传统节日举办庆祝活动,通过节庆活动提高景区的文化及艺术魅力等。

(四)加大园区宣传推介和项目营销力度

加大宣传投入,融合传统媒体和新兴媒体平台,一是充分利用广播、电视、报纸、杂志等传统媒体通过植入广告或参加文化旅游综艺节目等方式,详细介绍大宋名相园的景区特色,进行营销宣传。二是引入"互联网+"宣传模式,联合知名网络平台打造洛阳智慧景区示范项目,快速推广品牌,打造知名度,如通过拍摄微电影、开通微信公众号、在新浪、优酷等平台设置专题栏目等方式宣传大宋名相园旅游形象,多形式、广途径宣传文化园的主题特色,吸引游客。三是开发景区手机App、手机支付等功能,制作景区宣传片,在旅游大巴电视媒体、旅行社、旅游网站、旅游手机端App、腾讯智慧旅游平台等相关媒体进行播放。

再好的项目,如果不能成功营销、不能吸引游客,就无法变成真金白银,无法摆脱"养在深闺人未识"的尴尬。为此,要加大营销力度,综合运用各种手段,提升大宋名相园的知名度、美誉度,更好地吸引全国乃至世界的目光。一要印制大宋名相园的大型宣传画册,拍摄制作高水平的宣传片投放在各大主流媒体平台,同时利用新媒体,开通网络对外宣传平台,多视

角、全方位对大宋名相园进行介绍。二要借鉴类似历史文化主题园区成功的营销经验,精心策划、广泛开展各类营销活动,借助牡丹文化节、河洛文化旅游节等重要节会平台,在游客入洛观光、群众热情参与之际,积极做好旅游项目推介、形象宣传工作,注重对外部客源市场的开辟。

(五)完善服务设施,提升服务水平

为游客构建一个集休息、美食、购物于一体的区域是主题公园内部环境不可或缺的要素。能不能使游客"乐不思蜀"、多做停留,在一定程度上取决于景区服务水平的高低,优质的服务是增强景区吸引力,提升景区重游率的有效方式之一,只有游客感受到高质量水平的服务,才能赢得游客的信赖与口碑。

大宋名相园园区的发展要围绕"吃、住、行、游、购、娱"旅游六要素不断完善提升服务水平。一要对景区基础设施的配备进一步完善,在园区内建筑设施、演艺舞台等景点设置相应的详细解说系统,让游客深入了解吕蒙正的历史故事及文化内涵以弘扬宋文化,在园区内添置旅游信息咨询机,形成完善的旅游信息咨询网络,方便游客咨询。二要提升景区工作人员的服务水平,尤其针对老年人、孕妇、儿童、残疾人等特殊群体的服务,有针对性地开展"一对一"和个性化服务,满足游客需求。三要根据景区经营管理需要,引进旅游专业人才,开展专业化的服务。四要增设园区外停车位,规范停车场等。

(六)开发极具园区特色的纪念品

在景区买些纪念品是人们的乐趣所在,据统计在我国旅游消费中旅游纪念品的消费所占的比重越来越大,成为景区创收的重要来源。开发极具大宋名相园园区特色的旅游纪念品,不仅能为游客提供体验回忆,而且能增加旅游收入及间接提高景区知名度、吸引力和竞争力。

开发大宋名相园历史主题相关的旅游纪念品,要注意产品的主题性和地方特色、区域特色的融合,同时在设计上还要充分考虑旅游者的购物需求,充分考虑结合现代人的生活理念,将洛阳的文化基因和现代人的喜好、购买

习惯充分结合，开发出高品质、有特色的旅游纪念品。比如，设计大宋名相园独有Logo图标，把Logo图标都印刻在旅游纪念品上，树立景区区域品牌意识，制作展示大宋名相园的状元阁、书香苑等建筑雕梁画栋的比例模型，印制反映北宋名相历史人物事迹的文化书籍、图册等，让众多游客感受到旅游纪念品的别具一格，真正让游客把对大宋名相园的喜爱之情通过旅游纪念品带回家。

B.16
千唐志斋博物馆发展研究报告

吕延杰 于小春 李留拽 郭梦餍*

摘　要： 新安县千唐志斋博物馆是一座墓志铭博物馆，也是我国现存唯一的墓志铭博物馆。1984年由新华社宣布对外开放，1986年成立千唐志斋管理所，1992年更名为千唐志斋博物馆，1996年被列为国家重点文物保护单位。现为国家"AAAA"级旅游景区，国家二级博物馆。千唐志斋以其珍藏的唐及历代墓志石刻近三千件而闻名于世，具有极高的历史价值和文化价值，是新安县重要的旅游景区和文化名片。

关键词： 千唐志斋　墓志铭　书法艺术

千唐志斋博物馆位于洛阳市西45公里的新安县铁门镇铁门村，占地40余亩。收集来的所有墓志铭和书法绘画石刻均镶嵌在馆内所有建筑物的墙壁上，包括走廊、天井、窑洞等。铁门镇在古代被称为阙门，在青龙山和凤凰山中间，西面是崤山古道，东面是函谷关，位于关中到洛阳的交通要道上，从古至今一直是重要的交通枢纽，被称为洛阳的西大门。因馆内保存的一千多幅唐代墓志铭闻名于世，故曾任河南大学校长的王广庆将其命名为千唐志斋博物馆，馆额由近代国学大师章太炎（后易名为炳麟）用古篆所题，题

---

* 吕延杰，新安县委党校副校长，研究方向为县域历史文化、书法文化；于小春，千唐志斋博物馆党组书记，研究方向为博物馆遗产保护及发展方向；李留拽，新安县委党校党委委员，研究方向为新安历史文化；郭梦餍，新安县委党校科员，研究方向为汉语言文学。

额尾部注有跋语:"新安张伯英得唐人墓志千片,因以名斋,属章炳麟书之。"千唐志斋现为全国重点文物保护单位,国家二级博物馆,民革中央党史教育基地,国家 AAAA 级旅游景区。

一 千唐志斋博物馆概况

(一)千唐志斋博物馆的发展历史

千唐志斋博物馆由张坊所建,是我国现存唐朝墓志保存最多的博物馆。张钫,字伯英,铁门镇铁门村人,生于 1886 年,1911 年 10 月在西安起义反清。1918 年 6 月,张钫任陕西靖国军副总司令,是年,张钫在其家乡铁门镇铁门村西北购置一百余亩土地,用来营建山水房舍,种植奇花异木。该园历经六年建成,北枕方山,南瞻涧河,占地近百亩,蔚为壮观。1923 年夏秋之交,康有为游览陕西,行经新安,被张钫邀至家中做客。他将张钫所建园林题名为"蛰庐",新安县千唐志斋博物馆便是"蛰庐"的一部分。

千唐志斋所藏志石大多为洛阳北部邙山出土,这些唐志绝大部分是清末至中华人民共和国成立前被盗掘出土的。洛阳为十三朝古都,自周朝以来,经济发达,人文荟萃。城北邙山,雄浑逶迤,土厚水低,被历代达官贵人视为可长眠之地。因此这些达官贵人生前便多有嘱咐,交代其后人无论将来自己死于何处,都要迁回洛阳葬在邙山,因此邙山上遍布了大大小小的墓冢,几乎成为"无卧牛之地"。这些达官贵人万万不会想到此举却导致洛阳盗墓之风盛行,自己不但没能安息于千古,反倒尸骨难安。盗墓工具洛阳铲也因此闻名天下。盗墓者大都是贪图财物之辈,一旦盗开墓穴,便将目光对准墓葬里面的金、银、玉器等陪葬品,将其洗劫一空,而放在墓里的刻有死者生平事迹的墓志石刻,却因为盗墓贼的鼠目寸光以及石刻本身过于沉重不方便携带而被四处乱扔,导致邙山附近有许多被丢弃的墓志。到了清朝末期,为了修建陇海铁路,政府下令挖掉了邙山脚下的部分坟墓,后来又因为地貌变迁,墓穴自然塌陷,导致墓志不断出土,裸露于地表。珍贵的墓志散及寻常百姓之家，便被用于洗衣捶布之基，井沿踏脚之石，以及建房修墙之石料。张钫虽为军人，但少年时期饱读诗书，文化底蕴丰厚，对金石书画情有独钟。1930年8月他被任命为河南省民政厅长，1933年驻军洛阳时，注意到了当地墓志石刻流散情况严重，便委派专人到邙山周边搜购唐代墓志石刻，由于墓志石刻本身的特殊性，固多数由孟津县碑帖商人郭玉堂进行收购，前后共搜寻近千余方，经原河南大学校长王广庆的认真鉴别考证，运回故乡铁门。为妥善保存这些文物，他在自家园林"蛰庐"西北角，共修建十五个拱式窑洞，将所收志石镶嵌于窑洞壁上，因斋内有唐朝墓志1100余方，王广庆便将其命名为"千唐志斋"，并邀请章炳麟题写了门额。日寇侵犯河南，工程告停，未及镶嵌的志石，以及北魏墓志由于右任运往陕西三原老家，后来全部捐送西安碑林。

（二）千唐志斋博物馆发展现状

千唐志斋博物馆现由形式不同、功能齐全、布局严谨的建筑园林组成，包括文物保护区、园林区、张钫宅院和北魏石窟等。

千唐志斋博物馆以珍藏千余方自西晋以来的墓志石刻而闻名天下。1935年千唐志斋所藏墓志石刻共1578件。历经各种变乱，散失159件，20世纪90年代末，存各类藏石1419件，近几年，经过多方努力，新征墓志800件，现馆藏墓志石刻2000余件。1992年上海古籍出版社出版的《唐代墓志汇编》共著录唐代墓志3607方，千唐志斋博物馆里所保存的唐代墓志石刻占了其中近三分之一，可以说是我国现存唐代墓志最为集中的地方。

千唐志斋博物馆里保存的唐志石刻年代较为完整，从初唐到后唐近三百年的墓志石刻均有保存，这些墓志记载了许多重大事件，如武则天改元、安史之乱等，墓志主人身份包括王侯将相、皇亲国戚、公卿大臣、文人墨客、僧人佛侣、普通百姓等各个阶层的人物。千余方墓志记载了唐朝人形形色色的社会活动，展示了大唐盛世的文治武功和社会百态，为研究唐朝历史提供了许多宝贵史料，具有极高的史学研究价值，被史学界一致认为是难得的石刻唐书博物馆。同时，馆内还收藏有大量历代书画大家如郑板桥、董其昌等人的书画石刻作品，也为后人研究唐代书法艺术、绘画艺术提供了实物资料和图片资料。

1997年，洛阳市兴建黄河小浪底水利枢纽工程，新安县黄河南岸的西沃北魏石窟处在淹没区，后经国家文物部门组织专家论证，制订出详细可行的搬迁方案，将北魏石窟整体切割后搬迁至千唐志斋博物馆。北魏石窟具有很高的历史价值、文物价值和艺术价值。迁移后的北魏石窟由单体摩崖释迦立佛像龛、四座摩崖浮雕佛塔、三世佛窟和一佛二弟子四菩萨像龛组成。千唐志斋博物馆专门建造一座五开间的超高仿古殿堂将之罩住，安置在一座独立院内，从而使北魏石窟得到了良好的保护。

千唐志斋博物馆现在是全国重点文物保护单位，经修葺整理，以其独特的历史价值和艺术价值，在博物馆行业里独树一帜，成为许多书法爱好者的朝圣之地，吸引了许多史学专家慕名前来，也成为新安县对外交往的一张文化名片。

二　千唐志斋博物馆的文化价值及意义

千唐志斋博物馆的修建为保存战乱中散佚流亡的墓志文献做出了巨大的贡献。千唐志斋本身具有多方面的深远文化意义，斋内所藏唐志约占全国出土唐志的三分之一，具有很高的历史价值。此外墓志的篆刻多由名家进行，也具有很高的书法价值。斋中还保存了大量绘画石刻以及梵文经幢等文物，绘画艺术价值也不可低估。而且，斋主张钫的国民党著名将领身份也为这座书斋增添了更多的历史文化内涵。而近年来随着旅游业的大力发展，其旅游价值也值得重视。

（一）历史价值

墓志是指坟墓内或坟墓外所立的碑文，分为"志"和"铭"两种。志一般用散文撰写，内容包括死者的姓名、籍贯、生平事迹等；铭一般用韵文撰写，内容一般是赞扬死者生前成就功业，尤其是比较有声望的人多有墓志铭。

千唐志斋博物馆里所藏唐志基本上涵盖了唐朝三百年间政治、经济、文化、外交等方面的大量史实，因唐书编纂于唐朝灭亡之后，这些史实在史书中要么粗略记述，不够详尽，要么以讹传讹，真假难辨，而墓志铭是时人对一个人生平的详细记述，真实性高于后人写的史书，通过解读唐志，可以使后人得以更准确地了解唐朝，了解一个更为全面鲜活的时代。同时，也为史书中不够详尽准确的地方提供了补充和依据，为史学家研究唐代历史提供了文献资料。

从崔玄籍墓志可以看到以女英雄陈硕真为首的反对贪官污吏压迫的农民起义；从裴镐墓志可以详细了解发生在永嘉郡（今浙江温州）的"海盗"起义事件。这些墓志铭可以帮助史学家较为详细地了解唐朝中后期以来农民起义的具体情况。

从高玄的墓志铭可以看出，其祖上是韩国人，祖父曾任平壤（今韩国平壤）刺史，后来高玄来到唐朝并入仕为官，死后葬在邙山。通过其墓志铭可以了解其生平，从而可以看到唐朝的外交状况，对于研究唐朝的外交发展具有很大的意义。

从馆内所藏墓志中，我们可以了解唐朝对盐、茶、酒等物品实行国家专卖的情况，可以了解唐朝均田制走向解体的情况，可以了解到唐代与边疆少数民族之间往来中存在的矛盾与纠纷，还可以看到唐代时期佛教、道教在当时受众颇广以及两教之间互相争斗的情况。另外，还可以了解唐朝士族门阀势力的兴起和衰落，一些姓氏的渊源、地名的变迁、自然环境的变化、交通的发展等情况。总之，千唐志斋藏志对后世研究唐朝兴衰具有重要的历史价值。

（二）书法价值

镌刻墓志意在传世，且墓主人多为达官富豪，故多请当时名家动笔，千唐志斋博物馆的石刻碑文具有极高的书法艺术价值。从书体上看，篆隶行楷齐全；从风格上看，或端庄典雅，或遒劲隽秀，充分彰显了盛唐时期的书法艺术之美。

千唐志斋博物馆把历代书法名家的作品集于一隅，吸引着海内外无数书法爱好者前来"朝圣"，不但有唐代的颜、柳、欧、褚，宋代的米芾，元代的赵孟頫，明代的董其昌，清代的郑板桥、王铎、刘墉，近代章太炎、于右任等人的书画，康有为书写的碑铭刻，还有世所鲜见的唐代诗人王昌龄、政治家狄仁杰的书迹等。

馆内第十五号窑洞专门收藏书法绘画石刻作品，藏有宋米芾所作对联，明清时期王铎所作的大幅中轴，清朝著名书画大家郑板桥所作的风、雨、阴、晴四种姿态的竹子屏扇和名为《醒》的竹子单条石刻更是被视为馆内珍宝，尤其珍贵。除此之外，还收藏有王弘撰、陈鸿寿、刘墉、邵瑛、韩东篱等人所作的屏扇、对联，以及近代大家章炳麟、靳志、戴传贤所书的对联、单条石刻等作品。

其他如明代董其昌所书的《典论论文》，1934年由蒋介石撰文，贺耀祖书丹的40余名国民党高官和社会名流具名为张钫母亲庆祝七十寿辰的寿序石刻，元朝书法家赵孟頫书丹的宣武将军珊竹公神道碑皆为珍品。因此，"千唐志斋"完全称得上是一座书法艺术的资料宝库。

唐代墓志铭的书法艺术使后人得以了解唐代书艺演变的全过程，打破了人们对唐代书法的固有认知，提出了许多新的解读，从而用新的眼光来感知唐代博大精深的文化与艺术精髓。

（三）千唐志斋与张钫宅院

张钫是辛亥革命元老，著名爱国将领、民主人士，是千唐志斋的创始人，曾任陕西"靖国军"副总司令，历任省政府代主席、国民革命军二十路军总指挥、河南省民政厅建设厅厅长等职。1949年底于四川率部队起义，中华人民共和国成立后任第二届全国政协委员，中央文史馆副馆长，1966年病逝于北京。1985年按照张钫遗愿，将其骨灰迁葬于千唐志斋后院张钫墓园。

张钫宅院始建于1917年，是千唐志斋的附属部分，占地近5000平方米，该建筑群坐北朝南，共有近百间房间，包括门厅、主房、客房、书房、

卧房等,整体建筑由砖木结构组成,大部分保存着明清时期北方传统建筑风格。但有别于传统的是它的门窗和内部装修,其采用的是西式风格,尤其是大量采用了在当时需要进口的水泥、玻璃等建材使得整座宅院呈现出中西结合的典型特色,堪称河南民国初期的一座典型的民居建筑。

张钫宅院不仅是河南古建筑群中独具特色的民国初期民居建筑群,也是豫西地区的一座名人宅院,其文化内涵深厚,具有重要的文物保护价值。2008年9月被河南省人民政府公布为第五批省级文物保护单位。

张钫宅院与千唐志斋有着不可分割的历史、文化渊源,有较高的建筑艺术研究价值和旅游价值,其宅院是近代历史的一个见证,也是研究中国典型建筑的实物资料。

(四)旅游价值

千唐志斋作为全国唯一的墓志铭博物馆在洛阳文化旅游发展中占有重要地位,2015年新安汉函谷关申遗成功,千唐志斋和汉函谷关有着不可分割的历史渊源,把汉函谷关和千唐志斋捆绑打造成为丝绸之路上的文化明珠,发展成为全国的旅游品牌,是新安旅游发展的方向和重点。

近年来新安县不断加大千唐志斋博物馆的建设力度,倾力打造千唐志斋旅游文化品牌。在规划设计上,千唐志斋博物馆严格按照"抢救第一,合理利用"的文物保护方针,先后聘请洛阳园林设计研究院、南阳古建所制作了《千唐志斋旅游发展规划》和《张钫宅院维修设计方案》。按照规划,千唐志斋景区建设的主要任务是在保持原貌的基础上,对原有古建筑及核心区域进行系列配套工程,并尽可能展现豫西园林的原始风貌、兴衰过程,体现张钫重文理念及读书传家的优良传统。在2008年千唐志斋二期改建中,相继完成了南园景观、荷花池改建、多功能厅、牡丹园修葺、生态停车场建设,还完成了供排水、电力改造及游客中心、旅游公厕建设、南大门建设等基础设施配套工程,同时还完成了张钫宅院维修和布展工程,景区面积扩大近一倍,总面积达2.4万平方米。

在搞好基础设施的同时,千唐志斋博物馆还积极开展多种宣传营销活动，树立旅游品牌形象。利用节日，组织人员到郑州、洛阳、西安等省内外城市进行宣传推介；与中央电视台合作制作了千唐志斋宣传片；组织参加各种旅游交易会，签约旅行社百余家；开展了各种特色宣传活动，增强了景区吸引力。如今的千唐志斋，以唐文化深厚的文化底蕴、独特的建筑风格吸引着中外游人。2007年，30个国家的旅游小姐齐聚领略园中的独特美景，感悟大唐文化；2008年，国家二级博物馆花落千唐志斋；2009年千唐志斋书画院成立；2010年应邀赴日本和中国台湾进行文化交流活动……这标志着千唐志斋已经成为中原旅游新宠。千唐志斋，这个文化旅游品牌越来越响。

千唐志斋是我国唐史研究基地，是中原旅游线上的一颗明珠，所珍藏的是中华民族最优秀的文化遗产，日益为世人所瞩目，是诸多书法爱好者的朝圣之地，吸引着许多专家学者前来研究考察，还接待过许多党和国家领导人。随着近年来千唐志斋博物馆基础设施的不断完善和管理水平的不断提高，作为国家重点文物保护单位、国家AAAA级旅游景点，千唐志斋博物馆享誉海内外，前来参观游览的客人络绎不绝，年平均接待游客30万人，旅游价值不可轻视。

三 千唐志斋文化发展中的问题

（一）墓志保护需要进一步加强

改革开放以后，千唐志斋积极收购各种散落民间的志石，数十年来有800余方。由于现馆面积有限，这些新收集的志石难以得到妥善保管，更难以展出，使这些珍贵的志石藏于暗室，观众难睹其真面目，不能充分发挥其宝贵价值。再加上经费不足，保护力度不够，天长日久，难免受到损坏。

（二）博物馆人文建设需要提高

千唐志斋建馆三十年，虽然培养了一批管理人员，但高级研究人员严重

不足,相关历史专家、志石专家奇缺,青年人底蕴不足,对志石的研究难以向纵深推进,研究成果影响力不大,这些与全国唯一的墓志铭博物馆的地位不相匹配,与西安碑林的影响力差距较大。

(三)对外交流仍需扩大

尽管近年来开展了一些对外交流活动,举办了一些书画展,但次数不多,级别不高,表面上看起来热闹非凡,实际上在全国和世界上的影响力有限。

(四)相关文化产品的开发力度需要提升

千唐志斋开发了一部分相关产品,比如志石拓片、书画拓片,编印了一些书籍和宣传品。但品种较少,销售量有限,随着新志石的整理,需要开发新的文化产品,进一步扩大千唐志斋的影响力。

四 千唐志斋博物馆的发展建议

在未来五年,千唐志斋要继续深入推进"文化旅游"建设,加强自身学术研究,加快项目建设,完善千唐志斋博物馆基础设施改造,完成千唐志斋博物馆新馆建设工作,把千唐志斋打造成洛阳乃至河南新的文化旅游亮点,从而唱响千唐志斋文物旅游品牌,为千唐志斋博物馆的进一步发展壮大奠定坚实的基础。

(一)加强博物馆人文建设

旅游品牌的形成离不开人文文化,千唐志斋博物馆应从人文建设着手,吸收引进高层次人才,组织馆内工作人员学习旅游法和文物法,切实做好博物馆服务提升工作,进一步提高接待服务水平,持续加强与国内外研究机构及知名院校合作与交流,签订合作协议,推动自身学术研究,推动千唐志斋国际化的发展进程。

（二）做好免费开放工作

2017年，千唐志斋博物馆开始开展免费开放工作，接待各级领导、民间团体、新闻媒体、海外侨胞、国外友人、在校学生和社会群众的参观，累计约30万人次，安排免费讲解500余场，较好地承担了博物馆传承传统文化、普及历史知识、宣传文物保护的社会责任，取得了良好的社会效益，受到了社会各界的一致好评。未来，千唐志斋博物馆要进一步加强文化传承者和文物保护者的社会责任感和使命感，加大对外宣传力度，增加免费讲解场次。

（三）稳步推进新馆建设

由于古代洛阳在历史上的重要地位和作用，洛阳北部邙山成为我国最大的地下碑林。中华人民共和国成立以来流散于民间的历代墓志不计其数，近年来，随着洛阳城的向北发展，不断有新志石出土，同时，洛阳城区其周边县城，甚至省外的榆次、潼关等地也不断有墓志铭出土，并时有人员和千唐志斋博物馆联系妥善安置墓志事宜。近年来千唐志斋博物馆已新征集到墓志近千件，其中不乏珍贵之物。为了积极抢救、征集、收藏洛阳及周边地区的各类墓志铭，千唐志斋博物馆已规划建设新馆以满足现实需求。

新馆建设计划2018年开工，2020年竣工，总投资11279万元，采用现代科技，集声影像于一体，全方位对藏品进行展示，建成后与千唐志斋老馆、张钫宅院构成"品"字形布局的千唐志斋文化旅游区。未来二期应结合铁门古镇规划，建设民宿、餐饮街、民俗表演场所等相关旅游配套项目，通过正在建设的千唐志斋至汉函谷关的汉关大道，形成新安南线精品文化旅游线。

（四）大力开展学术活动及举办展览

围绕"百年蛰庐"这一主题，建议千唐志斋博物馆开展好如下工作：一是与中国书法家协会楷书委员会展开合作，举办"全国书法名家邀请展"；二是同步举办全国性的"蛰庐隋唐楷书论坛"；三是千唐志斋文创产品"千唐十五号"编印出版;四是千唐志斋碑铭全集校对完稿,交付出版;五是与书法报合作蛰庐"百品连载"贯穿2018全年;六是新课题"千唐铭辞"进入实质性研究阶段。

千唐志斋博物馆有着深厚的历史积淀和丰富的艺术内涵,具有较高的历史价值、科学价值和艺术价值,承载了近三百年大唐的厚重历史,彰显了唐文化的博大精深。未来,馆藏墓志石刻将更加丰富多彩,千唐志斋必受到世人瞩目,成为洛阳文化产业一颗更加亮丽的珍珠。

参考文献

衡建超:《千唐志斋概况》,《东方文艺》2008年8月。
赵根喜:《千唐志斋概说》,《荣宝斋》2003年12月。
赵根喜、张建华:《一部石刻唐书——千唐志斋》,《牡丹》1999年12月。
衡建超、陈花容:《志海探秘》,中州古籍出版社,2015。

B.17
伊川范园历史文化遗存创新性发展研究报告

伊川文化建设课题组*

摘　要： 伊川范园属于名人古墓葬，建园历史已逾987年，也是一家族墓葬群，在近千年的传承与发展中蕴含着丰富的人文与历史价值，是中华优秀传统文化中的一颗珍珠，要在新时代的发展中继续大放异彩，需要在历史文化挖掘与提炼上有自觉的创造性转化与创新性发展。本报告拟就此进行调查研究，希望从其历史脉络中一窥端倪，结合新时代发展大潮，探究创新性发展之路径。

关键词： 伊川　范园　创新性转化　创造性发展

"文化自信是一个国家、一个民族发展中更基本、更深沉、更持久的力量。"[①] 同样，文化自信也是一个地区持续发展中更基本、更深沉、更持久的力量，是区域创新性发展中的基本支撑。文化自信源自对当地文化的发掘、整理、凝练、弘扬与传承，伊川也正执着地在当地的历史文化遗存资源中寻求创造性转化与创新性发展。本报告以范园为样本，就近年来伊川在保

---

* 课题组组长：高永，洛阳市委党校图书信息处处长、副教授，研究方向为地方文化遗产保护。课题组成员：胡现民，伊川县委党校常务副校长；远利平，伊川县委党校讲师；陈文娣，洛阳市委党校图书信息处馆员。

① 《中国共产党第十九次全国代表大会报告》。

护与发展历史文化遗存上的作为进行研究,尝试从中探寻出地区历史文化遗存的新发展之路。

伊川地处伊洛地区,多年的考古发现已证实其是华夏文化早期起源地之一,土门仰韶文明遗址、新城故址(伊阙城遗址)、南留古城遗址等的发现发掘让五千多年的历史发展,有了更直接的见证。杜康、伊尹的传说,赋予伊川浓厚的帝相文化遗存,孔子九世孙孔鲋、玄奘的足迹带给伊川书香与佛性,姚崇、李德裕、张齐贤、范仲淹、邵雍、"二程"等历史璀璨人物次第登场,让今天的伊川有着丰富多样的文化遗存。据统计,伊川总面积1243平方公里,其中"古文化遗址72处,古墓葬20处"。在众多遗存中,"范仲淹墓、'二程'墓、土门仰韶文化遗址是全国重点文物保护单位"。不过,历史演进中文化往往居于隐层,在时代符号中或强或弱,千年的流变让这些文化遗存饱经沧桑,到今天的伊川人手里已是日渐式微。

一 范园文化遗存的发展现状

(一)范园文化遗存概貌

范园即为当地人称的范仲淹墓园,位于伊川县城东北方向的万安山麓,范园距离城乡主干道有一二里地,沿途村落环绕,至范园区域,始豁然开朗。当地县志描述:"范仲淹墓北依万安山,南傍曲河水,嵩山少林位其左,伊河之水出其右,山重水复、气聚风藏。"

范园规模约为5.67公顷,布局上分为前后两域,范坟分前后两域,"前域为范仲淹墓、仲淹母秦国太夫人墓和仲淹长子范纯祐墓,后域有仲淹次子纯仁、三子纯礼、四子纯粹及其后代之墓"。据载"公元1031年范文正公母亲秦国太谢太夫人首葬洛阳市伊川县彭婆镇徐营村北万安山南麓,其后四子一侄八孙三曾孙一孙媳三曾孙媳也先后安葬于此地"。① 园区内古柏林立,

---

① 《伊川县志》。

现在依然存在的有"山门、石坊、碑楼等建筑物",古物遗存有"石翁仲、石羊、石马、石狮等十余件,工艺精美、形象逼真"。

其中文物价值较高的是墓园内的建筑物与碑刻。"山门位于前域南部,始建于清顺治十三年(1656年),面阔一间,进深一间,砖木结构。"进入山门就看到石坊,"始建于清顺治十三年(公元1656年),系河南太守宁之凤、汝州刺史秦耀明、洛阳令叶琪等捐资,委官田九畴监修。原坊坐北面南,四柱三门式,结构独特,造型精美。中柱之顶有望天吼,威风凛凛,环顾墓地,他首长啸,苍天回音。上刻'高山仰止',左右对联'嵩少青山高道德,洢瀍碧水洁蘋蘩',字词精练,意境深远。后半部遭毁,西半部保存完好"。过了石坊,迎面是范仲淹墓园祠堂,西侧即为碑楼所在,单座式,建于民国5年(公元1916年)3月,上嵌砖雕"达不离道"。

范园内文物精华部分应是遗存的碑刻,其中立于清朝雍正五年(公元1727年)的范仲淹墓碑,为时任翰林院检讨、河南府知府张汉所立,字体周正浑厚。尤为珍贵的是范文正公神道碑,"该碑高4.17米,宽1.4米,碑额为龙首,正中是宋仁宗亲篆'褒贤之碑',碑文系著名文学家欧阳修撰写,碑刻文字为隶书,由范仲淹好友王洙书写"。其碑、其文、其书皆可称颂,史称"三绝碑"。另有七八通碑刻,多立于明、清两代,均不失为颇具价值的碑刻史料。其余文化遗存零落、散布。

(二)范园文化遗存的保护与发展演变

范园由范仲淹墓地发展而成,对此处文化遗存的保护与发展,经历了传统家族式守护与国家命名式保护两大时期。

1. 传统家族式守护发展

墓地南约半公里处有一行政村名为许营,属于伊川县彭婆镇辖制,许营村2/3的人口中姓"范",为同一宗族。"范仲淹做了大官以后,就把苏州的范姓家族召集起来,开了一个大会,将范姓分了16房,并排了辈分。范仲淹的后裔有7个房系,其中他的4个亲儿子占了4个房系,父母早亡认范仲淹为从父的范纯诚占了3个房系,从此以后范家就开始续起了家谱,而且一直续到现在。"① 据载，公元1491年，时任河南都察院右御史徐恪前来瞻拜文正公墓，看到墓园光景不旺，奏明圣上望加以缮护，圣旨要求苏州范氏选派文正公嫡裔来守墓，苏州义庄掌管范氏16房的监簿就选"郎中房"来伊守墓，郎中房14世孙范昌期一房来伊，专门为范仲淹守墓至今。现在村内范氏已到第三十一代。

2. 作为文物保护单位由政府予以保护与发展

范园作为国家历史文化遗存的保护对象，经历了三个主要发展阶段。

第一阶段是家族式守护为支柱，家族力量、社会力量捐助注入，共同维护与发展范园的阶段。

在中华人民共和国成立后的1956年，当年国务院开展了第一次全国文物大普查，河南对省内文物进行普查。后于1963年6月24日，经河南省人民委员会认定并公布了省级首批重点文物保护单位，范仲淹墓位列其中。这一阶段中仅有冠名，没有实质性的国家力量与资源介入，依然是家族式守护为全部力量。

其最初是范氏家族墓地，当地人称"范坟"。1994年毁于莫名火灾，据称古建筑荡然无存。2001年，由香港新亚洲文化基金会主席范止安（范仲淹30世孙）捐资33万元，在墓冢旁选址修建祠堂三间，在祠堂内塑范文正公衣冠金身塑像，上方悬挂清光绪皇帝御笔"以道自任"的匾额，大殿东西分设两个展厅，以图片形式展示范仲淹生平事迹。修建之后改称"范园"。

2002年，伊川县人大副主任范振国（范仲淹30代孙）捐资17万元，塑8.9米高范仲淹像一樽，坐落在范仲淹墓山门的正前方，背对墓园，面向南方，遥望苏州方向。

第二阶段是政府力量加入，政策、资金、家族人力形成合力的阶段。

2004年，由伊川县人民政府投资30万元，建起景贤桥一座，长50米，宽30米，作为墓园与范仲淹塑像的连接，始形成文化遗存园区的雏形。

---

① 杨国宜：《范公精神的影响》，新浪博客。

2006年5月25日，由国务院核定并公布的一批古墓葬名单里，范仲淹墓作为宋代古墓葬，被列为第六批全国重点文物保护单位。按照相关要求，伊川县将范园前半部分用围墙圈闭，专门成立了一个文物保护单位"文管会"，挂上管委会的牌子。吸纳家族守墓人为管委会文物保护成员。2007年，伊川县人民政府再次投资60万元，以范仲淹塑像为依托，修建了一个占地8亩的广场，至此形成现有规模。

第三阶段是政府引导，纳入县域发展的整体规划，培育范园实现长足发展。

近年来，伊川县在区域发展中注重经济发展的同时，提出大力发展文化旅游产业，充分挖掘历史文化资源，如范仲淹的"忧乐"文化，强调要做好范仲淹墓的整体规划工作，推动以文化融合促进伊川旅游业发展，以旅游大发展促进历史文化遗存焕发新的发展生机。

（三）范园文化内核发展的流变与现状

范园文化遗存中文化内核发展的流变与社会对其自身文化的不同认知有着密切的关系。社会进程中经济发展状况、文化倾向、社会教育要求等因素，赋予其文化认知不同的发展走向。

1. 以家族传承为主的文化教育认知

范园最初形式是家族墓园，在相当长的时间内是以家族文化、家族精神传承为主，清明拜祭、年节纪念等活动体现的是中原文明的基本方式，即为后世子孙对前辈祖先的供奉祭祀与纪念，影响范围仅及家族与周边村落，起着教育家族、影响邻近周边的文化认知意义。

2. 以文物保护为主的专业化文化认知

范园作为历史文化遗存，是以古墓葬文物形式存在，这是国家对其做出的一个新的社会定位，走出了家族、当地的范畴。自成为省级文物保护单位之后，基于相关法律法规的要求，得到省级、国家级文物保护相关规范的管理与维护。关注其文物地位与文物价值，突出的是其文物中蕴含文化的专业角度。

3.以人物精神为核心的时代意义认知

随着社会发展对历史文化的日趋重视,历史人物的时代意义被作为传统文化日益得到社会重视与时代传承。2004年,范园被洛阳市委宣传部选为洛阳市爱国主义教育基地,予以命名并挂牌,成为社会大众接受爱国主义教育的场所。2016年,随着廉政文化的兴起,范园被洛阳市纪委选为洛阳市廉政教育基地,予以命名并挂牌,成为党员干部接受廉政文化教育的场所。2016年,以范仲淹家风家训为内容,伊川县纪委编辑印发了《范仲淹家风家训小故事》,提炼出契合时代发展的历史人物精神,为今所用,为世助力。

概括范园的概貌、范园文化遗存的保护演变与范园文化发展的现状。可以看到范园发展中折射出的自身局限性比较明显。第一,历史文化遗存中物质性遗存数量少,分布零散,历史价值高的占比不大,文化性遗存整理中内容宽泛的多,凝练的少,主题不精,时代性不强。第二,地理区位离主要干道较远,偏安一隅,交通与空间上不易拓展发展。第三,社会参与度不高,社会效益与经济效益尚没有充分显现。第四,文化园区发展中思路不开阔,资源整合与利用不到位。

不过,范园在近年来的发展中也体现以下优势。第一,形成了文化园区发展的雏形:以古墓葬为形式,以人文景观为主体,以爱国和廉政教育为发散的文化园区,集拜谒、游览、思古、济世于一体的文化区域。第二,社会知名度进一步提升。海内外范氏宗族、历史政治文化研究、军事研究等领域颇为关注,产生了一定的社会影响与文化边际效应,长远来看,范园找准创造性转化与创新性发展之路,具有十分广阔的前景。

二 范园历史文化遗存发展中面临的时代大机遇

(一)国家文化专项发展规划中的重大战略机遇

2017年1月25日,中共中央办公厅、国务院办公厅印发了一份重要文件《关于实施中华优秀传统文化传承发展工程的意见》(以下简称《意见》),《意见》提出:"文物是中华民族悠久历史和灿烂文化的实物见证,蕴含着一个民族特有的精神价值、思维方式和创造力、生命力、想象力,是中华民族的精神标识和国家的'金色名片'。保护好文物就是保存历史,让人民群众记得起历史沧桑,看得见岁月留痕,留得住文明根脉,为后世子孙传承历史记忆,用文明的力量助推发展进步,为凝聚民族共识、实现中华民族伟大复兴中国梦提供精神文化支撑。"①

2017年10月18日,党的十九大胜利召开,在中国特色社会主义新时代"五位一体"总体布局中,提出"坚定文化自信,推动社会主义文化繁荣兴盛"。其中多次强调"文化是一个国家、一个民族的灵魂"。"中华民族五千多年文明历史所孕育的中华优秀传统文化"是中国特色社会主义文化中文化自信、民族自信的重要内容。"深入挖掘中华优秀传统文化蕴含的思想观念、人文精神、道德规范,结合时代要求继承创新,让中华文化展现出永久魅力和时代风采。"在文化体制、中华优秀传统文化的转化发展中要求"深化文化体制改革、完善文化管理体制,加快构建把社会效益放在首位、社会效益和经济效益相统一的体制机制"。"完善公共文化服务体系,深入实施文化惠民工程,丰富群众性文化活动。"再次强调"加强文物保护利用和文物遗产保护传承"。②

从中可以欣喜地看到范园的发展遇到了新契机,这一新时代的发展洪流中,范园在自身文化创造性转化与创新性发展中面临以下重大战略机遇。

第一,范园中范仲淹、范纯仁等的思想观念、道德规范等为后人所称道,是留给今人的宝贵的人文遗产;历经千年守护,其中也折射出各时期的区域人文精神,使范园成为历史沧桑中的留痕。这些文明与文化痕迹,若能结合时代要求,自觉地深入挖掘,创造性地继承与创新,定能展现永久魅力与时代风采。

第二,文化产业发展以社会效益为首位、促进社会效益与经济效益相统

---

① 《关于实施中华优秀传统文化传承发展工程的意见》。
② 《关于实施中华优秀传统文化传承发展工程的意见》。

一的原则，是范园发展的一个新的契机。依据这一原则，范园保护、园区管理、利用与传承等体制机制将有进一步的深化改革，能够整合更多的资源与力量。

第三，文化惠民工程、公共文化服务体系中基本的抓手就是文化载体，范园就是一个有基础、有前景的历史文化遗存载体。盘活历史资源，辅以时代符号融汇发展，能满足人民期待，展现出群众文化活动的丰富性。

第四，文物是国家的"金色名片"，历史文物穿越千年所携带的历史、人文、物质等信息要素就是打造该名片之金色的纯度与亮度。范园中的文物风貌，在展示、研究、阐释等文物存在中将有新的空间得以发展与推进。

（二）国家"乡村振兴"战略中的时代大际遇

范园位于乡村环绕之腹地，是近年来发展缓慢的一大制约原因。作为曾经的家族墓园，范园的存在与周边乡村有着情感上的紧密联系；但是作为全国重点文物保护单位，范园的发展与周围乡村的发展是不相交叉的，是单列于村落发展之外的静观者。党的十九大提出"乡村振兴"战略，从中可以找出让文物走下圣坛，就近融入生活、服务生活，实现对历史文化遗产传承的新形式。

2017年12月28~29日在北京召开的中央农村工作会议明确提出"走中国特色社会主义乡村振兴道路"。对于范园发展来看，城乡融合发展、乡村绿色发展、乡村文化兴盛、乡村善治等发展要求中可找到大有可为的时代大际遇。

1. 城乡融合发展中的际遇

以工补农、以城带乡、全面融合、共同繁荣将出现更多的经济资源与智力支持下乡入村，作为毗邻乡村的文化园区，与乡村相互合作、交织发展、互利互惠，是一个新的发展路径。

2. 发展绿色乡村中的际遇

人与自然和谐共生、保持乡村良好生态，这与历史文化遗存保护与发展的理念是一致的，乡村生态是一个综合系统，也是一个开放性系统，不可能作为孤岛片段去封闭性保持与发展,势必纳范园为乡村生态中的一部分。

3. 兴盛乡村文化中的际遇

传承发展农耕文明,乡间有文明乡风、村落有良好家风、社会有淳朴民风,让乡村焕发文明新气象。发展乡村文化的这些导向契合了范园文化的丰富内涵。范仲淹兴公学、设义庄在历史上具有开创性,这些惠民举措与社会正效益在今天依然有鲜明的时代意义。范仲淹高尚的个人道德品质,崇尚孝道、俭约持家的良好家风对推动文明乡风、淳朴民风建设有着积极意义。

4. 乡村善治中的际遇

乡村善治需要加强自治、法治、德治三者的结合,健全乡村治理体系。范园位于乡村,是乡村地域的组成部分,是乡村治理中需要特别关注的治理区域,同时作为历史文化遗存实体,也是乡村治理中的一个文化样本。

(三)区域发展中"国际历史文化旅游名城"的机遇

范园北距洛阳市区25公里,洛阳市是国家于1982年首批公布的历史文化名城之一。三十多年的旅游业发展让洛阳旅游具有了高品质、高知名度、高美誉度的社会评价,积累了丰富的发展经验。城市名片之一是"国际历史文化旅游名城",在旅游发展中提出了"大旅游"的发展理念,整合区划内各地面古迹与地下珍藏,促进点面结合、融合发展的区域旅游发展规划。

伊川县谋划以重点旅游项目建设为抓手,推动全县旅游产业发展,通过综合评估范园的交通区位特性,明确提出做好范仲淹墓项目的整体规划工作,协同县域内其他历史文化点,打造伊川圣贤文化名片。

范园位于万安山南麓,万安山与龙门山平行而立,龙门山脉伊阙处的龙门石窟是世界非物质文化遗产,万安山南麓的范园是国家保护文物单位,两者同处于洛阳大旅游发展规划中,县域发展规划中的青睐与龙门山优势旅游资源的以强带弱,对范园今后发展有着积极的助推作用。

范园作为历史文化遗存,发展面临着创新性转化与创造性发展的双重课题,嵌入时代发展的大机遇是解决两个大课题的突破之处。范园的地理位

置、遗存形态、文化内涵等与时代发展的着重点形成了多重交汇,是范园发展中迄今未遇到的时代大机遇,是时代发展中赋予范园的新要求新使命。美好时代,大有作为。加强文物保护利用,融入原乡地域特色,培育文化产业,拓展文化旅游业,势必日趋展现越来越大的发展后劲。

三 范园的创造性转化与创新性发展建议

范园发展需要抓住新时代大发展的机遇,需要有影响力、有凝聚力的大战略,需要有循序渐进、逐步推动的接续规划,需要在持久发展中彰显历史文化的力量。

历史文化遗存的发展存在着原发型、继发型与勃发型的不同状态,分别属于发展合理状态的初、中、高阶段,体现着发展的充分度与社会效益的高低。

所谓"原发型"就是单打独斗,"养在深闺人未识""酒香不怕巷子深"。其历史存在是一种客观现象,有着其自身发展的自然演变过程,虽然依赖其自身魅力在不同的时期会有不同的家族因素注入,或增强或削弱其发展实力,但总是在其一家之畴,单打独斗。如范仲淹墓、邵雍墓等。所谓"继发型"就是"一个好汉三个帮""众人拾柴火焰高"。历史文化遗存冀求获得自身之外更多力量的关注,尽可能多地笼络社会合力,转而走出一家之囿,为社会所用,为社会谋益。程园文化园就是显证,洛阳关林也是如此。所谓"勃发型"就是"古来青史谁不见""为有源头活水来"。通过市场化运作,融入自身发展的各类资源,形成原动力,国家、社会、公众各方力量协同,历史文物、文化体验、民俗文化融汇共处,实现持续发展的良性循环,如成都武侯祠的惠陵。

范仲淹墓还处在原发型发展状态,其历经千年沧桑动荡始终留存是其自身魅力的实证;但是偏安一隅、寂寞冷清,正是原发型发展状态的表征。那么,范园如何通过创造性转化与创新性发展,来实现自己的充分发展,提升自己的发展阶段,笔者有以下建议。

（一）以特色乡村文化园区的定位做好规划引领，创新发展理念，确定思路，谋划蓝图，落实美丽乡村理念

以古墓葬为形式，人文景观为主体，以爱国和廉政教育为发散的文化园，集拜谒、游览、思古、济世于一体的文化区域。这个定位过于窄狭，局限于范园自身，选取的是由内自外的发展路径，通过文人墓葬的主核去营造外围的其他衍生发展物。就其现有遗存文物的数量与品质看，很难有相应辐射成效显现。因此，应该转换思路，由外及内去发展，选取其外围的发展要素，融入其中，实现共同发展。

思路开通出路。范园发展应站位自身，向外看，看四周，谋求纳入万安山生态屏障建设、"美丽乡村"建设中，作为乡村振兴战略的组成部分，融入周边共同发展。

范园紧靠万安山，有天然的山地风光；四周皆是田野，有浓郁的乡间野趣；紧邻村落，有淳朴的农家风情。依托村落田野的广阔空间，以农耕文明为基础载体，在田地上做文章，可观光可休闲，可在形式上展示"义田"，可体验等；以范园文化为内在精神，睹物吊古、感知圣贤、品评文学、观鉴家谱等；以农产品、特色产品、传统民俗、集市年节文化、特色民居民宿等为产业动力，展现农耕文明、诠释家文化、留住乡愁，形成处处有历史、步步有文化的乡村文化园区。其中要注重融汇"三态"，即文态、形态和业态。[1]"文态"，指的是范园文化中的文脉精神；"形态"，指范园中的宋代墓葬、碑刻、建筑等实物，其中体现景观；"业态"，则是指根据区域发展定位、村落优势资源与市场消费需求创造性培育、开拓新兴消费业态。

"关键是完整考虑，要掌握三态间的协调转化，让文态、形态承载文化遗产的精神灵魂和整体景观显现，让业态作为一种生活方式的遗产情韵植入现代生活的消费内容。"[2]

---

[1] 吴焰、杨雪梅：《成都宽窄巷子：寻找文态、形态和业态的协调》，中新网，http://www.chinanews.com/cul/news/2010/06-11/2336935.shtml。

[2] 吴焰、杨雪梅：《成都宽窄巷子：寻找文态、形态和业态的协调》，中新网，http://www.chinanews.com/cul/news/2010/06-11/2336935.shtml。

（二）文化研究是基础，深入对范园文化范畴全面而系统的挖掘、整理与阐释

从人物思想、品质精神、园建风格、墓葬文化、千年流变之"家文化"等寻找历史文化创造性的时代转化点，让范园的文态更加饱满、活化。

1. 人物思想

范仲淹是"我国历史上为数不多的、在其有生之年就被人们奉为圣贤、广受尊重的人物"。范仲淹的一生，几许浮沉，挫折接连，却始终过得无怨无悔，这让他的一生更有借鉴意义。

范仲淹正直、勤奋，一生为国为民的精神激励了一代又一代人。"先天下之忧而忧，后天下之乐而乐"的忧乐观念，有着鲜明的"问题意识"与"担当精神"，穿越千年依然可以对时代精神做出生动的诠释，体现着中华历史优秀文化在绵延的历史进程中亘古不褪的思想光辉。

2. 人物道德品质

"范文正公四子，纯祐、纯仁、纯礼、纯粹。纯祐事父母孝，未尝违左右，不应科第"，"纯仁登进士，亦以亲远不赴，曰：岂可重于禄食，而轻去父母耶。仲淹没始出仕"。

虽然有那一历史时期的一定局限性，但是敬老孝亲的优良家风体现着中华民族优秀品德，是今人依然要弘扬传承的内容。

3. 墓葬文化

范园布局俗称"扯儿背孙"，有着特有的文化蕴含。据家族传说："范仲淹工作太忙无暇照料他的母亲，他的母亲是由他的长子范纯祐照料，为此范纯祐还推却了一切官职专门照料奶奶。范仲淹的母亲临终对范仲淹说，养儿是为了防老，可你却没有时间照料我，都是纯祐照料我的，我很感激他，我老了后埋葬时要把纯祐放在我的上位，你放在我的下位。"① 不过据范仲淹年表推断，范母去世候，范纯祐年不过三岁，无法赡养祖母。此传说能

---

① 许营村内范氏家族传说。

说明的是这种布局是民间文化中备受关注的奇特现象。

4. 千年传承的"家文化"

自公元1031年,范仲淹葬母于伊川万安山南麓,至今已经987年。近千年的历史流转中,范坟改名为范园,家族墓地转为国家文物保护单位,其中所蕴含的丰富的中华民族"家文化"。

范家自范仲淹做了大官以后,开始续家谱,目前,范氏家族到了第31代,谱系清晰,传承分明。代系中有散居的,有聚居的。既是地方流徙史的体现,也是家文化的表征。

当下最要紧的是对范园文化遗存和优质文化资源加以挖掘以待活化,形成优秀成果,使其成为范园发展中更基本、更深沉、更持久的力量,凸显后发实力。范园文化遗存的创新性与创造性转化是当下的主要任务,把这件事做好,功在当代利在千秋。

(三)深化范园管理体制机制改革,解除范园由园向园区发展的体制机制壁垒,激活其发展的原动力

紧凑高效的体制机制能让园区的发展如虎添翼,松散凝滞的体制机制将会阻碍发展的进程。综观文化园区的管理与发展,"人、钱、物"是其中关键的支撑,即选人用人,筹钱用钱,保护文物。

范园目前专设文物管理委员会(以下简称文管会),由伊川县文广新局主管管理,属于事业性编制,组成人员5人,其中多为领导兼职。具体负责范园管理的是义务管理员,也是范家后代。管理人才与专业人才的匮乏,造成管理机构的性质模糊、职能不明,维护经费的缺乏造成了园区设施简陋、人员配置偏少等现象,是目前发展中的突出障碍。

随着城乡融合发展、乡村振兴战略与区域整体发展的推进,符合新发展期待的体制机制将应运而出,新的体制机制应当具备几个特点:一要体现效益化运转,二要有先进理念引领,三要有专业化管理体系,四要兼顾就地取材用人。

（四）修复园内"硬件"建设，勤加修缮维护；在"软件"上加以润饰、提升，以延展优化园区形态

范园整体环境在岁月侵蚀中渐趋萧瑟，其中也有一些不规范的为今人斧凿的加造。修复、提升园内建设是范园形态发展中的必经之路。文化遗存的保护和发展面临许多矛盾和困惑，甚至是疑惑。周边环境如果不发展就可能变成没有生命力的、自身难以维系的遗存，萎缩或者湮灭；如果加以发展往往植入的是今人理念与时代元素。这些新与旧之间的纠结与较量成为现在大多数历史文化遗存发展中面临的困境。

不过修复与提升是必要的，是历史文化遗存得以不断发展的有力推动。那么就面临又一个问题：如何修复与提升呢？笔者以为首先应区分"硬件"与"软件"。按照国家文物保护方面法律法规的相关规定，可以把法律明文列出、明文禁止的内容看作"硬件"，把法律法规中没有明文禁止的项目看作"软件"。概括来看，修复适用于对文物、历史遗存之"硬件"；提升适应于环境整治、再设与文化诠释之"软件"。

对文物景观的修复有多种理念，一是风格性修复，在维护中对其结构、风格、外表的完整性修复，不是简单的维护、修饰或者重新装饰，而是建立一个富含时代传承性的完整的表达，建立在质上的历史真实性基础上进行文物保护。二是"反修复"，历史文物有人类生活的印记，真实就是保护其原有的所有痕迹，模仿历史风格会造成历史真实性的丧失，新旧应该有所区别。古迹要将真实材料依原样在原址保存，原样原址保存也是一种"修复"。笔者认为对于范园来说，关于修复的这两个理念可区别选择、分别使用。对于核心文物适用"反修复"之理念，如建筑、碑体、匾额、古柏等；对于核心文物边缘区、外围区可适用"风格性修复"，比如园圃、通道、围墙等。

对于"软件"的提升需兼顾不同时代与时期的风格与正面价值取向，在诠释与展示中注重整体规划、主题明确、逻辑合理、崇尚价值、有机统一。通过展示、诠释等提升"软件"是对历史遗存的局部存在加以时间与

空间上的接续延展，是更直观的一种发展。

园区"硬件"与"软件"的修复与提升，只是理念与行为上的人为区分，只是表象，"真正的价值是，当人们保留了建筑本身，并试图还原生活的场景时，文化生活的延续才是其核心价值所在"。①

尚处于原发型发展状态的范园，以特色乡村文化园区的定位做好规划引领，创新发展理念，谋划好蓝图，夯实文化研究的基础，解除发展中的体制机制壁垒，修复园内"硬件"建设，提升"软件"优化延展，实现自我的创造性转化与创新性发展，必定能走出宽广的园区新发展之路。

结　语

范园发展已逾987年，浸润着中华传统农耕文明、中国时代迁徙文明与现代化文明等多重滋养，由家族墓地转为国家文物保护单位，其中所蕴含了丰富的人物思想、高尚的品质精神、特有的墓葬文化、久远的"家文化"，这些中华优秀传统文化的遗产，在传承之中，只要加以创造性转化必将能获得创新性的发展，能为今天的人们自觉地予以保护与传承。名人古墓葬的创新发展之路是漫长而曲折的，在时代变迁中，需要顺承时代价值观与优秀文化传承的发展大势，创新发展理念，搭准时代脉搏，实现持续久远发展。

---

① 马志韬、白今：《地域建筑景观重构——浅析地域建筑景观遗产的历史价值保护》。

案 例 篇

Case Report

B.18
发挥示范引领作用,助推洛阳国际文化旅游名城建设
——洛阳旅游发展集团研究报告

洛阳市文化旅游发展课题组*

摘　要： 洛阳旅游发展集团是洛阳市文化旅游产业领域唯一国有投融资运营主体。近年来,洛阳旅发集团以新发展理念为引领,以整合旅游资源为抓手,促进文化、旅游、创意、体育、养老、航空等产业融合发展,打造了一批旅游龙头产品,促进了洛阳文化旅游产业集群化、规模化、市场化水平。本报告围绕洛阳旅发集团"政府主导,市场化运作,企业化经营"的运营理念,以及"全金融、全项目、全媒体、游客精准输

---

* 课题组组长:陈启明,洛阳市委党校市情研究部主任、副教授。课题组成员:秦华,洛阳市委党校讲师;尚涛,洛阳市委党校教师;余洁,洛阳市委党校教师。

送"的运营模式,从项目支撑、产融结合、融媒传播、航线优化等方面进行全面深入的剖析,为洛阳文化与经济、社会、生态、旅游、科技深度融合发展总结经验,提供借鉴。

关键词: 旅发集团 文化旅游 融合发展

洛阳旅游发展集团有限公司(下称洛阳旅发集团),于2013年11月注册成立,注册资本3亿元,是经洛阳市人民政府批准成立的国有独资企业,是洛阳市文化旅游产业领域唯一国有投融资运营主体,担负着整合洛阳旅游资源、推动洛阳旅游文化产业快速发展的重要职能。近年来,洛阳旅发集团坚持引领、发展、超越的思路,制定了"布局、并购、发展"规划,构建了全项目、全金融、全媒体和游客精准输送四大事业板块,全力整合洛阳文化旅游资源,开拓创新、不断进取,在文化旅游、金融、航空、全媒体四大事业板块齐头并进、互为支撑,有效地促进了洛阳文化旅游产业的跨越式发展。

一 洛阳旅游发展集团概述

洛阳旅游发展集团作为洛阳市文化旅游产业领域投融资运营主体,全面把握中央和河南省委赋予洛阳"建设国际文化旅游名城"的战略定位,以新发展理念为引领,以整合旅游资源为抓手,促进文化、旅游、创意、体育、养老、航空等产业融合发展,以金融创新为抓手,逐步实现资源资产化、资产资本化、资本证券化,持续优化资产结构,坚持文化产业与旅游产业并重,项目开发建设与资产管理运营并举,打造以市场为导向的文化旅游全产业链投资运营公司。目前,洛阳旅发集团初步完成全市优质文化旅游资源整合,进一步发挥在洛阳建设国际文化旅游名城中的引领作用,全面提升了洛阳城市的影响力。

（一）洛阳旅发集团的公司架构

洛阳旅发集团公司位于洛阳市洛龙区开元大道与望春门街的龙泉大厦，集团公司下设综合管理中心、人力资源管理中心、财务与资金管理中心、资本运营中心、党群工作部、宣传部等职能部门，拥有项目管理公司、资产管理公司两个二级子公司及一批文化、旅游、金融、航空、传媒、体育等专业公司。在公司运营管理方面，洛阳旅发集团着力完善各级公司董事会、监事会建设，明确各级公司党组织的法定地位，不断完善公司法人治理结构；实行财务、人事、宣传、金融等扁平化垂直管理，建立健全制度化建设，加快人力资源 NC 系统、视频会议系统、OA 办公系统等建设，提升规范化、高效化、现代化管理水平；严格落实"三重一大"事项决策制度、《党委会议事规则》等，提升科学决策水平，逐步实现协调发展管理态势。同时，洛阳旅发集团成立深化国企改革工作小组，分层分类推进公司法人治理结构、管理体制机制、资源整合等方面深化改革工作，先后完成了旅发集团资管公司股份制改造方案、顺途租车股权转让、国际旅社脱钩改制等工作，加快了集团公司的上市步伐，激发了企业发展动力。

面对全域旅游发展趋势，以及供给侧结构性改革给予旅游产业要素供给带来的重大机遇，洛阳旅游发展集团着眼于打造全产业链旅游企业，以推动洛阳国际文化旅游名城建设。洛阳旅发集团所属项目、产业等布局遍及洛阳市（县）全域及北京、上海、海南等一线城市和地区，在项目建设、金融创新、文化旅游、体育产业等领域取得了一系列瞩目成就。洛阳旅发集团探索建立"旅游＋"发展新模式，完善了全项目、全金融、全媒体、游客精准输送四大事业板块，打造了上阳宫文化园、洛阳城市会客厅、八里唐文创小镇等洛阳城区文化支点，谋划实施了丝路小镇、三彩小镇、杜康古镇、青铜小镇等特色小镇，成立了省内第二家职业化足球俱乐部——洛阳旅发足球俱乐部，建立了覆盖京、沪、琼、洛等地的金融、经贸战略合作关系，引入中国华信、中国铝业等多家世界 500 强、实力央企，与交通银行发起的 50

亿元文化旅游基金成功落地，成熟运营河南省"互联网+"产业基金等，加快了洛阳文化、旅游、体育、金融、特色小镇建设等融合发展进程，较好地担负起了应有使命。① 2017年旅发集团实现营业收入87.33亿元、同比增长367.92%、目标完成率102.74%；实现利润总额6069.11万元，合并融资额34.71亿元，圆满完成各项指标，逐步具备了作为洛阳市乃至河南省旅游龙头企业的条件和基础。

（二）洛阳旅发集团的发展定位及运营理念

2017年7月，洛阳市政府发布了《关于进一步规范洛阳市国有投资运营公司发展定位的意见》（洛政〔2017〕26号），对洛阳旅发集团的发展定位和主要业务进行了明确。洛阳旅发集团的发展定位为洛阳市文化旅游产业领域投融资运营主体。洛阳旅发集团的主要职能定位是承担洛阳市旅游产业的投资与资产管理，文化旅游项目策划和开发经营，文化旅游传媒活动的组织、实施和会议会展业务，文化旅游传媒、旅游商品经营和旅游信息综合服务，城市旅游综合体、旅游产地的开发和经营职责，不断挖掘洛阳市文化旅游资源价值，整合洛阳市文化旅游资源，引导社会资本广泛参与，做大做强洛阳市文化旅游产业，以及完成市政府委托的其他业务。②

洛阳旅发集团的运营理念是"政府主导、市场化运作、企业化经营"，在政府主导下，进一步拓宽旅游产业投融资渠道，构建多元化投融资平台，以市场化手段体现政府意志，不断完善旅游要素，拉长产业链条，重点打造国内一流、世界知名的旅游龙头产品，逐步建立体系化、差异化的旅游产品梯次发展格局，实现对洛阳文化旅游产业大发展的引领效应。

---

① 《洛阳旅游发展集团成立"旅发日"》，洛阳网，http://biz.lyd.com.cn/system/2017/06/05/030312173.shtml。
② 《洛阳市人民政府关于进一步规范洛阳市国有投资运营公司发展定位的意见》（洛政〔2017〕26号）。

二 洛阳旅发集团的运营模式

按照市委市政府赋予的定位和要求，洛阳旅发集团坚持"盘活资源、利益共享"的原则，科学盘活、因地制宜、分类对待，通过探索和实践创立了"全金融、全项目、全媒体、游客精准输送"融合发展运营模式：一方面，通过市场化手段，以增资扩股、参股、并购等形式，盘活旅游资源；另一方面，把属于各地区、各部门的旅游资源运用行政、经济等手段整合在一起，发挥了旅游融合发展的综合优势，为洛阳建设国际文化旅游名城凝心聚力、聚合优势、共谋发展。

（一）实施重点项目建设

洛阳市旅游资源丰富，但是旅游资源较为松散，没有形成完整的文化旅游产业链条。洛阳旅游发展集团紧密结合洛阳市实际，立足洛阳全域，以"9643"合理有效投资计划项目[①]和市委市政府重点交办任务等为中心，在重点领域和重点项目力争突破，重点打造具有品质好、前景好、可赢利、可传承的项目，增强以项目带动产业的龙头示范效应，采取片区协同和组团发展的方式，协同发展同片区资源和项目，切实推动旅游资源和项目规模化、集群化发展水平，实践生态群落理念，把旅游与第一、二、三产业有机结合起来，由"门票经济"逐步转型为"产业经济、消费经济"，推动旅游产品向观光、休闲、度假并重转变，推动产业融合发展，培育形成旅游产业生态圈。

近年来，洛阳旅发集团以构建文化传承创新体系建设为目标，重点打造了洛阳城市会客厅项目，通过"书香洛阳"建设，倡导洛阳市民养成良好的阅读习惯，使阅读成为一种乐趣、一种风气、一种氛围，让阅读陪伴洛阳

---

① "9643"合理有效投资行动计划，即洛阳市推出的9大体系，60个重大专项，415个重点项目，3295亿元总投资，以项目建设带动产业结构优化，推动基础设施提升，改善城乡人居环境，厚植发展新优势。

人成长，推动洛阳形象提升。洛阳城市会客厅目前正在建立集非物质文化遗产发掘、传承、保护于一体的传习基地，并积极促进相关文化创意产品的研发和销售，实现非遗资源优势向文化产业优势转变。此外，集团公司与中铝洛铜等共同开发建设的中铝洛铜工业文化旅游双创产业园项目，借助国家"双创"政策优势，汇聚各方力量，打造充分体现俄罗斯风情和苏援文化特色，大力推进老工业基地转型升级、旅游供给侧结构性改革的文化旅游主线项目建设，促进旅游与工业融合发展，全面提升洛阳产业的附加值。

（二）坚持产融结合战略

洛阳旅发集团按照中央、省委、市委推动旅游业发展的安排部署，聚焦"资本要素供给、降低要素成本、优化企业结构"等要素，制定配套制度和系列实施细则"保驾护航"，实施"先经济"战略，为旅游项目开发提供了供应链贸易金融、资金保障和营收支撑，加快形成具有比较竞争优势的资本供给新体系，努力践行"工匠精神"，持续调结构、促转型、转方式，全面优化产业布局，调整升级产业结构，深耕大旅游产业领域，让金融与旅游产业更紧密地结合起来，以更加优质的金融服务支持集团进一步做大做强。

河南省政府设立了规模为12亿元的河南省"互联网＋"产业发展基金，由洛阳旅游发展集团承接管理，基金投资方向主要是河南省"互联网＋"行动计划实施方案确定的相关领域，包括电子商务、高效物流、文化旅游、便捷交通、人工智能等领域，以及河南省引进高层次人才"百人计划"投资参与的有关"互联网＋"项目。[①] 洛阳旅发集团与交通银行共同发起设立洛阳市文化旅游产业基金，基金规模50亿元，该基金的设立将直接为洛阳市拉动150亿元的信贷资金，带动约4倍的民间投资，形成文化旅游产业近千亿元的投资规模，为突破洛阳市旅游文化发展的资金瓶颈，完善

---

① 乔地：《我首只政府参股"互联网＋"产业发展基金落地河南》，《科技日报》2016年7月13日。

文化旅游产业投融资体制,加快旅游产业发展,助推洛阳市国际文化旅游名城建设,促进洛阳市旅游经济良性循环提供重要支撑。

(三)精心打造融媒平台

洛阳旅游发展集团不断加强全媒体板块建设,坚持以全媒体为资源整合线,不断整合优势资源,广泛建立对外合作,通过开展自媒体运营、全域媒体攻关、网络营销策划的全新服务形态,充分利用其人才、技术等资源优势,打造旅游宣传的亮点与兴奋点,从视觉的新元素、新概念等入手,宣传旅游项目,开拓旅游资源,提升传播效应,扩大宣传影响,通过不断塑造属于洛阳独特的品牌,折射出洛阳的魅力和吸引力,形成一种强大的凝聚力、辐射力,成为扩大对外交往、吸引投资与游人的"金字招牌",把无形的精神财富转化为有形的物质财富。

2017年9月,在第五届中原旅游商品博览会中,洛阳旅发集团充分发挥优势,将互联网、广电、纸媒、直播、城市中心户外LED大屏、楼宇电视、路灯道旗、高铁龙门站广告等融媒传播植入博览会全程。制订宣传推广方案,运用旗下中网传媒优质自媒体资源投放博览会宣传,14天总推广量达966万次。利用中网直播优势,对博览会开幕式进行直播,通过六大网络平台和城市中心10块户外大屏进行分发,实现全城全网同步覆盖,协调省18地市广电媒体,集中对博览会进行前中后期宣传报道,扩大博览会在省内知名度。同时,借助自有第二届"糖·Town"音乐节、洛阳礼物大旅游商品体系等品牌力量,积极传播扩大博览会知名度、影响力,通过传统与新型相结合的宣传方式,让博览会紧跟时代步伐,走向更大的舞台,拓展更大的空间,实现博览会传播互动、推广联动、营销带动,共吸引4.5万人次参观,相比2016年有明显增长。

(四)大力精准输送游客

游客精准输送是立足于挖掘旅游交通、旅游餐饮、旅游住宿和旅游景区之间的联动价值,实现资源共建共享的整合平台。洛阳旅发集团以洛阳航空产业市场化为主体，结合新能源汽车和旅行社资源的整合运营，通过对航点资源的分析、客源流向的调查、旅行社力量的整合等一系列措施铺设开优良的游客动线网络，优化洛阳市航空客运、货运布局，推动航空港经济发展，带动洛阳"副中心"地位提升及新型城镇化、工业化和农业现代化协调发展，助推洛阳构建全方位、宽领域、多层次、高水平的对外开放新格局。

洛阳旅发集团不断优化航线网络布局，积极与多家航空公司合作，截至2017年底，与21个航点城市友好互通，其中境外城市2个；开通通达贵阳、海口、长沙、天津、济南、福州、兰州、成都、哈尔滨、珠海等航点航线，预计2018年洛阳通航城市将达23个。2017年，全年累计吞吐量为911861人次，洛阳机场每周航班数量达108班，航班量比2016年增加52%。洛阳旅游发展集团作为洛阳航线市场运营方与机场三期改扩建工程实施主体，不断推动洛阳机场软硬件设施提升，扩大航线航班开通运营工作，致力于推动航空旅游产业融合发展。2017年，洛阳旅发集团联合洛阳著名景区，推出了乘飞机进出洛阳旅客免费游览龙门石窟、关林等洛阳著名景区的优惠活动。同时，旅发集团旗下各大景区、餐饮店、交通均推出免门票、消费打折等优惠，多条航线低价折扣票更是有力推动了洛阳机场旅客吞吐量持续增长，使洛阳市航空产业进入提速换挡的快速发展新时期。洛阳旅发集团按照"开得起、稳得住、能发展"的方针，科学规划，创新发展，充分利用和发挥洛阳机场及周边产业基础、交通等资源和优势，引导航空运输业、高端制造业和现代物流业集聚发展。目前，旅发集团正在全面布局2018年洛阳航线版图、优化航线网络结构，全面考察通达国内省会城市、一二线城市、热门旅游城市等航线市场，积极培育、开辟国内外旅游城市航线，不断致力于建立洛阳联通外界的航网体系，加密热点航班，航空市场潜力得到进一步开发，航线网络得到进一步完善和优化。

洛阳旅发集团始终以公司发展定位和经营理念为准绳，突出核心业务载体，延伸发展金融平台，由金融平台对接集团其他三大事业板块，实现资本疏通，发挥血液功能，推动集团四大事业板块协同发展。全项目板块打造产、融、投一体化模式，创造众多文化旅游龙头产品，积极推进涉及

"9643"合理有效行动投资计划的项目;全媒体利用媒体资源,将项目全景展示、推广,提高知名度和品牌度;游客精准输送板块利用覆盖航空、新能源汽车、高铁等的立体运输体系和"洛阳礼物"大旅游商品体系,为项目精准输送客源并增加衍生收入,三大板块又向金融平台提供信息反馈,充分发挥协同效应,联动整合,形成全产业链价值传导体系,让旅游经济增长要素从低效率领域转移到高效率领域,从已经过剩的旅游"门票经济"产业转移到市场前景广阔的"文创旅游"产业,依托产业布局,赢得市场主动权,真正打造出国际文化旅游名城的特色,体现出国际文化旅游名城的真正内涵。

三 洛阳旅发集团的运营特色

近年来,洛阳旅发集团坚持服务洛阳市乃至河南省旅游业发展大局,立足本质,发挥优势,实现了快速稳健的发展,为文化旅游产业等领域积累了大量成功经验,推动了洛阳市旅游业的持续发展。洛阳旅发集团通过实施文旅生态圈战略,以自身平台为依托,以旅游产业为纽带,以产融结合为驱动,做到有项目、有产品、有消费、有服务,让旅游产业链条上的相关企业积极参与产业发展、共享发展成果,塑造文化旅游产业"新生态"。

(一)加强党建促进发展

洛阳旅发集团始终坚持党的领导,加强党的建设,特别是通过深入学习贯彻党的十九大精神和习近平总书记系列重要讲话精神,坚持发挥企业党组织领导核心、政治核心和战斗堡垒作用。集团公司大力加强旅发集团党委班子建设,设立党建工作专职机构,建设特色党群活动室,将党建经费纳入企业年度预算。在洛阳市管企业范围内率先要求党员职工戴党徽、亮身份,开展特色党建日、优秀党员月度评选、党组织负责人亲自上党课等活动,做到企业发展到哪里党组织就延伸到哪里,努力发挥党员先锋模范作用,激发企业活力,开创了以党建强发展的新局面。

（二）产融结合推动飞跃

洛阳旅发集团紧紧围绕洛阳市旅游业发展大局，深入结合文化旅游产业发展的实际和特点，创新金融与产业融合发展模式，开创了一条旅发特色的产融结合发展之路，实现产融互促的良好循环。洛阳旅发集团与交通银行设立的洛阳文旅产业基金到位 20 亿元、控股河南省首家餐旅类新三板挂牌企业——洛阳餐旅实业，加快推进二级公司混合所有制改革，为全面对接资本市场、加快上市步伐等奠定坚实基础，也为洛阳城市会客厅、八里唐文创小镇、上阳宫文化园等项目建设等提供了源源不断的金融动力。

（三）创新思路构建模式

近年来，洛阳旅发集团在经营管理、发展战略等方面积累了成功经验，逐步形成了思路清晰、符合实际、可推广的发展模式，实现了跨越式发展。一方面，旅发集团始终保持国有企业的发展导向、使命初心，始终保持为洛阳乃至河南旅游做贡献、为人民谋福利的高尚情怀，始终保持引导和发展产业的站位一以贯之，始终保持紧跟时代潮流、谋划长远未来的发展战略。另一方面，旅发集团坚持创新驱动发展，跳出旅游看文化旅游，以文化旅游产业为纽带，促进旅游、金融、航空、演艺、体育等产业融合发展，构建跨界带动行业、企业发展的文旅生态圈，打破以往单纯强调竞争格局，实现共生互利、再生共享的新生态。

（四）以文为媒培育品牌

洛阳旅发集团在项目打造中，深挖文化内涵，集中发挥集团的文化资源、企业品牌等优势，为洛阳文化产业的发展塑造精品，为洛阳构建国际历史文化名城贡献了国有企业的担当和责任。一是通过整合内外资源，打造城市文化载体——城市会客厅。城市会客厅内的蜡像馆、文创馆、图书馆、艺术馆、汉魏里市、洛阳华夏喜庆文化博物馆民间传统喜庆文化展厅、"匠心雅集"免费公开课等文化展示、展览和创新，把文化展示、文化传承、文创产品与洛阳市博物馆之都建设紧密结合，强化了产品文化元素的体现作用，大力推进洛阳博物馆之都的建设。二是通过节会平台，塑造洛阳文化名片。洛阳旅发集团围绕中国洛阳牡丹文化节、第五届中原旅游商品博览会、第二届"糖·Town"音乐节、河洛文化大集等重要活动，充分发挥文化传媒、营销策划等优势，深度参与其营销策划、宣传推广等工作，通过承办重大节会、举办特色活动等途径吸引客流、聚集人气、带动产业发展。三是着力打造文化精品。洛阳旅发集团与国内知名文化企业、中外顶尖演艺团队倾力打造《冰雪奇缘》《巴啦啦小魔仙》《灰姑娘》等一系列文艺精品；谋划引进150余部国内外优秀剧目，与洛阳师范学院谋划共建演艺人才培养基地，结合洛阳历史文化特色重新进行编排创作，将洛阳打造成为优秀文化剧目输送基地；参与打造"文惠洛阳"文化惠民平台；承办"我心中的洛阳"演讲比赛。① 旅发集团承办组织的一系列文化活动塑造了洛阳文化的品牌，增加了洛阳文化的美誉度，推进了洛阳文化消费人群和市场培育的壮大，有力地助推了洛阳市国际文化旅游名城的建设。

四 洛阳旅发集团发展展望

步入新时代，洛阳旅发集团将继续遵循符合洛阳自然环境承载力和文化遗产承载力、符合当代文化创意产业发展趋势的发展路径，实现从"外延型快速增长"向"内涵型集约增长"的模式转换，探索文化与经济、社会、生态、旅游、科技深度融合的科学发展新模式，打造一批旅游龙头产品，促进洛阳文化旅游产业集群化、规模化、市场化水平。

（一）加快项目建设引领产业发展

展望2018年，洛阳旅发集团持续狠抓工作落实推动重点项目的建设。旅发集团将年度内集团公司的重点项目分为涉及"9643"合理有效投资行

---

① 戚帅华、秦阳：《洛阳旅发集团：打造文旅生态圈》，《洛阳日报》2018年2月13日。

动计划项目和市委市政府重点交办任务两大类。对于涉及洛阳市"9643"合理有效投资行动计划项目，如洛阳市旅游集散中心、三彩小镇、白垩纪恐龙世界、在河之洲旅游度假区、新增航线等项目，按照项目规划、项目进度和时间节点，高质量、高效率、高品质地打造，为洛阳国际文化旅游名城建设塑造精品工程。对于洛阳市委市政府重点交办任务，诸如丝绸之路文化交流中心、洛阳牡丹博物馆、甘泉古镇、中国铜工业文化旅游双创产业园等，尽快完成项目规划、土地、环评、征迁等准备工作，为项目早日启动打下坚实的基础。

（二）发展消费金融构建文旅生态圈

洛阳旅发集团着眼于促进现代化经济体系建设，创新提出了以消费金融为核心工具、打造文旅生态圈的新战略，旨在构建颠覆传统的新模式并迅速推广复制，全面带动洛阳乃至河南旅游实现新一轮发展，构建助力现代化经济体系建设的实战模式。

文旅生态圈新战略是基于我国经济进入新常态、企业竞争边界被打破等时代背景下的必然产物，它的核心理念是共生、互生、再生。"共生"的核心是通过实物、智力、金融等资本构建和维护价值平台，"互生"的核心是低成本分享价值并建立相应的管理结构，"再生"是将一些资源转移到新的市场和微观经济环境区域，建立更好的合作框架和经济秩序，穿越未来更宽广的市场范围，从而实现从价值创造到价值获取，从关注企业自身到关注企业周边，以文化旅游产业带动其他产业同步发展，形成一个以文旅产业为纽带的有机整体。构建文旅生态圈的核心工具是消费金融，发展消费金融就是要围绕主业调结构，贴近客户做产品，依托旅发消费卡（券）等拓展消费场景，以旅发集团旗下洛阳餐旅实业、上阳宫文化园、洛阳城市会客厅、八里唐文创小镇、三彩小镇、甘泉古镇、国内外航线航班等餐饮、项目、文化、旅游、航空等消费场景为依托，从传统产品销售思维向场景营造思维升级，推进旅发消费卡（券）工具、场地联营、特许经营、私募股权基金等建设，把旅发消费卡（券）打造成一个囊括"吃、住、行、游、购、娱"

旅游要素、一卡（券）多用的消费金融综合载体，打通客户与商家间互利共享通道，建立客户导入、商家接驳的共享平台，首批将建立30万文旅生态圈会员体系。其作用在于：一是提供圈内成员全新选择，全面扭转依靠差异化资源和唯一性特征、付出切割企业间共享合作可能的代价而换取的短期效益的局面。二是全面助力三产高度融合，推动价值链由线性供应向生态链、生态网供应转变，增强了不同板块、成员之间的关联性，逐步推动实现业务协同效应与大量受益同步获取。三是积极提升供给改革水平。文旅生态圈将不断地由第三方参与创造价值，不断注入新的动力，反向刺激供给结构调整完善，增强供给结构对需求结构的适应性，从而促进供给侧结构性改革不断深入，为加快建设现代化经济体系提供全方位有效支撑。

（三）强化企业内核再创佳绩

一是加强党建工作。洛阳旅发集团坚持党的领导，通过深入学习党的十九大精神特别是习近平新时代中国特色社会主义思想，将十九大精神贯穿至"两学一做"学习教育常态化制度化等工作，强化党建考核，组织党务培训，开展特色活动，开展党员示范岗建设，发挥党员示范作用，加强工会和共青团等建设，完善党建工作体系。二是强化经营管理。严格履行党委前置、"三重一大"决策程序，持续完善投资、决策、风控、战略、规划等专业委员会建设，提高外部风控专家履职效力，全面强化风险防控体系。建立健全现代企业制度，推动制度化、垂直化、扁平化管理，加强高层次人才梯队建设，全面提高内部管控。以全国5A级旅游景区拓展为重心，实现委托运营管理合作，推进文化、航空、体育、餐旅产业集团建设，加快"洛阳礼物"文创产品、航空及体育产业市场化运营，做大做强洛阳餐旅实业，提升产业集群化水平。三是加快改革发展。落实国家旅游业战略部署，贯彻《河南省旅游产业转型升级行动方案（2017~2020）》精神，加快推动混合所有制、股份制改造、上市等工作步伐，强化产融结合思路，以文旅产业基金、河南省"互联网+"产业基金为抓手，实现对接资本市场，增强投资工作的专业性、前瞻性、计划性，加大对5A级景区、文化旅游及世界文化遗产等优质资源投资开发,加快对优质文化旅游资源的整合,发挥引导产业作用。

一直以来,洛阳旅游发展集团始终把洛阳旅游做大做强,视为自身最大的社会责任。面向未来,洛阳旅发集团将进一步务实重干、创新发展,扎根洛阳、面向全国,为洛阳建设国际文化旅游名城做出更大的贡献。

B.19
洛阳三彩小镇建设研究报告

秦 华*

摘 要： 洛阳市孟津县朝阳镇是第二批中国特色小镇，该镇依托唐三彩烧制技艺和唐三彩传习馆，建设三彩小镇，打造集三彩文化、旅游、餐饮、娱乐、体验于一体的三彩产业旅游基地。本报告从三彩小镇的建设目标、建设进程、存在的问题进行全面系统的分析，针对三彩小镇发展的短板从特色产业支撑、创新体系构建、强化文化内核等路径提出了相应的对策建议，助推三彩小镇建设成为具有明确产业定位、文化内涵、旅游特征的综合体。

关键词： 特色小镇 三彩小镇 南石山 三彩文化

特色小镇是新型城镇化的重要载体，对于促进发展模式转变，破解城乡二元结构，推进区域协调发展具有十分重要的地位和作用。2016年以来，国家住房城乡建设部、国家发改委等部门陆续出台了《关于开展特色小镇培育工作的通知》《关于保持和彰显特色小镇特色若干问题的通知》《关于规范推进特色小镇和特色小城镇建设的若干意见》等一系列文件。这些文件的出台推动了各地特色小镇的建设。截至2017年底，全国有403个镇入选中国特色小镇名单。

洛阳市作为国家新型城镇化试点城市，为探索新型城镇化发展模式，

---

* 秦华，洛阳市委党校讲师，研究方向为文化产业。

2016年12月出台了《洛阳市人民政府关于开展全市特色小镇培育工作的实施意见》（洛政〔2016〕70号），通过培育特色鲜明、产业发展、绿色生态、美丽宜居的特色小镇，加快构建现代城镇体系，推动新型城镇化和美丽乡村建设。在市委市政府的高度重视和各乡镇的共同努力下，洛阳市涌现出一批产业突出、特色鲜明的小镇。其中，以国家级非物质文化遗产——唐三彩制作为主导文化产业的洛阳市孟津县朝阳镇，在当地被冠以"三彩小镇"的美称。2017年8月，三彩小镇成功入选第二批中国特色小镇，成为洛阳市小城镇建设的典范和引领。

一 三彩小镇建设的优势分析

朝阳镇（三彩小镇）位于河南省洛阳市孟津县，该镇区位优势明显，历史文化底蕴深厚，是闻名中外的唐三彩发源地。全镇总面积68平方公里，镇区建成区面积2.2平方公里，下辖27个行政村，常住人口4.47万人。朝阳镇凭借自身文化底蕴、特色文化产业和自然禀赋，2000年被河南省命名为"唐三彩之乡"，2008年唐三彩烧制技艺入选国家级第二批非物质文化遗产名录，2017年入选"中国特色小镇"，先后被授予国家级非遗传承基地、河南省级生态镇、河南省国土绿化模范镇、洛阳市新型农村社区建设先进乡镇、洛阳市文明镇等荣誉称号。近年来，朝阳镇围绕"洛阳北部特色宜居卫星镇"和"全县文化传承创新和全域旅游发展示范镇"目标，依托唐三彩烧制技艺和唐三彩传习馆，建设三彩特色小镇，打造集三彩文化、旅游、餐饮、娱乐、体验于一体的三彩产业旅游基地。

（一）合理的规划目标

科学的战略规划是特色小镇建设和发展的基础。自2017年以来，朝阳镇以发展唐三彩产业为龙头，围绕"国际三彩创意艺术生产基地、中国传统产业创新示范基地"定位，先后编制了《朝阳镇总体规划》《朝阳镇新镇区控制性详细规划》《三彩小镇总体规划》等，高标准设计规划"三彩小镇"的建设蓝图。在规划设计中，朝阳镇在未来3～5年内，预计通过三期项目建设，以非遗传习馆、三彩工坊街、三彩艺术淘宝街、大师工作室等重点主导产业项目，构建三彩体验、产业创意、物流贸易、文化交流功能区，实现"产、城、人、文"四位一体融合发展。通过全方位的开发建设，把三彩小镇打造成为国内唯一的三彩文化艺术发源、传承、创新、发展、交流基地，使其成为焕发时代技艺、展现三彩技艺、传承河洛文化的特色文化小镇。

（二）优越的区位优势

朝阳镇位于洛阳市区和孟津县城之间，北接孟津县城、南融洛阳市区。镇区10公里半径内，分布着洛阳飞机场、洛阳火车站、洛阳汽车站等交通枢纽，连霍高速、新310国道和洛孟吉快速通道穿镇区而过，境内基础设施完备、交通便捷，连霍高速洛阳站和孟津城区站都在朝阳镇境内，其中孟津城区站距朝阳镇区中心仅有1公里。优越的区位优势和便捷的交通，吸引着众多商家进行项目投资，有效带动了朝阳镇文化旅游、特色产业、电商物流、餐饮酒店等相关产业的快速发展，推动了全镇经济的繁荣和发展。

（三）深厚的文化底蕴

朝阳镇历史悠久，文化积淀深厚，拥有众多物质和非物质文化遗址、遗存，是闻名中外的唐三彩发源地。朝阳镇，古称"海资"，海即大，资通瓷。据历史记载，朝阳镇是盛唐时期京城瓷器的交易市场。随着唐三彩烧制技艺的传承和发展，朝阳镇唐三彩烧制技艺入选国家级非物质文化遗产名录，该镇现已发展成为国家级非遗传承基地。其中，南石山村被誉为"中国唐三彩文化第一村""河南省特色文化村""河南省特色景观旅游名村"。南石山村古称南廓村，地处邙山隋唐古墓区的核心地带，曾出土过数以万计的珍贵文物。南石山村修补、制作唐三彩的技艺闻名中外，其唐三彩工艺，保留了唐三彩古色古香、浑厚质朴的大唐韵味且品种繁多，千姿百态，生动逼真，釉色艳丽。该技艺制作成品"三彩马"多次作为国礼赠送给各国领导人。朝阳镇文物古迹众多。北魏孝文帝皇陵位于该镇官庄村，作为邙山陵墓群之一，是全国重点文物保护单位；新石器时代的伏羲画八卦遗址位于卦沟村，是河南省重点文物保护单位；现存豫西地区规模最大、保存最完整的明清古民居建筑卫坡村是河南省级文物保护单位，是中国传统村落、河南省级历史文化名村、河南省特色景观旅游名村。此外，东汉时期"丝绸之路"的重要贡献者班超葬于朝阳镇张阳村，南唐后主李煜的墓葬与后李村有着深厚的渊源。朝阳镇凝聚了众多的历史信息、文化景观和民族记忆，众多珍贵的物质和非物质文化遗存，是乡村历史、文化、自然遗产的宝库，具有较高的历史、文化、艺术、社会、经济价值。

（四）独特的文化产业

朝阳镇自古就有修补、仿制和制作唐三彩陶器的渊源。近年来，随着文化产业的繁荣，朝阳镇以南石山村为核心区域，以唐三彩产业作为重点发展的文化产业，极大地提升了朝阳镇的知名度和美誉度，镇域综合实力大幅提升。

第一，三彩产业集聚发展。朝阳镇拥有唐三彩生产企业72家，其中仿古工艺生产企业44家，新工艺生产企业28家，产品包含马、驼、俑、兽、花瓶、壁画等类型3500余种，年产100余万件，从业人员2000余人，占全国三彩市场份额的95%以上，是唐三彩产业领域资源最丰富、人才最集中、工艺最优秀、产业规模最大的专业镇。[①] 其文物仿制品风格跨越多个朝代，从以"唐三彩"为主的唐代到秦汉陶器制品均有涉猎，三彩产品造型多样，种类丰富，其文物仿制品60%销往海外，每年企业的产值为7500余万元。

第二，三彩技艺传承人才荟萃。朝阳镇作为三彩制作技艺传承基地，汇集了众多高级技师、熟练工人和经营管理人才。现拥有国家级工艺美术大师1名，省级6名。其中，高水旺是国家级非物质文化遗产（唐三彩烧制技

---

① 张锐鑫：《以文化旅游促进三彩产业发展》，《洛阳日报》2017年12月9日。

艺）代表性传承人、高级工艺美术师、河南省民间文艺家协会副主席、洛阳唐三彩研究院院长，曾被联合国教科文组织授予"民间工艺美术家"称号；张二孬是中国唐绞胎烧制技艺代表性人物，河南省工艺美术大师。随着三彩产业的不断发展，朝阳镇结合三彩产业发展需要，注册成立南石山唐三彩文化产业协会，申报注册"洛阳唐三彩"地理标志，定期进行唐三彩生产技艺、人才培养、市场动向、新品开发等信息交流。同时，注入专项资金扶持专业人才的引进，并在孟津县职教中心开设了相应专业，为产业发展培育后备人才队伍。

第三，三彩制作工艺考究。陶品手工业源远流长，北魏时期以铅绿釉制品为主，隋末开始生产有棕黄色的釉陶，唐代陶品手工业有了飞速发展。"唐三彩"是一种低温铅釉陶器，是中国唐代时期彩色釉陶艺术品的总称，其种类以人物、马匹、骆驼、器皿最具代表性，至今已有1300余年的历史。唐三彩采用纯净的高岭土，经过雕塑、制模、成型、素烧、釉烧等20多道工序，历经2次不同温度的烧制才能成形。半成品在施釉过程中由于在色釉里加入不同的金属氧化物，各种材料在烘制过程中发生化学变化，促使色釉互相浸润便形成浅黄、赭黄、浅绿、深绿、天蓝、褐红、茄紫等多种色彩，但多以黄、赭、绿三色为主，故称"唐三彩"。2008年，唐三彩烧制技艺入选国家非物质文化遗产。2014年九朝文物复制品公司被评为国家级非遗生产性保护示范基地，且成为唐三彩行业标准的编制单位。由于唐三彩制作技艺的独特，非遗传承人高水旺的作品《古道守望者》获得"中国工艺美术百花奖"金奖。在第四届中国陶瓷文化艺术创意设计精品展上，高水旺、高顺旺以候风地动仪为原型创作的唐三彩作品《地动仪》，获得展会最高奖项——"大地奖"金奖。

第四，研发创新推动产业融合发展。三彩技艺传承人和企业，在传承传统工艺的同时，不断研发创新，进一步丰富了三彩产品的造型和种类。近年来，三彩产业研发了文房四宝、十二生肖、牡丹工艺等40余个系列的产品，深受市场和爱好者的喜爱。其中，洛阳市九朝文物复制品公司承担的课题"河南省科技攻关计划——唐三彩胎体原材料改进项目"，其研制的新技艺极大地提升了唐三彩的观赏性,仅此一项,为公司年增销量2万余件,年增加产值1000万元。此外,朝阳镇在发展三彩产业的同时,积极创新经营机制,建设唐三彩烧制技艺保护展示传习博物馆,提供产品展示、三彩工艺品制作体验等服务。朝阳镇通过开发三彩技艺新产品、延伸产业链条,以文化展示、文化体验、文化旅游、文化创意推进三彩产业的融合发展,以独特的文化辨识度进一步培育和强化了三彩产业和三彩小镇的文化魅力。

第五,产业带动成效显著。朝阳镇随着三彩文化产业的蓬勃发展,极大地带动了当地产业的发展,镇区环境也实现了质的转变。三彩产业的发展和繁荣,在镇域内带动发展印刷包装企业12家、运输物流企业16家、农村淘宝店45家、餐饮酒店6家、特色农业园区28家,从事相关行业人员达1.5万人。以三彩文化产业为龙头的产业体系业已成为朝阳镇的主导产业,乡镇综合实力得到大幅的提升。2016年,朝阳镇实现地区生产总值29.8亿元,财政收入9040万元,城镇居民人均可支配收入15325元,农村居民人均可支配收入10523元,镇域综合实力在全市130个乡镇综合实力排序中位居第22。同时,朝阳镇以生态建设为重点,坚持生态建设与美丽乡村建设统筹推进、老镇区改造与三彩小镇建设同步推进,先后建成了省级美丽乡村示范村2个、市级美丽乡村示范村8个,17个行政村达到县级美丽乡村标准,成功创建省级生态村6个、市级生态村8个。镇区生态环境的转变,为文化旅游产业的发展搭建了平台,有利于朝阳镇打造以三彩制作、三彩鉴赏、三彩体验为特色的乡村文化旅游目的地。

二 三彩小镇建设目标及现状

在新型城镇化建设中,洛阳市不断优化城镇布局,通过积极打造一批工业强镇、商贸重镇、旅游名镇和特色小镇,不断增强县城和小城镇的综合承载力,构建城乡一体发展新格局。2016年12月,洛阳市颁布了《关于开展全市特色小镇培育工作的实施意见》(洛政〔2016〕70号)、《洛阳市特色小镇培育工作导则》等指导性文件,并建立了特色镇、中心镇联席会议制

度和督查制度。针对特色小镇的发展，洛阳市明确要求，通过培育特色鲜明、产业发展、绿色生态、美丽宜居的特色小镇，促进供给侧结构性改革和经济转型升级，加快构建现代城镇体系，推动新型城镇化和美丽乡村建设，到2020年，全市将累计培育10个各具特色、富有活力的特色小镇，引领带动全市小城镇建设。

孟津县在新型城镇化建设中，在依托乡镇资源禀赋、产业基础、人口吸纳能力的基础上，通过强化产业支撑、打造生态屏障、彰显文化特色的方式，积极打造有区域带动能力的特色小镇。朝阳镇抢抓特色小镇建设的机遇，在充分发挥三彩产业优势的基础上，以文化产业重点项目建设为抓手，在深挖三彩文化内涵的基础上，通过文旅融合发展，打造富有特色韵味的三彩小镇。在各级部门的共同努力下，朝阳镇于2017年8月成功入选中国特色小镇名单，成为洛阳市唯一一个入选的乡镇。

（一）三彩小镇的建设目标

朝阳镇作为国家非物质文化遗产唐三彩烧制技艺的发源地和传承基地，在海内外享有"唐三彩之乡"的美誉。朝阳镇按照"创新、协调、绿色、开放、共享"的发展理念，以国际三彩创意艺术生产基地、中国传统产业创新示范基地为发展定位，明确了三彩小镇建设的目标体系，力争把小镇建设成为"助推产业升级的孵化器、活化三彩文化的博物馆、触摸手工艺术的体验馆、构建宜居宜业的新家园"。

在三彩小镇建设的具体实施中，朝阳镇以唐三彩产业为主导产业，进一步明晰了未来的发展目标体系。到2020年，全镇产业发展目标：完成产业升级改造，培育3~5家龙头企业，带动70家作坊企业向规模企业转变，产业综合收益达到15亿元。城镇建设目标：镇区新集聚人口1.2万人，城镇综合承载能力均衡完善，新旧空间协调发展，小镇特色凸显。环境保护目标：三彩烧制全部使用清洁能源，污水收集、垃圾无害化处理达到100%，小镇四周360度生态环廊建设完成，绿化率40%以上。旅游发展目标：旅游服务产业形成，接待设施完善，年接待游客93万人次，实现旅游综合收益8.1亿元。带动就业目标：产业链条快速延伸，基本完善，新增工商户300家，新增就业10000人，其中吸纳周边群众就业2000人。总体目标：以三彩小镇建设为载体，以唐三彩文化为核心，通过切实加强唐三彩烧制技艺的保护和传承，推动"产、城、人、文"四位一体融合发展，将三彩小镇打造成为国内具有文化美誉度的三彩文化艺术交流中心和传承创新基地。

（二）三彩小镇的建设进程

三彩小镇是在孟津县政府的大力支持下，由孟津文化旅游发展集团有限公司精心打造的集生产销售、旅游观光、休闲体验等于一体的特色小镇。孟津县政府制定了《关于支持朝阳镇特色小镇建设发展的指导意见》，明确了发展目标和保障措施，有力推进了三彩小镇的建设。按照《三彩小镇总体规划》，三彩小镇总面积约3平方公里，总投资5.13亿元，分三期建设，建设内容包含四街、九馆、三十六院。其中，四街指三彩工坊文化街、翰林第文化老街、三彩艺术淘宝街、民俗美食文化街；九馆是依托三彩文化创意打造的九大三彩文化体验场馆，如非遗传习馆、文物修复科技馆、三彩宴膳体验馆、三彩丝路胡风馆、三彩科技体验馆等三彩文化传习和体验场馆；三十六院则主要结合原有的三彩工厂作坊进行改造。其中，一期集中小镇改造，主要建设三彩文化创意园区，包含生态停车场、道路提升改造、唐三彩传统烧制记忆传习馆、大师工作室、创意研发展示中心等。同时依托现有村庄，按照"豫西民居、三彩元素"风格进行提升改造，对三彩重点企业进行改造，设置体验式旅游项目，完善相关配套服务设施，满足基本的旅游接待功能；二期集中延展历史文化，建设三彩文化园区；远期完善综合配套，完成小镇打造。

2017年6月，三彩小镇建设开始启动。三彩小镇在原有产业和设施的基础上，按照规划设计各项建设全面有序地展开。截止到2017年底，三彩小镇一期建设启动区基础清理、征迁、文物发掘、土地平整、道路改造、街景提升等工作基本完成，唐三彩体验馆已建成，唐三彩烧制技艺保护展示传习博物馆主体工程已完工。三彩核心民俗区建设以现有村庄范围展开，通过对现有的四条街道进行基础设施、配套设施和豫西民居特色景观打造，重现三彩工坊街、民俗文化街、艺术淘宝街、翰林第老街，提升小镇整体风貌。三彩小镇在基础设施建设方面，先后实施了道路改造提升工程、亮化工程、燃气管网工程、供排水管网工程、污水处理工程等，形成了完善的镇区路网框架。在生态环境保护和环境污染防治方面，三彩小镇通过开展瀍河流域治理、实施生态造林、生态建设等方式进行综合环境整治。2017年朝阳镇牵头与燃气公司签订协议，建设天然气管网10公里，实现了天然气户户通，并出台了唐三彩行业污染治理奖补方案——拆掉一个煤柴炉奖励500元，建立一个气窑，最高补贴8000元。① 现已拆除煤柴窑136座，新建气窑、电窑199座，除保留少数煤柴窑用于传统工艺展示和旅游观光外，唐三彩企业生产全部实现了绿色、环保的气窑和电窑的转变。通过践行绿色发展理念，三彩产业走上了转型升级的快车道。在运营管理方面，三彩小镇借助"文化+互联网+旅游"，打造智慧旅游文化小镇，通过文化体验提升旅游品质，在旅游信息发布、游客活动信息、网络预定支付、舆情监控、数据分析、过程管理等方面融入智慧旅游的概念，不断推动小镇服务提升和管理创新。

三 三彩小镇建设中存在的问题

在政策机遇和特色产业双重优势下，朝阳镇以三彩小镇建设为契机，积极围绕三彩产业优势，通过三彩技艺展示、制作体验、文化传习等方式，彰显三彩文化内涵，打造文旅融合发展的特色小镇。但是，在小镇建设中仍然存在产业规模小、产品结构单一、文化融入不足等问题，有待进一步完善和提升。

（一）三彩产业规模效应不强

追溯历史，早在清代中期朝阳镇就有一批以修补三彩文物为生的民间艺

---

① 张锐鑫：《"唐三彩第一村"烧旺"绿色之火"》，《洛阳日报》2018年1月26日。

人。经过长期的探索和研制，1920年前后南石山村陶塑艺人高良田研发成功唐三彩仿制工艺，开启了三彩产业的新发展，自此南石山村成为国内三彩工艺的发源地。近百年来，经过几代人的精心研究、改良创新、吸纳人才，三彩产业不断壮大，2017年，朝阳镇年生产总值近30亿元，三彩企业72家，从业人员2000余人。从横向比较来看，剔除沿海产业基础雄厚的特色小镇（广东省佛山市顺德区北滘镇2016年生产总值为493.67亿元），与中西部的贵州省遵义市仁怀市茅台镇（402亿元）、山西省吕梁市汾阳市杏花村镇（151亿元）等特色小镇相比，朝阳镇产业规模、从业商家、就业人员等方面还有很大差距。朝阳镇现有的三彩产业中，以中小企业居多，以传统产业为主，产业结构层级偏低，市场竞争能力不强，产业的链条发展和带动能力有限，能够形成规模生产的企业较少，三彩产业还存在不强、不优等问题。

（二）三彩产业创新能力有限

通过近年来的发展，朝阳镇三彩产业在传承传统工艺的同时，不断研发创新，现已开发包含三彩马、骆驼、仕女俑、十二生肖、花瓶、壁画、文房四宝、牡丹工艺等40余个系列的产品。在经营中注重文化与产业的融合，通过技艺传习、文化体验等方式实现产业融合发展。但是三彩产业的创新和研发都是通过单个企业自我革新的成果，缺乏产业间协同研发和创新的平台。现有的产品研创和开发都是以展示功能为主的仿古产品和工艺品，产品的多样性、实用性还有待提升。此外，随着文化、旅游、互联网产业的融入，在三彩产业的二次开发、文化创意的融入、新媒体品牌形象打造等方面，还缺乏有效的方式和平台。

（三）三彩文化深度挖掘和融入不足

三彩文化是朝阳镇的特色和灵魂，形成了三彩小镇独特的不可复制的特色。但是朝阳镇对三彩文化IP的高附加性、强融合性认识还不深入，在文化内涵的挖掘和创新方面、文化产业与小镇风貌的结合方面，还存在诸多的

不足。在特色小镇的评选环节中，专家评审意见就明确指出，要加强唐三彩文化的研究，将唐三彩文化与小镇建设充分结合，打造富有特色的小镇形态。河南省委常委、洛阳市委书记李亚在三彩小镇实地调研时，也明确指出，在传承保护好唐三彩文化的同时，要在开发利用上下更大功夫，通过提供更多个性化服务，让游客参与唐三彩制作，感受唐三彩魅力。虽然三彩文化作为一种文化软实力正在成为朝阳镇独特的文化标识和小镇精神，但充分挖掘利用非物质文化遗产唐三彩烧制技艺价值，保护与传承三彩技艺和文化，培养一批文化传承人和工匠，避免非物质文化遗产的传承断档、技艺流失、过度商业化都显得尤为重要。

四　推进三彩小镇建设的对策建议

特色小镇的建设和发展，本质是为了促进村镇经济发展的再提速、再提质，提高当地人民收入水平，实现可持续发展之路。因此，三彩小镇应因地制宜，围绕三彩产业和特色文化等优势，打造具有明确产业定位、文化内涵、旅游特征的综合体，助推城乡一体化新型城镇化建设和经济转型升级。

（一）强化特色产业支撑，打造文化产业示范基地

特色小镇的生命力就在于能够引领带动周边村庄发展、村民致富，因此，三彩小镇的建设发展，应立足区位条件、资源禀赋、产业积淀和地域特征，以富有特色和潜力的三彩产业作为谋划发展的核心，凸显特色、放大特色，聚焦高端产业和产业高端方向，着力发展优势主导特色产业，延伸产业链、提升价值链、创新供应链，走差异化、规模化、链条化的发展道路，充分发挥优势主导产业，打造特色产业集群。① 特色产业集群的发展，要注重以洛阳市提出的"五强六新五特"现代产业体系和《洛阳市文化产业转型

---

① 国家发改委、国土资源部、环境保护部、住房城乡建设部发布《关于规范推进特色小镇和特色小城镇建设的若干意见》。

行动计划（2018~2020年）》为方向，结合资源禀赋和发展基础，培育骨干企业、龙头企业，促进产业集群发展，形成一批规模大、实力强、经营好的示范性文化企业，打造凸显三彩产业新业态、新模式、新动能的示范基地。

（二）强化多元创新体系，促进产城人文融合发展

特色小镇作为新型城镇化建设的重要载体，要始终贯彻突出特色、市场主导、以人为本、改革创新的原则，构建三位一体、三生融合、四化同步的有产业、有文化、有生活、有景致、有品牌、有灵魂的产城人文融合发展的特色小镇。朝阳镇以助推产业升级的孵化器、活化三彩文化的博物馆、触摸手工艺术的体验馆、构建宜居宜业的新家园作为三彩小镇发展的目标，应通过多元创新体系，实现功能叠加，优化小镇持续发展的内生动力。在发展理念创新中，要注重城镇整体环境的优化和空间的拓展，整体按照3A以上景区打造的模式进行全域整治，将小镇空间划分为核心区和拓展区。在核心区域，主要围绕三彩产业，强主导、抓配套、建标志，布局三彩小镇的内核；在拓展区域，围绕抓整治、提形象、拓空间，优化区块环境，完善各种配套，为产业与文旅的融合，奠定优良的基础。在产业发展创新中，在突出三彩产业的同时，更要注重产业的细分和产业的联动发展，可将现有产业划分为三彩仿古产业、三彩工艺产业、三彩文化传播产业、休闲度假产业，通过产业链、创新链、服务链、要素链的有机融合，优化产业生态，提升产业创新环境，最终形成一个融文化创意、研发创新、成果转换、体验应用及休闲度假于一体的特色产业系统，进一步强化推动区域范围内三彩产业的发展能级。在城镇风貌的提升中，在保持小镇现状肌理，尊重小镇现有路网、空间格局和生产生活方式的基础上，从整体风貌和生活细节上完善老街区功能和环境改善。通过兼顾特色文化、特色建筑，提炼文化经典元素和标志性符号，合理应用于建设运营及公共空间。为营造三彩小镇宜居宜业宜游的环境，应增强小镇的生活服务功能，构建便捷的生活圈、完善的服务圈和繁荣的商业圈。

（三）强化三彩文化内核，彰显小镇文化魅力

文化是特色小镇的灵魂，特色小镇所蕴含的文化元素赋予其与众不同的历史人文气息或现代气息，文化元素通过与小镇产业、生态、风貌的融合，对特色小镇的特色品牌塑造、主导产业的转型升级和小镇经济的可持续发展具有重要的作用。在三彩小镇的文化建设中，一方面，加强文化与产业的融合。通过挖掘小镇的文化内核，将传统文化、文化遗产、田园风光、人文空间等文化基因植入三彩产业发展全过程，推进文化与产业有机融合，促使文化成为吸引优质资源促进产业集群发展的重要载体和平台。另一方面，加强文化与城镇发展的融合。特色小镇建设是发展县域经济、构建现代城镇体系、改善优化人居环境的重要抓手，是推进供给侧结构性改革的重要平台，在三彩小镇建设中要凸显文化积淀和文化元素，形成具有"独特气质、文化内核"的小镇特色，通过人文历史、文化遗产、山水风光、风俗人情、个性产业等元素，塑造三彩小镇独特的文化品牌和标识，增强三彩小镇的文化传播力和吸引力。

大事记
Memorabilia

B.20
2017年洛阳文化发展大事记

陈 琪[*]

1月

1月4日 2016年度文化部优秀专家颁证活动在北京举行，洛阳市二彩艺术馆馆长郭爱和获评"文化部优秀专家"。

1月7日 《环球时报》主办的"第六届环球总评榜·城市榜发布典礼"在北京举行，洛阳获评2016年度中国最美特色旅游目的地，同时入选的还有杭州、昆明、成都、三亚、北京、深圳、烟台、宜昌、南宁等十个城市。

1月10日 第34届意大利"金马戏圈"国际杂技艺术节落幕，洛阳市杂技团的空中杂技节目《密语·双拐》获金奖。意大利"金马戏圈"国际杂技艺术节，是著名的国际杂技赛事之一，每年举办一次，本届比赛共吸引

---

[*] 陈琪，洛阳市委党校助理馆员。

了来自全球的24支队伍参加。

1月10日　中国社会科学院考古学论坛在北京举行，论坛公布了2016年中国六大考古新发现，洛阳市文物考古研究院主持发掘的西朱村曹魏墓入选。

1月12日　2016年度"河南好人榜"发布，100名敬业奉献、见义勇为、诚实守信、孝老爱亲、助人为乐好人光荣上榜，洛阳市9人入选。

1月23日　2016年学雷锋志愿服务"四个100"先进典型活动名单公示，洛阳市老干部督导团入选最佳志愿服务组织，洛阳市神龙水上义务搜救队发起人任忠信被评为最美志愿者。

1月29日　央视新闻频道《朝闻天下》栏目以"逛关林庙会，祈福好彩头"为主题报道了关林庙会春节期间的盛况。

1月　中国城市雕塑建设研究院执行院长马云亮带领全域文化旅游总部经济投资考察团一行来洛阳考察市城乡一体化示范区的文化旅游产业项目，先后考察了关圣文化产业园、白马寺释源广场、万安山综合开发、伊河东湖、洛河东湖、薰衣草庄园、伊滨公园等文化旅游产业项目。

1月　国家发改委、中宣部、财政部等14部委联合印发了《关于印发全国红色旅游经典景区名录的通知》，洛八办成为洛阳市唯一入选该名录的红色旅游景区。

2月

2月1日　洛阳市社科联、洛阳市"我是河南人"文化促进会主办的2017"金鸡报春龙行凤祥"海内外"河南人回家"春节联谊会在龙门凤翔温泉旅游度假区举行。

2月11日　洛阳旅游发展集团有限公司与洛阳画丰美术文化产业园有限公司签署协议，共同推动中国国家画院龙门美术中心项目建设。该项目位于洛龙区伊河东岸，是中国国家画院在中原地区的唯一布点项目，项目建成后，将与世界文化遗产龙门石窟遥相呼应，推进洛阳文化旅游产业发展。

2月11~12日 "2017年台胞青年中原文化研习营"来洛阳参访。本次活动由全国台联、河南省台办主办,旨在进一步推动两岸青年交流,使青年台胞更加了解祖国的历史文化和发展成就。

2月12~14日 北京大学汉画研究所主办的"汉画、汉代遗址和墓葬中的建筑"国际学术研讨会在洛阳举行,洛阳汉代画像空心砖受专家关注。专家认为,洛阳在汉代墓葬绘画艺术史上具有不可替代的关键地位,其独特的空心砖墓和壁画,包含了很多中国古代思想和观念的重大信息,对传承中国文化、提高文化自信意义深远。

2月16日 河南省教育厅公布2016"感动中原"年度教育人物名单,洛阳市2人上榜。

2月17日 洛阳市2017年"中原文明大舞台"活动在洛阳国学剧院启动。"中原文化大舞台"活动,是一项文化惠民活动,旨在通过政府主导、社会参与,推动文化消费市场培育,让更多群众欣赏到优秀的文化艺术作品。

2月26日 《洛阳日报》"重走玄奘路,洛阳再出发"大型采访活动在偃师市玄奘故里举行启动仪式,这是第一次由洛阳人组织的重走玄奘路活动。

2月27日 第18届宜阳灵山文化庙会开幕,作为豫西地区极具影响力的文化庙会,宜阳灵山文化庙会自2000年举办以来,已成为宜阳县着力打造的旅游品牌和弘扬传统文化的盛会,庙会从农历二月初二持续至二月初十。

2月 国家卫生计生委办公厅公布首批"全国幸福家庭名单",洛阳市孟津县会盟镇的梁润霞家庭榜上有名。

2月 2016年度全国"最美中学生""最美中职生"寻访活动落幕,洛阳市4人获评"最美中学生",2人获评最美中职生。

2月 2016年度寻访"中国大学生自强之星"活动评选结果揭晓,河南科技大学带着父亲上大学的孝心男孩赵德龙上榜,并获得"中国大学生新东方自强奖学金"。

2月 洛阳市东方红工业游景区、新安函谷关、伊川鹤鸣峡风景区、嵩县石头部落和白云小镇等5家景区通过评定,被批准为国家3A级旅游景区。

3月

3月2日 《偃师人大志》正式出版发行。《偃师人大志》编纂工作历时4年,共计10编64章102万字,该志以翔实的史料,系统地记述了1949年以来,偃师市人民代表大会制度和民主法制建设的发展历程。

3月3日 洛阳市史志办实施的《中国河洛文化文献丛书》整理出版工程,计划新增明弘治《河南郡志》《大唐西域记》《唐律疏议》《刘宾客文集》《张说之文集》《元氏长庆集》《御纂周易折中》《孟津诗》《河南先生文集》《曹月川先生遗书》《孟云浦先生集》《拟山园文集》等12部河洛文化典籍。

3月13日 《人民日报》刊发文章《千年古都绽放"自信之花"》,盛赞洛阳牡丹文化节常办常新,越办越精彩。

3月25日 著名历史学者、中央民族大学历史文化学院副教授蒙曼做客洛阳城市会客厅,与洛阳市文化名家、市民群众一起畅叙"诗词中的洛阳牡丹"。

3月26日 首届"葛兰诵读文化季"全国总决赛在北京落下帷幕,洛阳市九岁小将陈奕名以儿童组第二名的成绩获得大赛一等奖。

3月28日 河南省文物考古学会和《华夏考古》编辑部主办的2016年度"河南省五大考古新发现"名单发布,洛阳西朱村曹魏大墓、汉魏洛阳城太极殿宫院西南角遗址入选。

3月31日 第35届中国洛阳牡丹文化节新闻发布会在郑州举行,中央、省市50家主流媒体记者参加新闻发布会。

3月 洛阳市2017年"舞台艺术送农民"活动启动。作为河南省部署的重要文化惠民活动,本年度洛阳市计划组织文艺演出229场。

4月

4月1日 第35届中国洛阳牡丹文化节赏花启动暨《丝路花都（第三组）》邮票发行仪式在中国国花园举行。

4月1日 2017中国（洛阳）赏石文化艺术展暨交易会在南关公园拉开帷幕，本届石展主题为"文化共传承，赏石进万家"，来自全国40余个城市的代表团参展，共展出奇石100余种，总数10万多方。

4月8~12日 "花开富贵——全国书画名家作品邀请展"在洛阳博物馆开展，共展出来自全国各地131位著名书画家的百余幅山水、花鸟、人物精品画作及书法作品。

4月9日 "凝聚浙商奉献洛阳"首届"浙商杯"全球华人纪念关公诞辰1857周年书画展，在洛阳市艺术研究院开展。

4月10日 第35届中国洛阳牡丹文化节开幕式在洛阳体育中心广场隆重举行。本届牡丹文化节以"花开中国、共铸辉煌"为主题，融合洛阳历史文化、丝路文化、工业文化、科技文化于一体。十届全国政协副主席李蒙，文化部党组成员、部长助理于群，省委常委、市委书记李亚，文化部有关司局、河南省有关部门、其他省市领导以及重要客商代表等出席开幕式。

4月13~14日 河南省政协副主席钱国玉带领省政协调研组来到洛阳，围绕"促进民办博物馆健康发展"进行专题调研。省政协学习和文史委员会主任毛德富、副主任喻新安，省文物局副局长郑小玲等一同来到洛阳，洛阳市领导袁永新、刘应安等参加有关活动。

4月14日 第六届中原智库论坛在洛阳举行。中原智库论坛是河南省为推进新型智库建设搭建的重要开放性学术交流平台，本届论坛由河南省社会科学院、河南省政府发展研究中心、河南省社科联、洛阳理工学院共同主办。

4月16日 第三届"魏碑圣地·全国在校大中学生书法魏碑论文大赛"颁奖暨开展仪式，在偃师市张海书法艺术馆举行。

4月17日 "写意中国——2017中国国家画院国画、书法、篆刻作品巡展(洛阳)"在洛阳美术馆开展,该展览共展出中国国家画院研究员创作的精品力作120余件,同时展出部分河南画家和书法家的优秀作品。

4月17~18日 2017中原文创之星大赛决赛在洛阳八里·唐文创小镇举行,2017中原文创之星大赛由省文化厅主办,市文广新局、洛阳八里·唐文创小镇承办,以"讲自己故事,圆共同梦想"为主题。

4月18日 伊龙砖雕艺术博物馆正式对外开放,馆藏秦代至现代各种精美砖雕400余幅,具有较高的艺术价值和民俗研究价值。

4月21~23日 第三届(2017)国际牡丹产业博览会在洛阳会展中心举行,本届博览会以"让世界发现你"为主题,共设国际标准展位近300个,展会面积达1.2万平方米,来自全国12个省份的牡丹产业企业参展。

4月22日 由洛阳市委宣传部、洛阳市文明办主办,洛阳广播电视台承办的2016年度"最美洛阳人"十佳人物颁奖晚会举行。

4月22日 2017年海峡两岸(洛阳)河洛文化高峰论坛在洛阳河南科技大学报告厅举行,游宝达、朱宏琦、叶鹏等海峡两岸专家学者,围绕河洛文化与国学之渊源、加强河洛文化传承与创新等主题进行深入探讨。

4月 洛阳市洛阳华夏文房文化博物馆、洛阳华夏金石文化博物馆、洛阳华夏酒文化博物馆、洛阳华夏香山文化艺术博物馆、洛阳市瀍河古代艺术品博物馆、偃师市白云居耕读博物馆等六家非国有博物馆通过河南省文物局审核。洛阳市非国有博物馆总数达到47家,居全省首位。

4月 河南省社科联公布第九届河南省社会科学普及优秀作品名单,洛阳市共有17部作品获奖,数量居全省前列。

5月

5月5日 第35届中国洛阳牡丹文化节圆满落幕。本届牡丹文化节期间,洛阳市共接待游客2493.96万人次,旅游总收入223.25亿元。

5月12日 国家文物局党组副书记、副局长顾玉才一行来到洛阳调研指导文物保护及大遗址活化利用工作。调研组先后到洛阳博物馆、新安县汉函谷关遗址、二里头遗址进行实地调研考察。国家文物局政策法规司司长陆琼，河南省文物局副局长郑小玲，洛阳市委常委、市政府党组成员王琰君等参加调研。

5月19日 洛阳市中国旅游日主题活动在涧西区长申国际广场举行，本次活动由洛阳市旅发委、洛阳市文明办、洛阳日报报业集团主办。

5月24日 2017年全国"最美家庭"揭晓会在北京人民大会堂举行，洛阳市三个家庭获全国最美家庭荣誉称号。

5月25日 国家文物局在北京召开新闻发布会，明确洛阳市被选定为2017年中国文化遗产日主场城市。

5月25日 洛阳市启动2017"我最喜爱的童书"校园阅读推广活动，本次活动由包括洛阳市少儿图书馆在内的全国数十家图书馆联合举行。

5月31日 洛阳天心文化产业园，举行首批进驻企业签约仪式。首批进驻的15家企业，预计年底前全部投入运营。

5月 第三届"宝石文学新人奖"获奖名单揭晓，全国共有15位作家获奖，洛阳文学院签约作家、青年诗人段新强上榜，成为本届评选活动河南省唯一获奖者。

5月 国家旅游局印发《关于印发2017全国优选旅游项目名录的通知》，其中洛阳市5个项目入选，分别为：洛阳白云山自驾旅游营地（一期）、青要山旅游景区总体开发项目、洛阳西泰山养生养老休闲度假项目、河洛印象地——卫坡古村落文化旅游区、洛阳东西南域历史文化街区一期项目。

6月

6月8日 第九届全国青少年文化遗产知识大赛（中学组）于中国文化遗产日期间在洛阳举办，来自全国16所学校的80名同学和新闻媒体记者参加了此次活动。

6月8日 人民网河南频道发表长篇通讯稿《河南洛阳：古都嬗变幸福城，以人为本惠民生》，从牡丹文化节期间的四项惠民举措，以及古城路改造提升、地铁一号线建设、古城改造等民生工程入手，报道了洛阳市"民生工程办成民心工程、放心工程"。

6月10日 国家文物局、河南省人民政府主办的2007中国文化和自然遗产日开幕式及主场城市活动在洛阳举行。联合国教科文组织代表，"一带一路"沿线国驻华使馆负责人，国家有关部委司局，全国各地文物部门及遗产管理机构的领导专家云集洛阳，共话文化遗产保护。

6月11日 二里头遗址博物馆在洛阳偃师隆重奠基，国务院总理李克强专门做出重要批示，对二里头遗址博物馆奠基表示祝贺。文化部党组成员、国家文物局局长刘玉珠，省委常委、市委书记李亚共同为奠基石揭幕。

6月27日 马世长书屋在龙门石窟研究院揭牌。马世长是中国著名佛教考古学家，在石窟考古界及中国考古领域拥有很高的学术成就和地位，该书屋的设立，丰富了龙门石窟研究院的馆藏文献资料。

6月 《偃师市志（1986~2000）》出版发行，标志着洛阳市第二轮市、县（市）区两级志书的编纂出版工作全部完成。

7月

7月4日 洛阳三家非国有博物馆同时挂牌，分别是洛阳华夏香山文化艺术博物馆、洛阳华夏金石文化博物馆和洛阳华夏文房文化博物馆。

7月19日 河南省赴蒙古国联合考古项目启动仪式在郑州举行。河南省派出的十名考古人员中有四名来自洛阳市文物考古研究院，这也是洛阳考古人员首次赴境外考古。

7月20日 洛阳市乔文娟获评中央宣传部、民政部发布的十名全国"最美拥军人物"。

7月 洛阳师范学院编写的《河南省现代公共文化服务体系建设发展报

告（2016）》由国家图书馆出版社出版发行，这是河南省第一部公共文化蓝皮书。

8月

8月3日 应中华全国新闻工作者协会邀请，白俄罗斯新闻代表团一行来洛阳市参观访问，并与洛阳市新闻工作者协会进行交流。

8月5日 洛阳市首家城市书房暨市少年儿童图书馆瀍河分馆启用，该城市书房位于瀍河区大北门文化产业园区内，由洛阳市少年儿童图书馆，瀍河区政府和洛阳大北门文化产业园区合作建设。

8月13日 新华社以《走进最早的"紫禁城"，发现"最早的中国"》为题，报道了偃师二里头从考古发掘到二里头遗址博物馆兴建的相关内容。二里头遗址博物馆计划于2019年建成，将成为全国大遗址保护和展示利用示范区。

8月14日 《光明日报》头版刊发的《绝不破坏宝贵的历史文脉》一文，报道洛阳市在传承保护中留住文化根脉，推动历史文化基因融入城市建设的做法。

8月 国家旅游局公布第三批40个中国乡村旅游创客示范基地名单，洛阳市中国牡丹画第一村景区入选，这是本批次河南省唯一入选的乡村旅游创客基地。

8月 住建部认定276个镇为第二批全国特色小镇，其中孟津县朝阳镇榜上有名，系洛阳市首个获批的全国特色小镇，朝阳镇是以国家级非物质文化遗产唐三彩制作为主导文化产业的特色小镇，是唐三彩领域资源最丰富、人才最集中、工艺最优秀、产业规模最大的专业镇。

8月 洛阳市印发《洛阳市国家公共文化服务体系示范区巩固提升规划（2017~2020）》，未来洛阳人的文化生活将更加丰富多彩。

9月

9月8日 2017年"洛阳最美教师"颁奖典礼在洛阳广播电视台一号

演播大厅举行。

9月9日 洛阳市摄影家赵国敏的"国色天香"摄影展,在上海华氏影廊开展,赵国敏是中国摄影家协会会员,此次展览集中展出其多年拍摄的牡丹摄影佳作。

9月23日 作为2017河洛文化旅游节文化惠民系列活动之一,"大千世界——张大千书画精品展"在洛阳博物馆一楼展厅开展。该展览由河南省文物局主办,洛阳博物馆和台北历史博物馆承办。

9月23日 2017洛阳河洛文化旅游节主要活动之一——首届"书香洛阳·河洛诗词大会"总决赛落幕,文化名家、故宫博物院研究员张志和,中国人民大学国学院副院长、唐史专家孟宪实,央视《百家讲坛》主讲人、陕西师范大学博士生导师王双怀,作为此次总决赛特邀嘉宾对选手进行点评。

9月23日 第二届"老城杯"河洛大鼓争霸赛颁奖晚会在洛邑古城举行。

9月24日 洛阳广播电视台举办的书香洛阳河洛文化讲座举行,著名文化学者王立群应邀来洛,从众多成语讲起,释读传承家风家训的重要性。

9月25日 2017中国洛阳关林国际朝圣大典在关林广场举行,来自海内外炎黄子孙代表近200人共同祭拜,缅怀武圣关公。

9月26日 "洛阳学"国际学术研讨会在洛阳市召开,来自日本、韩国、英国等国家的专家学者以及国内数十家高校、科研机构、文博单位的近200位学者云集洛阳,共同探讨"洛阳学"发展。

9月26~30日 "喜迎十九大——洛阳市地方文献成果展"在洛阳市图书馆举行,本次展览由市委宣传部、市文广新局共同主办,共展出市地方史志办公室、市社科联等30余家单位选送的地方文献1098册。

9月 河南省文化厅公布了第四批省级非物质文化遗产代表性传承人名单,洛阳市19人入选。

9月 洛阳市非物质文化遗产保护专家委员会成立。

10月

10月1~8日 第十届王城金秋菊展首次免费开放，本届菊展以"喜迎十九大、放歌中国梦"为主题，共展出约450个品种，近5.5万盆菊花，设计了30余个赏菊景点。共接待游客23.45万人次，超过往年同期。

10月12日 河南省文物局与洛阳市联合举办隋唐洛阳城和大运河遗产保护利用规划座谈会，邀请故宫博物院院长单霁翔、中国考古学会理事长王巍等国内知名专家学者来洛，共商隋唐洛阳城和大运河遗产保护利用工作。河南省委常委、洛阳市委书记李亚及河南省文化厅厅长杨丽萍等出席。

10月13日 洛阳市妇联主办的第六届"魅力洛阳 美丽女性"风采展大赛在周王城广场举行。

10月21日 洛阳日报报业集团相关媒体组织的洛阳文学爱好者伊川行采风活动进行，洛阳市近30名作家和文学爱好者，拜谒伊川古贤圣地，探秘古文化脉络。

10月28日 洛阳市第十三届运动会暨第二届全民健身大会在市体育中心体育馆开幕。河南省委常委、洛阳市委书记李亚出席开幕式。

10月28日 "重走玄奘路 洛阳再出发"大型采访活动在洛阳马蹄泉旅游度假村再次启动。采访团与玄奘文化宣传志愿者一行16人，将跨越河南、陕西、甘肃、新疆等地，沿着玄奘西行取经的足迹，探寻丝绸之路上的洛阳元素。

11月

11月2日 中华全国新闻工作者协会主办的第二十七届中国新闻奖评选结果揭晓，洛阳晚报刊登的新闻漫画《我们村里的年轻人》获二等奖。

11月6~9日 中国社会科学院考古研究所、中央电视台科教频道联合拍摄制作的大型系列考古电视纪录片《考古中华·河南篇》中的《寻迹函谷关》《陆浑戎寻踪》开播，充分展示了洛阳的悠久历史文化及考古发掘成果。

11月16日 在云南曲靖举行的中国报协党报分会30届年会上，《洛阳日报》获中国地市党报"品牌影响十强"荣誉称号。

11月20日 全国文明城市持续提升工作第74次通报会召开，洛阳市3家单位、3所学校、6个村镇分别入选第五届全国文明单位、第一届全国文明校园、第五届全国文明村镇。

11月 在第九届中国花卉博览会上，洛阳市多个牡丹品种、牡丹切花、牡丹盆花等展品及牡丹科研成果，荣获金、银、铜奖及优秀奖。

12月

12月1日 洛阳市伊滨区东汉帝陵遗址考古发掘工作启动。

12月1日 2017中国（洛阳）国际老年健康产业博览会（简称洛阳老博会）在洛阳会展中心开幕。

12月24日 洛阳天河大峡谷景区、洛阳青要山景区、伊川县"二程"文化园景区被批准为国家4A级旅游景区。

12月29日 "2018中国嵩县冰雪节"暨嵩县冬季旅游产品发布会在洛阳新区泉舜广场举行。

12月29日 首届河洛丰收节摄影大赛颁奖典礼举行，经过作品征集、评选，66件摄影作品获奖。

12月 河南科技大学教授宋克兴和解放军61489部队高级工程师秦有权入选2018年度"中原学者"，至此，洛阳市共有11人入选"中原学者"。

12月 国家文物局公布第三批国家考古遗址公园和国家考古遗址公园立项名单，洛阳市二里头遗址入选立项名单。

12月 第九届"薪火相传——寻找中国文物故事杰出传播者"评选结果揭晓，洛阳市文物考古研究院和洛阳民俗博物馆馆长王支援分别荣获团队和个人"提名奖"。

Abstract

Annual Report on Development of Luoyang's Culture (2018) was compiled by the Party School of Luoyang Municipal Committee and the Luoyang Social Science Association. The book consists of the Main report, Report on Subjects, Report on Parks, Case Report and the memorabilia. It is a collection of research results of experts and scholars from Party School of Luoyang Municipal Committee, higher education institutions in Luoyang and Luoyang municipal government departments. This book comprehensively summarizes the basic situation, development ideas and main achievements of cultural development of Luoyang in 2017. It also analyzes the problems of and countermeasures for cultural development of Luoyang, as well as provides theoretical basis for the construction of cultural inheritance innovation system. This book is an important scientific research achievement in the field of Luoyang culture.

The Annual Report points out that Luoyang aimed to build a famous international cultural tourism city in 2017. In order to realize this goal, the city has strictly executed the "9 + 2" overall work arrangement of the city, insisted on using the two major special projects of building a cultural inheritance innovation system and a modern public service system as means to constantly improve public cultural service facilities and strengthen public cultural construction; promoted cultural consumption pilot city projects, pushed forward cultural industry development; enhanced cultural market supervision, carried out public-interest cultural programs; promoted the integration of cultural activities and tourism as well as the development of cultural tourism; accelerated the construction of Chinese Historical Civilization Inheritance and Innovation Zone and achieved healthy development of cultural relics and museums related enterprises; kept carrying out the civilized city upgrading projects and won the title of "National Civilized City" consecutively; expanded foreign exchanges and cooperation. As a result, the influence of Luoyang as a famous international cultural tourism city were significantly enhanced.

Looking into 2018, Luoyang should adhere to the people-centered approach; focus on achieving the goal of "four highers, one stronger and one taking the lead"; rely on the construction of Chinese Historical Civilization Inheritance and Innovation Zone projects and use cultural inheritance innovation system and cultural consumption pilot city projects as supports to accelerate the construction of the sub-center city of the Central Plains Economic Zone; create a new growth pole that will drive the province's economic growth; create richer spiritual and cultural products to satisfy the people's growing needs for a better life as well as provide cultural support for the successful construction of a moderately prosperous society in all respects and for Luoyang to embark on a new journey to fully build a modern socialist China.

Contents

I Main Report

B. 1 Analysis and Prospect on Luoyang's Cultural Development
(2017 -2018) *Chen Qiming, Qin Hua* / 001

Abstract: Luoyang aimed to build a famous international cultural tourism city in 2017. In order to realize this goal, the city has strictly executed the "9 + 2" overall work arrangement of the city, insisted on using the two major special projects of building a cultural inheritance innovation system and a modern public service system as means to fully promote cultural consumption pilot city projects, strengthen public cultural construction, push forward cultural industry development; enhance cultural market supervision, carry out public-interest cultural programs; promote cultural tourism and achieve healthy development of cultural relics and museums related enterprises. All the work is progressing smoothly. Looking into 2018, Luoyang should adhere to the people-centered approach; focus on achieving the goal of "four highers, one stronger and one taking the lead"; accelerate the construction of the sub-center city; create a new growth pole that will drive the province's economic growth; create richer spiritual and cultural products to satisfy the people's growing needs for a better life as well as provide cultural support for the successful construction of a moderately prosperous society in all respects and for Luoyang to embark on a new journey to fully build a modern socialist China.

Keywords: Luoyang; Public Culture Cultural Tourism; Cultural Inheritance

Ⅱ Report on Subjects

B.2 Studies on Luoyang Building a Cultural Highland

Liu Zhenjiang, *Zhang Li* / 019

Abstract: The 10th Provincial Congress of the Communist Party of Henan Province put forward the strategy of accelerating the building of "an important national cultural highland". This is a major strategic opportunity for Luoyang's cultural construction. The concept of "an important national cultural highland" as a whole is in line with the concept of "a province with great cultural resources" proposed by the 8th Provincial Congress of the Communist Party of Henan Province and the "culturally strong province" proposed by the 9th Provincial Congress of the Communist Party of Henan Province. "Great cultural resources" is the basis of "culturally strong", while these two features lay the foundation of the "cultural highland". "Great cultural resources" makes the province "culturally strong", and from there the province can become a "cultural highland". This is the logical basis for the construction of Henan culture. In this sense, Luoyang has outstanding advantages in respect of the strategy of building "an important national cultural highland", which are mainly manifested in three aspects: the unique and excellent traditional cultural resources, rich and distinctive revolutionary culture and the achievements of construction of socialist culture which have been made since reform and opening up began. Despite this, Luoyang is also facing prominent problems in the course of building "an important national cultural highland", which are mainly reflected in three aspects: the slow progress of the protection, development and utilization of historical and cultural relics of Heluo culture; the low proportion of cultural production in an unreasonable industrial structure; cultural enterprises are not fully developed and the depth and intensity of cultural research need to be strengthened. In view of all these factors, when carrying out the strategy of building "an important national cultural highland", Luoyang should focus on protection, development and utilization of historical and cultural relics of

Heluo culture, development of cultural industry and elevation of the overall level of cultural studies.

Keywords: Cultural Highland; Cultural Relics; Cultural Industry; Heluo Culture

B.3 Studies on Luoyang Citizens' Cultural Consumption Trend

Cultural Consumption Research Team / 034

Abstract: Since the national cultural consumption pilot city projects began in June 2016, Luoyang has made several outstanding accomplishments. A cultural consumption innovation system has been formed: technological innovation + characteristic town + cultural demonstration zone; special festival activities have been carried out: Peony Culture Festival + Square Culture Carnival Month; a one-stop comprehensive cultural consumption information platform has been built: Internet + key sectors; cultural consumption subsidies have been increased: free of admission fee + electronic coupon; a cultural volunteer service brand— "Luoyang brand" —has been established: special team + full participation and other four important initiatives.

Keywords: Cultural Consumption; "Internet +"; Public-interest Cultural Programs

B.4 Studies on the Development of Literature and Art in Luoyang

Wang Luyu, Wang Dawei / 055

Abstract: 2017 is a year in which Luoyang's literature and art circle self-examined and strove for a breakthrough. All kinds of literature and art went forward hand in hand; literary and art workers went deep into life, found their roots in the people, developed art democracy and promoted literature and art innovation. This article summarizes the accomplishments of literature and art that Luoyang has achieved in 2017. It also points out the shortcomings in various fields of cultures and arts and provides corresponding improvement measures.

Keywords: Creative Writing; Folk Arts; Music; Dance

B.5　Studies on Civilized City Upgrading Projects of Luoyang

Gong Lijiao, *Shi Liru* / 070

Abstract: In 2017, the National Civilized City Review, which was conducted in every three years, came to an end. After three years of hard work, Luoyang City was reelected as "National Civilized City" in November 2017. So far, Luoyang City has won the title of "National Civilized City" for three times consecutively. This article summarizes the successful experience of Luoyang winning the titles three times, points out current problems in the process of upgrading urban civilization in Luoyang and proposes the countermeasures and suggestions for Luoyang to further consolidate and upgrade the work of building a civilized city: with an elevated point of view under the guiding spirit of the 19th National Congress of the Communist Party of China, make overall plans and strengthen the refined management of old residential quarters; deepen the construction of socialist core values, earnestly strengthen ideological and moral construction and improve citizens' civilization quality; extensively carry out mass spiritual civilization creation and evaluation activities, actively carry out serial civilized movements and strengthen the construction of public cultural service facilities; create new publicity and education form to enhance the combined force of creation and construction, adhere to the problem-oriented principle, keep deepening rectification, strengthen refined management of the city and balanced development of the whole area.

Keywords: Civilized City; Consolidation; Upgrading

B. 6 Studies on Guan Gong Belief and Custom in Luoyang

Xu Lianmei / 090

Abstract: Guan Yu has been highly praised for his virtues of loyalty, righteousness, benevolence and courage. He has been deified and constantly admired and worshipped by later generations, forming a culture—a culture named Guan Gong Belief and Custom—highly compatible with the hearts of the Chinese nation. The moral spirits of loyalty, righteousness, benevolence and courage embodied by the Guan Gong Belief and Custom are the essence of the traditional Chinese culture and are in line with our socialist core values. Inheriting and developing the Guan Gong Belief and Custom has positive social significance. Guanlin in Luoyang is an important base of Guan Gong Belief and Custom. The Guanlin Office and the Luoyang municipal government have done a lot of work for the inheritance and development of Guan Gong Belief and Custom and have made some major achievements.

Keywords: Guan Gong; Belief and Custom; Loyalty and Righteousness, Benevolence and Courage; Guanlin

B. 7 Studies on Culture of Duke of Zhou in Luoyang

Zhang Hongtao / 106

Abstract: Duke of Zhou Gong is a statesman and thinker in the Western Zhou Dynasty. He is also the founder of Confucianism and the planner and builder of the ancient Luoyang city. Duke of Zhou established Luoyang as China's ancient political, economic and cultural center. The Temple of Duke of Zhou in Luoyang is one of the three major Temples of Duke of Zhou in the country and an important symbol of the culture of Duke of Zhou in Luoyang. The Temple of Duke of Zhou in Luoyang has a long history and far-reaching influence. Luoyang's active building of a culture brand for Duke of Zhou will play an active role in the construction of Luoyang's cultural inheritance innovation system and in building Luoyang as a famous international cultural tourism city.

Keywords: Luoyang; Temple of Duke of Zhou; Culture of Duke of Zhou; Inheritance and Innovation

B.8 Studies on Luoyang's Musical Intangible Cultural Heritage

Yu Dongyan / 119

Abstract: As a famous historical and cultural city, Luoyang has rich intangible cultural heritage, including many musical projects with high value. However, with the changes of time and development in the social environment, Luoyang's musical intangible cultural heritage has been greatly affected. How to improve the protection and inheritance of these heritage is a very important issue. Relevant government departments and all sectors of society should pay more attention to this matter.

Keywords: Music; Intangible Cultural Heritage; Protection; Inheritance

B.9 Studies on the Development of Luoyang's Folk Museums

Wang Zhiyuan, Ge Shan / 133

Abstract: Luoyang's folk museums are special museums that display folk customs and promotes Heluo culture. Under the guidance of Xi Jinping's thoughts of socialism with Chinese characteristics for a new era, Luoyang's folk museums are meeting new development opportunities and facing severe challenges such as pottery and china from different dynasties need to be protected and displayed, serious shortage of personnel, integration of cultural relics need to be accomplished and so on. To accelerate the development of Luoyang's folk museums, this article points out the following solutions: to establish Luoyang

Ancient Porcelain Museum and Luoyang Folk Museum; to establish protection and repair center for paper historical relics such as contracts and documents; to enhance the image of Luoyang as a famous historical and cultural city, promote the development of cultural relics protection and further establish Luoyang as a "city of museums".

Keywords: Folk Museum; Protection of Cultural Relic; Resources Integration; City of Museums

B. 10　Studies on Luoyang Performing Arts Industry's Current Situation, Problems and Solutions　*Liu Junyue* / 144

Abstract: The performing arts industry is at the core level of cultural industry. It has the characteristics of both knowledge-intensive and labor-intensive. It is also a green industry with low energy consumption and has a good mass base. The development of the performing arts industry is of great significance for promoting the socialist culture with Chinese characteristics in the new era. It is also good for strengthening the self-confidence of socialist culture with Chinese characteristics. In 2017, the Luoyang performing arts industry has achieved steady development, but it has been facing many constraints. For Luoyang performing arts industry to achieve further prosperity and development in the future, its reform needs to be deepened, artistic innovation needs to be strengthened and market cultivation needs to be expanded, so there can be a sustainable development path for the industry.

Keywords: Performing Arts Industry; Reform; Innovation; Cultivation

B.11 Studies on the Development of Luoyang's Cultural Tourism

Shi Liru, Liu Tao / 160

Abstract: Luoyang is a famous ancient city. It was the capital of 13 Dynasties. There are great cultural tourism resources. In 2017, cultural tourism has achieved a sustainable and healthy development. The momentum was strong and the results were gratifying. However, there were problems and deficiencies that should not be ignored. It is necessary to take effective measures to promote the development of culture tourism and to accelerate the construction of Luoyang as a famous international cultural tourism city.

Keywords: Luoyang; Cultural Tourism; Famous City; Construction

B.12 Studies on the Protection of Weipo Traditional Villages

Liu Rongli / 181

Abstract: The ancient dwellings in Weipo have a high historical, cultural and scientific value. Weipo culture has a profound origin. The place is not only the origin of Wei Purple Peony, but also the home of the Wei family—a family of 400 years' history. There is also traces of the Cultural Revolution era. The principle measures for protection and development of Weipo traditional villages are: the market development model under the guidance of the government; the concept-guiding method of planning before work; the protection and development method of keep the original appearance when repairing and the construction of beautiful villages projects by which original residents can be relocated properly. According to the result of the SWOT analysis of the Weipo traditional villages, we propose the following strategies: innovation leadership, whole area thinking; accurate positioning, maximization; find IP, enlarge publicity; multi-collaboration and joint development.

Keywords: Weipo; Traditional Villages; Protection

Ⅲ Report on Parks

B.13　Studies on the Development of White Horse Temple
　　　 Buddhist Cultural Park　　　　　　　　　*Zhao Weining* / 200

Abstract: White Horse Temple is of profound historical and cultural resources. It is the birthplace of Chinese Buddhist culture, and the first Buddhist temple that was run by the government after Buddhism was introduced to China. The White Horse Temple uses Buddhist culture as a link to carry out Buddhist cultural exchanges between different traditions and regions, and to promote Chinese Buddhist culture and traditional culture of righteous thoughts and positive beliefs. In the almost two thousand years' history of the temple, the White Horse Temple has always been a serene site for the maintenance of righteous law and the base of promoting Buddhist ancestral temple culture.

Keywords: White Horse Temple; Buddhist; Cultural Park

B.14　Studies on the Development of Luoyi Ancient City
　　　 Cultural Tourism Park　　　　　　　*Miao Ling, Li Xueru* / 213

Abstract: Ancient cities are practical carriers of historical relics and traditional culture. They are the concentrated embodiment and epitome of the thousands years of Chinese civilization and culture. They are also precious material and spiritual heritage. The Luoyi Ancient City Cultural Tourism Park has made active exploration and took actions in the aspects of solid state protection, living relics inheritance and industry development. The Park has become a highlight in the field of historical relics protection of Luoyang's ancient city area, as well as the revival and inheritance of Luoyang's traditional culture. This article provides solutions in four areas: Firstly, to promote and expand the beauty of the ancient city comprehensively, to create a "demonstration zone" for the whole area tourism; Secondly, to restore the original characteristics, to deepen the understanding of culture, to re-develop the "old film" of the ancient capital of a thousand years; Thirdly, to improve the people's livelihood, to promote the protection of culture, and to build a "new living room" that will accommodate all the cultures; Fourthly, to adhere to scientific planning, to promote culture and build new brand for traditional culture.

Keywords: Luoyi Ancient City; Cultural Tourism Industry; Intangible Cultural Heritage

B.15 Studies on the Development of Song Dynasty Famous Chancellor Park Cultural Innovation Zone   *Tu Hongyingzi* / 229

Abstract: Song Dynasty Famous Chancellor Park, also known as Lyu Wenmu Parkis a park reconstructed and renovated on the original site of Lyu Wenmu Park. In order to explore the cultural influence of Lyu Mengzheng and enrich Luoyang's cultural tourism resources, this park is the first in Luoyang to reproduce Song Dynasty style of gardens. Relying on the historical influence of Lyu Mengzheng, exploring traditional cultural connotations such as rites and filial piety, the park is expecting a result of "one famous park, half Chinese history and a thousand years of change". The park is a multifunction culture zone for cultural development, sight-seeing, recreation and entertainment. Song Dynasty Famous Chancellor Park can not only reproduce the beautiful scenery of the past, but also excavate the essence of ancient culture, inherit the ancestors' legacy, and extend the cultural lifeline.

Keywords: Song Dynasty Famous Chancellor Park; Lyu Wenmu; Cultural Creativity

B. 16 Studies on the Development of Qiantangzhi Zhai Museum

Lyu Yanjie, Yu Xiaochun, Li Liuzhuai and Guo Mengye / 240

Abstract: The Qiantangzhi Zhai Museum in Xin'an County is the only museum of epitaph in China. In 1984, Xinhua News Agency announced its opening to the public. In 1986, the Qiantangzhi Zhai Management Office was founded. In 1992, the Management Office wars renamed as the Qiantangzhi Zhai Museum. In 1996, Qiantangzhi Zhai Museum was listed as a Major Historical and Cultural Site Protected at the National Level. It is now a national "AAAA" level tourist attraction and a national museum of secondary level. Qiantangzhi Zhai is famous for its collection of nearly 3,000 tombstones of Tang and other dynasties. Its collection has extremely high historical value and cultural value. It is an important tourist attraction and a cultural card of Xin'an County.

Keywords: Qiantangzhi Zhai; Epitaph; Calligraphy

B. 17 Studies on the Creative Development of Yichuan Fanyuan Park's Historical Relics *Yichuan Cultural Construction Research Team* / 251

Abstract: Yichuan Fanyuan Park is an ancient celebrity's family tomb. It has been built for more than 987 years. The inheritance and development of this tomb in the past millennium contain rich human and historical values. It is a pearl in the excellent traditional culture of China and it will shine in the development of the new era, but it needs to be consciously creative and innovative in the excavation and refinement of historical culture. This article intends to do a research on this matter, hopefully to take a look at its historical context and explore the path of creative development under the development trend of the new era.

Keywords: Yichuan; Fanyuan Park; Innovative Transformation; Creative Development

洛阳蓝皮书

Ⅳ Case Report

B. 18 Play an Exemplary Role, Promote the Construction of Luoyang as a Famous International Cultural Tourism City
——*Studies on Luoyang Tourism Development Group*
Luoyang Cultural Tourism Development Research Team / 266

Abstract: Luoyang Tourism Development Group is the only state-owned investment and financing operation entity in the cultural tourism industry in Luoyang. In recent years, guided by the new development concept, using the integration of tourism resources as means to promote the integration of culture, tourism, creativity, sports, retirement lifea, viation and other industries, Luoyang Tourism Development Group has created a number of leading tourism products and made Luoyang cultural tourism a more clustering and marketable industry of a larger scale. By focusing on the operation concept of "government guidance, market-oriented operation, and enterprise-oriented management" as well as the operation mode of "all-finance, all-project, all-media, and precise information delivery to tourists", this article analyzes from the aspects of project support, integration of industry and finance, media convergence communication and route optimization to sum up experience and provide lessons for the deep integration between Luoyang culture and economy, society, ecology, tourism, and technology.

Keywords: Tourism Development Group; Cultural Tourism; Integrative Development

B. 19 Studies on Construction of Luoyang Sancai Town *Qin Hua* / 280

Abstract: Chaoyang Town, Mengjin County, Luoyang City is among the second batch of towns which are entitled as Small Town with Special Feature. The

318

town takes the advantages of its Tang Sancai glazed ceramics techniques and Tang Sancai Learning and Inheritance Institutions to build the Sancai Town and Sancai Tourism Base which can provide an overall experience of culture, tourism, dining and entertainment. This article comprehensively and systematically analyzes the construction goals, construction process and existing problems of Sancai Town, proposes corresponding solutions for the shortcomings of Sancai Town in the following aspects: the support of characteristic industries, the construction of innovation system and the strengthening of cultural core. These measures will help Sancai Town become a complex entity with clear industrial positioning cultural connotation and tourism characteristics.

Keywords: Small Town with Special Feature; Sancai Town; Nanshi Mountain; Sancai Culture

权威报告·一手数据·特色资源

皮书数据库
ANNUAL REPORT(YEARBOOK) DATABASE

当代中国经济与社会发展高端智库平台

所获荣誉

- 2016年,入选"'十三五'国家重点电子出版物出版规划骨干工程"
- 2015年,荣获"搜索中国正能量 点赞2015""创新中国科技创新奖"
- 2013年,荣获"中国出版政府奖·网络出版物奖"提名奖
- 连续多年荣获中国数字出版博览会"数字出版·优秀品牌"奖

成为会员

通过网址www.pishu.com.cn访问皮书数据库网站或下载皮书数据库APP,进行手机号码验证或邮箱验证即可成为皮书数据库会员。

会员福利

- 使用手机号码首次注册的会员,账号自动充值100元体验金,可直接购买和查看数据库内容(仅限PC端)。
- 已注册用户购书后可免费获赠100元皮书数据库充值卡。刮开充值卡涂层获取充值密码,登录并进入"会员中心"—"在线充值"—"充值卡充值",充值成功后即可购买和查看数据库内容(仅限PC端)。
- 会员福利最终解释权归社会科学文献出版社所有。

卡号: 355149584626
密码:

数据库服务热线: 400-008-6695
数据库服务QQ: 2475522410
数据库服务邮箱: database@ssap.cn
图书销售热线: 010-59367070/7028
图书服务QQ: 1265056568
图书服务邮箱: duzhe@ssap.cn

基本子库
SUB DATABASE

中国社会发展数据库（下设12个子库）

全面整合国内外中国社会发展研究成果，汇聚独家统计数据、深度分析报告，涉及社会、人口、政治、教育、法律等12个领域，为了解中国社会发展动态、跟踪社会核心热点、分析社会发展趋势提供一站式资源搜索和数据分析与挖掘服务。

中国经济发展数据库（下设12个子库）

基于"皮书系列"中涉及中国经济发展的研究资料构建，内容涵盖宏观经济、农业经济、工业经济、产业经济等12个重点经济领域，为实时掌控经济运行态势、把握经济发展规律、洞察经济形势、进行经济决策提供参考和依据。

中国行业发展数据库（下设17个子库）

以中国国民经济行业分类为依据，覆盖金融业、旅游、医疗卫生、交通运输、能源矿产等100多个行业，跟踪分析国民经济相关行业市场运行状况和政策导向，汇集行业发展前沿资讯，为投资、从业及各种经济决策提供理论基础和实践指导。

中国区域发展数据库（下设6个子库）

对中国特定区域内的经济、社会、文化等领域现状与发展情况进行深度分析和预测，研究层级至县及县以下行政区，涉及地区、区域经济体、城市、农村等不同维度。为地方经济社会宏观态势研究、发展经验研究、案例分析提供数据服务。

中国文化传媒数据库（下设18个子库）

汇聚文化传媒领域专家观点、热点资讯，梳理国内外中国文化发展相关学术研究成果、一手统计数据，涵盖文化产业、新闻传播、电影娱乐、文学艺术、群众文化等18个重点研究领域。为文化传媒研究提供相关数据、研究报告和综合分析服务。

世界经济与国际关系数据库（下设6个子库）

立足"皮书系列"世界经济、国际关系相关学术资源，整合世界经济、国际政治、世界文化与科技、全球性问题、国际组织与国际法、区域研究6大领域研究成果，为世界经济与国际关系研究提供全方位数据分析，为决策和形势研判提供参考。

法律声明

"皮书系列"(含蓝皮书、绿皮书、黄皮书)之品牌由社会科学文献出版社最早使用并持续至今,现已被中国图书市场所熟知。"皮书系列"的相关商标已在中华人民共和国国家工商行政管理总局商标局注册,如LOGO( )、皮书、Pishu、经济蓝皮书、社会蓝皮书等。"皮书系列"图书的注册商标专用权及封面设计、版式设计的著作权均为社会科学文献出版社所有。未经社会科学文献出版社书面授权许可,任何使用与"皮书系列"图书注册商标、封面设计、版式设计相同或者近似的文字、图形或其组合的行为均系侵权行为。

经作者授权,本书的专有出版权及信息网络传播权等为社会科学文献出版社享有。未经社会科学文献出版社书面授权许可,任何就本书内容的复制、发行或以数字形式进行网络传播的行为均系侵权行为。

社会科学文献出版社将通过法律途径追究上述侵权行为的法律责任,维护自身合法权益。

欢迎社会各界人士对侵犯社会科学文献出版社上述权利的侵权行为进行举报。电话:010-59367121,电子邮箱:fawubu@ssap.cn。

社会科学文献出版社